DIE SCHÖNSTEN TOUREN UND FOTOSPOTS IN SÜDTIROL

JUDITH NIEDERWANGER
ALEXANDER PICHLER

VOM DUO ROTER RUCKSACK

RÆTIA

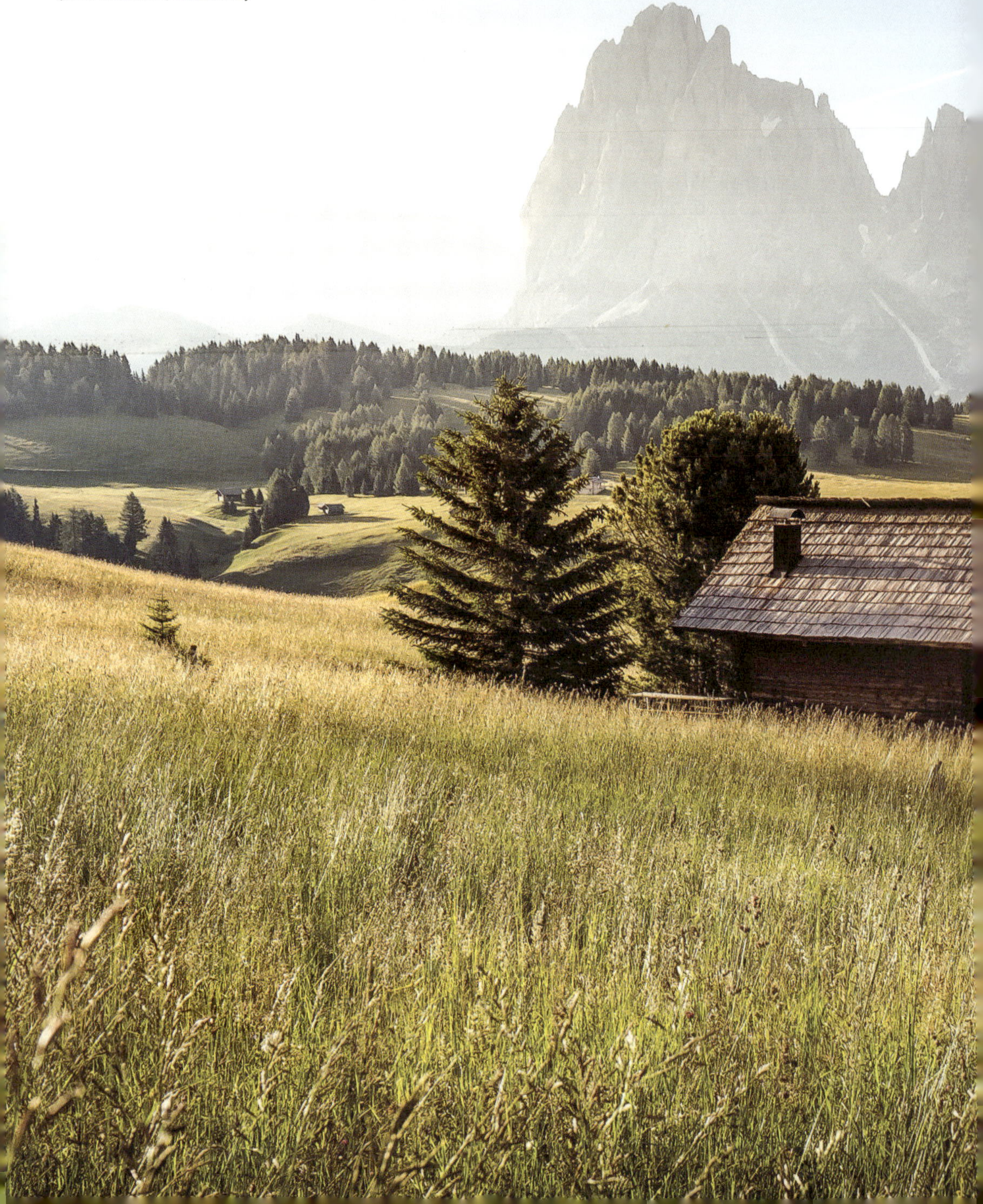

→ Ein richtiger Eyecatcher sind die kleinen Holzhütten auf der Seiser Alm {EXIF: Canon EOS 5D Mark II | 17–40 mm @ 22 mm | f/9 | 1/125 s} {GPS: 46.553547, 11.658534}

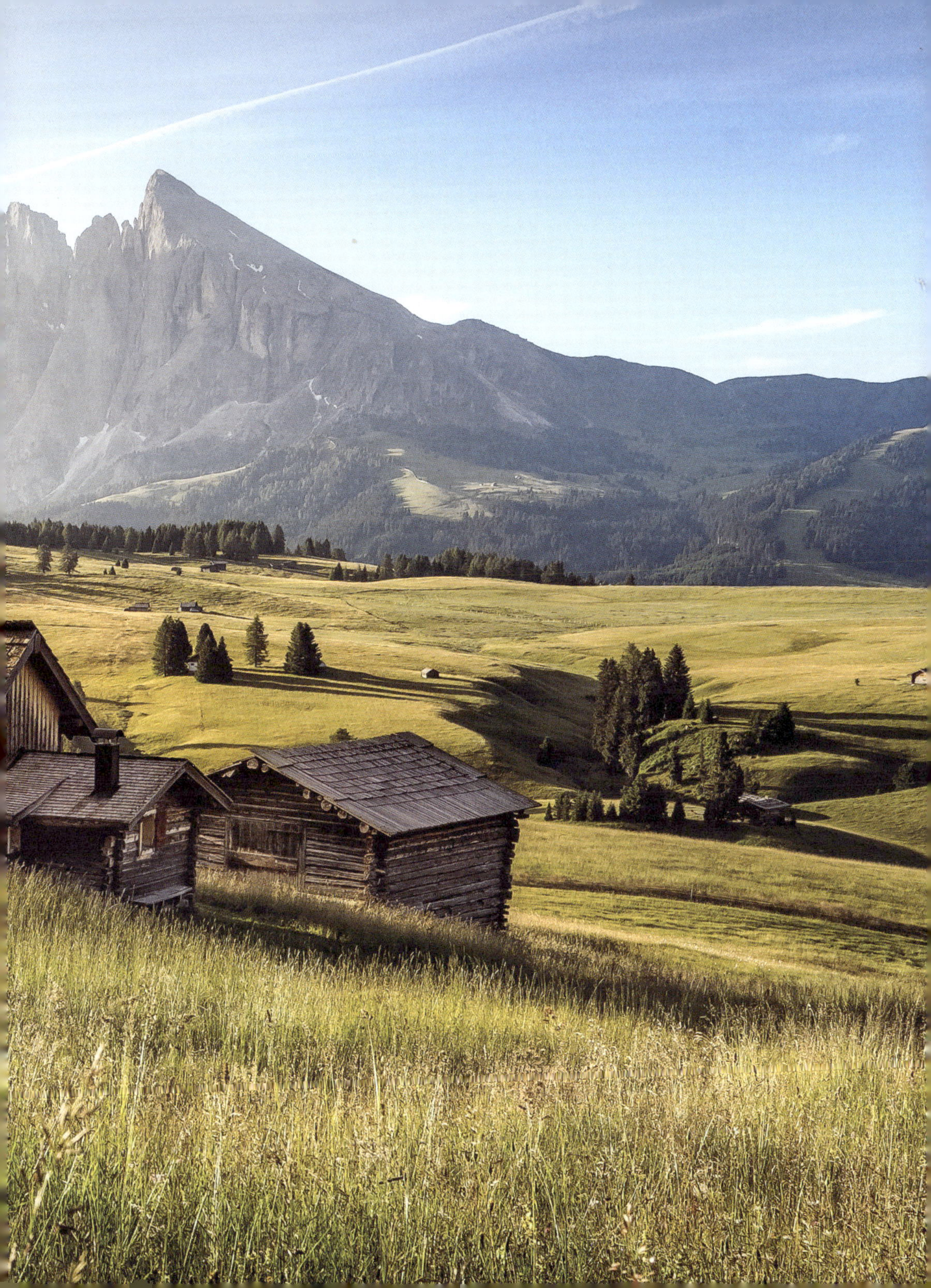

Inhalt

ÜBERSICHT TOP FOTOSPOTS

ÜBERSICHT FOTOTIPPS

Edition Raetia, Bozen 2026
8., aktualisierte Auflage
ISBN 978-88-7283-677-4

Projektleitung im Verlag: Eva Simeaner
Grafisches Konzept: Alessandra Stefanut, www.cursiva.it
Druckvorstufe: Typoplus
Lektorat: Helene Dorner
Korrektur: Katharina Preindl
Cover: Philipp Aukenthaler
Karten: Angelika Solibieda, www.cartomedia-karlsruhe.de
Coverbild: Sonnenuntergang bei den Drei Zinnen
{EXIF: Canon EOS 5D Mark II | 24–70 mm @ 24 mm | f/8 | 1/80 s}
Alle Fotos von Judith Niederwanger und Alexander Pichler
Wir danken der Firma „glücklich" für den roten Rucksack.

Informationen zur allgemeinen Produktsicherheit GPSR und Einsicht in die technische Dokumentation:
Edition Raetia, Zollstangenplatz 4, 39100 Bozen, Italien
info@raetia.com
Eindeutige Identifizierung des Produkts: ISBN 978-88-7283-677-4

Edition Raetia
RoterRucksack

editionraetia
roterrucksack

Für Fragen und Anregungen wenden Sie sich bitte an info@raetia.com.
Unser gesamtes Programm finden Sie unter www.raetia.com.

Edition Raetia
verzichtet der Umwelt zuliebe
auf die Schutzfolie aus Plastik.

Vorwort

Es mag vielleicht verwundern, aber bis vor einigen Jahren waren wir selbst keine begeisterten Wanderer. Im Gegenteil, wir fragten uns immer wieder, was andere in die Berge treibt, und fanden das ganze Thema furchtbar langweilig.
Erst als wir nach einem Jahr auf Reisen wieder nach Südtirol zurückkehrten, packte uns die Lust, die eigene Heimat zu erkunden, und wir mussten etwas beschämt feststellen, dass alle unsere Vorurteile einer nach dem anderen verpufften.
In diesem Buch finden sich 45 Wanderungen quer über Südtirol verteilt und noch ein Stückchen weiter. Egal ob Einsteiger oder geübter Berggeher, für jeden Level sind passende Tipps dabei – von einfachen Spaziergängen auf Promenaden und Waalwegen über abenteuerliche Wanderungen durch Schluchten und aussichtsreiche Trails mit herrlichem Bergpanorama bis hin zu anspruchsvolleren Touren mit Gipfelkreuz. Was aber alle Wanderungen gemeinsam haben: Sie führen durch wunderschöne Landschaften und sind eine wahre Fundgrube für aufregende Fotomotive.

FOTOTIPPS UND FOTOSPOTS

Da die Kamera ein ständiger Begleiter auf allen unseren Touren ist, gibt es im Buch auch Fototipps zur Bildgestaltung und den Kameraeinstellungen. Mit ein paar einfachen Regeln und etwas Übung lassen sich schon bald tolle Ergebnisse erzielen. Dabei muss man auch gar kein schweres Arsenal mitschleppen, viele Bilder kann man auch mit einem Smartphone schießen.

Manchmal muss man auch keine mehrstündigen Fußwege auf sich nehmen, um ein lohnendes Motiv vor die Linse zu bekommen. Wir haben im Buch 20 Plätze gesammelt, die uns besonders gut gefallen und beeindruckt haben. Einige davon, wie der Pragser Wildsee oder die Drei Zinnen, sind in den Augen vieler die Verkörperung der Südtiroler Bergidylle. Die Wirklichkeit vor Ort hat mit dieser Idylle aber wenig gemeinsam: Durch ihre fast mühelose Erreichbarkeit sind diese Orte den ganzen Sommer über maßlos überlaufen. Speziell im Hochsommer wird man dort nicht einmal in den frühen Morgenstunden, bei Sonnenaufgang, alleine sein. Wer kann, verlegt seine Wanderungen in diesen Gebieten in die Vor- oder Nachsaison.
Auch das reine Abfahren dieser Plätze, und sei es für ein noch so schönes Foto, ist nicht Sinn und Zweck dieser Tipps. Denn außer Verkehr und Müll bleibt der Natur und den Menschen vor Ort dann leider nicht viel übrig.

Auch wenn es selbstverständlich sein sollte, eine kleine Bitte noch: Abfälle möglichst wieder mitnehmen. Die Umwelt wird es freuen.

Abschließend wünschen wir allen viel Spaß beim Wandern und Fotografieren, einmalige Momente in der Natur und bleibende Erlebnisse.

Liebe Grüße,
Judith und Alex

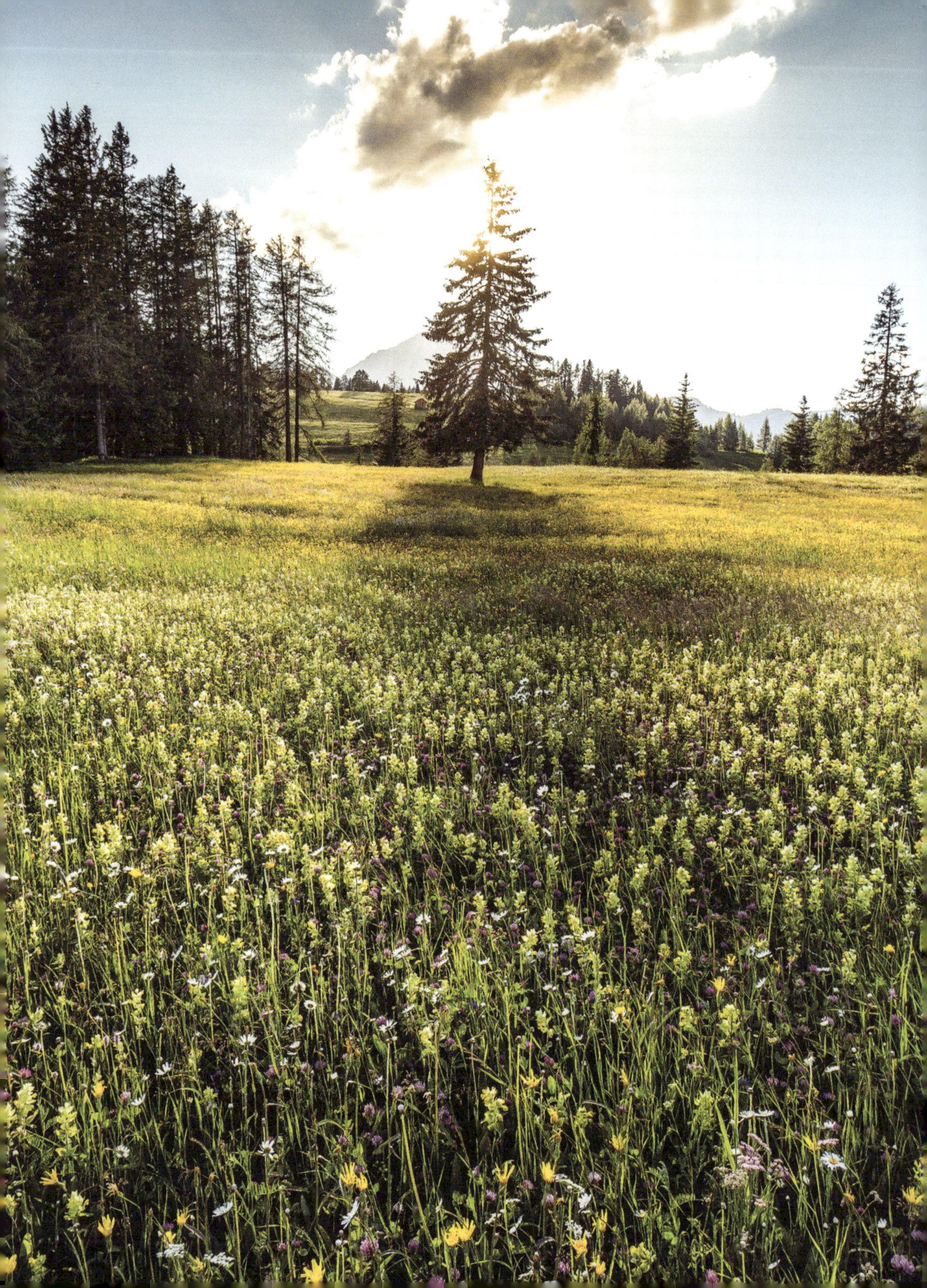

UNSERE FOTOAUSRÜSTUNG

Canon EOS 5D Mark II
Canon EF 17–40 mm 1:4
Canon EF 24–70 mm 1:2,8 L II USM
Canon EF 70–200 mm 1:2.8 L USM
Panasonic LUMIX G70
Panasonic H-FS 14–42 mm 1:3.5–5.6
Panasonic Makro 30 mm 1:2.8
Rollei Compact Traveler No.1 Stativ
Haida Graufilter ND 1.000
Haida Polfilter Zirkular
Akkus und Speicherkarten

EINSTUFUNG DER WANDERUNGEN

Wir haben für jede Wanderung die Aspekte Landschaft, Abwechslung, Kondition, Technik nach einer Skala von 1 bis 5 bewertet. 1 steht für besonders einfach in Technik und Kondition bzw. unspektakulär in Landschaft und Erlebnis, 5 hingegen für schwer bzw. einmalig. Beim Schwierigkeitsgrad ist unsere Skala dreistufig: **Leicht** bedeutet, dass die Tour für Wandereinsteiger und eventuell auch Kinder geeignet ist. Eine **mittelschwere** Wanderung setzt eine gewisse Erfahrung sowie Trittsicherheit und Schwindelfreiheit voraus, da es unter Umständen abschüssige oder mit Drahtseilen gesicherte Passagen zu bewältigen gilt. Wer sich eine **schwere** Tour vornimmt, der braucht zusätzlich noch Ausdauer und Kondition.

VORBEREITUNG FÜR DIE WANDERUNG

Noch ein paar Tipps, die man beherzigen sollte, bevor man aufbricht und einen schönen Tag in der Natur verbringt:

- Wetterbericht und im Winter Lawinenbericht checken (wetter.provinz.bz.it)
- sich selbst richtig einschätzen
- passende Kleidung wählen
- ausreichend Proviant und Wasser einpacken
- da sich Wegverhältnisse ändern können, vorab beim örtlichen Tourismusverein nachfragen
- den Markierungen folgen
- Orientierung behalten, ab und zu die Wanderkarte kontrollieren

→
Der Goldseeweg führt teils durch eine karge Steinlandschaft {EXIF: Panasonic LUMIX G70 | 14–42 mm @ 14 mm | f/8 | 1/500 s}

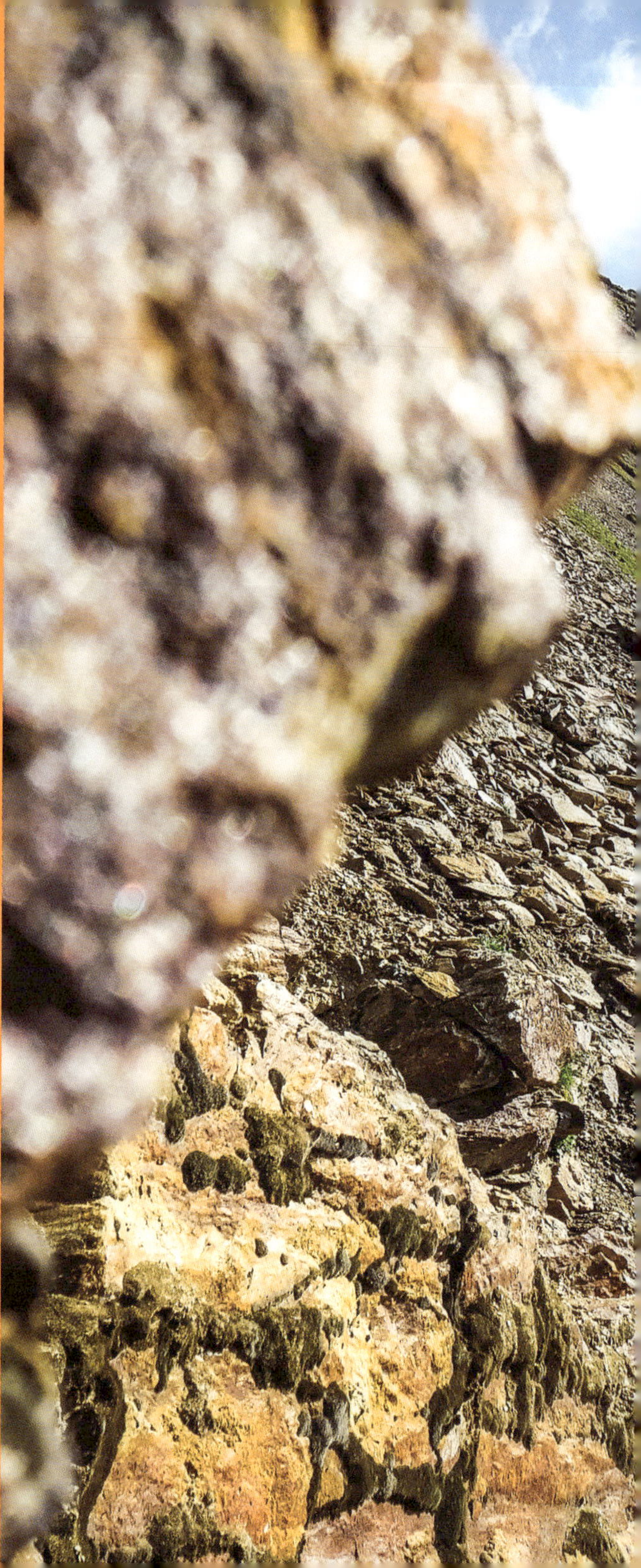

1. DIE PANZERSPERRE PLAMORT
2. DIE UINASCHLUCHT
3. DER GOLDSEEWEG
4. DER PLIMA-SCHLUCHTENWEG
5. WANDERUNG DURCH DAS ZIRMTAL
6. AUF DEN MASTAUNPICHL

VINSCHGAU

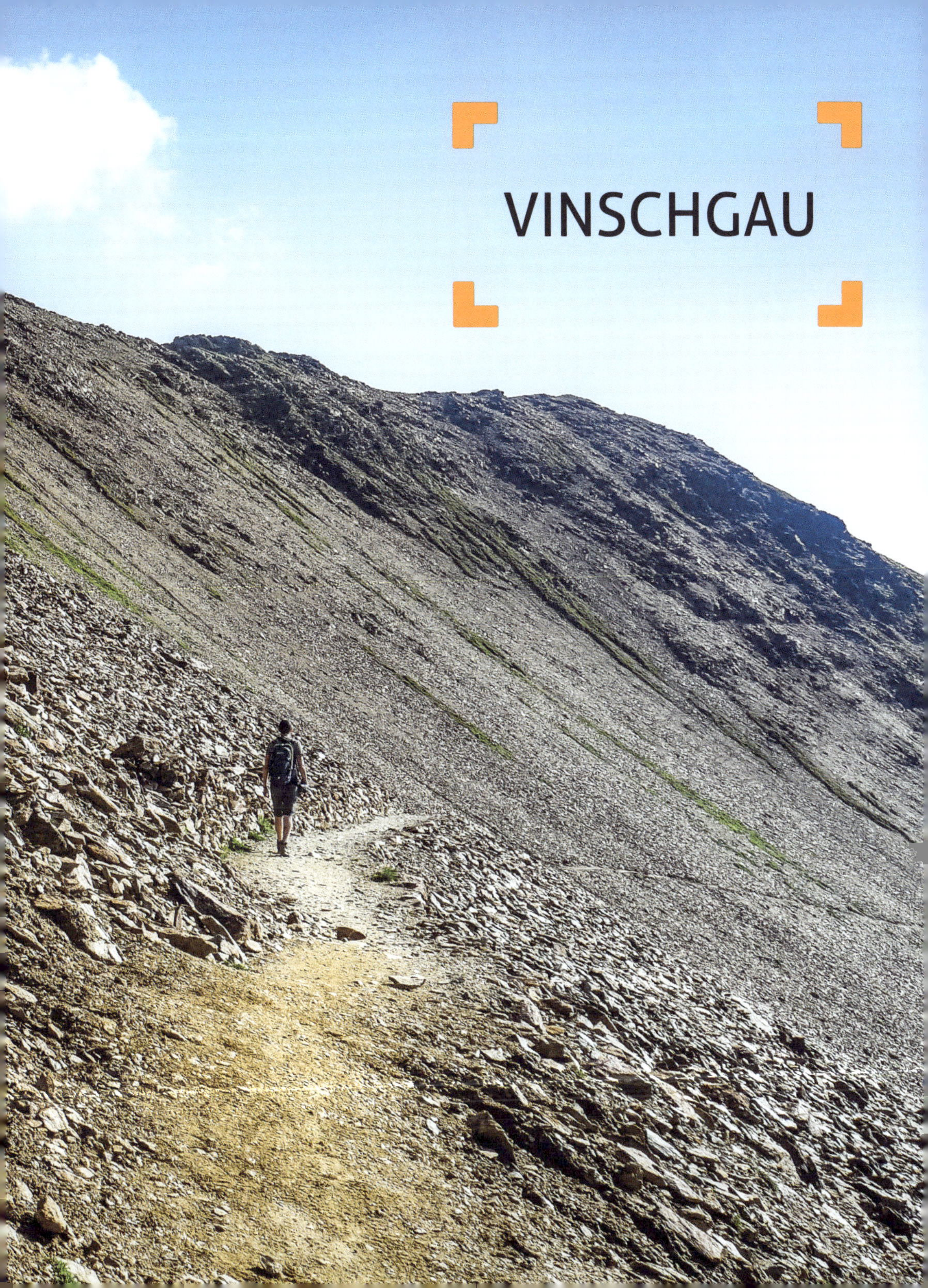

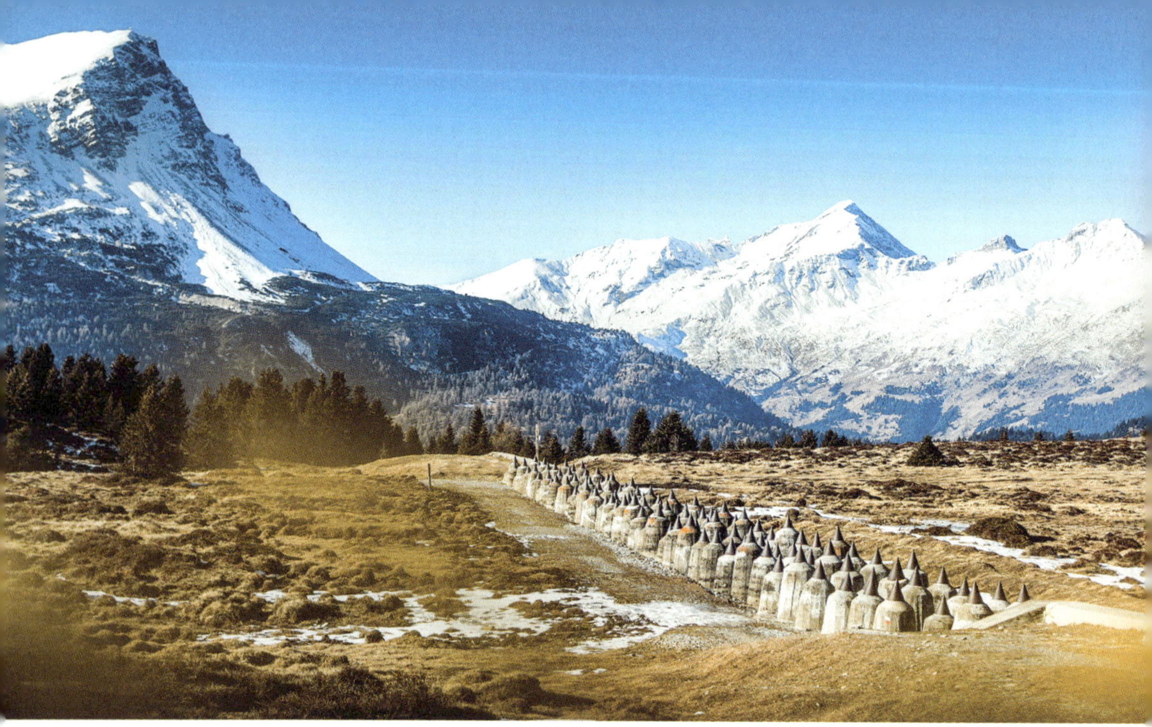

1 Die Panzersperre Plamort

Zu den Drachenzähnen am Hochmoor

Im Vinschgau, an der Grenze zwischen Italien und Österreich, wurde im Zweiten Weltkrieg eine ganze Wehranlage errichtet, deren Herzstück eine Panzersperre ist. Diese Rundwanderung führt hinauf zum Hochmoor Plamort, und hier kann man nicht nur die Sperre sehen, sondern auch die Bunker rundherum erkunden. Im Sommer wie im Winter eine lohnenswerte Wanderung.

Die Tour beginnt etwas unterhalb des Sportplatzes in Reschen (1.556 m), von wo aus man der Markierung Nr. 2 in Richtung Plamort folgt. Gleich zu Beginn kann man kurz links von der Forststraße abzweigen, um an die Etschquelle zu gelangen. Hier beginnt der 415 km lange Weg, den das Wasser der Etsch zurücklegt, bevor es in die Adria fließt. Zurück auf der Schotterstraße geht es gemächlich den Berg hoch, bis man nach etwa 1:30 Stunden die Hochebene (2.018 m) erreicht und hier auch schon die ersten Bunker einer ganzen Verteidigungsanlage aus dem Zweiten Weltkrieg erkunden kann. Besonders interessant wird es kurz darauf, wenn man das Zentrum der militärischen Befestigungsanlage erreicht, denn dort steht eine gut erhaltene Panzersperre mit den sogenannten Drachenzähnen. Heute gibt

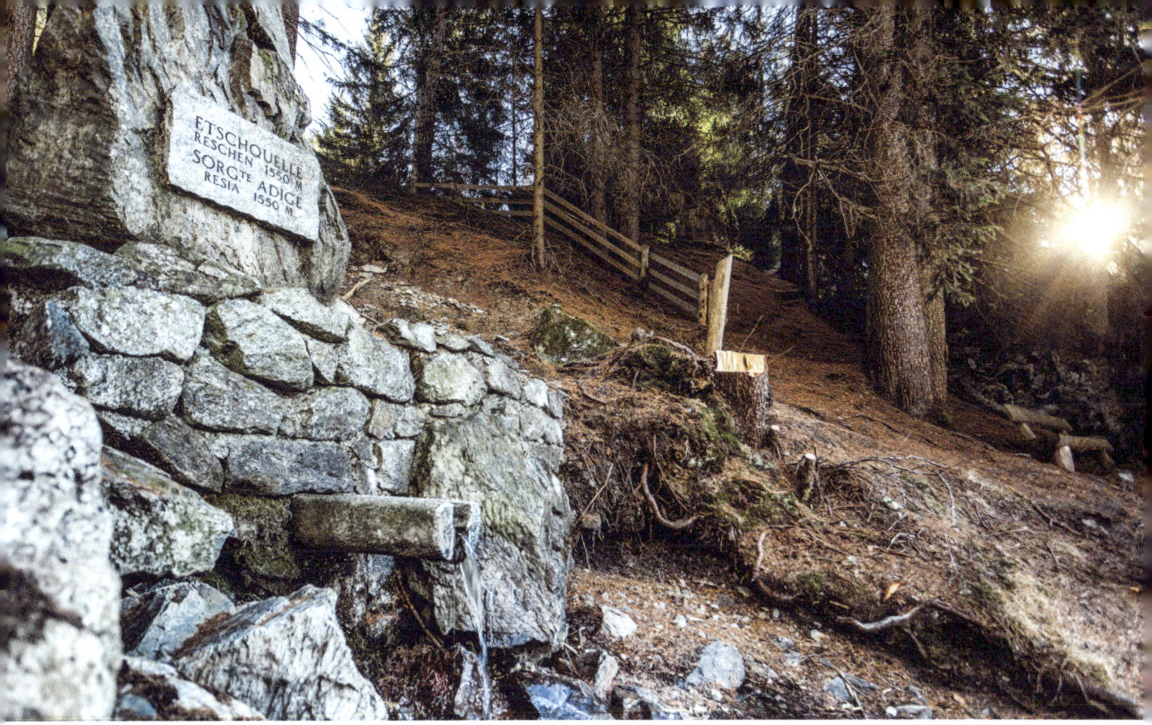

←
Aus der Ferne sieht die Sperre aus wie Drachenzähne {EXIF: Canon EOS 5D Mark II | 50 mm | f/3,2 | 1/1250 s}

↑
Hier nimmt die Etsch ihren Lauf, bevor Südtirols längster Fluss nach 415 km in die Adria mündet.

es noch zwei Abschnitte davon, die zwischen 60 und 100 m lang sind.

Wie kam es überhaupt zu dieser Wehranlage? Um im Zweiten Weltkrieg gegen eine eventuelle Invasion der deutschen Wehrmacht gerüstet zu sein, wurde 1938 an diesem strategischen Punkt eine Befestigungsanlage mit mehreren Bunkern und einer Panzersperre errichtet. Zusätzlich wurde die Sperre mit Stacheldraht und einem Wassergraben geschützt. 1943 wurde die Anlage kampflos an das Deutsche Reich übergeben. Sie wurde noch einige Jahre lang instand gehalten, geriet dann aber in Vergessenheit und verfiel. 2001 wurde die Anlage renoviert. In der unmittelbaren Umgebung der Panzersperre lassen sich noch weitere Bunker betreten und die Befestigungsanlage entdecken. Über einen Pfad geht es dann in knapp 20 Minuten quer über das Hochmoor und auf der anderen Seite eröffnet sich das weite Panorama auf den Reschensee, den Haidersee und die Berge. Von dort folgt man der Schotterstraße rechts hinunter und zweigt kurz darauf links auf den Wanderweg Nr. 1A nach Reschen ab. In einer guten Stunde hat man schließlich den Ausgangspunkt wieder erreicht.

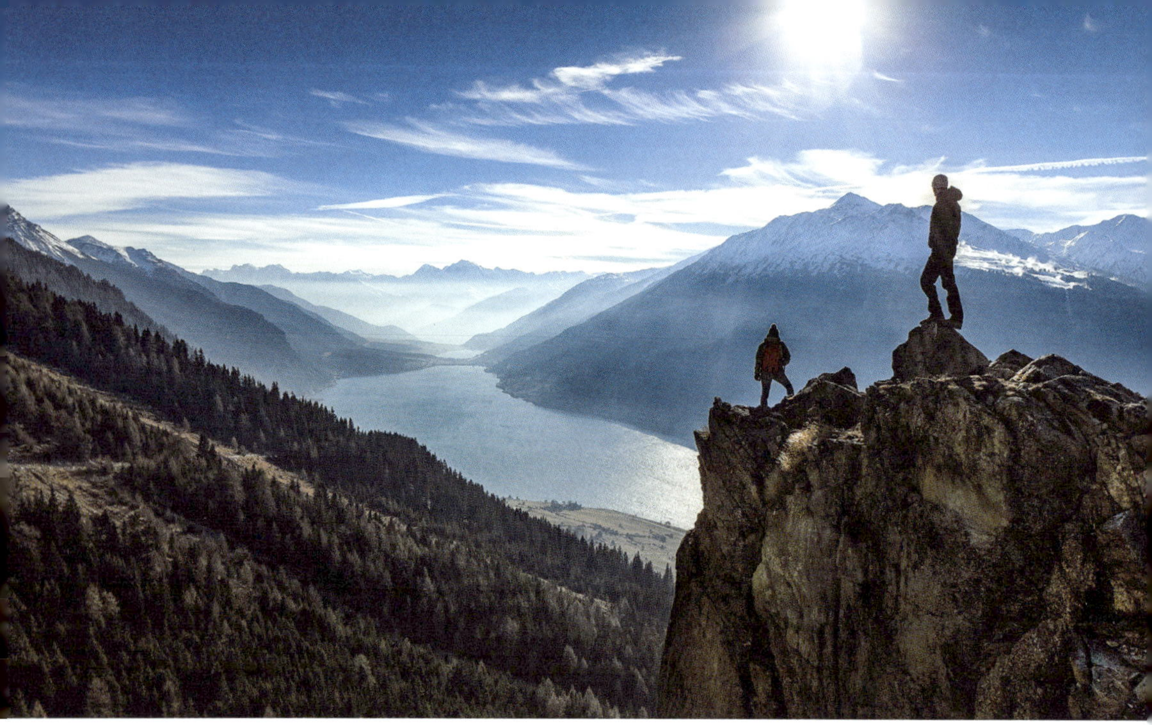

↑ Aussicht auf die Seen {EXIF: Canon EOS 5D Mark II | 17–40 mm @ 23 mm | f/9 | 1/640 s} {GPS: 46.838119, 10.527700}

↓ Mitten in der Panzersperre {EXIF: Canon EOS 5D Mark II | 17–40 mm @ 30 mm | f/4 | 1/1250 s}

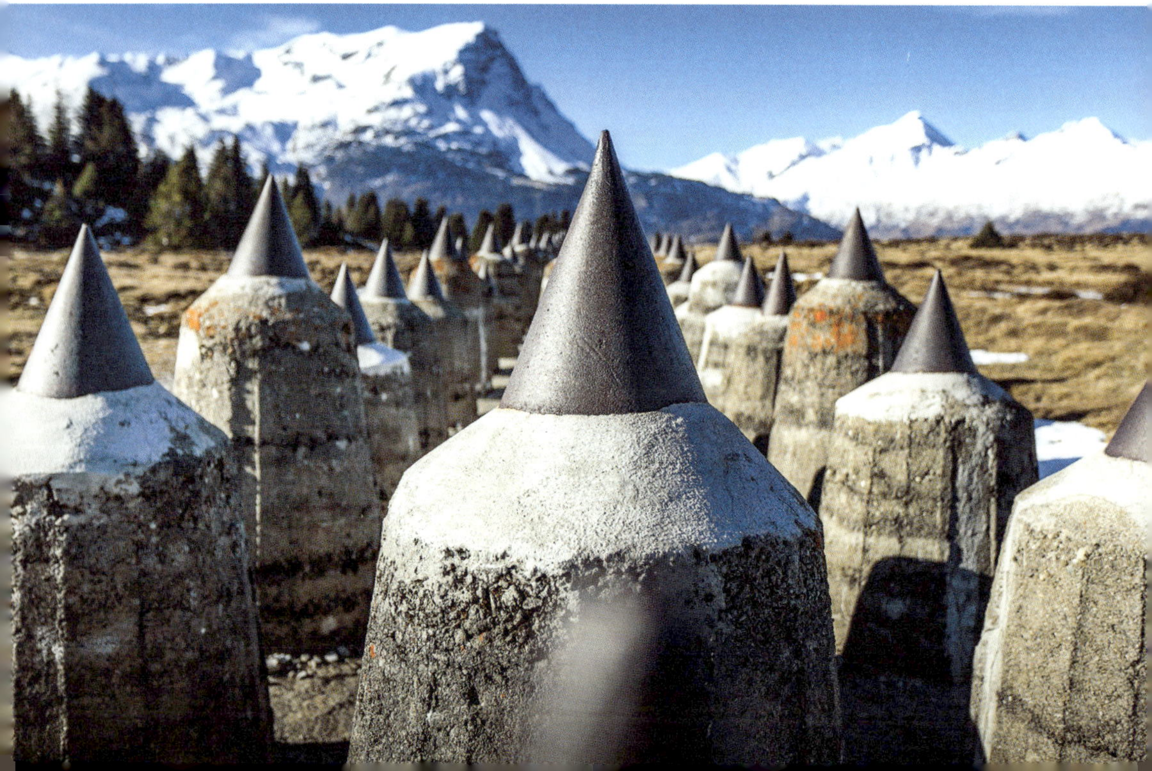

Einfache, aber sehr interessante und geschichtsträchtige Wanderung zu einem Schauplatz des Zweiten Weltkrieges mit tollem Ausblick auf den Reschen- und Haidersee. Im Winter, wenn genug Schnee liegt, kann man den Weg auch mit Schneeschuhen gehen.

Landschaft: ●●●●○
Abwechslung: ●●●●○
Kondition: ●●●○○
Technik: ●●○○○

nein

Sportplatz in Reschen (1.556 m) → Weg Nr. 2 hinauf nach Plamort (2.018 m) zu der Panzersperre und den Bunkern → Pfad quer über das Hochmoor bis zur Schotterstraße → rechts hinunter → Weg Nr. 1A zurück zum Ausgangspunkt nach Reschen

Von Meran in Richtung Reschenpass und im Dorf Reschen am See rechts von der Hauptstraße abzweigen. Der Beschilderung zum Sportplatz folgen, bis unterhalb vom Fußballplatz.

(leicht)

- Gebiet: Vinschgau, Südtirol
- Tal: Vinschgau
- Start: unterhalb des Sportplatzes in Reschen
- Ziel: unterhalb des Sportplatzes in Reschen
- Dauer: 3:30 Std.
- Strecke: 9 km
- Aufstieg: 508 Hm
- Abstieg: 508 Hm
- Wann: Frühling, Sommer, Herbst, Winter

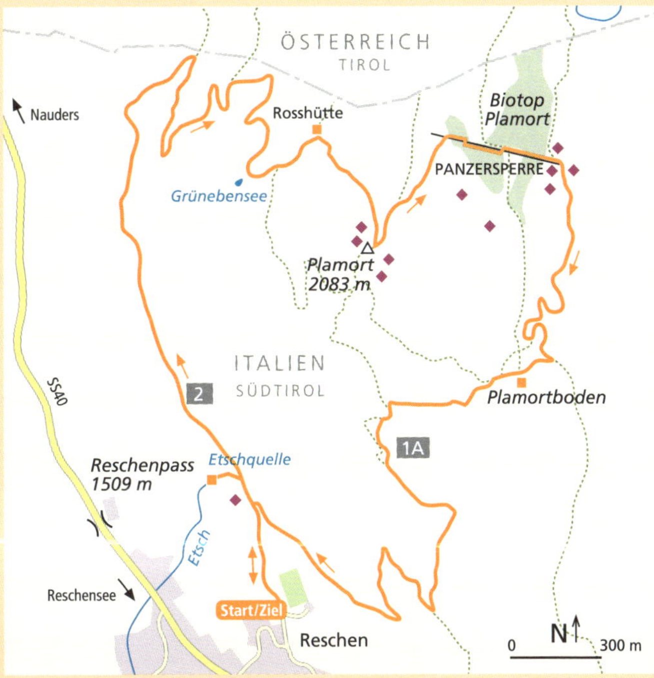

TOP FOTOSPOT

Der Turm im Reschensee, Graun im Vinschgau

Das Wahrzeichen des Vinschgaus ist der Turm im Reschensee. Im Winter kann man, wenn der See zugefroren und die Eisdecke dick genug ist, ganz nah an ihn herantreten. Weit weniger idyllisch ist die Geschichte dahinter. Für die Errichtung eines großen Wasserkraftwerks wurden im Jahre 1950 fast alle Gebäude in den damaligen Dörfern Graun und Reschen gesprengt, die Schleusen geschlossen und mit der Stauung des Sees begonnen. Einzig der unter Denkmalschutz stehende Kirchturm blieb stehen.

Koordinaten: 46.810914, 10.537034
Wie kommt man hin: Graun im Vinschgau ist sehr einfach zu erreichen. Der Turm steht in Ufernähe direkt neben der Hauptstraße. Dort gibt es auch einen gebührenpflichtigen Parkplatz.
Exif-Daten: Canon EOS 5D Mark II | 17–40 mm @ 17 mm | f/14 | 1/160 s | Panorama aus 3 Fotos
Aufnahmedatum: 19.02. – 15:46 Uhr

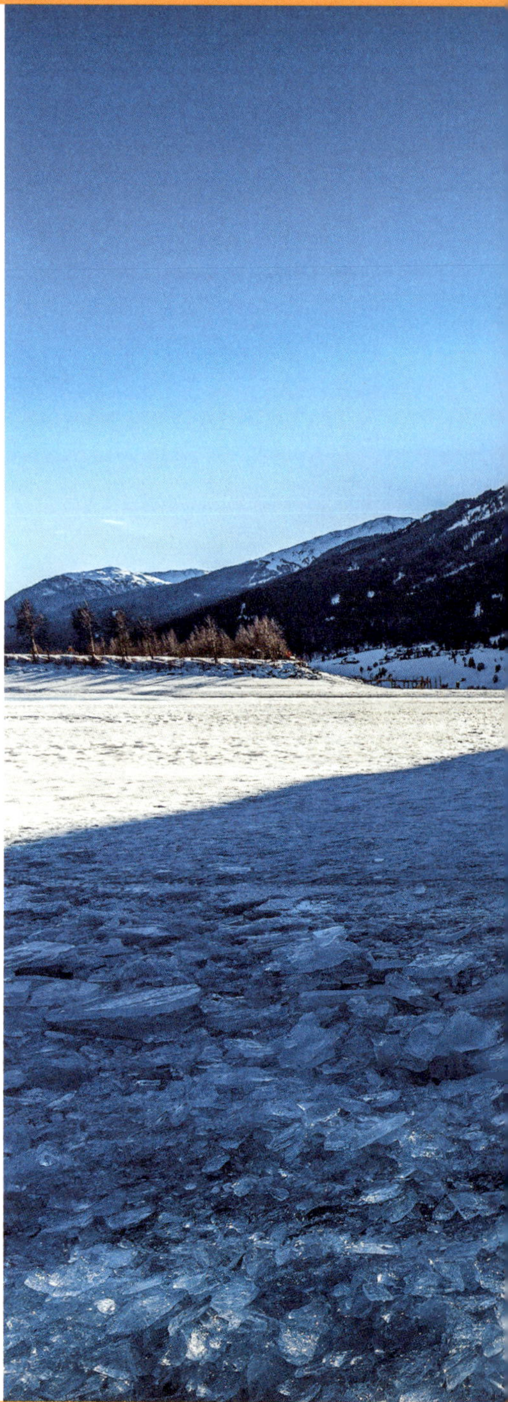

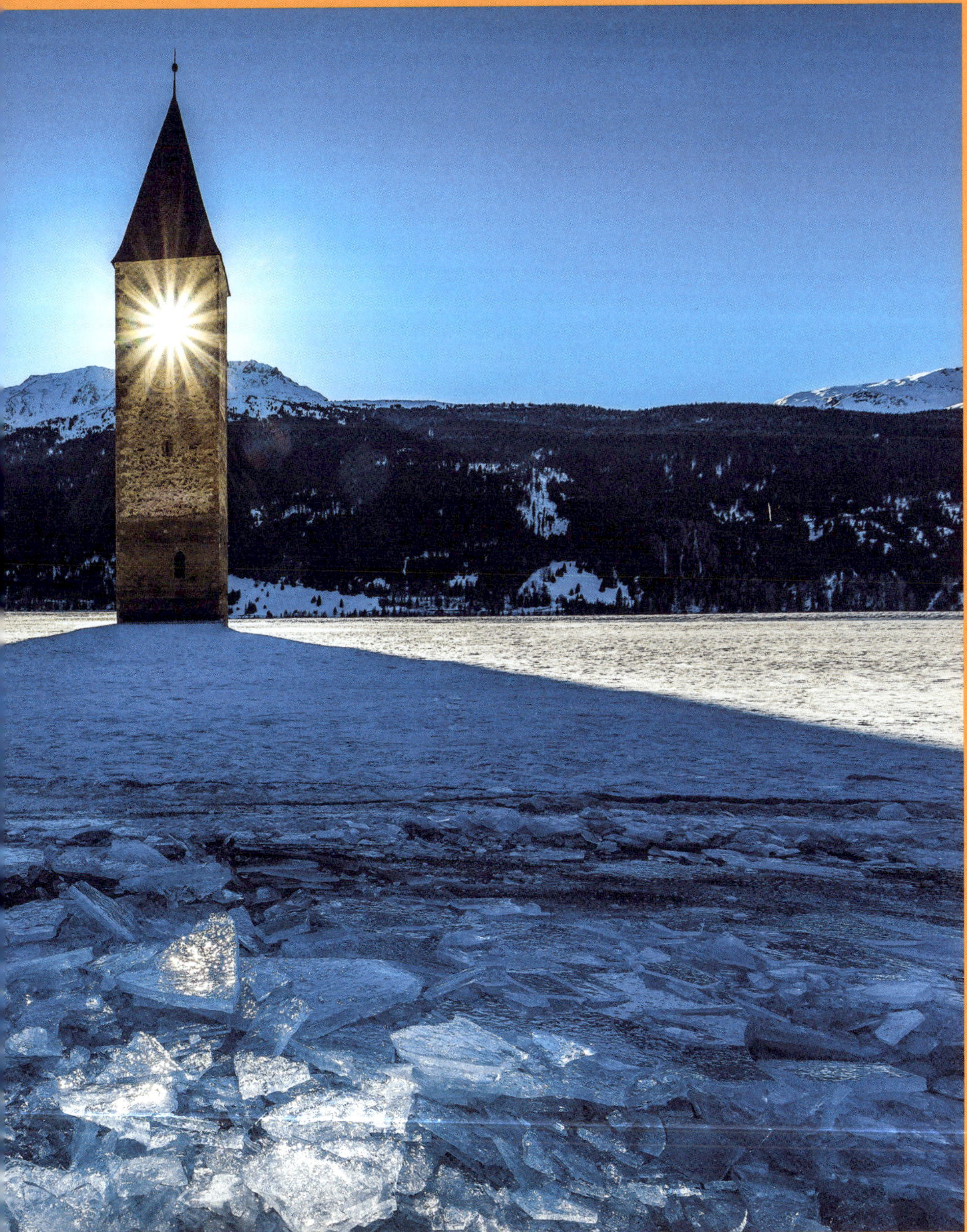

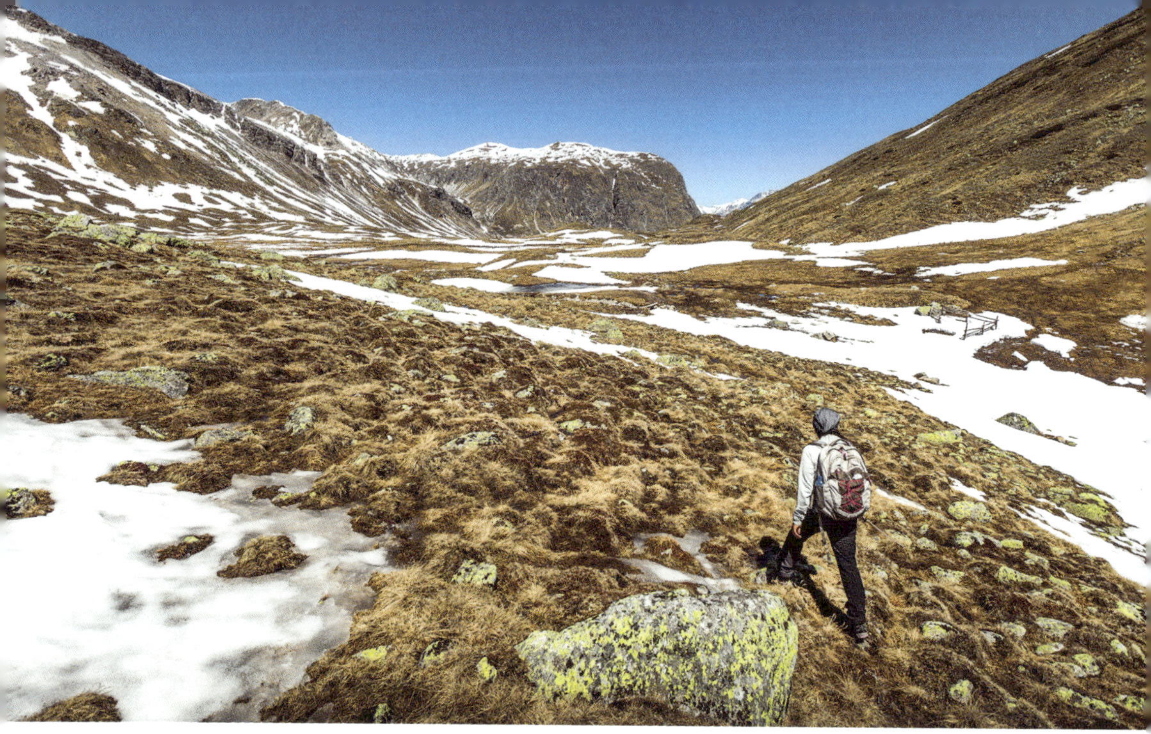

2 Die Uinaschlucht

Wandern auf alten Schmugglerpfaden

Beeindruckend ist der Weg durch die Uinaschlucht im schweizerischen Engadin ohne Zweifel. Eine Galerie, die man in die senkrechte Felswand geschlagen hat, macht das Durchqueren dieser Klamm möglich. Auch die knapp 8,5 km lange Strecke dorthin hat einiges zu bieten: den blühenden Artenreichtum der Bergwiesen, Murmeltiere, die einem immer wieder über den Weg laufen, einen tosenden Wasserfall, einen kristallklaren Bergsee und jede Menge Frösche.

Vom kleinen Bergdorf Schlinig (1.740 m) folgt man der Markierung Nr. 1 zur Sesvennahütte. Zuerst geht es eine asphaltierte Straße entlang, die mitten durch blühende Wiesen bis zur Schliniger Alm (1.868 m) verläuft. Danach wandert man auf einer breiten Forststraße weiter, vorbei am Schwarzwand-Wasserfall, wo es kurz, aber recht steil hinaufgeht. Nach knapp 2 Stunden hat man dann die Sesvennahütte (2.256 m) erreicht. Gleich daneben befindet sich die alte Pforzheimerhütte, die idyllisch an einem kleinen See liegt mit Blick zum höchsten Berg Südtirols, dem Ortler. Sie diente bis zum Brand im Jahre 1964 als Stützpunkt der italienischen Finanzwache, um dem regen Schmuggler-

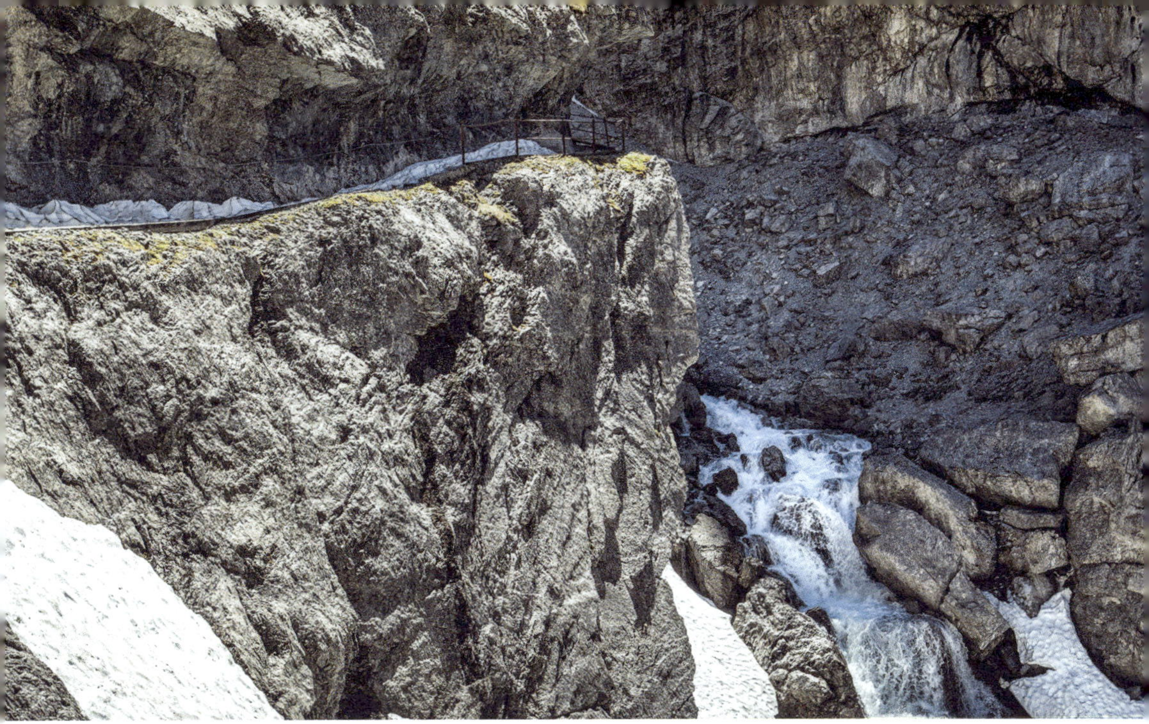

←
Über das weite Hochmoor geht es zur Uinaschlucht

↑
Nicht nur der Weg durch die Schlucht kann zur Herausforderung werden, auch das Fotografieren bei zu starkem Lichtkontrast etwa zur Mittagszeit ist ein schwieriges Unterfangen. {EXIF: Canon EOS 5D Mark II | 17–40 mm @ 30 mm | f/8 | 1/125 s}

aufkommen Einhalt zu gebieten. Nun führt die Markierung Nr. 18 über das relativ flache und weite Hochmoor zum Schlinigpass. Man durchquert eine einmalig schöne Naturlandschaft und zum Sommerbeginn bildet das Schmelzwasser überall kleine Tümpel, in denen sich Hunderte Frösche tummeln. Fast unbemerkt erfolgt dann etwas unterhalb des Schlinigpasses (2.311 m) der Grenzübertritt zur Schweiz. Wären hier nicht ein markierter Stein und ein Kreuz, würde einem dies gar nicht bewusst.
Über die Wiesen der Sursassalm (2.152 m) geht es leicht abwärts und nach 30 Minuten ab dem Pass gelangt man zum Eingang der Uinaschlucht. Atemberaubend führt der in den Fels gesprengte Weg durch das enge Tal. Rund 800 m ragen die Felswände empor, unten tost der Wildbach dahin. Viele Stellen auf dem etwa 600 m langen Pfad durch die Schlucht sind mit einem Geländer und Seilen zum Festhalten gesichert. Trotzdem ist Trittsicherheit und Schwindelfreiheit geboten. Ein einzigartiger Steig, der hier von 1908–1910 in den Fels gehauen wurde.
Auf demselben Weg wie zur Schlucht geht es wieder zurück zum Parkplatz nach Schlinig.

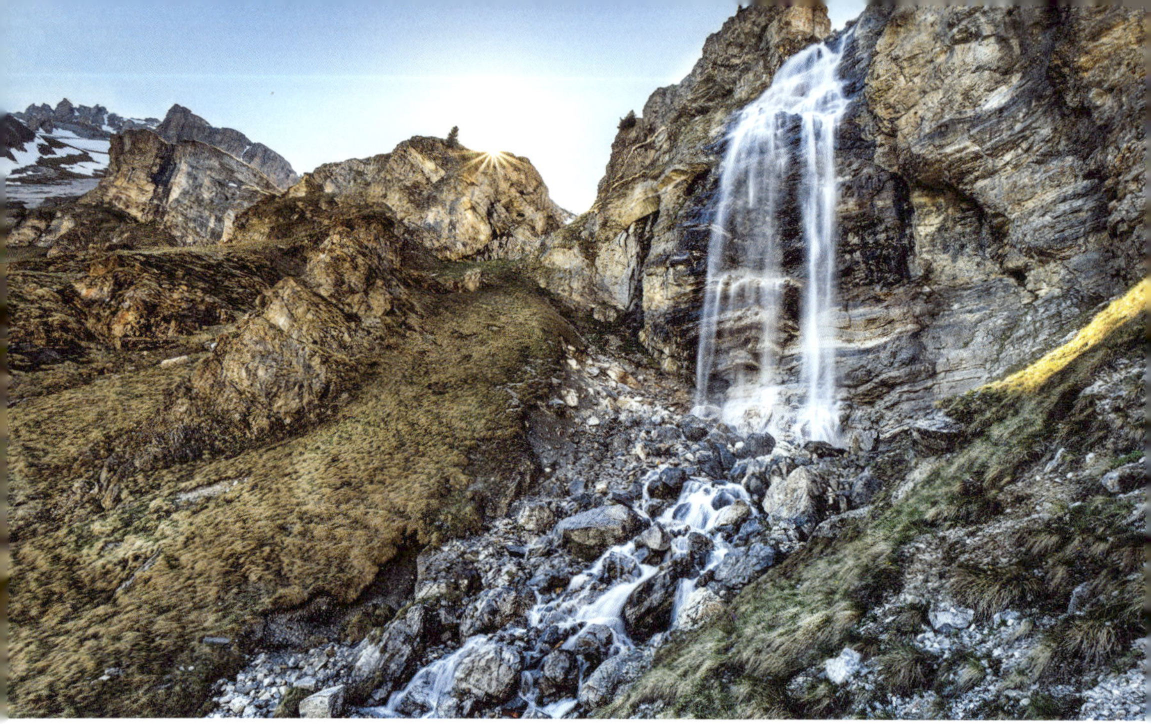

↑
Der Schwarzwand-Wasserfall auf dem Weg zur Sesvennahütte
{EXIF: Canon EOS 5D Mark II | 17–40 mm @ 17 mm | f/22 | 1/6 s}
{GPS: 46.730804, 10.443519}

FOTOTIPP

Blendenstern
Einen tollen Effekt kann man mit einem Blendenstern im Bild erzeugen. Wichtig dabei: Die Linse sollte super sauber sein, weil durch die direkte Sonneneinstrahlung der Schmutz noch sichtbarer wird. Ab Blende 8 wird aus der Sonne ein Stern, und je geschlossener die Blendenöffnung ist, umso länger werden ihre Strahlen. Lässt man den Blendenstern hinter einer Kante hervorschauen, sodass die Sonne teilweise verdeckt ist, erhält man oft ein noch interessanteres Ergebnis (siehe Seite 243).

Wunderschöne Wanderung in herrlicher Landschaft zum Steig durch die Uinaschlucht. Zu Sommerbeginn kann noch Schnee liegen, wodurch die Schlucht möglicherweise nicht zur Gänze passierbar ist.

Von Meran in Richtung Reschen, nach Mals links abzweigen und der Beschilderung nach Schlinig folgen. Durchs Dorf bis zum Parkplatz beim Nordischen Skizentrum.

(mittel)

- Gebiet: Vinschgau, Südtirol
- Tal: Schlinigtal
- Start: Schlinig Parkplatz (gebührenpflichtig)
- Ziel: Schlinig Parkplatz
- Dauer: 6:30 Std.
- Strecke: 19 km
- Aufstieg: 1.105 Hm
- Abstieg: 1.105 Hm
- Wann: Sommer

Landschaft: ●●●●○
Abwechslung: ●●●●○
Kondition: ●●●●○
Technik: ●●○○○

ja

Schlinig Parkplatz (1.740 m) → Weg Nr. 1 zur Sesvennahütte (2.256 m) → Weg Nr. 18 über das Hochmoor zum Schlinigpass (2.311 m) → Grenzübergang zur Schweiz → über die Wiesen der Sursassalm (2.152 m) leicht abwärts zum Eingang der Uinaschlucht → 600 m durch die Schlucht → Rückweg wie Hinweg

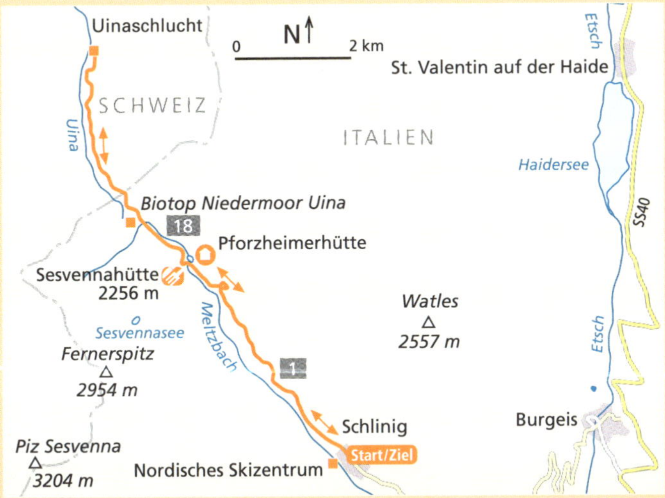

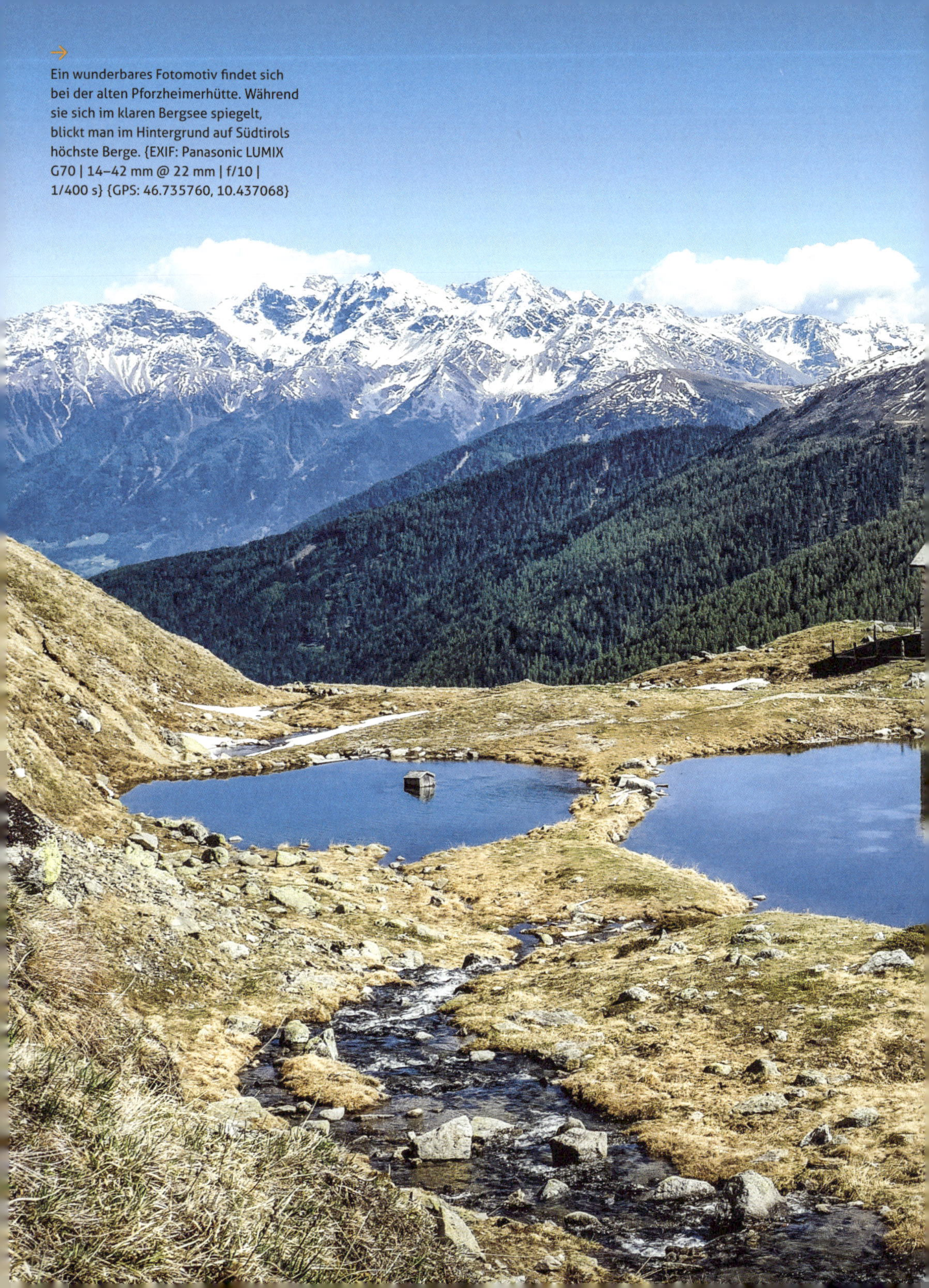

→
Ein wunderbares Fotomotiv findet sich bei der alten Pforzheimerhütte. Während sie sich im klaren Bergsee spiegelt, blickt man im Hintergrund auf Südtirols höchste Berge. {EXIF: Panasonic LUMIX G70 | 14–42 mm @ 22 mm | f/10 | 1/400 s} {GPS: 46.735760, 10.437068}

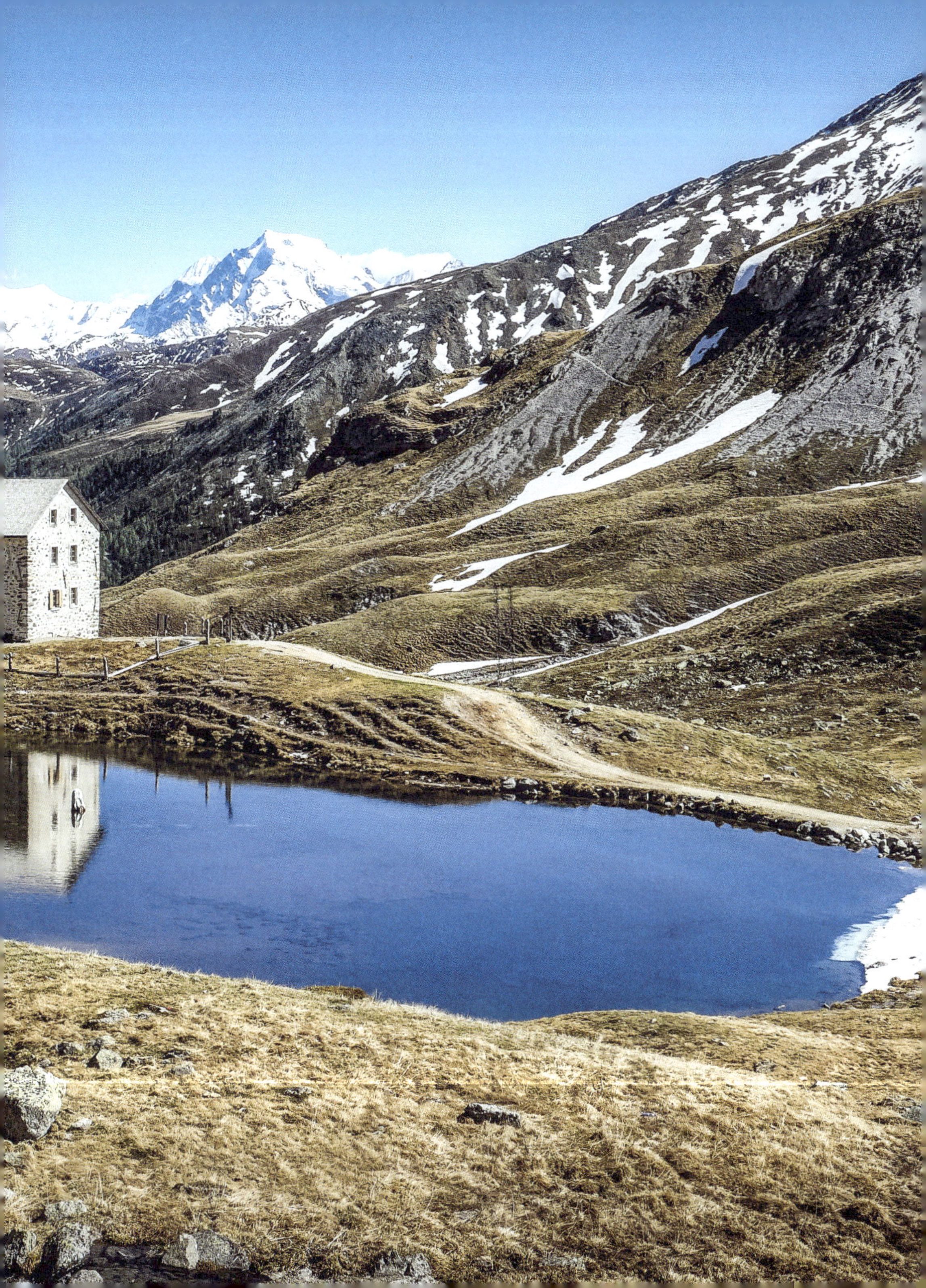

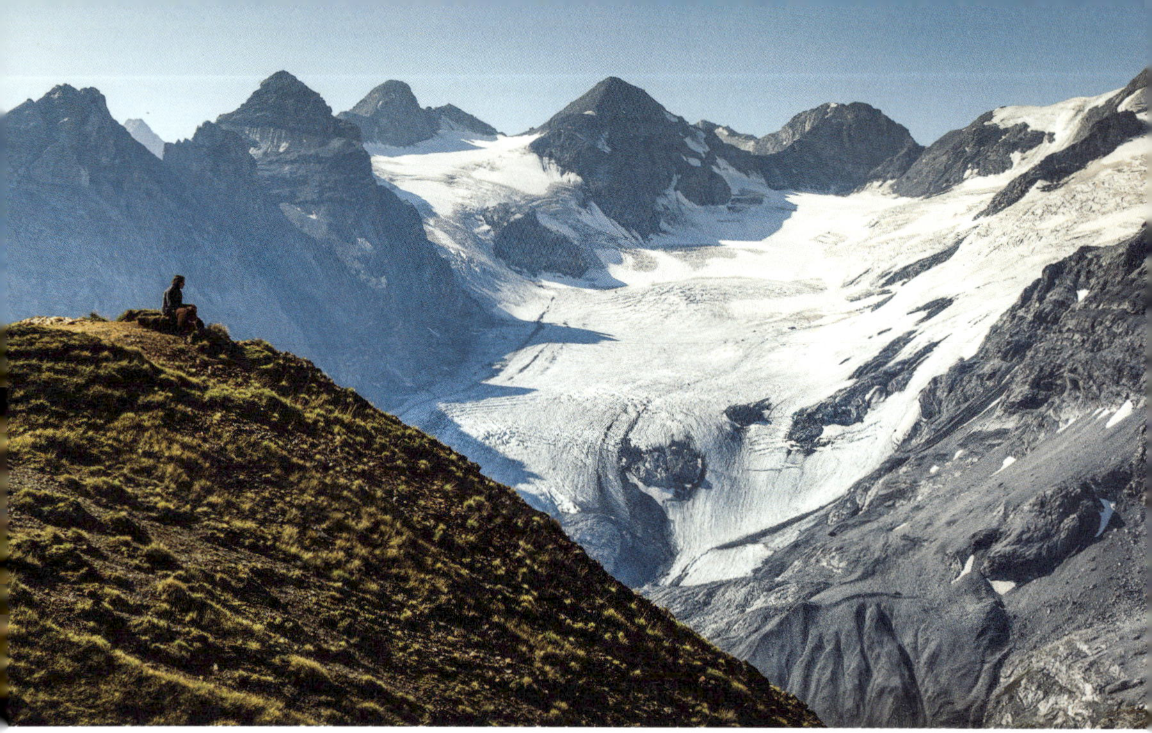

3 Der Goldseeweg

Entlang der Ortlerfront mit Spitzenpanorama

Bereits die Anfahrt zu dieser Wanderung ist ein wahres Erlebnis. Ganze 48 Kehren und über 1.800 Höhenmeter muss man überwinden, um auf das Stilfser Joch zu gelangen. Von dort aus führt dieser geschichtsträchtige Höhenweg hinunter zum Goldsee und weiter zur Furkelhütte. Auf der gesamten Strecke eröffnet sich ein beeindruckender Blick auf den Ortler, die kühne Stilfser-Joch-Straße und die Gletscher mit der Trafoier Eiswand.

Start ist die Passhöhe des Stilfser Jochs (2.757 m). Am besten fährt man von Trafoi aus mit dem öffentlichen Bus. Die Bushaltestelle befindet sich beim ehemaligen Hotel Post unterhalb der Sessellift-Talstation.
Von der Passhöhe geht man das kurze, aber steile Stück zur Dreisprachenspitze (2.838 m) hoch, wo sich an der Grenze zur Schweiz die Garibaldihütte befindet. Ab hier muss man nur mehr der Markierung Nr. 20 bis zur Furkelhütte folgen, die man in etwa 2:30 Stunden erreicht. Der Weg führt stetig leicht bergab und entlang der Strecke geben zahlreiche Infotafeln Auskunft über diesen strategisch wichtigen Abschnitt der Ortlerfront im Ersten Weltkrieg. Bereits nach dem ersten

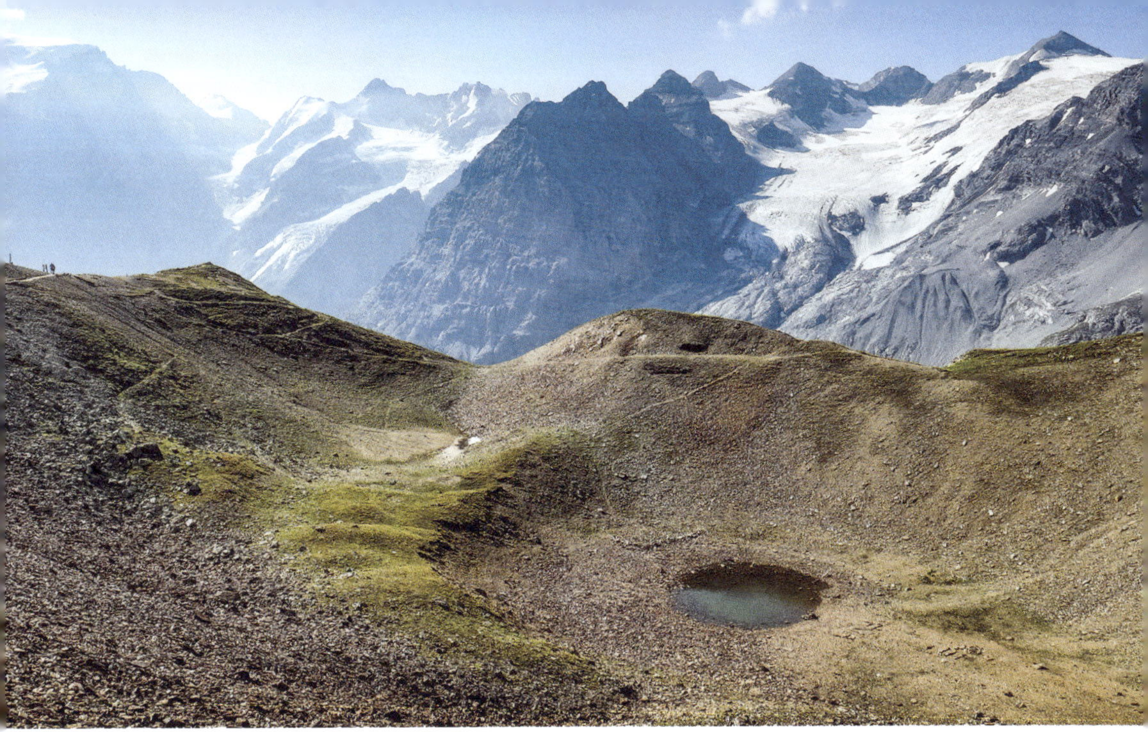

←
Mit einem Teleobjektiv rücken Vorder- und Hintergrund näher zusammen {EXIF: Canon EOS 5D Mark II | 70–200 mm @ 70 mm | f/5,6 | 1/1250 s}

↑
Der Goldsee – umgeben von einer imposanten Berglandschaft {EXIF: Panasonic LUMIX G70 | 14–42 mm @ 14 mm | f/8 | 1/500 s}

Kilometer trifft man beispielsweise auf die Überreste des Lempruchlagers, ein Baracken- und Nachschublager des österreichischen Militärs.
Während man auf dem schmalen, aber gut ausgebauten Pfad talauswärts wandert, hat man einen hervorragenden Blick auf die gegenüberliegende Talseite und den Ortler (3.905 m), Südtirols höchsten Berg. Nicht weniger imposant sind die danebenliegenden Gletscher mit der Trafoier Eiswand. Nach 45 Minuten führt der Weg in weitem Bogen um den kleinen Goldsee herum und man erreicht die Ruinen einer weiteren Kriegsstellung. Von hier lässt sich ein toller Blick zurück auf die Serpentinen der Stilfser-Joch-Straße werfen. Danach hat man noch ca. 5,5 km in dieser herrlichen Landschaft vor sich, bis man an der Furkelhütte (2.153 m) ankommt. Nun kann man entweder mit dem Sessellift nach Trafoi hinunterfahren oder man geht zu Fuß in etwa 1:15 Stunden über den Waldweg Nr. 17 hinab ins Tal.

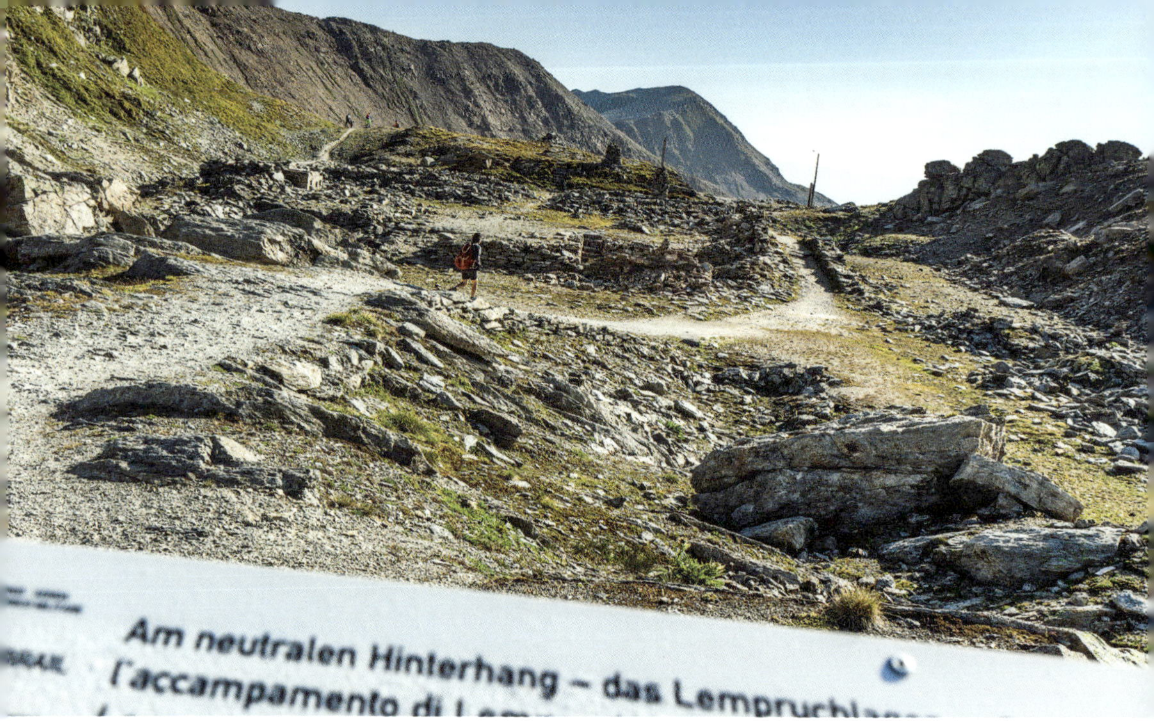

↑ Überreste alter Stellungen – hier verlief im Ersten Weltkrieg die Ortlerfront.

↓ Der Blick zurück {EXIF: Canon EOS 5D Mark II | 24–70 mm @ 45 mm | f/8 | 1/500 s} {GPS: 46.538422, 10.473480}

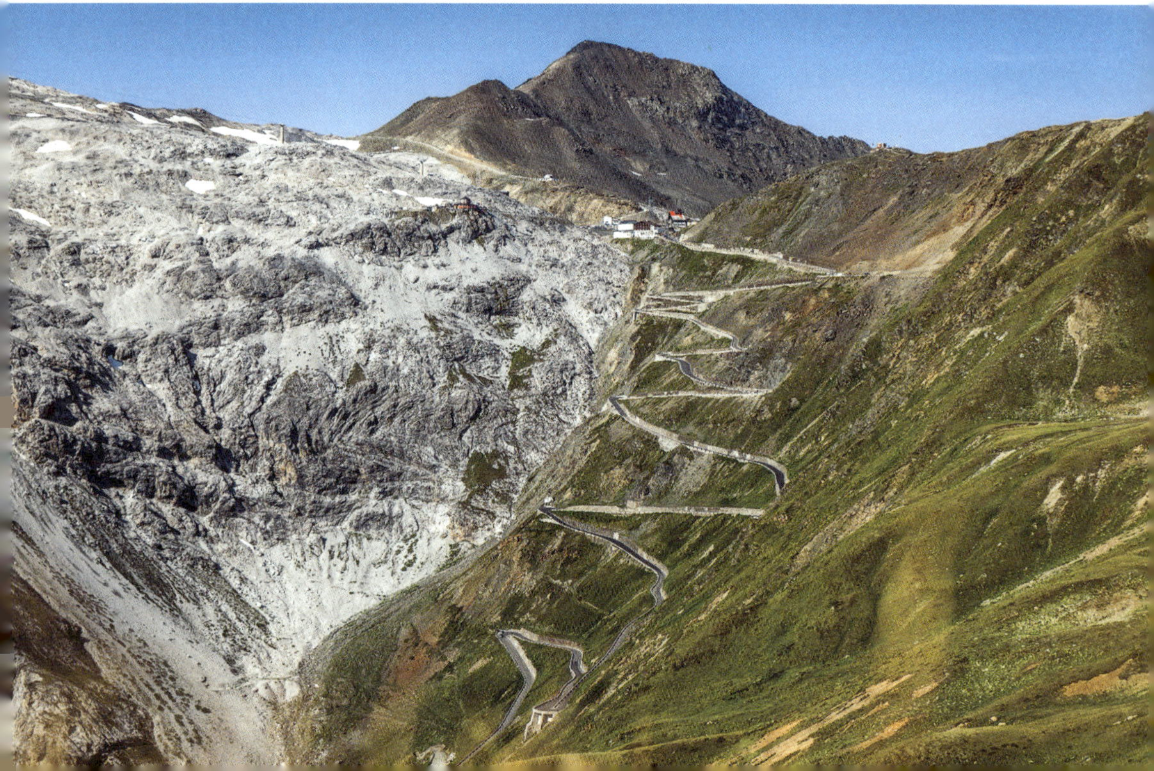

Eine einfache Wanderung im Hochgebirge mit einem lohnenden Ausblick auf den Ortler und die Gletscher. Trittsicherheit ist bei dem schmalen Weg im abschüssigen Gelände empfohlen.

Von Meran in Richtung Vinschgau nach Prad und von dort hinauf auf das Stilfser Joch.

(leicht)

- Gebiet: Vinschgau, Südtirol
- Tal: Trafoital
- Start: Stilfser Joch
- Ziel: Trafoi
- Dauer: 4:00 Std.
- Strecke: 13 km
- Aufstieg: 120 Hm
- Abstieg: 1.367 Hm
- Wann: Sommer, Herbst

Landschaft: ●●●●●
Abwechslung: ●●●●○
Kondition: ●●○○○
Technik: ●●○○○

ja

Passhöhe des Stilfser Jochs (2.757m) → hoch zur Dreisprachenspitze (2.838 m) und Garibaldihütte → Weg Nr. 20 bis zur Furkelhütte (2.153 m) → mit Sessellift oder zu Fuß (Weg Nr. 17) nach Trafoi

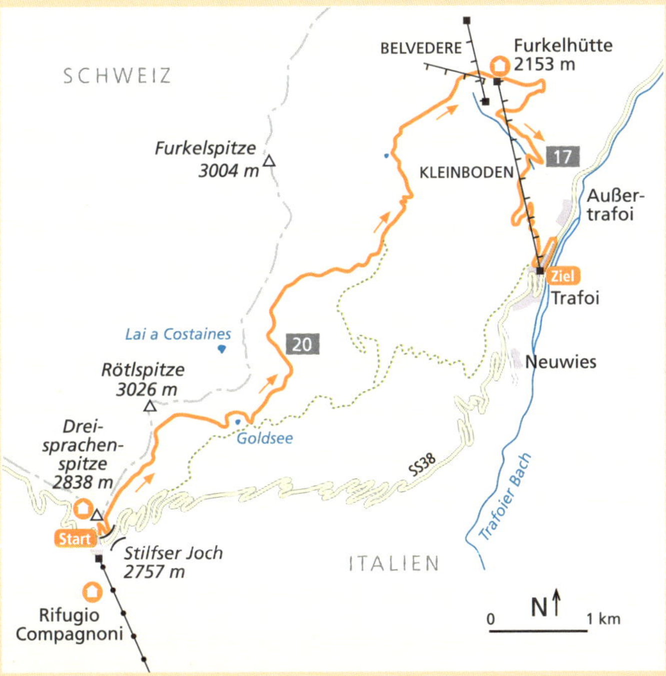

TOP FOTOSPOT

Stilfser Joch

Das Stilfser Joch ist mit seinen 2.757 m nicht nur der höchste Gebirgspass in Südtirol, sondern es wurde auch durch eine der spektakulärsten Passstraßen der Alpen erschlossen. Ganze 48 Kehren und über 1.800 Höhenmeter muss man überwinden, ehe man oben ankommt. Von dort hat man einen grandiosen Blick auf diesen kurvenreichen Fotospot und zugleich auf Südtirols höchsten Berg, den Ortler (3.905 m). Wem das noch nicht reicht, baut die Fahrt über die Westrampe nach Bormio in seine Route ein. Hier warten noch einmal 34 Kehren purer Fahrspaß inmitten einer wunderbaren Landschaft.
Wenn man schon einmal dort ist, zahlt sich die geschichtsträchtige Wanderung auf dem Goldseeweg aus (siehe Seite 24).

Koordinaten: 46.529726, 10.454553
Wie kommt man hin: Von Prad am Stilfser Joch geht es hinauf auf den Pass.
Exif-Daten: Canon EOS 5D Mark II | 17–40 mm @ 21 mm | f/14 | 1/25 s
Aufnahmedatum: 05.08. – 06:20 Uhr

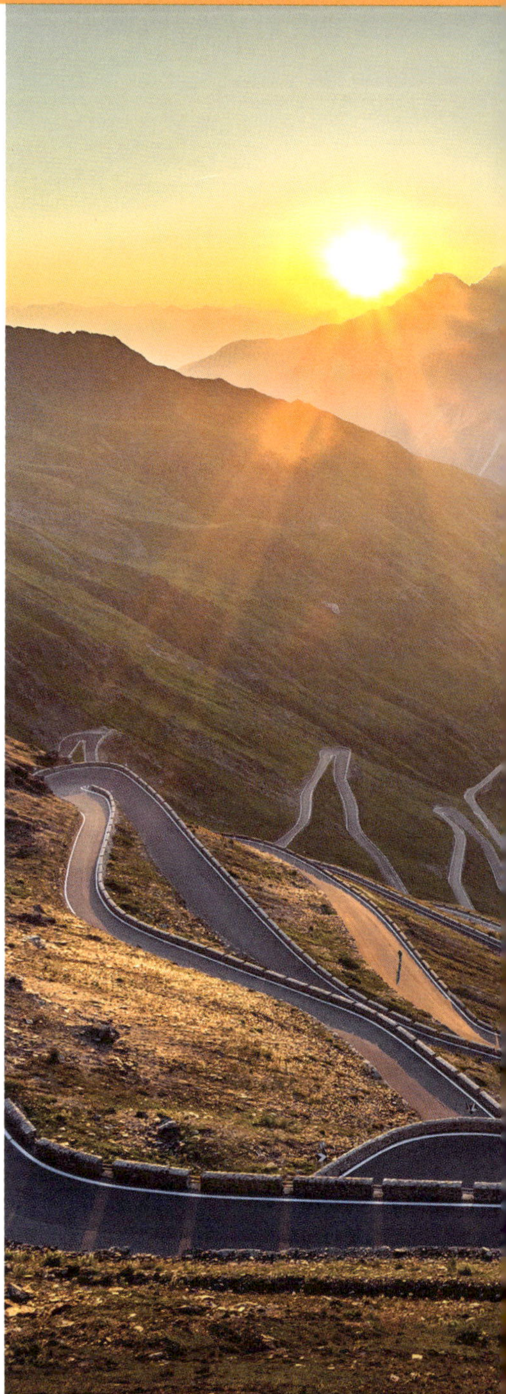

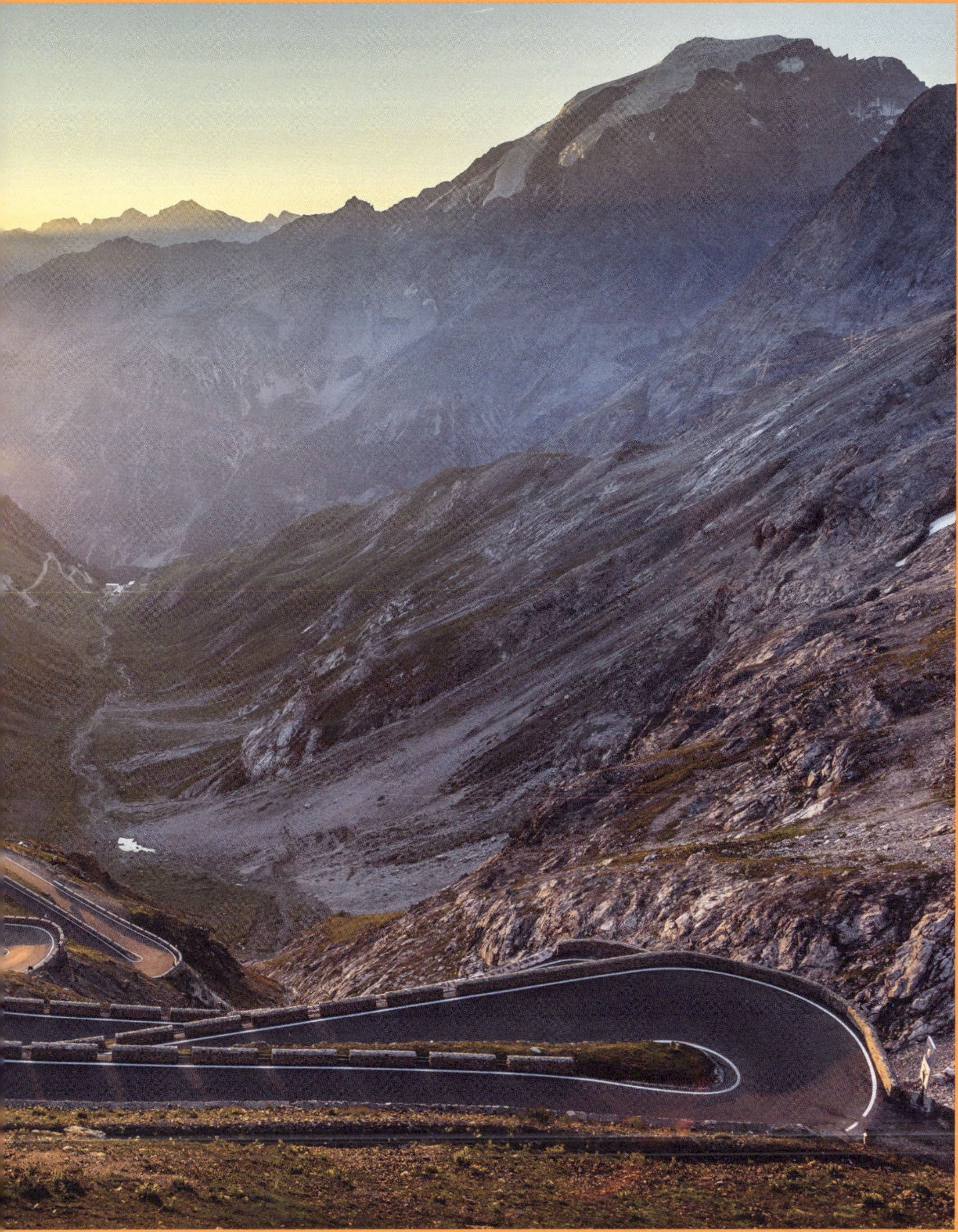

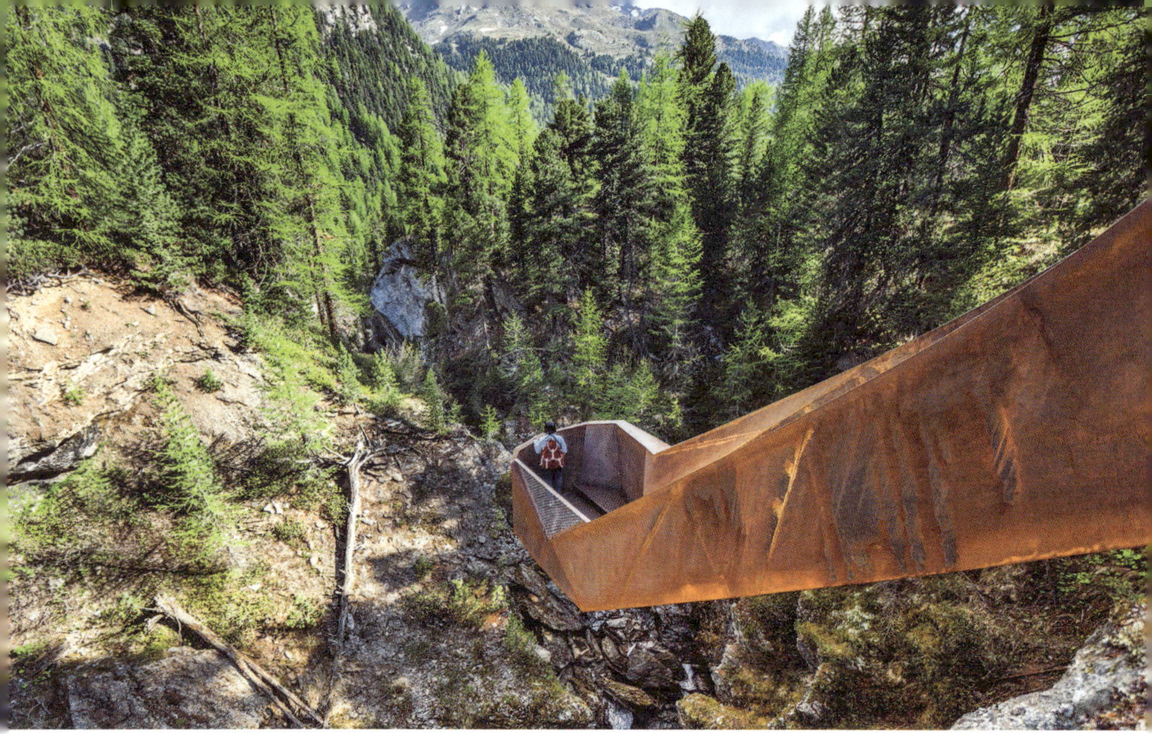

4 Der Plima-Schluchtenweg

Eine erlebnisreiche Wanderung

Im hinteren Martelltal befindet sich die Plimaschlucht. Wildromantisch und absolut faszinierend stürzt hier das Schmelzwasser aus den Gletschern der Zufallspitze tosend zu Tal. Um den Besuchern dieses Naturschauspiel noch näherzubringen, wurden vier begehbare Stahlkonstruktionen errichtet.

Ausgangspunkt dieser gemütlichen Rundwanderung ist der Parkplatz im Marteller Talschluss (2.052 m). Der Markierung „Erlebnis Plimaschlucht" folgend, überquert man eine Brücke und kommt kurz darauf rechts an einem kleinen See vorbei. Blickt man auf die andere Seeseite, kann man das Grand Hotel Paradiso sehen, das hier Mitte der 30er-Jahre gebaut wurde und nach einer kurzen Blütezeit bis heute leer steht.

Entlang des Wanderweges, der stetig leicht aufwärts führt, zweigt man immer wieder kurz ab, um zu den Erlebnispunkten zu gelangen. Gleich zu Beginn kommt man an die Kelle, die weit über die Klippe ragt und sogar einige Meter weit nach unten in die Klamm führt. Danach folgt die Sichel, ein Halbkreis, der über den Schluchtenrand hinausreicht und ein tolles Panorama bietet. Wenig

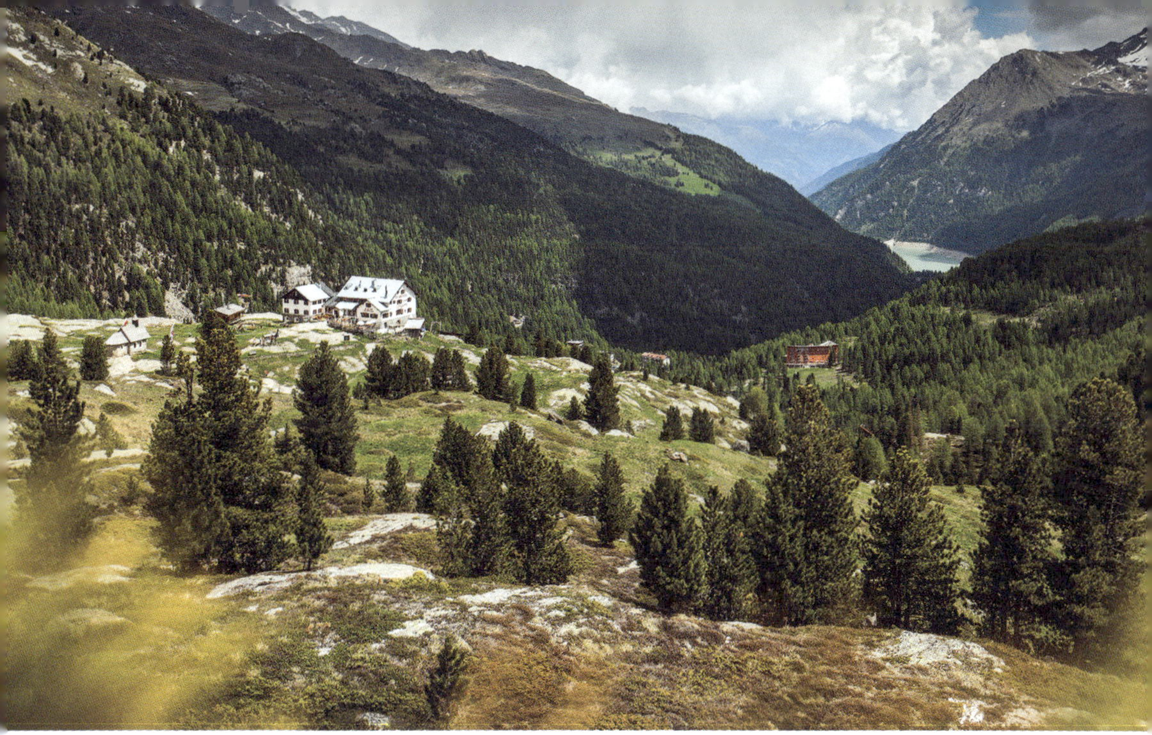

←
Weit über die Kante ragt die Kelle (1. Erlebnispunkt) in die Schlucht hinein {EXIF: Canon EOS 5D Mark II | 17–40 mm @ 17 mm | f/5 | 1/200 s}

↑
Blick auf die Zufallhütte und das ehemalige Luxushotel Valmartello al Paradiso del Cevedale {EXIF: Canon EOS 5D Mark II | 17–40 mm @ 30 mm | f/8 | 1/400 s}

später erreicht man über ein paar Treppen den leicht erhöhten Erlebnispunkt Nr. 3, die Kanzel.
Den 4. Erlebnispunkt, die Hängebrücke, überquert man dann allerdings nicht, sondern geht zuerst über den Weg Nr. 31 weiter, ehe man rechts auf den Panoramaweg Nr. 40 abzweigt. Man folgt diesem bis zur alten Staumauer, die man nach knapp einer Stunde ab Start erreicht. Dort lässt sich auf großen Holzliegestühlen die Landschaft genießen. Der Bau, wie die Staumauer genannt wird, wurde Ende des 19. Jhs. errichtet, um das plötzliche Ausbrechen von Gletscherseen zu verhindern. Damals erstreckte sich der Zufallferner noch bis zum Talboden.
Danach geht es über die Steinmauer auf die andere Talseite, wo man rechts auf den Pfad zur 15 Minuten entfernten Zufallhütte (2.265 m) abzweigt. Gegenüber der Hütte steht die kleine Herz-Jesu-Kapelle, die hier im Ersten Weltkrieg 1915 errichtet wurde. Der Markierung Nr. 103 folgend, geht man rechts an der Zufallhütte vorbei, um dann auf dem Weg auf der linken Seite der Plimaschlucht talauswärts zum Ausgangspunkt zurückzukehren.

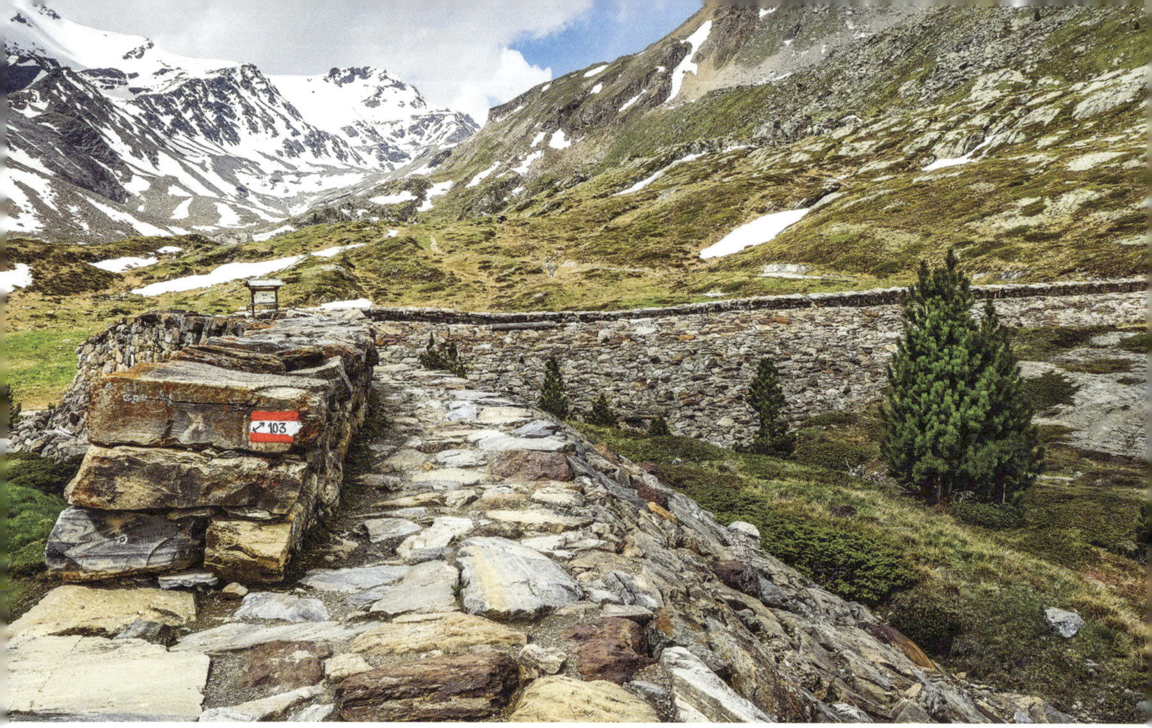

↑ Der Wanderweg führt über die alte Staumauer

FOTOTIPP

Vordergrund macht Bild gesund
Die Kombination von Vordergrund und Hintergrund ist ein wichtiger Aspekt in der Bildgestaltung. Damit ein Bild nicht flach und langweilig erscheint, helfen markante Elemente im Vordergrund, sie verleihen der Aufnahme Tiefe und bauen einen Raum auf. So erscheint das Foto interessanter und dreidimensionaler. Es heißt nicht umsonst „Vordergrund macht Bild gesund".

Eine abwechslungsreiche Rundwanderung für die ganze Familie, bei der man an vier Erlebnispunkten interessante Einblicke in die Plimaschlucht erhält.

Von Meran auf der Staatsstraße in Richtung Vinschgau, bei Latsch links nach Goldrain/Martelltal abzweigen. Bei Goldrain ins Martelltal abbiegen und bis zum Talschluss fahren.

(leicht)

- Gebiet: Vinschgau, Südtirol
- Tal: Martelltal
- Start: Parkplatz Talschluss von Martell (gebührenpflichtig)
- Ziel: Parkplatz Talschluss von Martell
- Dauer: 2:00 Std.
- Strecke: 5 km
- Aufstieg: 270 Hm
- Abstieg: 270 Hm
- Wann: Frühling, Sommer, Herbst

Landschaft: ●●●●○
Abwechslung: ●●●●●
Kondition: ●●●○○
Technik: ●●○○○

ja

Parkplatz Talschluss von Martell (2.052 m) → Markierung „Erlebnis Plimaschlucht" → vor dem 4. Erlebnispunkt auf den Weg Nr. 31 abzweigen → Panoramaweg Nr. 40 über die Staumauer bis zur Zufallhütte (2.265 m) → Weg Nr. 103 talauswärts zum Ausgangspunkt

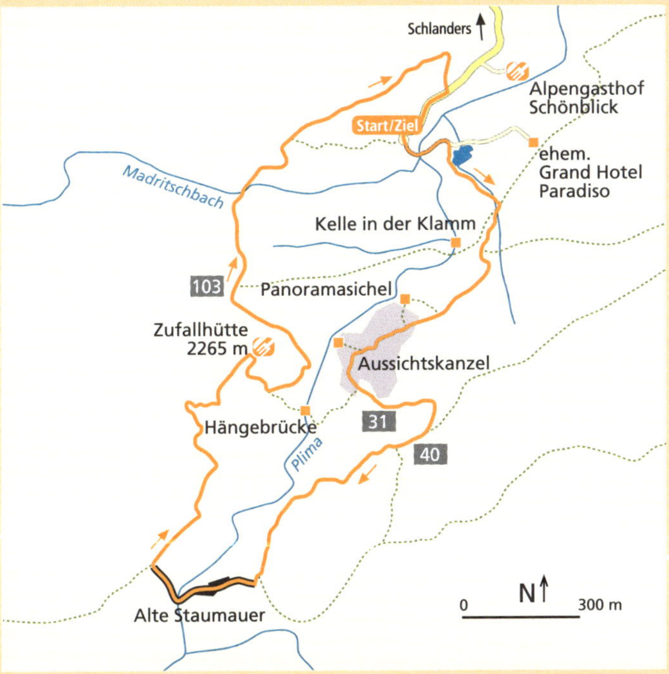

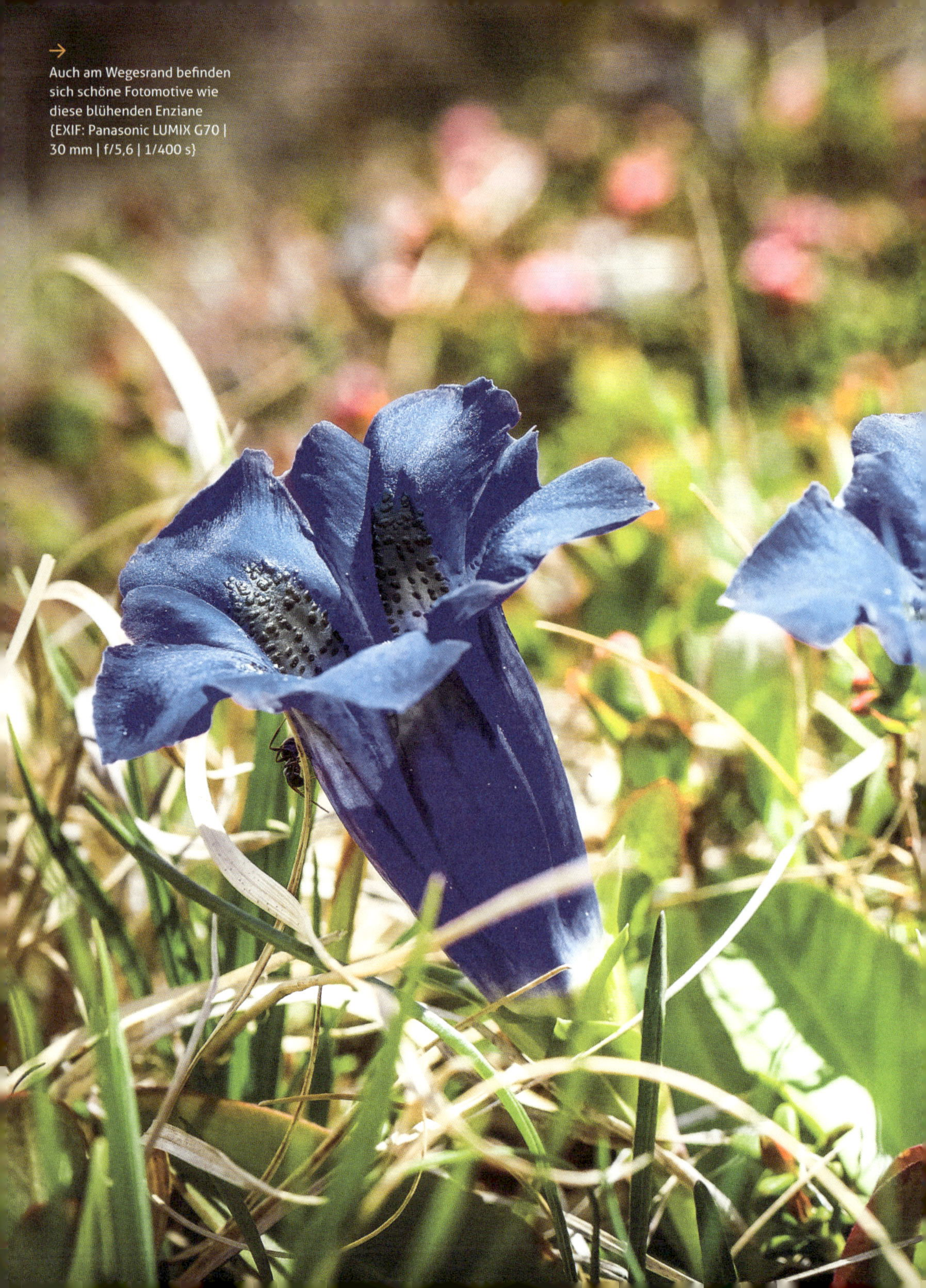

→ Auch am Wegesrand befinden sich schöne Fotomotive wie diese blühenden Enziane {EXIF: Panasonic LUMIX G70 | 30 mm | f/5,6 | 1/400 s}

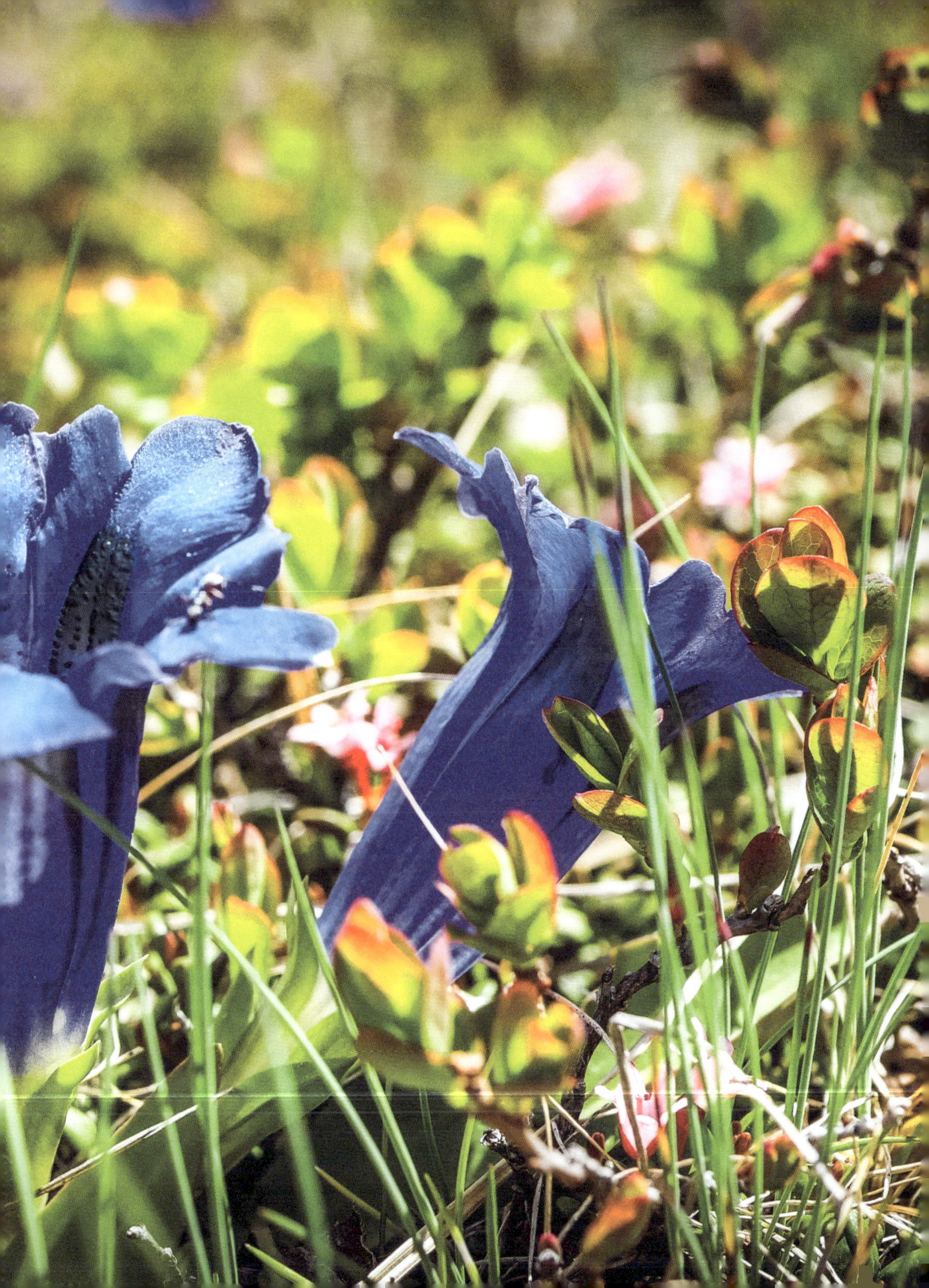

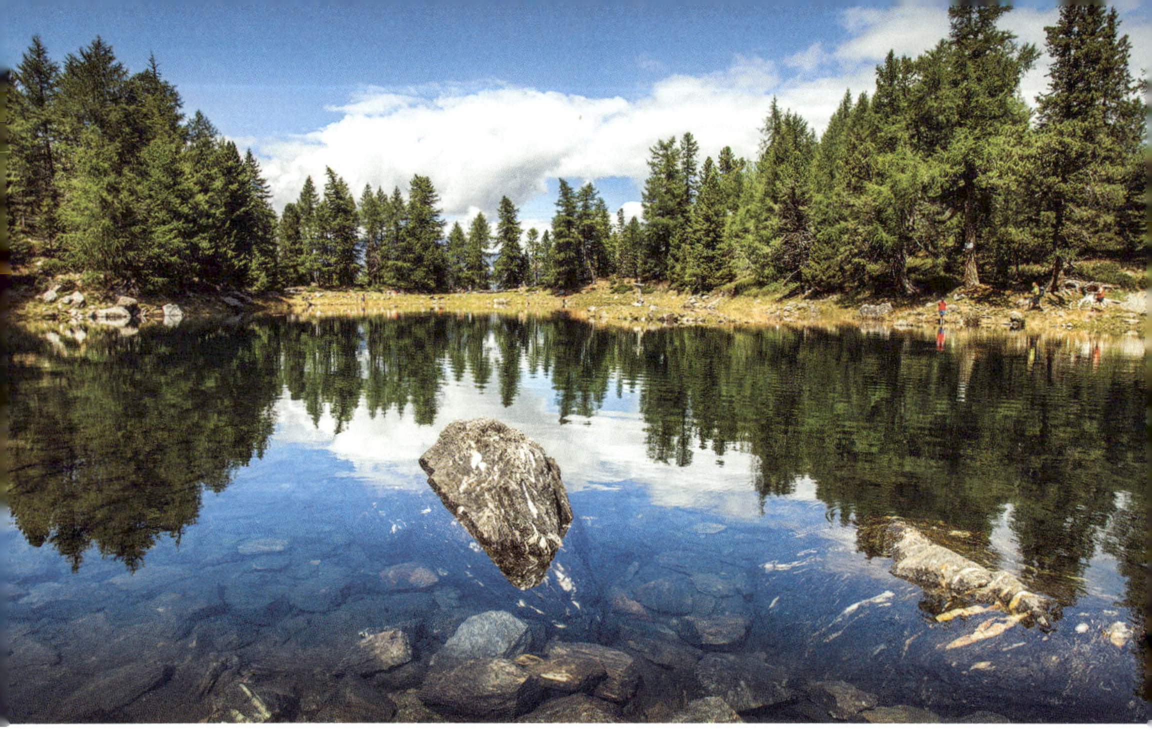

5 Wanderung durch das Zirmtal

Zum Zirmtalsee und den einsamen Plombodenseen

Diese eindrucksvolle Bergwanderung verlangt zwar einiges an Kondition, ist landschaftlich aber sehr abwechslungsreich. Belohnt wird man mit mehreren Bergseen und einem fantastischen Ausblick über den Vinschgau. Nebenbei gibt es auch noch einige Möglichkeiten zur Einkehr.

Die Tagestour beginnt am Parkplatz Schartegg (1.480 m) oberhalb von Tschars, wo die Forststraße Nr. 4 zunächst leicht bergauf führt, bevor man auf den Weg mit der Markierung Nr. 18A abzweigt. Auf einem recht steilen Weg erreicht man nach etwa einer Stunde die Tomberger Alm/Altalm (1.841 m). Anstrengend bleibt es weiterhin, denn nun geht es nochmals eine knappe Stunde über einen Waldpfad stetig hinauf. Nur gut, dass manch lichte Stelle den Blick hinunter ins Tal freigibt, so kann man sich nebenbei an der Aussicht erfreuen.

Eingebettet zwischen Zirbelkiefern und Lärchen liegt dann der malerische Zirmtalsee vor einem. Wer mag, legt hier eine Pause ein und gönnt sich ein kühlendes Fußbad im kristallklaren Wasser. Gleich daneben befindet sich die Zirmtalalm, bei der man sich mit einer Mahlzeit stärken kann. Ist man bis

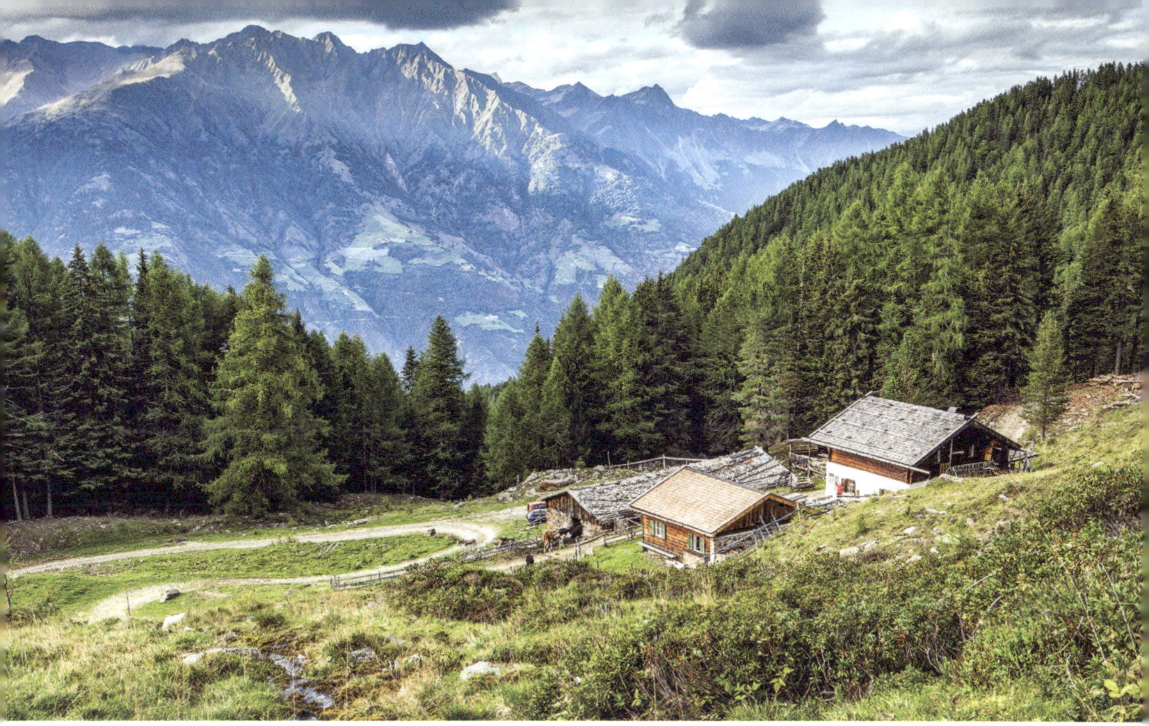

←
Nach einem relativ anstrengenden Aufstieg erwartet einen der malerisch gelegene Zirmtalsee {EXIF: Canon EOS 5D Mark II | 17–40 mm @ 21 mm | f/9 | 1/80 s}

↑
Nach einem steilen Abstieg gelangt man zur Tablander Alm, von wo es nicht mehr weit bis zum Ausgangspunkt ist.

zu diesem beliebten Ausflugsziel gar einigen Wanderern begegnet, wird es nun schon fast einsam. Der Markierung Nr. 18 folgend, geht es hinauf zu den Plombodenseen. Gleich nach dem Zirmtalsee kommt man an seinem Zulauf vorbei, einem wilden Bächlein, das sprudelnd seinen Lauf zieht. Danach schraubt sich der Steig durch eine karge, aber wunderbare Landschaft den Berg hoch.
Nach 1:30 Stunden ab dem Zirmtalsee hat man die beiden Plombodenseen (2.488 m) erreicht, einzig das Gebimmel der Kuhglocken durchbricht hier oben die Stille und bei gutem Wetter reicht der Blick von hier bis zu den fernen Gipfeln der Dolomiten. Über den Weg Nr. 18(B) geht es zunächst zwischen den beiden Seen durch und dann bergab, bis man auf die Markierung Nr. 5 trifft. Der folgt man nun bis zur Tablander Alm (1.751 m), die man nach etwa 1:20 Stunden erreicht. Die Forststraße Nr. 4 führt schlussendlich wieder zurück zum Parkplatz.

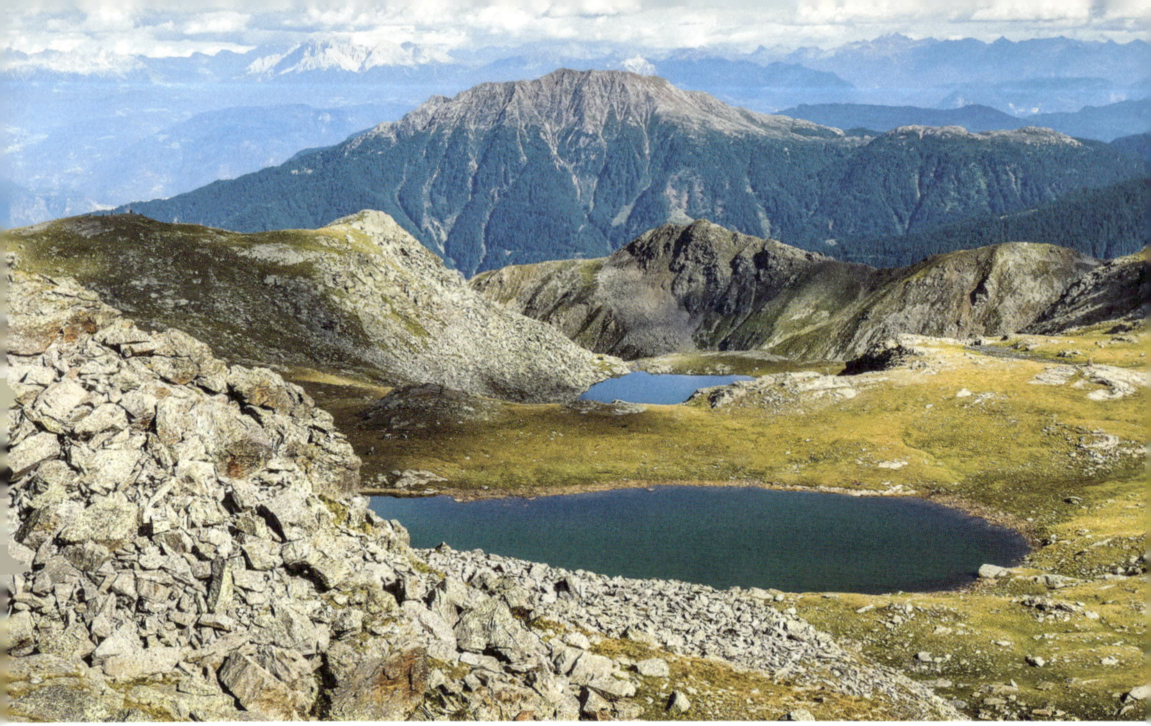

↑
Die Kombination von Vorder-, Mittel- und Hintergrund lässt das Bild interessanter erscheinen und gibt ihm Tiefe {EXIF: Panasonic LUMIX G70 | 14–42 mm @ 27 mm | f/10 | 1/320 s} {GPS: 46.584600, 10.973400}

FOTOTIPP

Im RAW-Format fotografieren
Wer seine Bilder im Nachhinein noch gerne bearbeitet, der sollte die Fotos im RAW-Format speichern. Dies kann direkt in der Kamera eingestellt werden. Damit erhält man den größtmöglichen Spielraum und kann z. B. den Weißabgleich nachträglich anpassen oder bei komplizierten Lichtverhältnissen noch jede Menge Informationen bei zu hellen oder zu dunklen Stellen zurückholen. Der Nachteil dabei: Eine RAW-Datei verbraucht mehr Speicherplatz und es ist notwendig, die Dateien am PC mit einer Software in ein universelles Dateiformat (z. B. JPEG) zu konvertieren.

Die Wanderung führt vorbei am wunderschönen Zirmtalsee und hinauf durch die karge Landschaft des gleichnamigen Tales. Wer diese etwas längere Tour nicht scheut, der wird mit einer tollen Aussicht und viel Ruhe bei den Plombodenseen belohnt.

Von Meran in Richtung Vinschgau, bei der Ampel in Tschars links abbiegen nach Tomberg und hoch bis zum Parkplatz Schartegg fahren.

(mittel)

- Gebiet: Vinschgau, Südtirol
- Tal: Zirmtal
- Start: Parkplatz Schartegg, Tomberg
- Ziel: Parkplatz Schartegg, Tomberg
- Dauer: 5:45 Std.
- Strecke: 14 km
- Aufstieg: 1.165 Hm
- Abstieg: 1.165 Hm
- Wann: Sommer, Herbst

Landschaft: ●●●●○
Abwechslung: ●●●○○
Kondition: ●●●●●
Technik: ●●●○○

ja

Parkplatz Schartegg (1.480 m), Tomberg → Forststraße Nr. 4 bergauf → Weg Nr. 18A bis zur Tomberger Alm/Altalm (1.841 m) und weiter zum Zirmtalsee und zur Zirmtalalm → Weg Nr. 18 hinauf zu den Plombodenseen (2.488 m) → Weg Nr. 18(B) → Markierung Nr. 5 bis zur Tablander Alm (1.751 m) → Forststraße Nr. 4 zurück zum Parkplatz

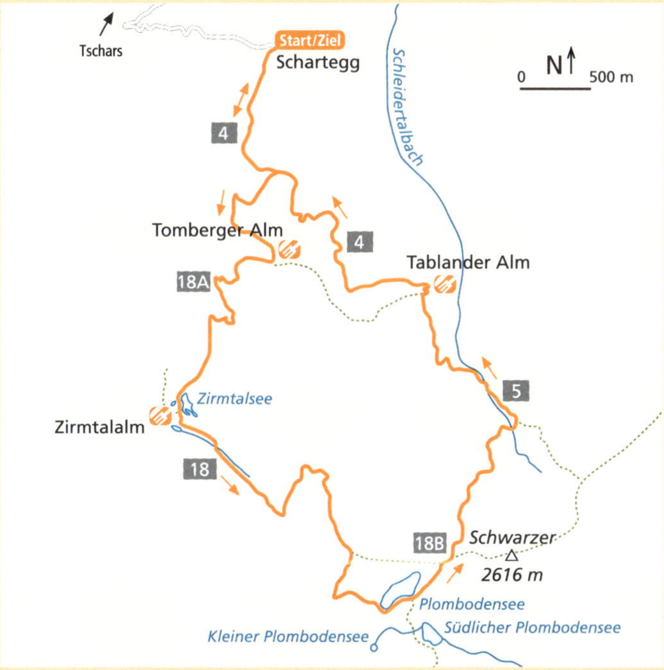

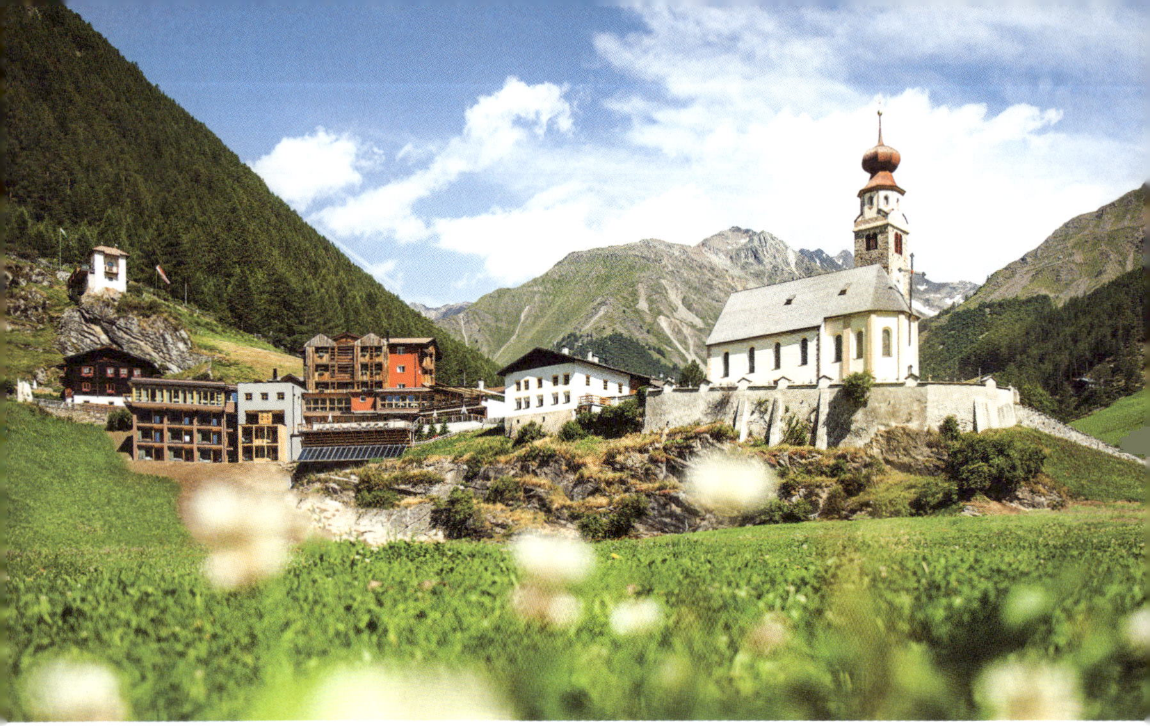

6 Auf den Mastaunpichl

Wandern im Schnalstal

Die Rundwanderung auf den Mastaunpichl (auch Lafetzberg) im Schnalstal ist technisch wenig schwierig, dafür sollte man aber eine gute Kondition mitbringen, da es teilweise recht steil hinaufgeht. Entlohnt wird man dafür mit einer wunderschönen und ruhigen Landschaft.

Die Wanderung beginnt in der kleinen Ortschaft Unser Frau im Schnalstal (1.519 m), direkt neben der gleichnamigen Wallfahrtskirche. Der Markierung Nr. 17A folgend, geht es vorbei am Hotel Tonzhaus, das sich gut dafür eignet, ein paar Tage im Schnalstal zu verbringen, gemütlich hinauf bis zum Mastaunhof (1.636 m) und weiter bis zur Mastaunalm. Die Forststraße wechselt sich immer wieder mit einem Pfad ab, daneben rauscht der Mastaunbach Richtung Tal und die Wiesen blühen in den buntesten Farben. Nach etwa einer Stunde hat man dann die urige Mastaunalm (1.822 m) erreicht, die zum Einkehren einlädt.
Kurz darauf geht es über den Weg Nr. 19 hinauf zum Mastaunpichl. Ab hier säumen Alpenrosen den steilen Weg, für den etwas Kondition gefragt ist. Nach insgesamt ca. 1:45 Stunden ist man oben auf dem Mastaunpichl

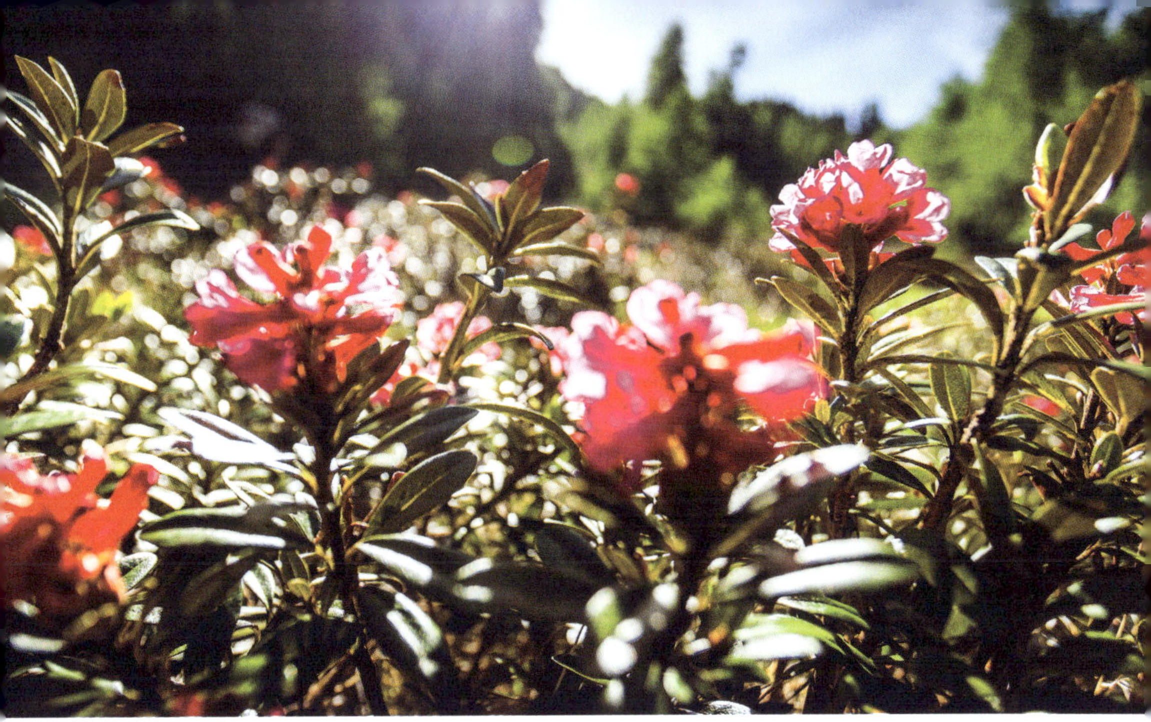

←
Start und Ziel der Wanderung, das Dorf Unser Frau im Schnalstal {EXIF: Canon EOS 5D Mark II | 24–70 mm @ 28 mm | f/2.8 | 1/2500 s}

↑
Wer diese Wanderung zwischen Juni und August angeht, der kann die Alpenrosen in ihrer ganzen Blütenpracht erleben.

(2.285 m) angekommen und kann nun das Panorama auf die Berge und den Blick hinunter auf Unser Frau genießen.
Der Rückweg mit der Markierung Nr. 19 führt über schmale Pfade zurück zum Ausgangspunkt. Bei der Lafetzalm (2.015 m), die man nach knapp 35 Minuten ab dem Gipfel erreicht, bietet sich noch einmal die Möglichkeit einer Einkehr.
Kurz vor dem Ende der Wanderung passiert man eine kleine Brücke mit einem Wasserfall und erreicht wenig später wieder den Parkplatz bei der Wallfahrtskirche Unser Frau in Schnals.

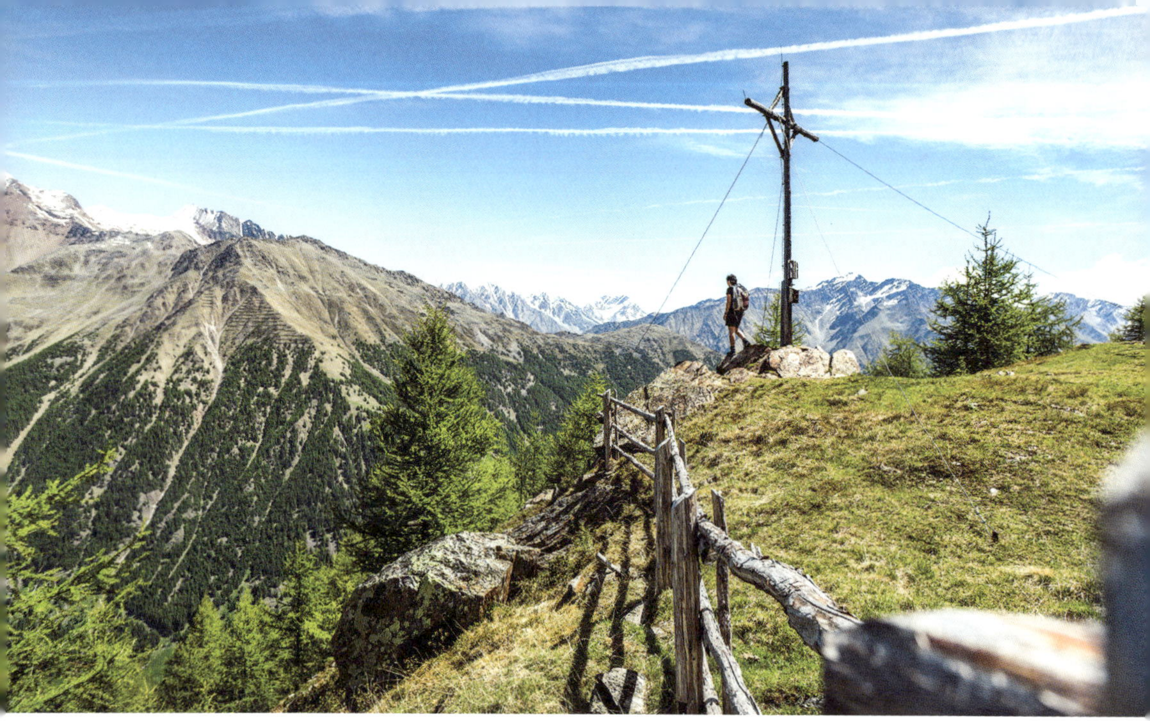

↑
Der alte Zaun als führende Linie lenkt das Auge auf den Wanderer beim Gipfelkreuz
{EXIF: Canon EOS 5D Mark II | 17–40 mm @ 21 mm | f/6,3 | 1/500 s}
{GPS: 46.706962, 10.853761}

FOTOTIPP

Symmetrie
Die Symmetrie bringt Ruhe, Ordnung und Ausgewogenheit ins Bild und wird deshalb vom Betrachter als sehr angenehm empfunden. Sie entsteht, wenn sich Bildelemente durch Spiegelungen, Rotationen oder Anreihungen wiederholen. Symmetrie kommt in der Natur häufig vor; symmetrisch sind z. B. die Flügel eines Schmetterlings, ein Hirschgeweih, ein Eiskristall, eine Sonnenblume oder eine Spiegelung (siehe Seite 222).

Eine technisch leichte Rundwanderung, die etwas Kondition erfordert. Dafür erlebt man die schöne Landschaft und die urigen Hütten im ruhigen Mastauntal.

Von Meran in Richtung Vinschgau, kurz nach Naturns rechts ins Schnalstal abzweigen und weiter bis nach Unser Frau. Parkplätze gegenüber der Wallfahrtskirche.

(mittel)

- Gebiet: Vinschgau, Südtirol
- Tal: Schnalstal
- Start: Unser Frau – Parkplatz bei der Kirche
- Ziel: Unser Frau – Parkplatz bei der Kirche
- Dauer: 3:15 Std.
- Strecke: 7,3 km
- Aufstieg: 785 Hm
- Abstieg: 785 Hm
- Wann: Sommer, Herbst

Landschaft: ●●●○○
Abwechslung: ●●●○○
Kondition: ●●●●○
Technik: ●●○○○

ja

Parkplatz bei der Kirche in Unser Frau (1.519 m) → Weg Nr. 17A bis zur Mastaunalm (1.822 m) → Weg Nr. 19 hinauf zum Mastaunpichl (2.285 m) → Weg Nr. 19 hinunter zum Ausgangspunkt

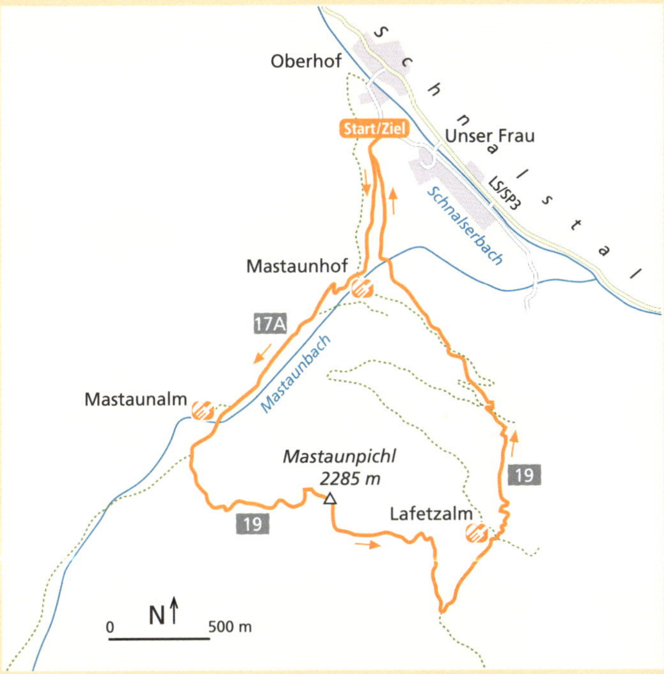

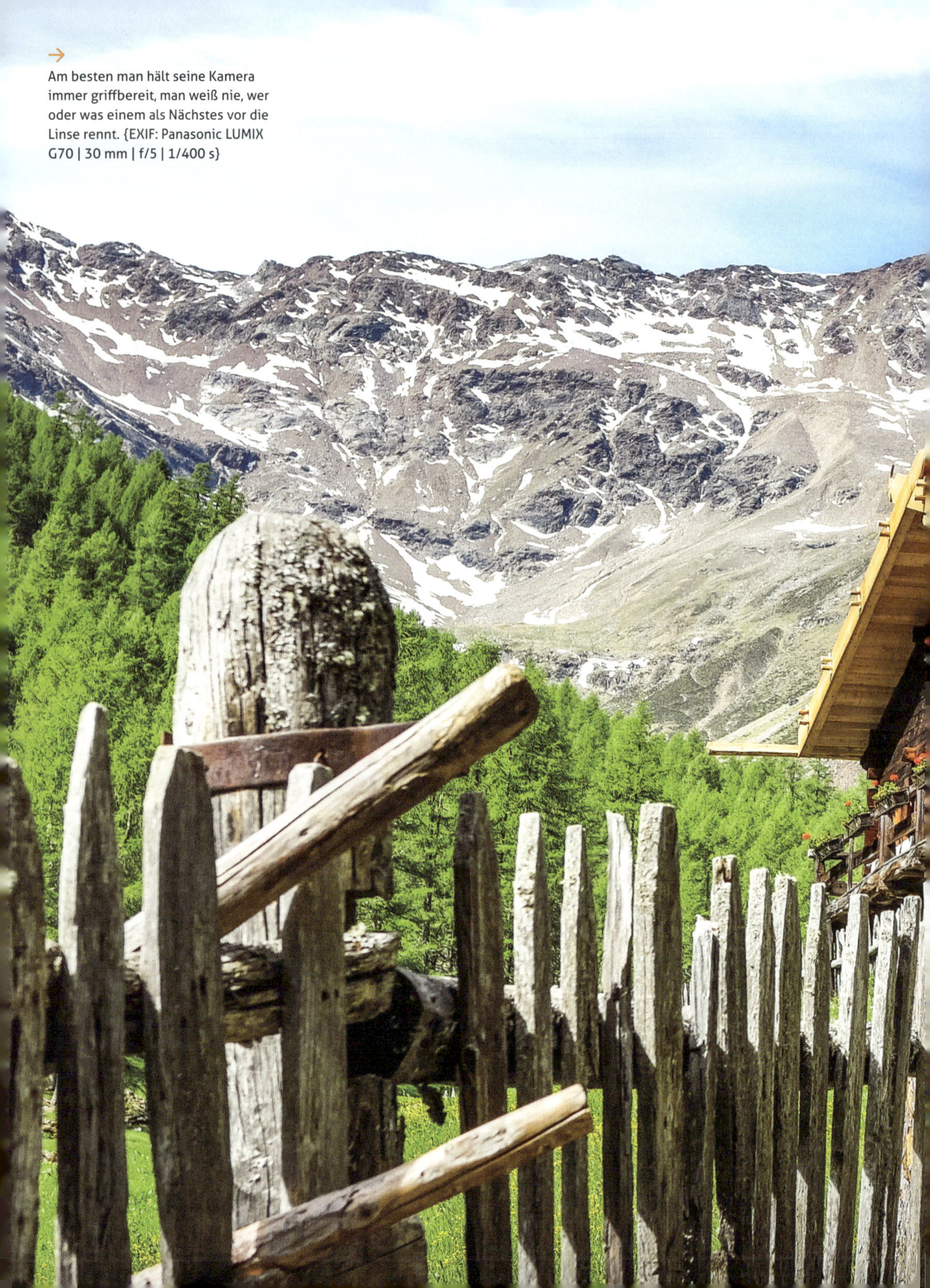

Am besten man hält seine Kamera immer griffbereit, man weiß nie, wer oder was einem als Nächstes vor die Linse rennt. {EXIF: Panasonic LUMIX G70 | 30 mm | f/5 | 1/400 s}

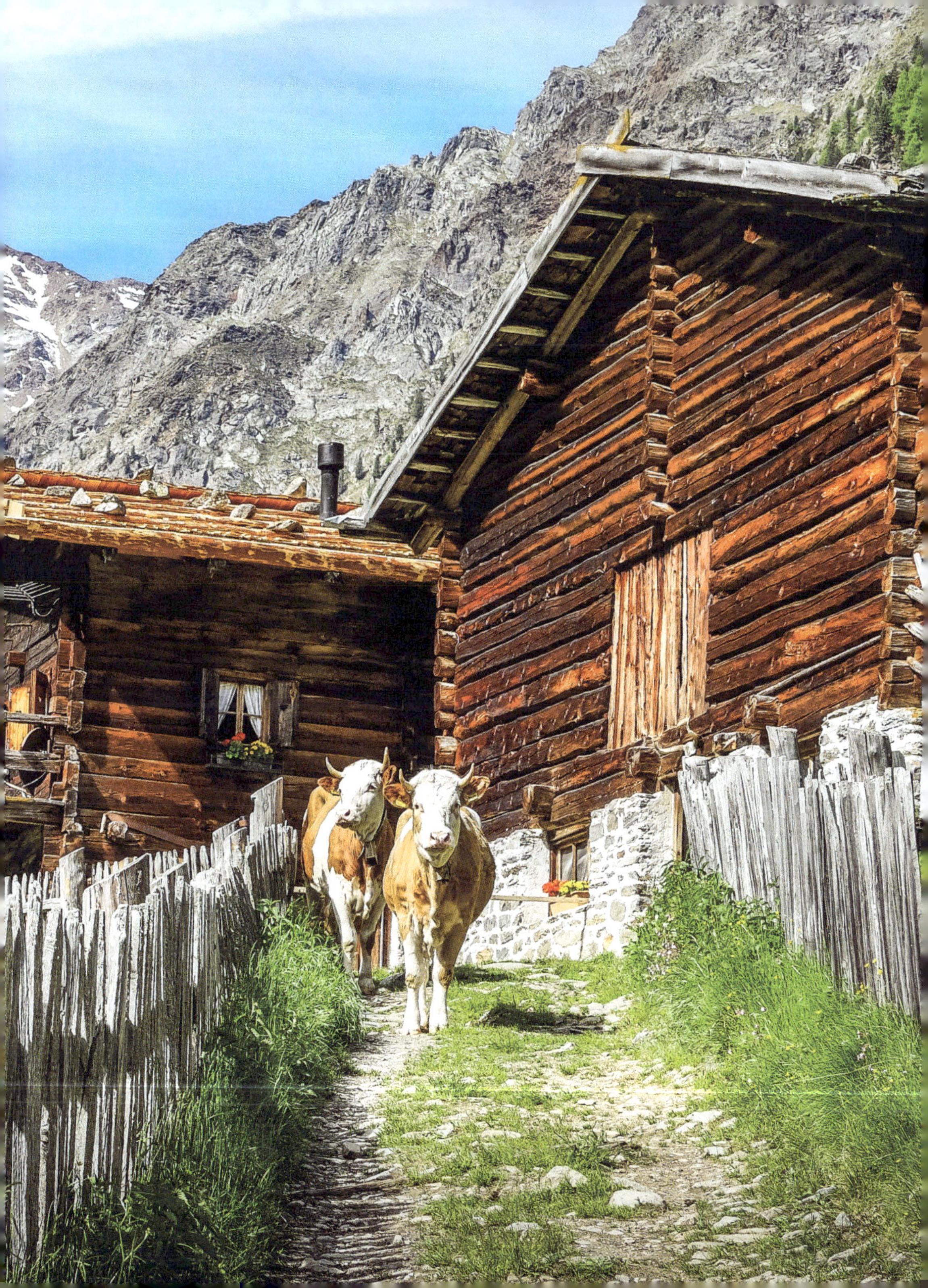

→
Die Brunnenburg in Dorf Tirol oberhalb von Meran {EXIF: Canon EOS 5D Mark II | 24–70 mm @ 57 mm | f/5,6 | 1/250 s} {GPS: 46.695459, 11.146392}

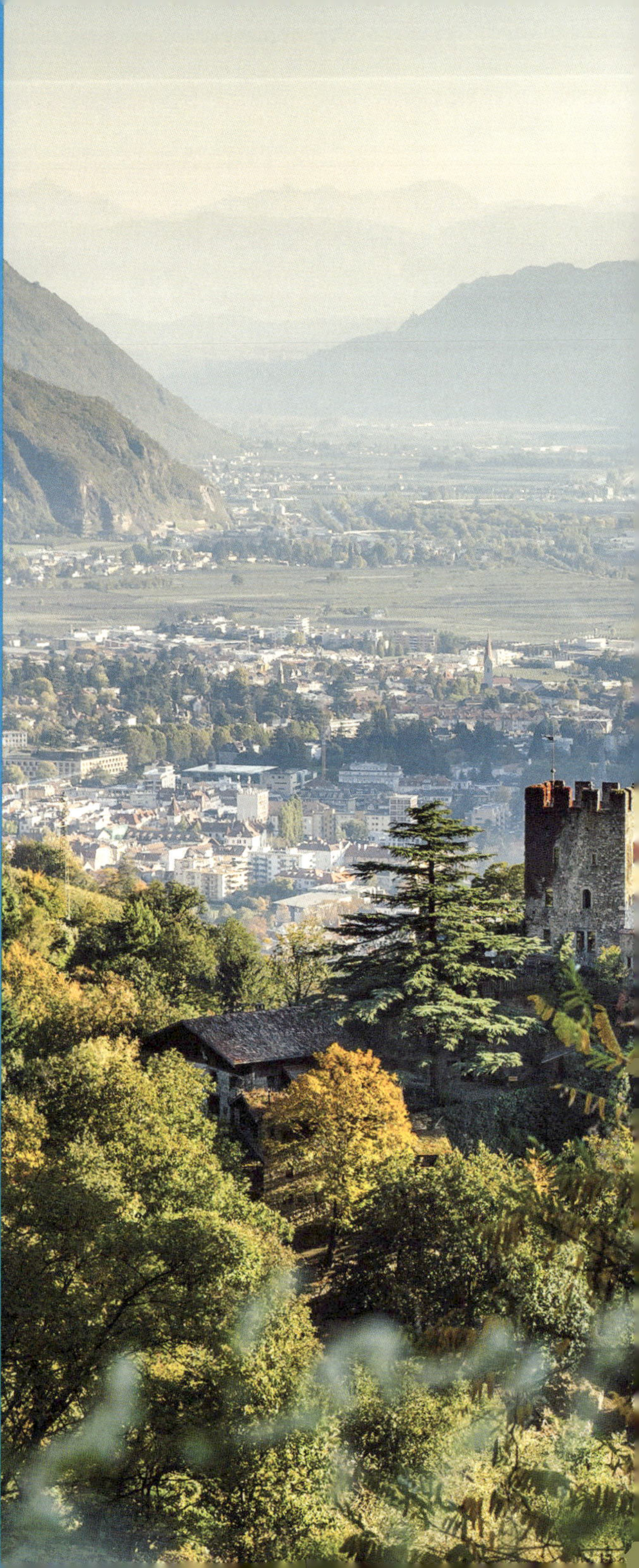

MERANER LAND

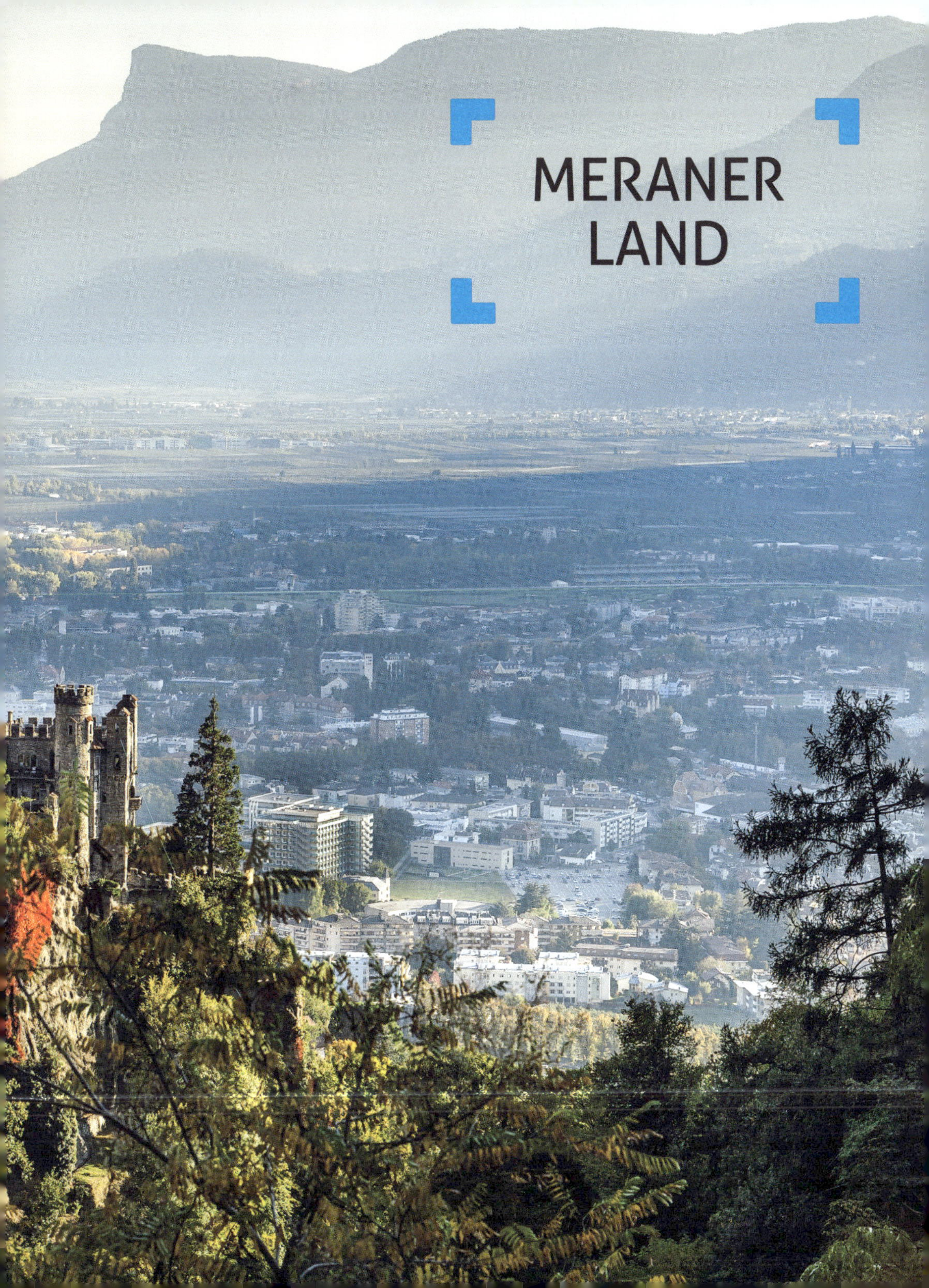

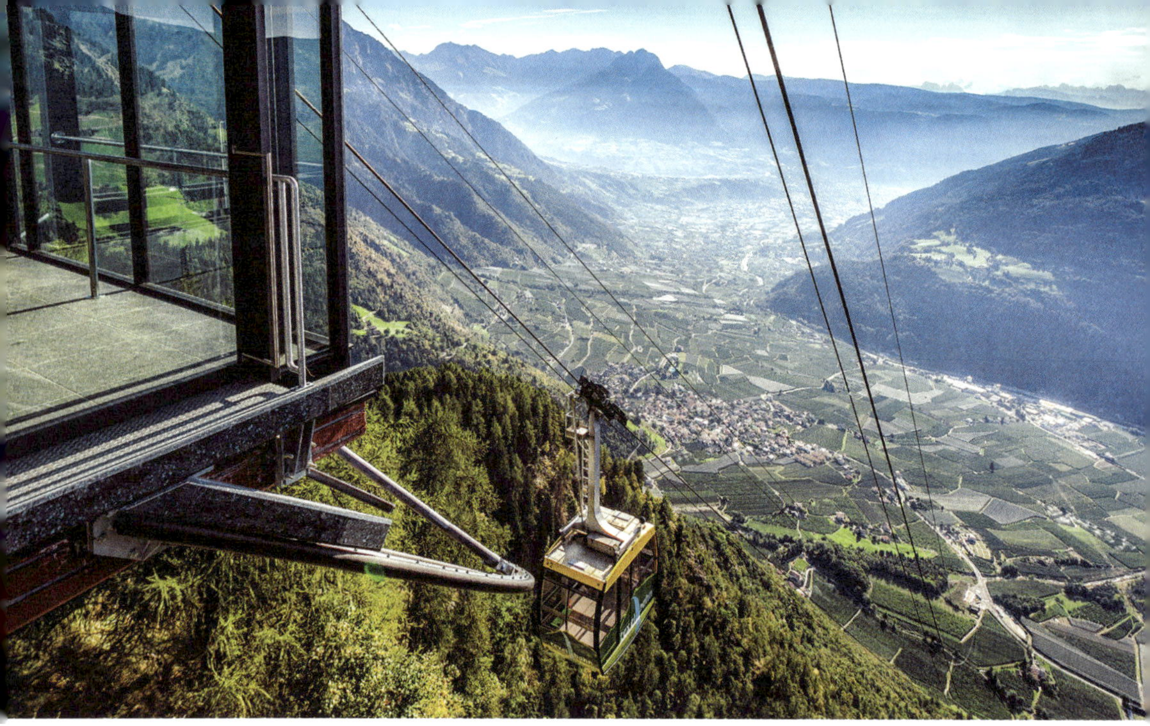

7 Die 1.000-Stufen-Schlucht

Wandern am Meraner Höhenweg

Erlebnis- und aussichtsreich ist diese beliebte Etappe des Meraner Höhenweges, die durch die 1.000-Stufen-Schlucht führt. Es geht vorbei an Wasserfällen, einer Hängebrücke und einer atemberaubenden Aussichtsplattform. Die abwechslungsreiche Strecke verläuft zwischen dem Giggelberg in Partschins und der Seilbahn Unterstell in Naturns.

Die ersten 911 Höhenmeter dieser Wanderung legt man in wenigen Minuten mit der Texelbahn zurück. Von der Talstation in Partschins (633 m) geht es hinauf zum Ausgangspunkt, dem Gasthof Giggelberg (1.565 m). Bereits hier kann man den Blick auf den Meraner Talkessel ebenso genießen wie die Vorfreude auf das, was noch zu erwarten ist. Auf dem Weg Nr. 24, dem Meraner Höhenweg, geht es nun gemächlich auf einem gut ausgebauten Pfad vorbei an steilen Wiesenhängen und alten Bergbauernhöfen Richtung Unterstell. Nach etwa einer Stunde erreicht man den Beginn der 1.000-Stufen-Schlucht. Aber keine Sorge, der Name schwindelt ein bisschen, es sind lediglich 987. Über Stein-, Holz- und Eisentreppen geht es in die Schlucht hinunter. Der Weg ist gut angelegt

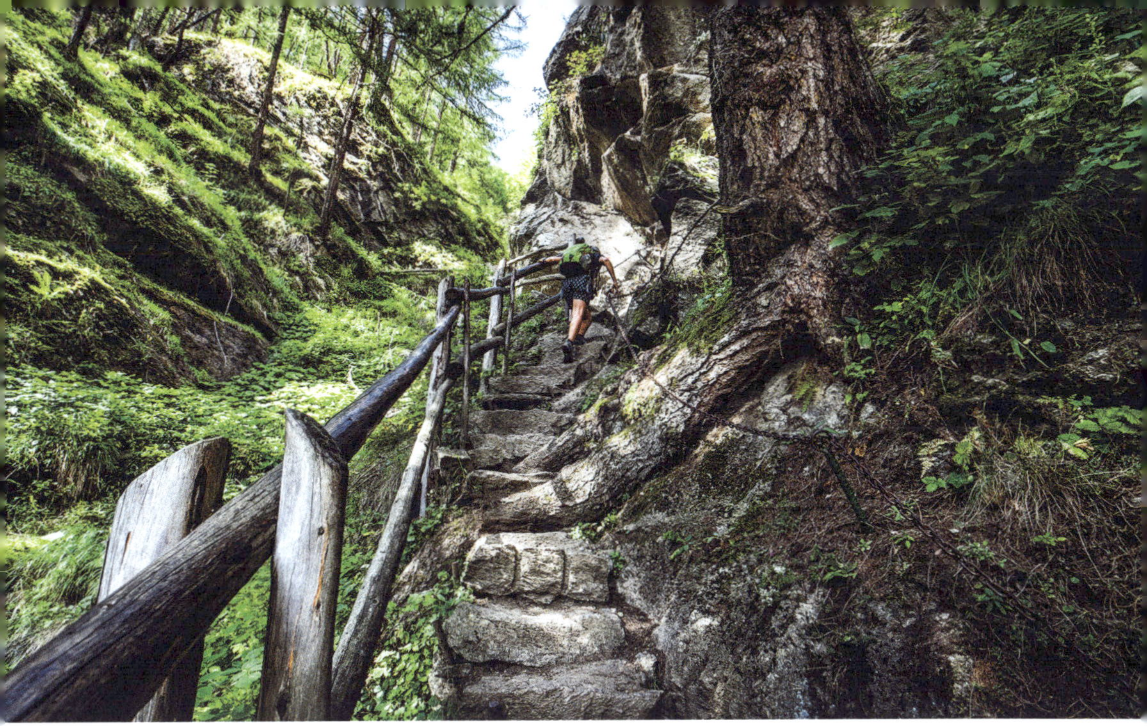

←
Mit der Texelbahn geht es von Partschins hinauf zum Giggelberg

↑
Keine Sorge, es sind nicht 1.000 Stufen, sondern lediglich 987. {EXIF: Canon EOS 5D Mark II | 17–40 mm @ 17 mm | f/9 | 1/50 s}

und nicht besonders schwierig. Es gibt auch Seile, Ketten und Geländer, um sich daran festzuhalten. Ehe es dann auf der anderen Seite der Schlucht über mehrere Stufen wieder bergauf geht, passiert man einen Wasserfall. Seit 2017 gibt es im untersten Teil der Schlucht beim Wasserfall eine Hängebrücke, die einem einige Stufen und ein paar Höhenmeter erspart, wenn man möchte.
Hat man die 1.000-Stufen-Schlucht durchquert, gelangt man zum Hofschank Pirchhof (1.445 m), wo sich wieder der Blick hinunter ins Tal öffnet. Vom Pirchhof geht es gemütlich bis nach Grub (1.377 m) und über eine Hängebrücke weiter zum Galmeinhof (1.384 m). Hier zweigt der Weg links auf die Nr. 24B ab und führt abschließend noch an ein weiteres Highlight dieser Wanderung: die spektakuläre Aussichtsplattform über Naturns. Die Stahlkonstruktion ragt knapp 16 m über die Felskante hinaus und bietet schwindelfreien Personen nochmals einen grandiosen Blick auf das Etschtal und den Vinschgau. Am Ende sind es dann noch etwa 10 Minuten, bis man zur Seilbahn Unterstell (1.300 m) gelangt und mit ihr hinunter nach Naturns fährt. Von der Talstation geht es bequem mit dem Bus zurück zum Ausgangspunkt.

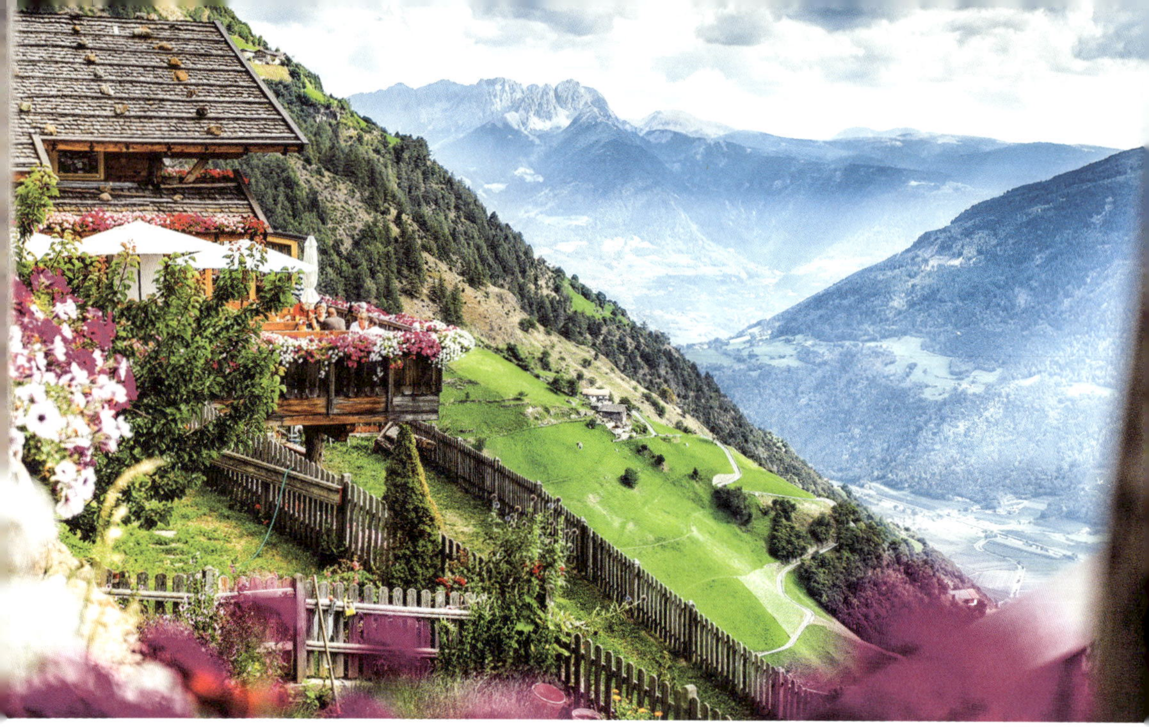

Zwischen Zaun und Blumenbeet hindurch – der Blick auf den Pirchhof und die steilen Wiesen am Naturnser Sonnenberg {EXIF: Canon EOS 5D Mark II | 17–40 mm @ 40 mm | f/4 | 1/800 s}

FOTOTIPP

Blende

Über die Blende lässt sich regeln, wie viel Licht auf den Sensor fällt, was wiederum Einfluss auf die Belichtungszeit und die Schärfentiefe hat. Je kleiner die Blendenzahl (z. B. f/2.8), umso weiter ist die Blende geöffnet, das Bild wird heller und der scharfe Bereich nimmt ab. Umgekehrt ist bei einer großen Blendenzahl (z. B. f/11) die Blendenöffnung kleiner (geschlossen), es kommt weniger Licht auf den Sensor und man erhält einen größeren Schärfebereich. Bei der Landschaftsfotografie arbeitet man gerne mit geschlossener Blendenöffnung, um das Motiv vom Vordergrund bis zum Horizont scharf darzustellen.

Eine sehr abwechslungs- und stufenreiche Etappe des Meraner Höhenweges mit lohnender Aussicht hinunter ins Tal.

Von Meran in Richtung Vinschgau, bei der Ampel in Rabland rechts abbiegen und der Beschilderung zur Texelbahn folgen.

(mittel)

- Gebiet: Meraner Land, Südtirol
- Tal: Burggrafenamt
- Start: Texelbahn Partschins
- Ziel: Seilbahn Unterstell, Naturns
- Dauer: 3:15 Std.
- Strecke: 8,4 km
- Aufstieg: 340 Hm
- Abstieg: 593 Hm
- Wann: Frühling, Sommer, Herbst

Landschaft: ●●●●○
Abwechslung: ●●●●●
Kondition: ●●●○○
Technik: ●●●○○

ja

Texelbahn Partschins (633 m) → Bergstation (1.565 m) → Meraner Höhenweg Nr. 24 in Richtung Unterstell → dazwischen durch die 1.000-Stufen-Schlucht → vorbei am Pirchhof (1.445 m) → Galmeinhof (1.384 m) → Weg Nr. 24B zur Seilbahn Unterstell (1.300 m) → von der Talstation mit dem Bus zurück zum Ausgangspunkt

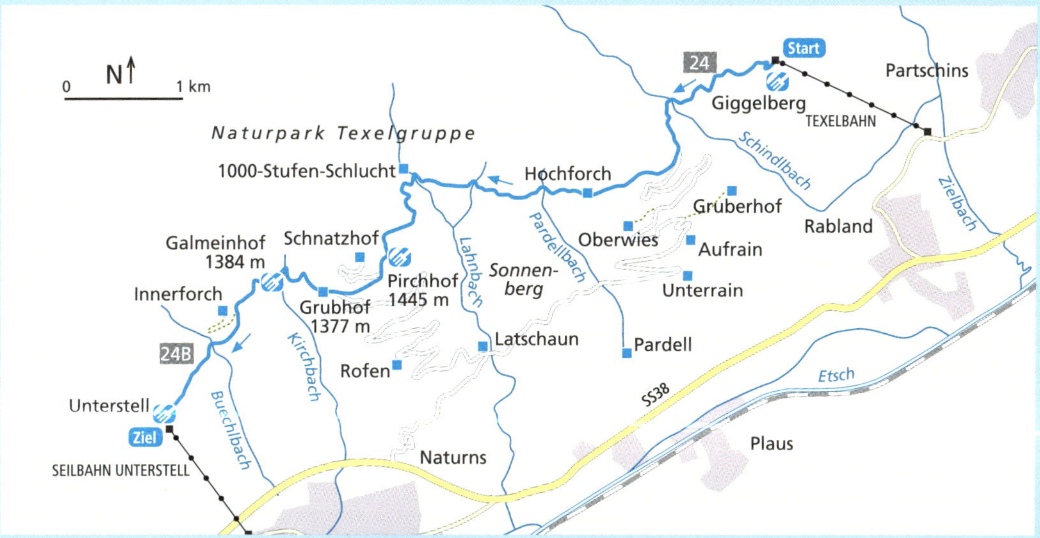

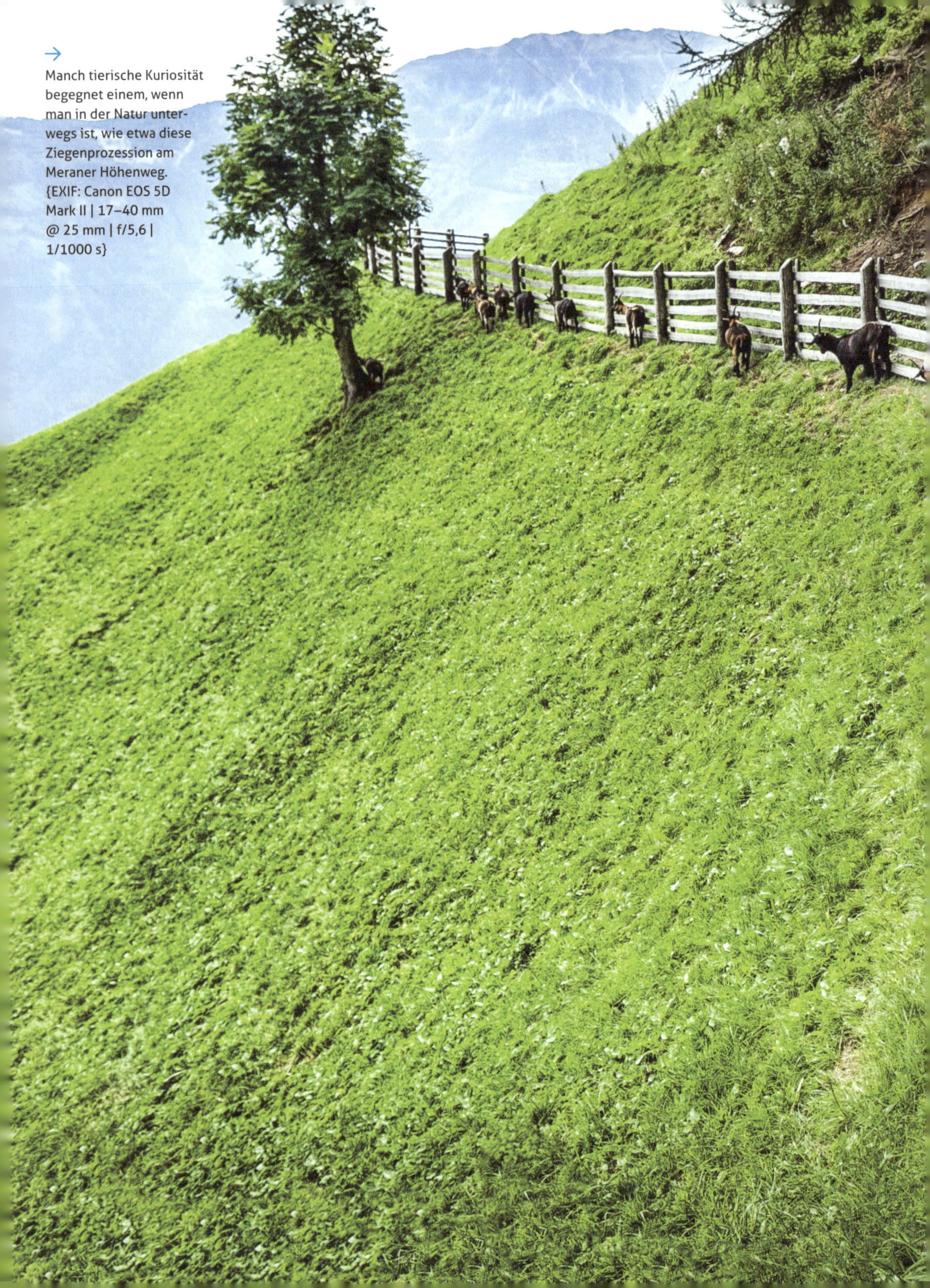

→
Manch tierische Kuriosität begegnet einem, wenn man in der Natur unterwegs ist, wie etwa diese Ziegenprozession am Meraner Höhenweg. {EXIF: Canon EOS 5D Mark II | 17–40 mm @ 25 mm | f/5,6 | 1/1000 s}

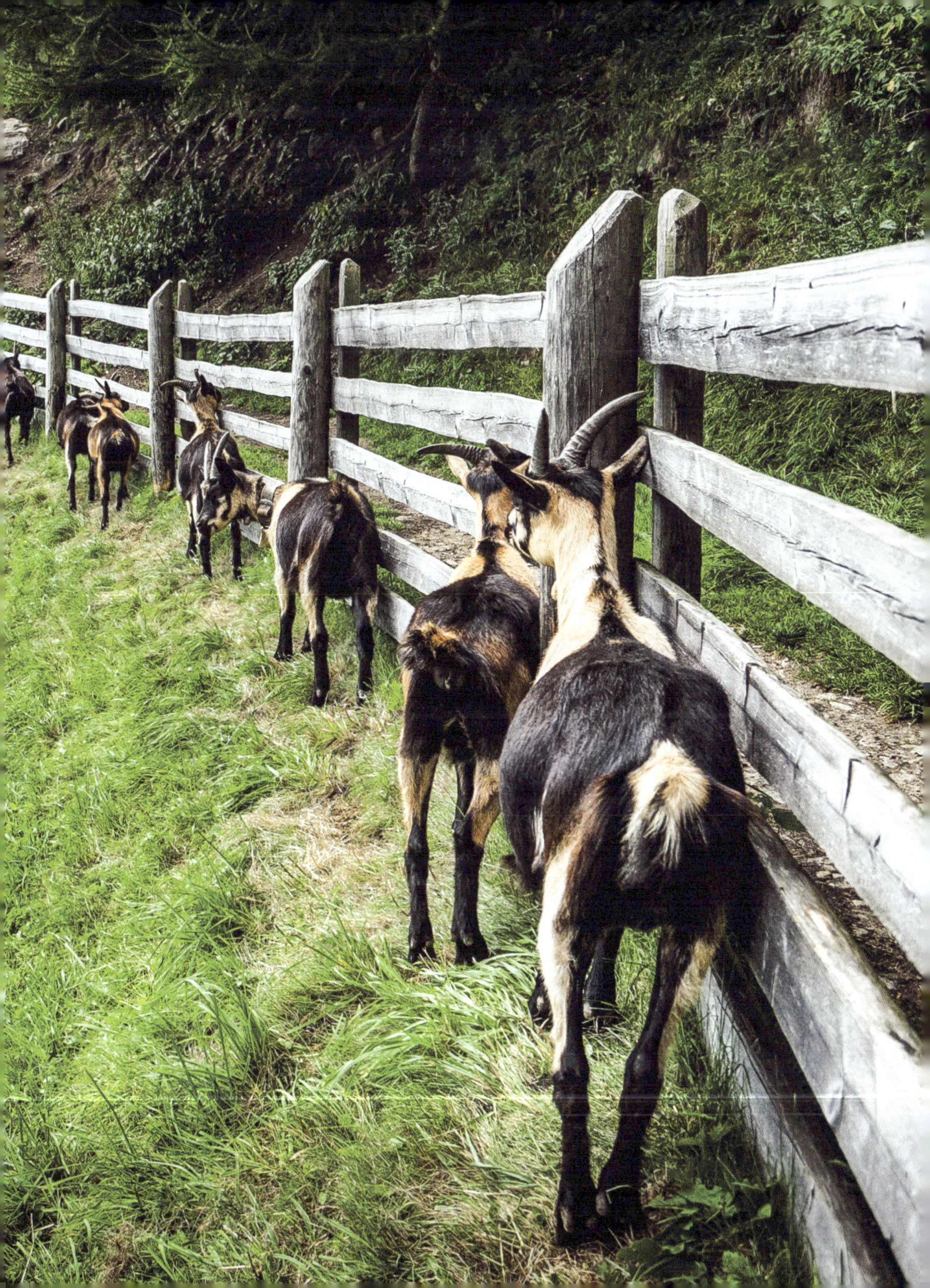

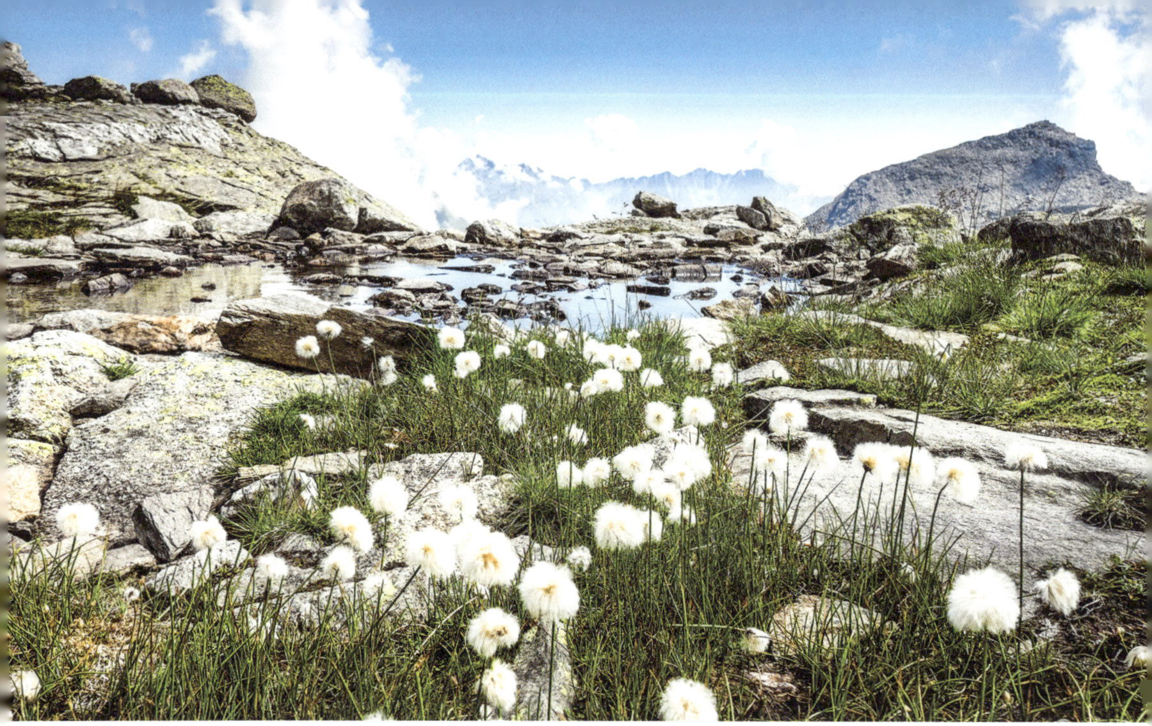

8 Spronser-Seen-Runde

Wandern im Naturpark Texelgruppe

Die Rundwanderung zur größten alpinen Seengruppe Südtirols ist eine anspruchsvolle, aber allemal lohnenswerte und wunderschöne Bergtour mitten im Herzen der Texelgruppe. Dabei sollte man allerdings konditionsstark, trittsicher und schwindelfrei sein.

Ausgangspunkt der Wanderung ist die Talstation des Korblifts in Vellau (910 m) oberhalb von Algund. Hier gibt es bereits das erste Highlight, denn im Stehen geht es im kleinen grünen Panorama-Korb hinauf zur Leiter Alm (1.550 m) und während der Fahrt eröffnet sich bereits der Ausblick über Meran.
Von der Leiter Alm aus folgt man nun dem Meraner Höhenweg Nr. 24 bis zum Hochganghaus (1.839 m). Gemächlich geht es durch den Wald und über die 52,5 m lange Spannbandbrücke beim Töllgraben, ehe man nach etwa 1:20 Stunden das Schutzhaus erreicht hat. Beim Hochganghaus nimmt man den Weg Nr. 7, der steil bergauf zur Hochgangscharte führt. Der schmale Pfad ist an manchen Stellen ausgesetzt und daneben geht es senkrecht in die Tiefe. Die schwierigsten Passagen sind mit Ketten gesichert,

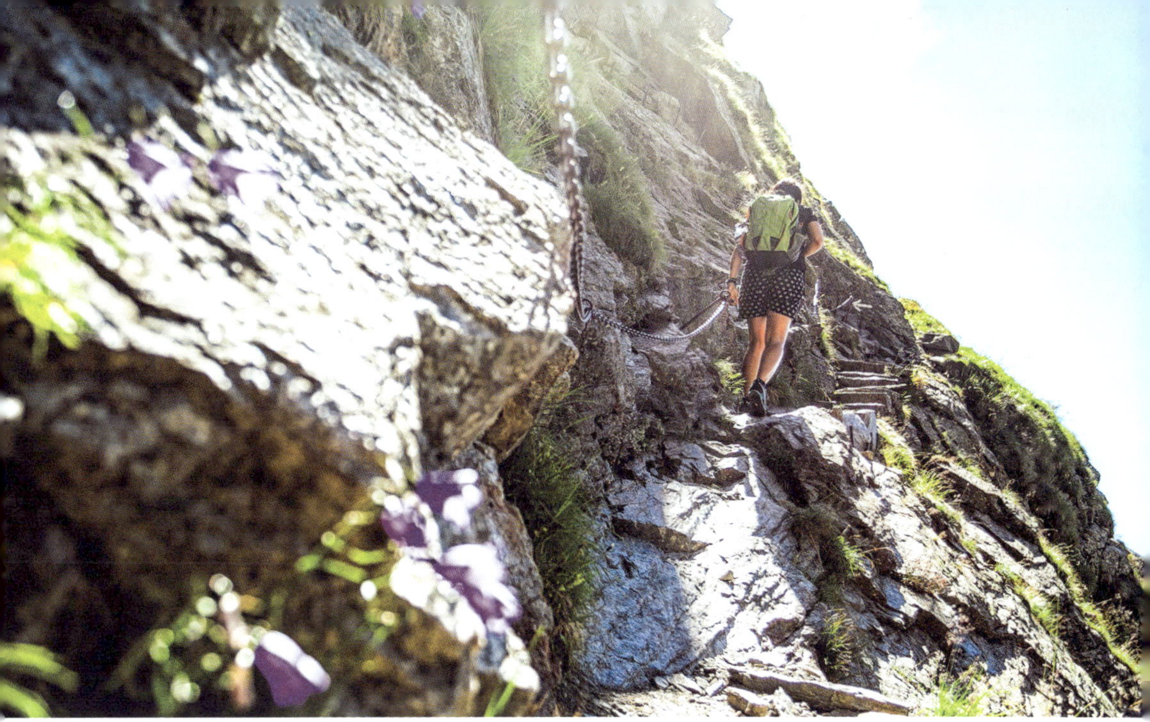

← Das Wollgras aus einer tiefen Perspektive macht das Foto interessanter {EXIF: Panasonic LUMIX G70 | 14–42 mm @ 15 mm | f/7,1 | 1/400 s}

↑ Der Weg hinauf zur Hochgangscharte ist zwar mit Ketten gesichert, trotzdem sollte man trittsicher und schwindelfrei sein. {EXIF: Canon EOS 5D Mark II | 17–40 mm @ 25 mm | f/4 | 1/400 s}

Trittsicherheit ist dennoch gefragt. Der Blick über das Tal entschädigt reichlich für die Anstrengung.

Nach insgesamt knapp 2:30 Stunden steht man oben an der Hochgangscharte (2.441 m) und hat einen wunderbaren Blick auf den Langsee (2.379 m), den größten der zehn Spronser Seen. Es geht links daran vorbei, und wer Lust hat, kann noch einen kurzen Abstecher zu den Milchseen (Markierung Nr. 7, etwa 10 Minuten) machen.

Weiter auf der Markierung Nr. 22 erreicht man nach rund 45 Minuten (ab der Hochgangscharte) den Grünsee (2.338 m) und von dort geht es noch 25 Minuten hinunter zur Oberkaseralm (2.131 m), die neben dem Kasersee und dem Pfitschersee liegt. Dem Weg Nr. 22 weiter folgend, passiert man beide Seen, um dann auf dem Weg Nr. 25B zur Taufenscharte (2.230 m) abzuzweigen, die eine Stunde von der Hütte entfernt ist. Von dort hat man noch einmal einen schönen Ausblick hinunter ins Tal, bevor man den steilen und anstrengenden Rückweg antritt. Am Ende geht es wieder vorbei an der Leiter Alm und zurück zum Vellauer Korblift.

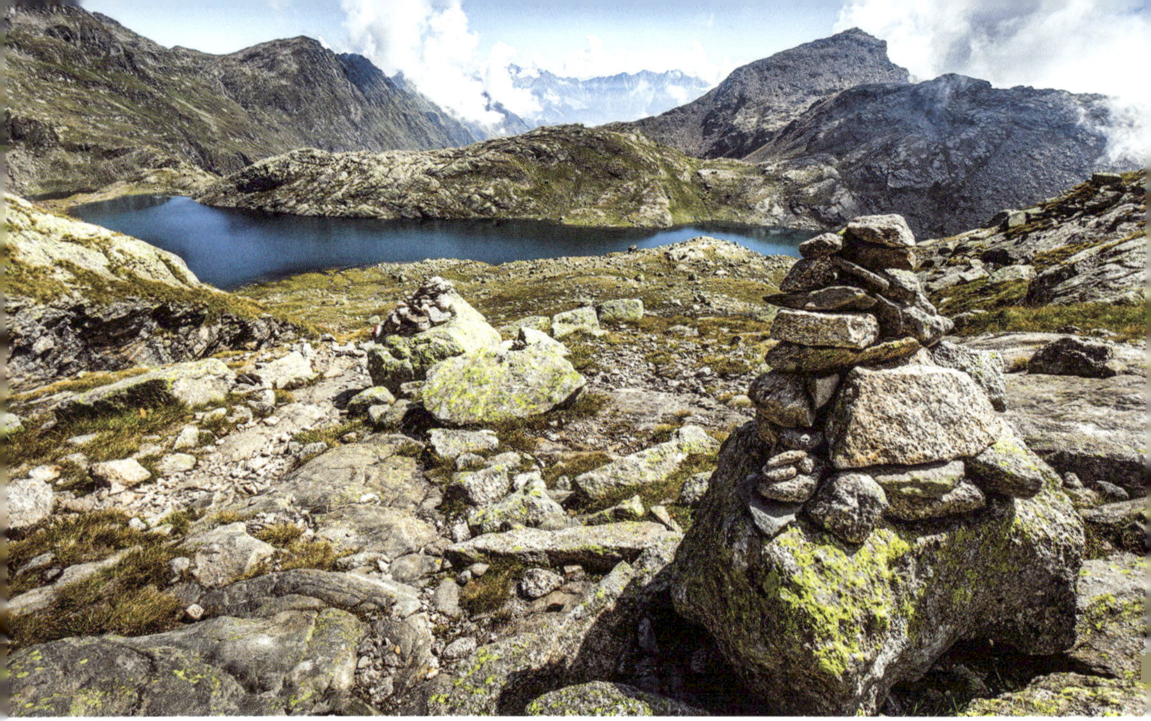

↑
Der Langsee ist der größte der zehn Spronser Seen {EXIF: Canon EOS 5D Mark II | 17–40 mm @ 17 mm | f/9 | 1/320 s}

FOTOTIPP

Der Horizont

Ein ungerader Horizont wirkt auf den Betrachter ablenkend und störend, daher sollte man am besten schon während der Aufnahme darauf achten, dass er gerade ausgerichtet ist. Setzt man den Horizont mittig, kann das Bild dadurch recht langweilig wirken, da die beiden Bildhälften in Konkurrenz zueinander stehen und man sich so nicht wirklich entscheiden kann, wohin man schauen soll. Um mehr Dynamik ins Foto zu bringen, sollte man am besten die Drittel-Regel verwenden (siehe Seite 124).

Anspruchsvolle Tagestour, die Trittsicherheit, Kondition und Schwindelfreiheit erfordert. Für die Mühe wird man mit einer wunderbaren Landschaft und dem einmaligen Blick über das Etschtal belohnt.

Von Meran nach Algund und von dort nach Vellau bis zur Talstation des Korblifts.

(schwer)

- Gebiet: Meraner Land, Südtirol
- Tal: Burggrafenamt
- Start: Vellau Korblift
- Ziel: Vellau Korblift
- Dauer: 6:00 Std.
- Strecke: 14,2 km
- Aufstieg: 1.210 Hm
- Abstieg: 1.210 Hm
- Wann: Sommer, Herbst

Landschaft: ●●●●●
Abwechslung: ●●●●○
Kondition: ●●●●●
Technik: ●●●●○

ja

Talstation des Korblifts in Vellau (910 m) → hinauf zur Leiter Alm (1.550 m) → Meraner Höhenweg Nr. 24 bis zum Hochganghaus (1.839 m) → Weg Nr. 7 bergauf zur Hochgangscharte (2.441 m) → Weg Nr. 22 → Grünsee (2.338 m) → vorbei an der Oberkaseralm (2.131 m) → Weg Nr. 25B zur Taufenscharte (2.230 m) → hinab zur Leiter Alm → mit dem Vellauer Korblift zurück zum Ausgangspunkt

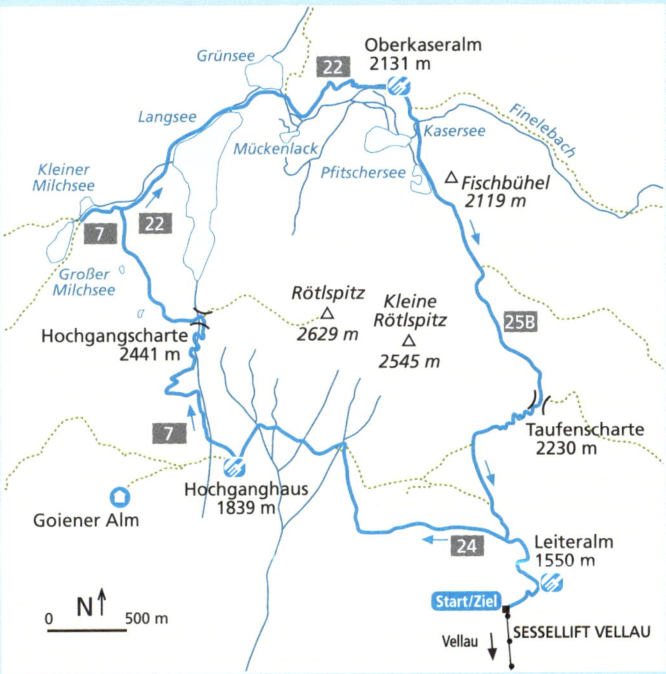

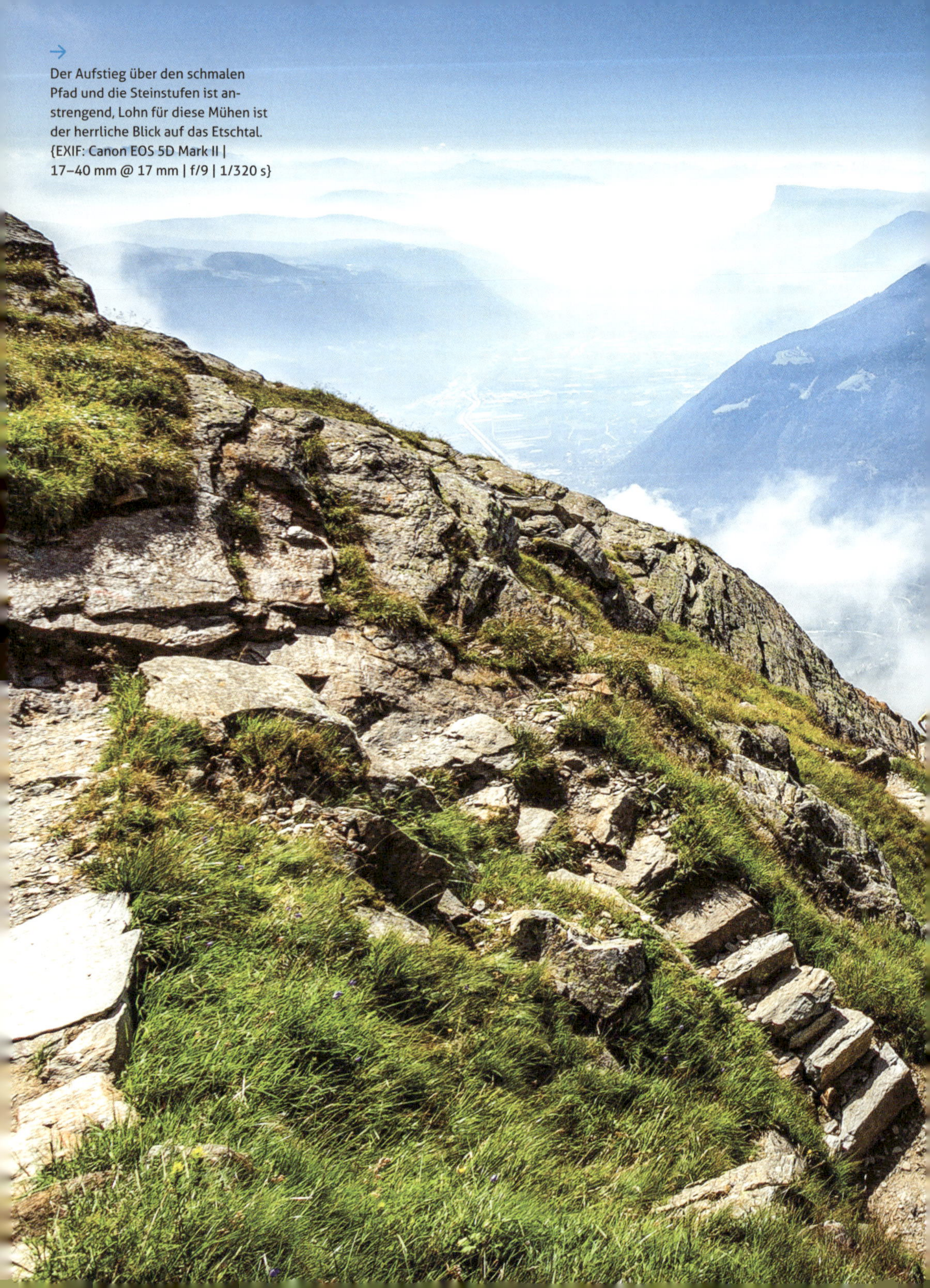

Der Aufstieg über den schmalen Pfad und die Steinstufen ist anstrengend, Lohn für diese Mühen ist der herrliche Blick auf das Etschtal. {EXIF: Canon EOS 5D Mark II | 17–40 mm @ 17 mm | f/9 | 1/320 s}

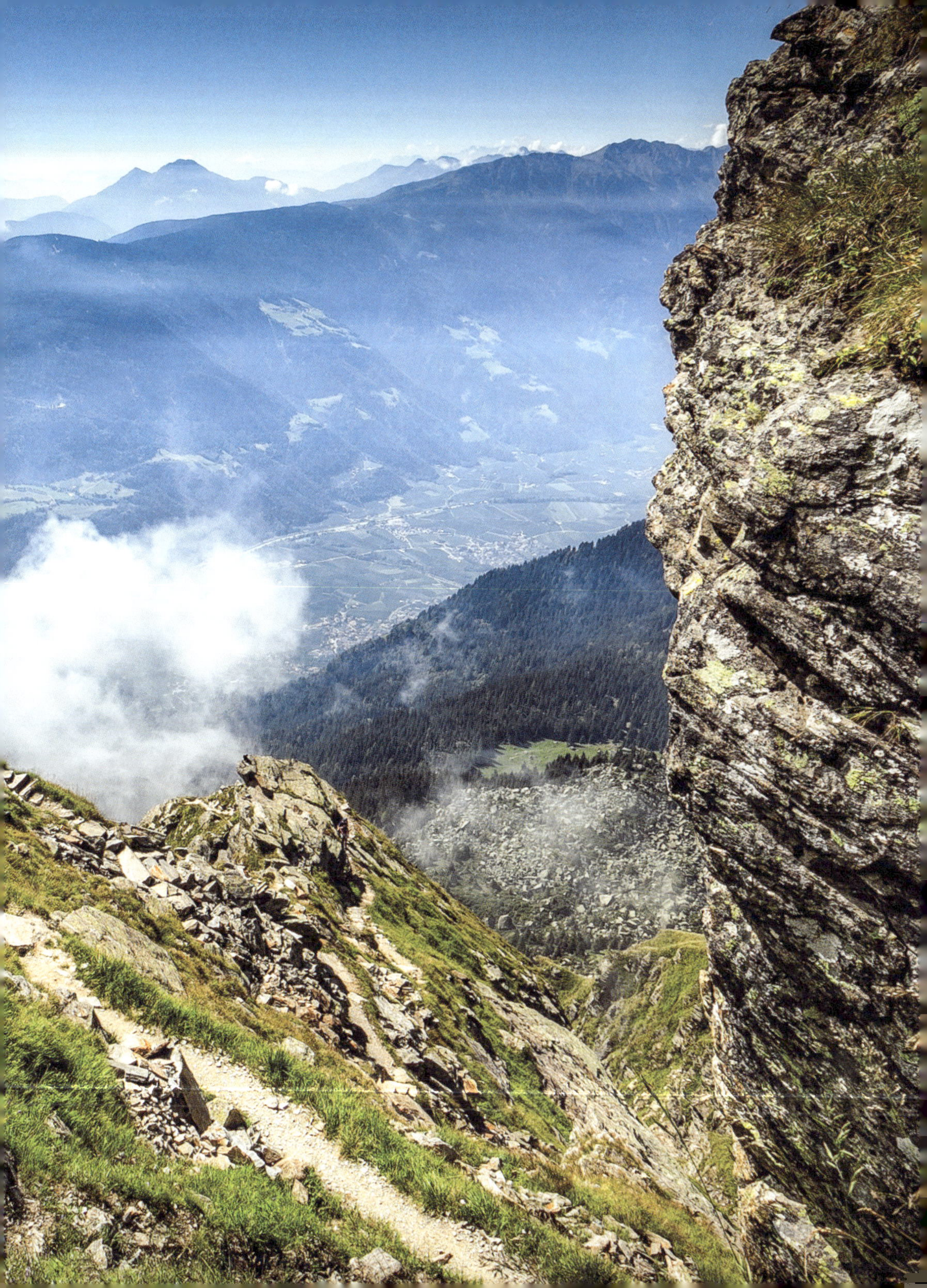

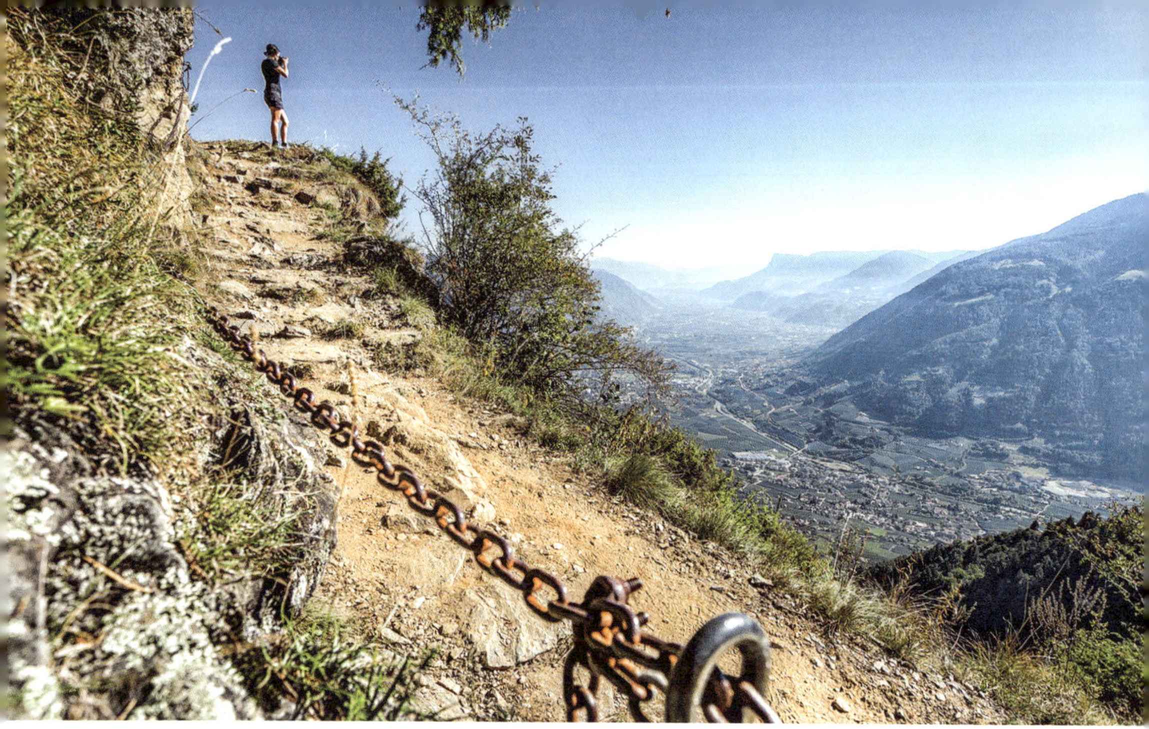

9 Der Vellauer Felsenweg

Panoramawanderung über Meran

Schwindelfrei und trittsicher sollte man sein, wenn man sich auf den Vellauer Felsenweg begibt, denn ein Teil des Weges quert einen senkrecht abfallenden Hang. Dafür wird man aber bei der insgesamt etwa 9 km langen Runde mit einem erstklassigen Panorama auf das Etschtal belohnt.

Ausgangspunkt ist der Sessellift in Algund (Mitterplars, 390 m), mit dem man mühelos die ersten Höhenmeter hinauf nach Vellau (910 m) zurücklegt.
Dort angekommen folgt man der Markierung Nr. 22 zum Vellauer Felsenweg. An dessen Beginn warnt auch schon ein Schild: Nur für Schwindelfreie.
Auch wenn man keine Höhenangst hat und der Weg teilweise mit Ketten gesichert ist, sollte man trotzdem den nächsten Schritt im Auge behalten, denn es geht dicht am Abgrund entlang, bis man in gemächlicher Steigung und mit einer ständig überwältigenden Aussicht den Gasthof Hochmuth (1.361 m) erreicht. Von dessen Terrasse lässt sich das Panorama über das Meraner Land noch einmal so richtig genießen. Vom Sessellift in Vellau bis nach Hochmuth sind es etwa 3,5 km, für die man ca. 1:30 Stunden benötigt.

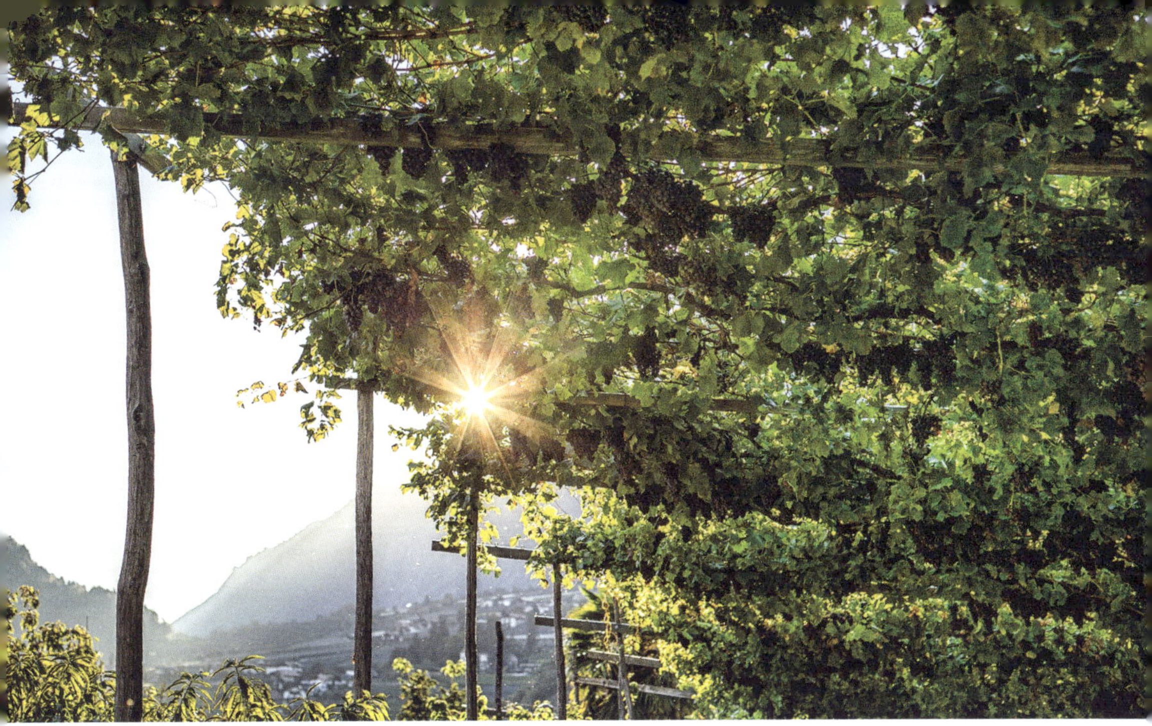

←
Immer den nächsten Schritt im Auge behalten, denn es geht dicht am Abgrund entlang! {EXIF: Canon EOS 5D Mark II | 17–40 mm @ 17 mm | f/9 | 1/320 s}

↑
Entlang des Waalweges und unter Weinreben geht es zurück zum Ausgangspunkt. Wie ein Stern scheint die Sonne zwischen den Blättern hindurch. {EXIF: Canon EOS 5D Mark II | 50 mm | f/3,5 | 1/500 s}

Mit der Seilbahn Hochmuth geht es dann hinunter nach Dorf Tirol (690 m). Dort folgt man dem Gehweg zuerst ins Dorf und dann in Richtung Brunnenburg und Schloss Tirol. Über den Brunnenburgsteig geht es hinab nach Gratsch, dann ein gutes Stück den Algunder Waalweg entlang. Am Ende zweigt man auf den Burgweg Nr. 20 ab und gelangt so wieder zurück zum Ausgangspunkt, dem Sessellift in Algund. Für die zweite Hälfte der Wanderung mit ca. 5,4 km benötigt man etwa 1:45 Stunden.

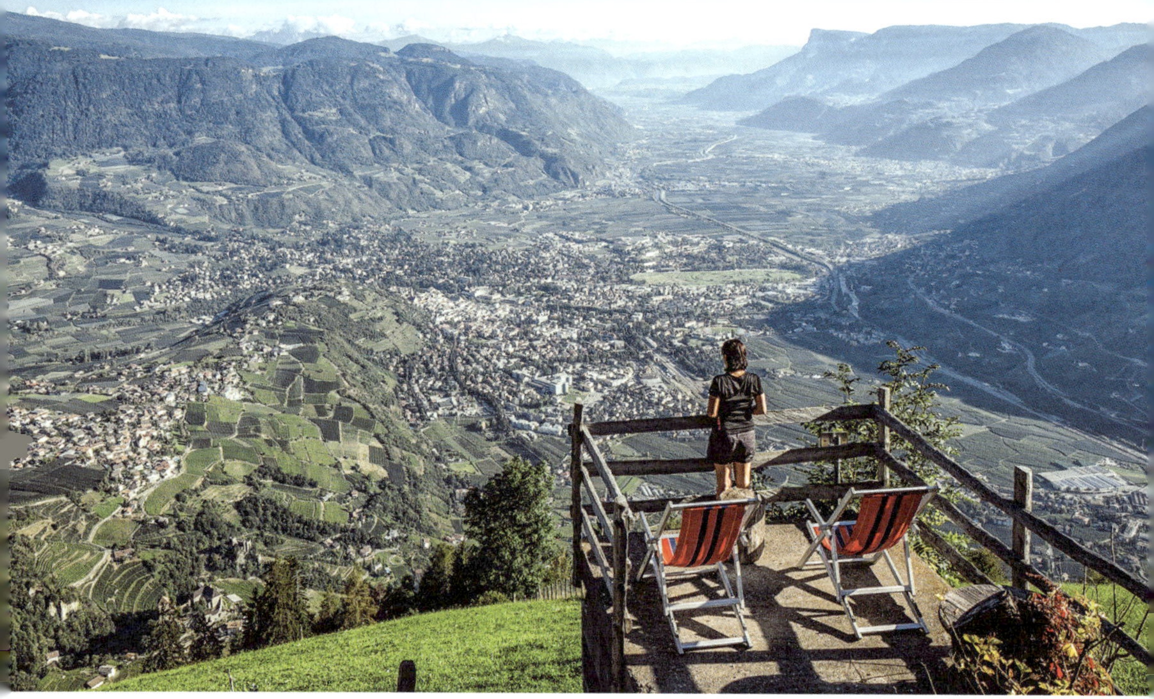

↑
Die Aussicht von der Terrasse des Gasthofs Hochmuth über das Etschtal ist einfach überragend {EXIF: Canon EOS 5D Mark II | 17–40 mm @ 27 mm | f/9 | 1/200 s} {GPS: 46.701792, 11.131301}

FOTOTIPP

Größe verdeutlichen
Oft besteht das Problem, dass man ein Bergmassiv, einen Wasserfall oder ein anderes Motiv abgelichtet hat, dessen Größe aber nicht wirklich erkennbar ist. Um dem Betrachter die abgebildeten Ausmaße vor Augen zu führen, platziert man einfach ein Objekt im Bild, dessen Größe für jeden einschätzbar ist, wie z. B eine Person, eine Hütte, ein Tier. Dadurch werden die Dimensionen erst so richtig deutlich und man kann einen zusätzlichen Hingucker-Effekt erreichen (siehe Seite 156).

Eine einfache und aussichtsreiche Wanderung, die allerdings nur für schwindelfreie Personen geeignet ist.

Von Meran nach Algund und dort in Richtung Plars. Auf der rechten Seite befindet sich der Parkplatz des Sessellifts Algund–Vellau.

(mittel)

- Gebiet: Meraner Land, Südtirol
- Tal: Burggrafenamt
- Start: Algund – Sessellift
- Ziel: Algund – Sessellift
- Dauer: 3:15 Std.
- Strecke: 8,9 km
- Aufstieg: 565 Hm
- Abstieg: 415 Hm
- Wann: Sommer, Herbst

Landschaft: ●●●●●
Abwechslung: ●●●●○
Kondition: ●●●○○
Technik: ●●●○○

ja

Sessellift in Algund (Mitterplars, 390 m) → nach Vellau (910 m) → Weg Nr. 22 zum Vellauer Felsenweg → Gasthof Hochmuth (1.361 m) → Seilbahn Hochmuth nach Dorf Tirol (690 m) → Richtung Brunnenburg → Brunnenburgsteig nach Gratsch → Algunder Waalweg → Burgweg Nr. 20 → zurück zum Ausgangspunkt

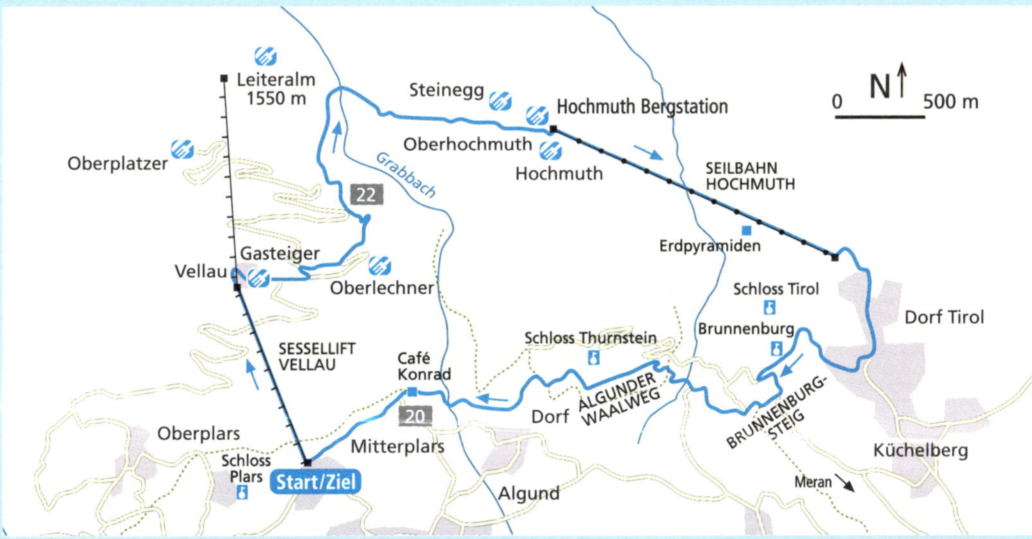

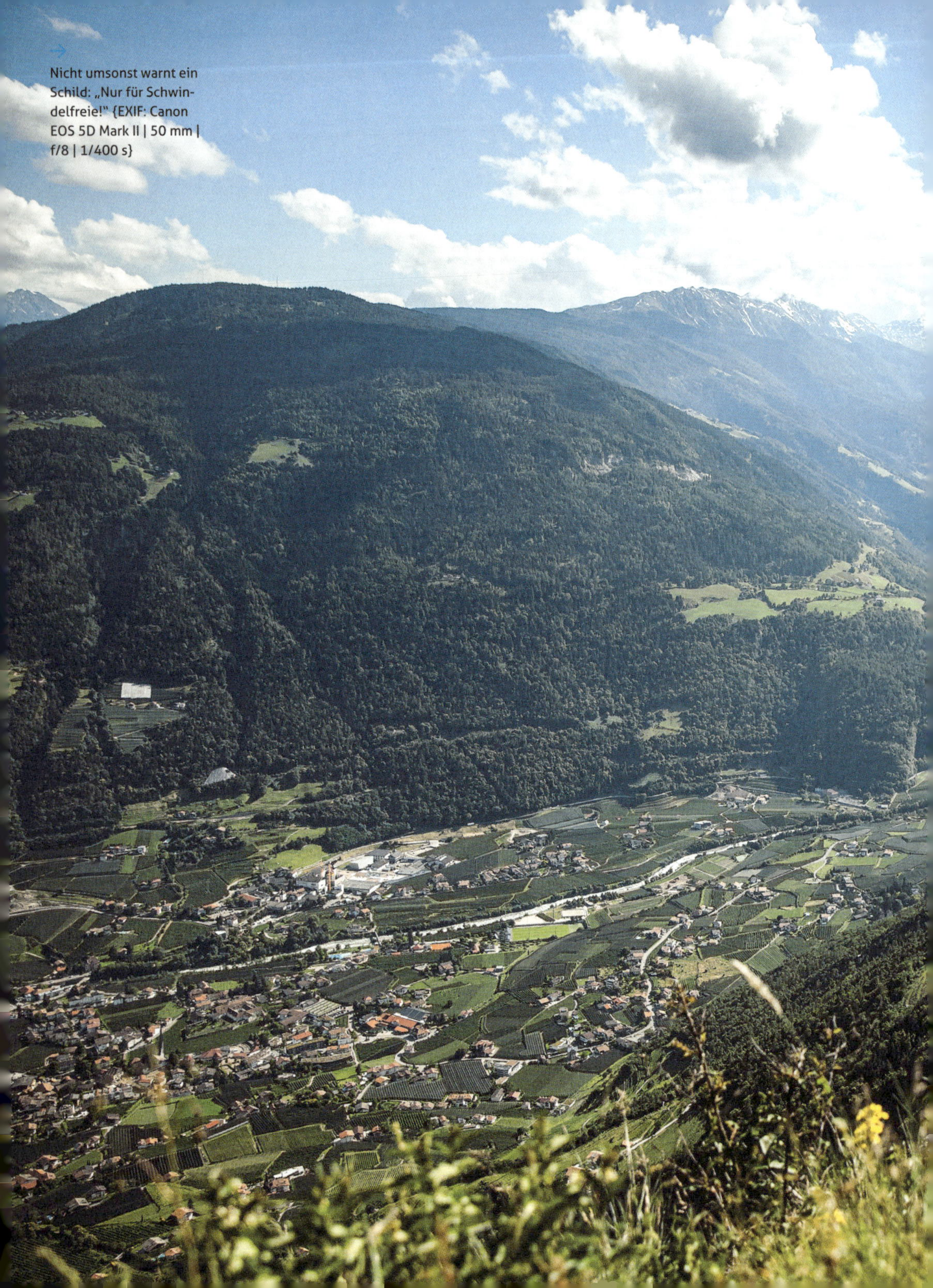

→ Nicht umsonst warnt ein Schild: „Nur für Schwindelfreie!" {EXIF: Canon EOS 5D Mark II | 50 mm | f/8 | 1/400 s}

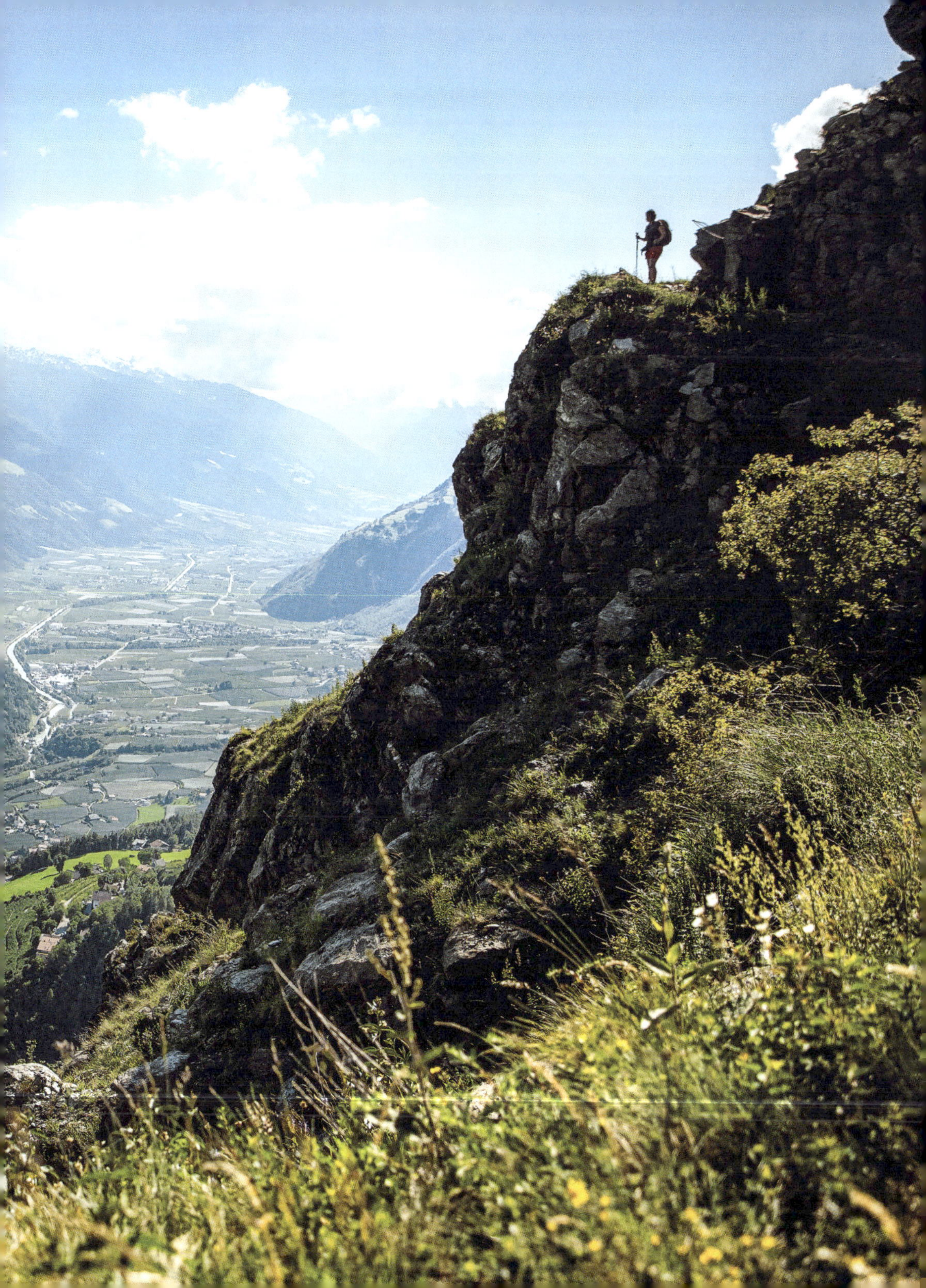

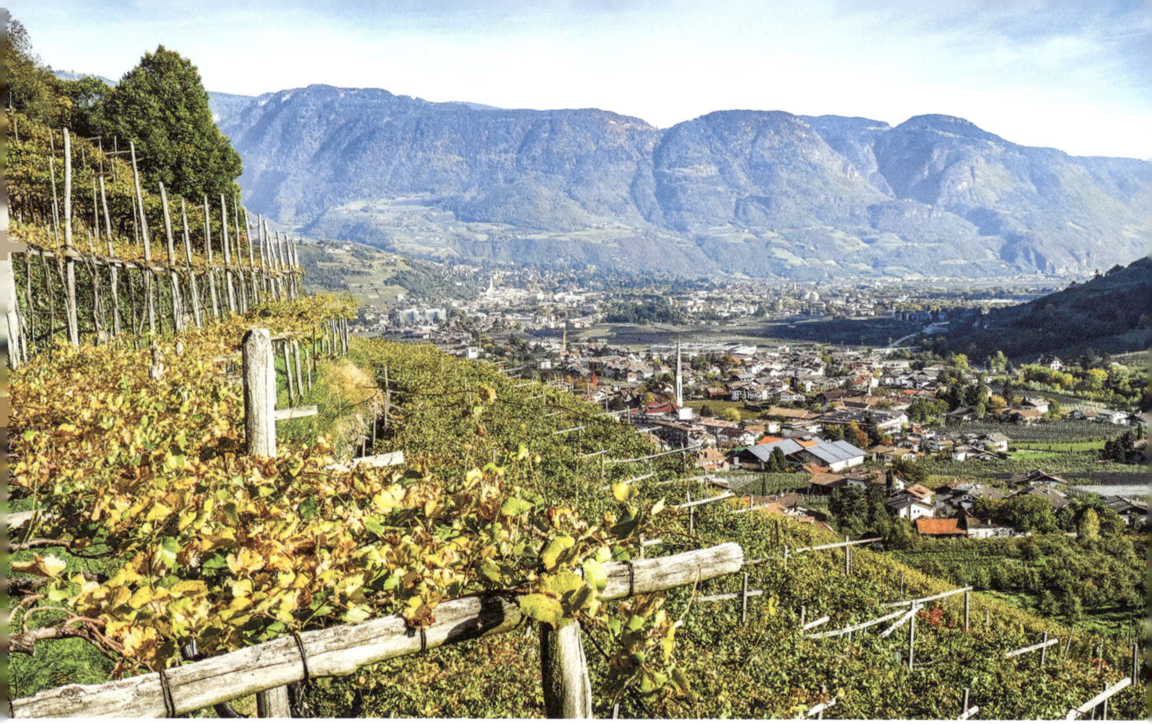

10 Von Algund nach Meran

Zwei Klassiker in einem

Eine der schönsten Promenaden Europas und ein Klassiker unter den Waalwegen im Meraner Land lassen sich perfekt zu einer einfachen Tour kombinieren. Dabei bekommt man einen Einblick in die alten Bewässerungsanlagen und einen wunderbaren Ausblick auf Meran und dessen Umgebung.

Dieser gemütliche Spaziergang startet beim Parkplatz am Algunder Waalweg (494 m), nahe der Töll. Ein großes Holzschild weist dort auch sofort auf den Beginn des Waalweges hin. Unter Weinreben und durch Apfelwiesen, ständig vom gleichmäßigen Plätschern des Wassers begleitet, geht es zuerst bis nach Plars (20 Minuten). Dort blickt man auf das kleine Schloss Plars hinunter, wandert am Gasthaus Leiter am Waal vorbei und unter einer Pergola aus Reben hindurch. Abwechslungsreich geht es weiter, bald durch schattenspendende Waldabschnitte, dann wieder durch ausgedehnte Obstgärten. Ein ständiger Begleiter ist die wunderbare Aussicht hinab auf Meran, das Alte Dorf in Algund, hinauf nach Dorf Tirol und dessen bekanntes Schloss Tirol und den Gipfel des Ifinger. Nach ca. 1:20 Stunden hat man schließlich das Ende des Waalweges erreicht, überquert

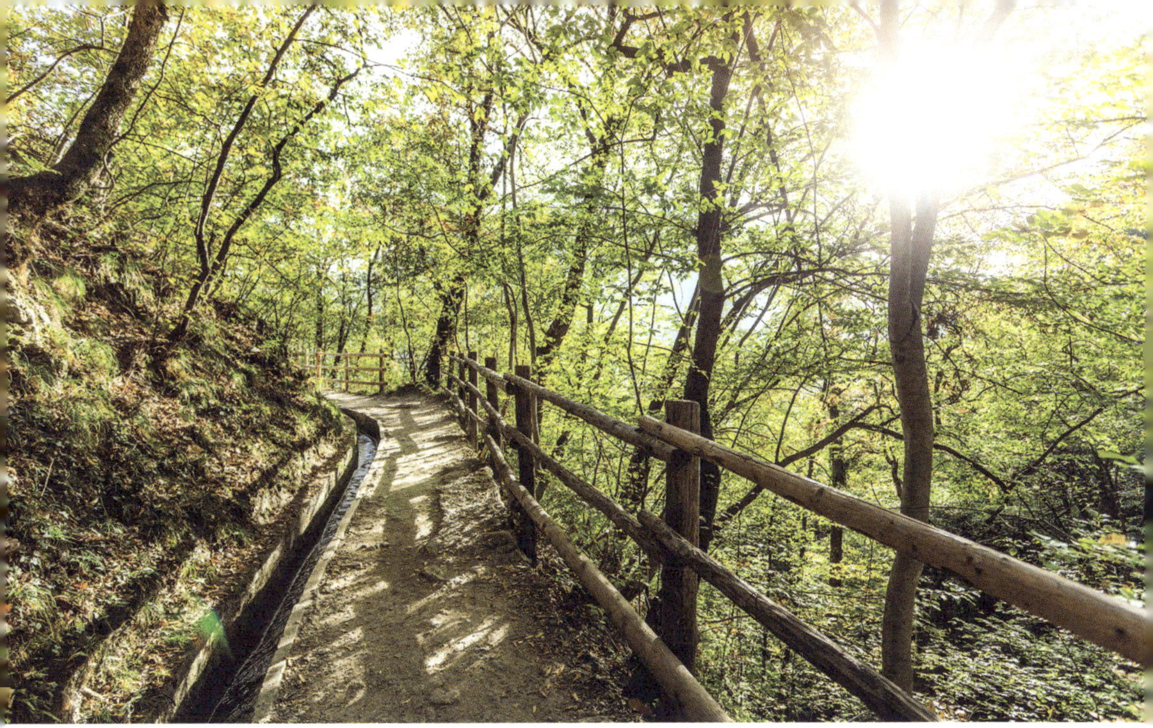

←
Abwechslungsreich führt der Algunder Waalweg zwischen Weinbergen, Obstwiesen und Wäldern hindurch

↑
Ein traumhafter Anblick, wie die Sonne das Blätterdach zum Leuchten bringt und der Waal entlang des Weges fließt {EXIF: Canon EOS 5D Mark II | 17–40 mm @ 17 mm | f/4,5 | 1/125 s}

eine Hängebrücke und folgt der asphaltierten Straße ein Stück weit hinunter. Es geht vorbei an hohen Zypressen und chinesischen Hanfpalmen, die vom mediterranen Klima Merans zeugen, bis man an den Eingang des Tappeinerweges (403 m) gelangt.
Dieser sonnigen Promenade folgt man nun bis hin zum Pulverturm. Der gut ausgebaute Weg ist selbst mit einem Kinderwagen ohne Probleme zu bewältigen. Nebenbei gibt es jede Menge Sitzgelegenheiten und einige Einkehrmöglichkeiten. Nach etwa einer Stunde hat man das Ende des Tappeinerweges erreicht und es erwartet einen noch einmal ein schöner Abschluss dieser einfachen Wanderung. Den fabelhaften Blick vom Pulverturm auf die Kurstadt, den man kostenlos betreten kann, sollte man sich auf keinen Fall entgehen lassen.
Danach geht es auf dem Weg noch ein kurzes Stück weiter, ehe man über breite, gepflasterte Stufen hinunter in die Stadt kommt. Durch die mittelalterlichen Lauben gelangt man schließlich zum Rennweg und nimmt dort den Bus Nr. 213 zurück zum Ausgangspunkt.

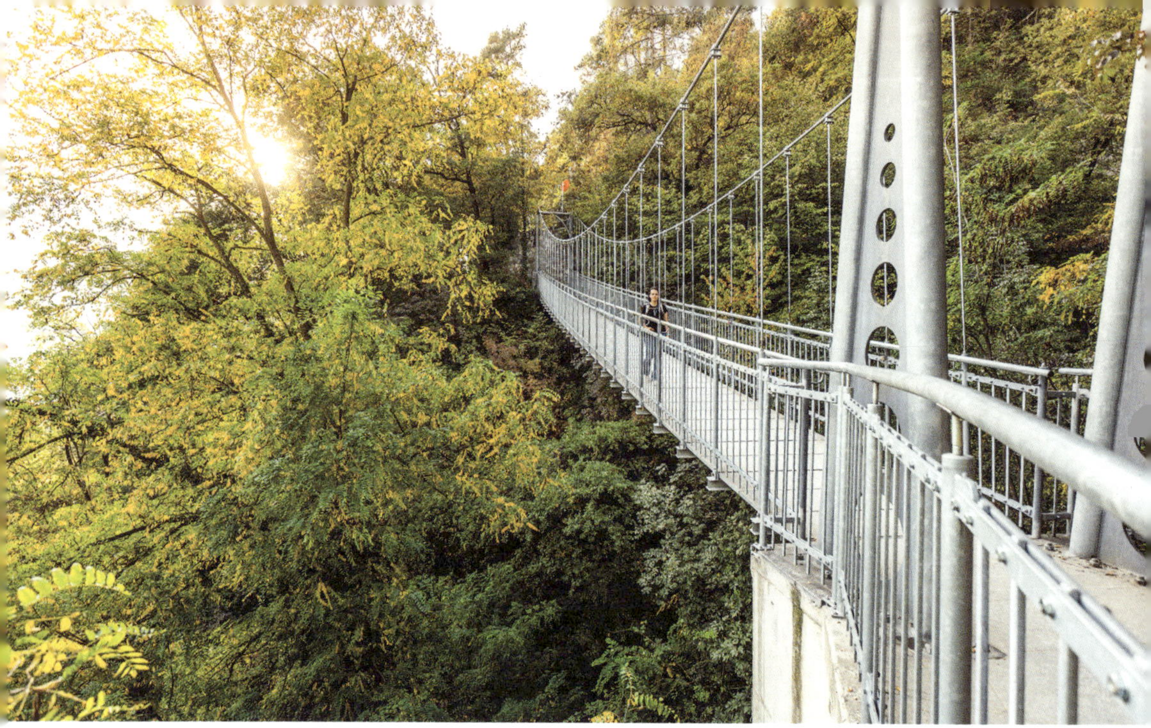

↑ Am Ende des Waalweges geht es noch über diese Hängebrücke

↓ Das Licht am späten Nachmittag lädt zum Fotografieren ein. {EXIF: Canon EOS 5D Mark II | 70–200 mm @ 75 mm | f/4 | 1/250 s}

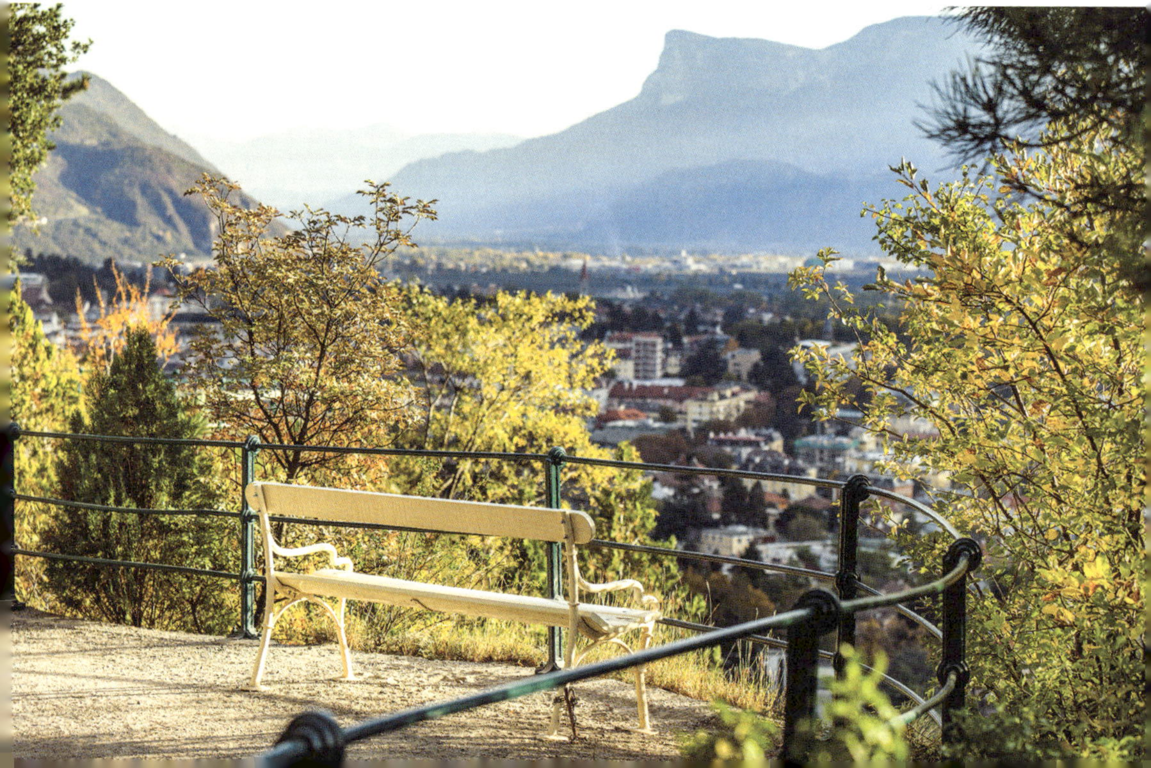

Ein schöner und sehr einfacher Spaziergang entlang des Algunder Waalweges und des Tappeinerweges mit Ausblicken auf Meran, der sich für die ganze Familie eignet.

Von Meran hinauf zur Töll, dort bei der Schleuse rechts in Richtung Algund abbiegen. Ein kurzes Stück die Straße entlang, auf der linken Seite befindet sich der gebührenpflichtige Parkplatz Algunder Waalweg.

(leicht)

- Gebiet: Meraner Land, Südtirol
- Tal: Burggrafenamt
- Start: Parkplatz Algunder Waalweg, Töll (gebührenpflichtig)
- Ziel: Meran
- Dauer: 2:45 Std.
- Strecke: 8,9 km
- Aufstieg: 8 Hm
- Abstieg: 195 Hm
- Wann: Frühling, Sommer, Herbst, Winter

Landschaft: ●●●●○
Abwechslung: ●●●●○
Kondition: ●●○○○
Technik: ●○○○○

ja

Parkplatz Algunder Waalweg (494 m), Töll → Algunder Waalweg → nach der Hängebrücke der asphaltierten Straße abwärts folgen → links auf den Tappeinerweg (403 m) abzweigen → vorbei am Pulverturm hinab in die Stadt → durch die Lauben zum Rennweg → Bus Nr. 213 zurück zum Ausgangspunkt

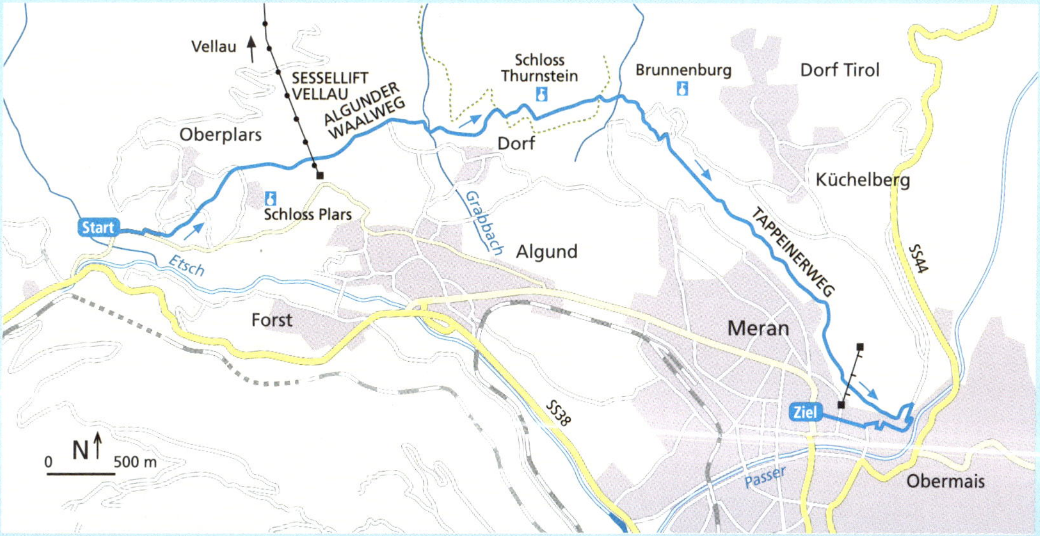

TOP FOTOSPOT

Pulverturm am Tappeinerweg in Meran

Einer der besten Aussichtspunkte, um Meran zu fotografieren, ist der Pulverturm auf dem Tappeinerweg. Einst gehörte dieser Bergfried zur Burg Ortenstein, die aber schon sehr früh zerstört und abgetragen wurde. Heute ist er eine beliebte Sehenswürdigkeit in Meran, die kostenlos besichtigt werden kann.
Der Pulverturm lässt sich auch über die lohnenswerte Wanderung auf dem Algunder Waalweg und dem Tappeinerweg erreichen (siehe Seite 66).

Koordinaten: 46.671580, 11.167643
Wie kommt man hin: Zwischen der Pfarrkirche von Meran und dem Palais Mamming, dem Meraner Stadtmuseum, führt der Tiroler Steig über Treppen hinauf zum Tappeinerweg. Oben angekommen wendet man sich nach rechts und spaziert weiter bis zum Pulverturm.
Exif-Daten: Canon EOS 5D Mark II | 24–70 mm @ 24 mm | f 13 | 1/100 s
Aufnahmedatum: 31.03. – 18:55 Uhr

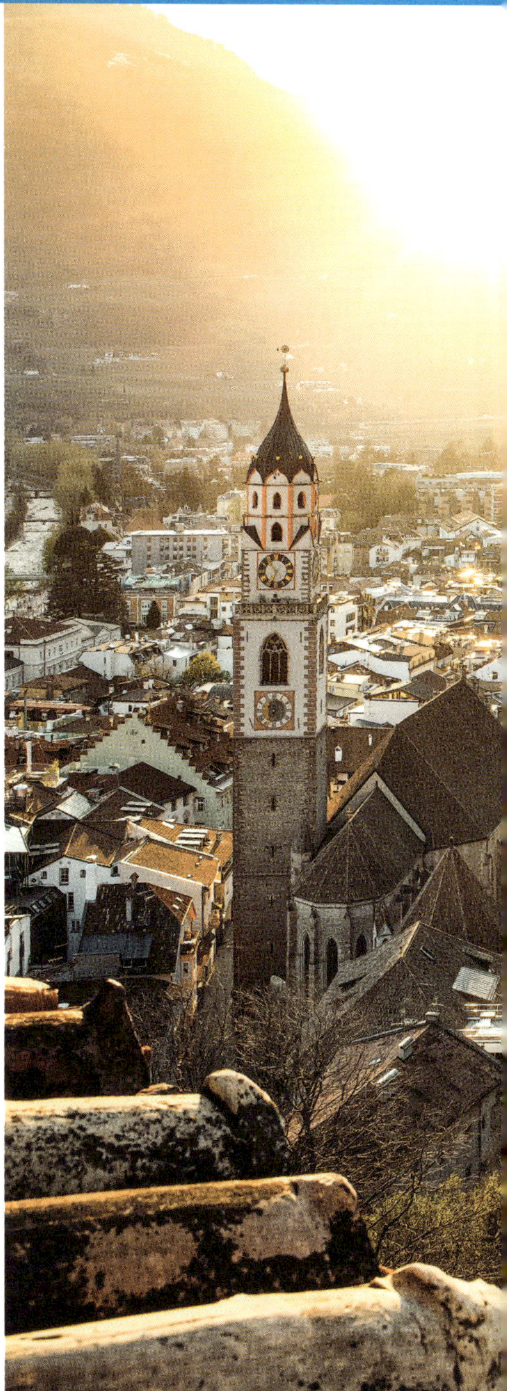

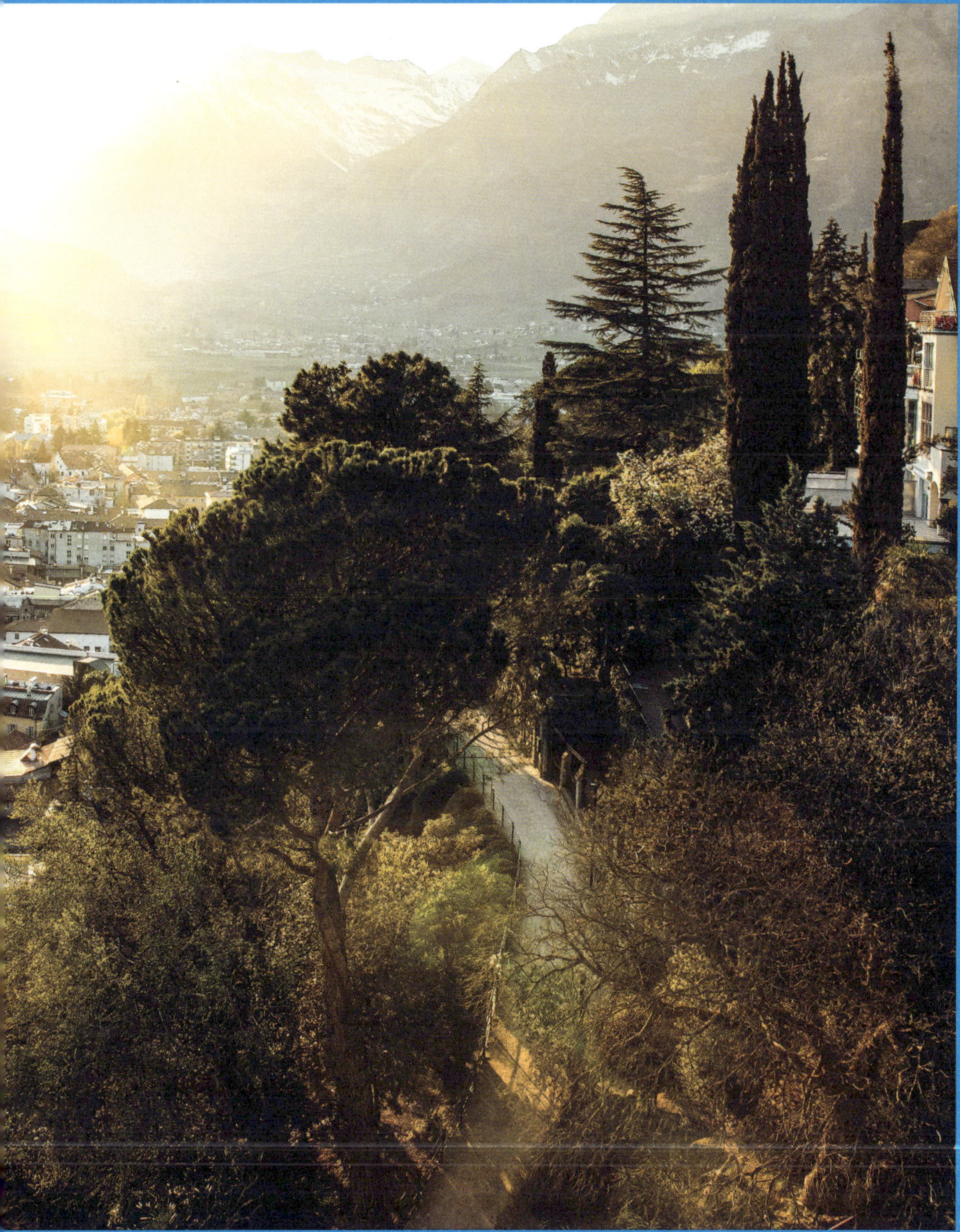

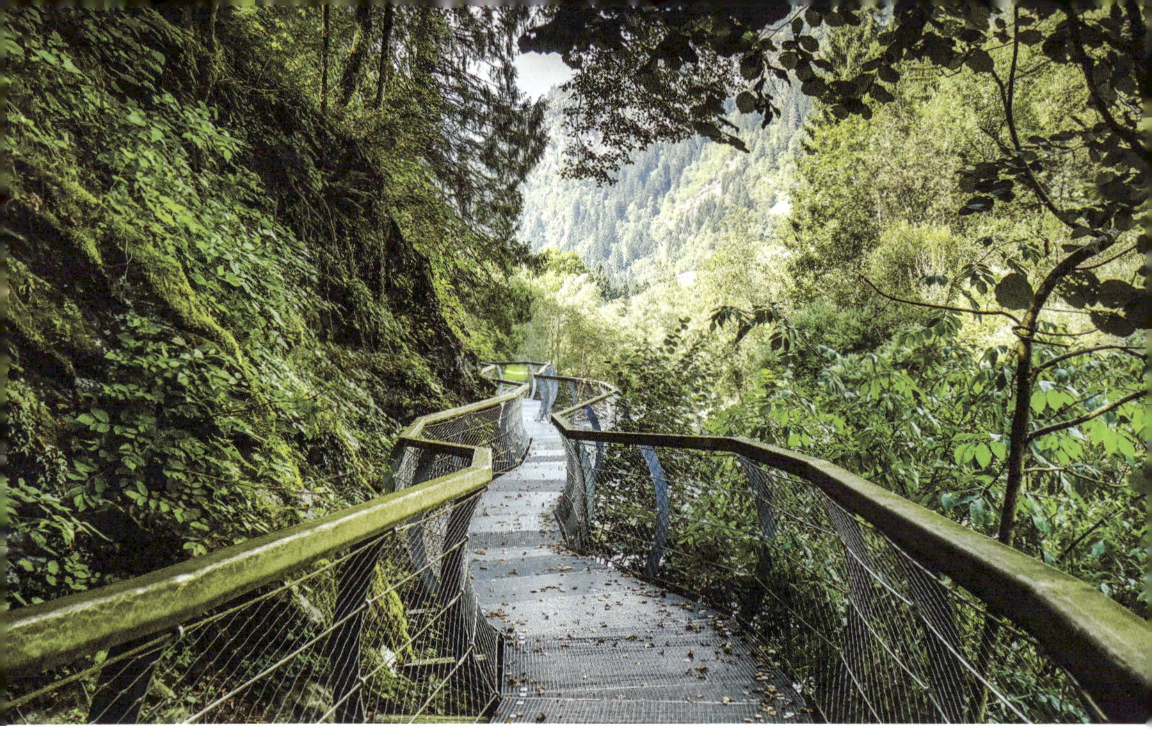

11 Der Passer-Schluchtenweg

Auf Gitterstegen durch die Schlucht

Geradezu futuristisch muten die Stege an, die sich an den Felswänden entlangschlängeln. Der 2015 angelegte, etwa 6,5 km lange Weg führt vorbei an Wasserfällen, steilen Hängen, über Wald und Wiesen und direkt durch die Schlucht hindurch.

Die Wanderung beginnt beim Parkplatz in der Sportzone von St. Leonhard (678 m). Gemütlich geht es zuerst rechts der Passer einen Forstweg entlang. Bald darauf überquert man den Fluss, wechselt von der Forststraße auf einen Wanderpfad und erblickt schon kurz darauf die ersten eisernen Stege, die oberhalb des Flussbettes die Schlucht entlangführen. Ab hier verläuft der Weg bald über kühne Gitterkonstruktionen, bald durch den Wald, immer begleitet vom Rauschen der Passer.

Auf der Hälfte des Weges, nach etwa 1:20 Stunden, erreicht man das alte Gomioner Kraftwerk (787 m), das man auch besichtigen kann. Danach folgt ein kurzer Anstieg über einen unebenen Waldweg, auf dem man unbedingt innehalten sollte, um einen Blick auf die gegenüberliegende Talseite zu werfen. Dort stürzt das Wasser der Stuller Wasserfälle zuerst 112 m und dann über eine zweite

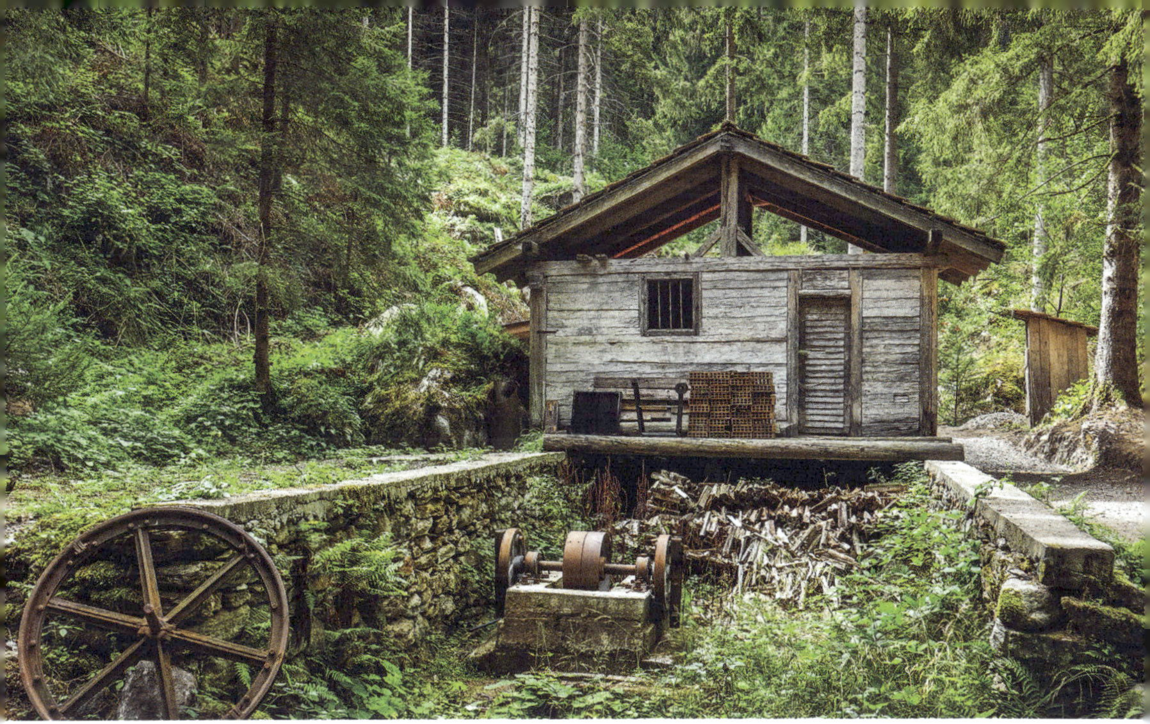

←
Futuristisch sehen die Gitterstege aus, die sich durch die Schlucht schlängeln. {EXIF: Panasonic LUMIX G70 | 14–42 mm @ 14 mm | f/4 | 1/160 s}

↑
Bei der Hälfte des Weges kommt man am alten Gomioner Kraftwerk vorbei

Stufe von 230 m in die Tiefe. Damit sind sie die dritthöchsten Wasserfälle Europas.
Am Ende der Steigung folgt dann wieder eine ebene Strecke und die Gitterstege des Passer-Schluchtenweges werden immer spektakulärer. Länger und höher gelegen führt der Weg über Treppen und Brücken durch die immer enger werdende Schlucht. Zum Schluss kommt man noch an einer Aussichtsplattform vorbei, von der man noch einmal einen Blick in die Klamm wagen kann. Über eine große Brücke überquert man schließlich wieder die Passer und kommt kurz darauf in Moos in Passeier an. Von dort geht es mit dem Bus zurück nach St. Leonhard, wo es ab der Haltestelle noch 15 Minuten zu Fuß zurück zum Parkplatz sind. Am besten man folgt der Fahrbahn wieder hinein ins Dorf bis zum Kreisverkehr und hält sich dann an die Beschilderung zur Sportzone. Dabei kann man noch einen kleinen Rundgang in St. Leonhard machen. Dort gibt es einige Geschäfte zu entdecken, unter anderem das Spinnradl, das handgefertigte Produkte aus Schafwolle herstellt.

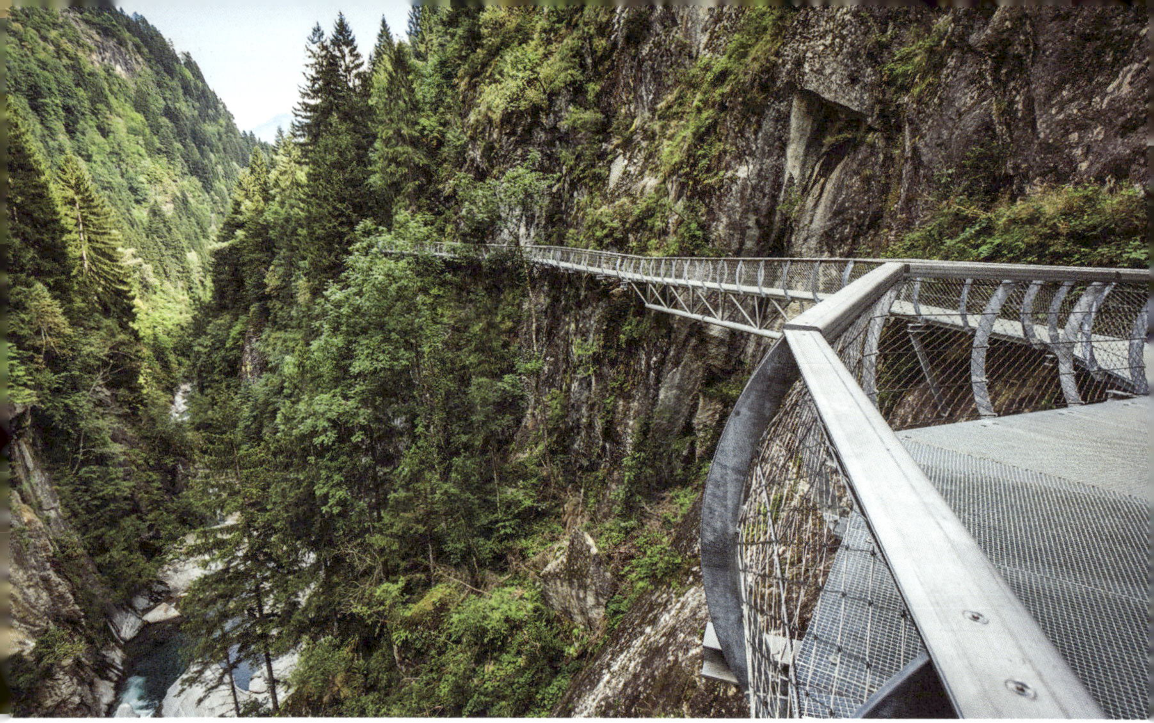

↑
Seit 2015 kann man die Klamm über die spektakuläre Metallkonstruktion erkunden

FOTOTIPP

Führende Linien und alte Zäune
Durch führende Linien wird der Blick des Betrachters in das Bild hinein und zum Hauptmotiv gelenkt. Beim Wandern kann das beispielsweise der Pfad sein, der auf den Berg zuläuft, oder ein alter Zaun am Wegrand. Eigentlich nur als Begrenzung gedacht, können die urigen Holzzäune dabei auch selbst als Eyecatcher dienen.

Ein leichter Wander- und Spazierweg für die ganze Familie, der über raffiniert angelegte Gitterstege durch die Passerschlucht führt. Wer nicht gerne aufwärts geht, der beginnt den Weg einfach in Moos.

Von Meran in das Passeiertal nach St. Leonhard zum gebührenpflichtigen Parkplatz beim Sportplatz.

(leicht)

- Gebiet: Meraner Land, Südtirol
- Tal: Passeiertal
- Start: Parkplatz Sportplatz in St. Leonhard in Passeier (gebührenpflichtig)
- Ziel: Moos (Rückfahrt zum Parkplatz mit dem öffentlichen Bus)
- Dauer: 2:30 Std.
- Strecke: 7 km
- Aufstieg: 420 Hm
- Abstieg: 80 Hm
- Wann: Frühling, Sommer, Herbst

Landschaft: ●●●●○
Abwechslung: ●●●●●
Kondition: ●●●○○
Technik: ●●○○○

nein

Parkplatz Sportplatz in St. Leonhard in Passeier (678 m) → Passer-Schluchtenweg → über eine große Brücke nach Moos in Passeier → mit dem Bus zurück nach St. Leonhard

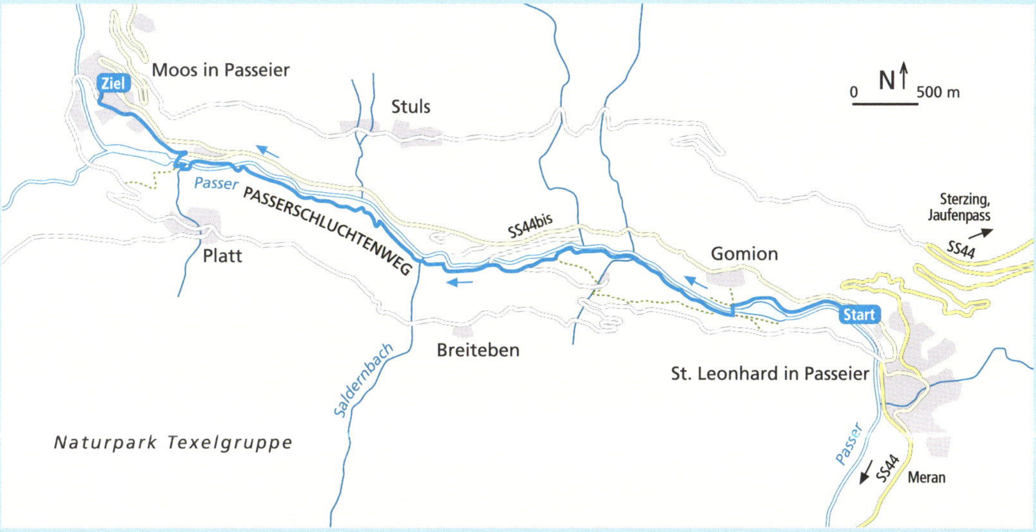

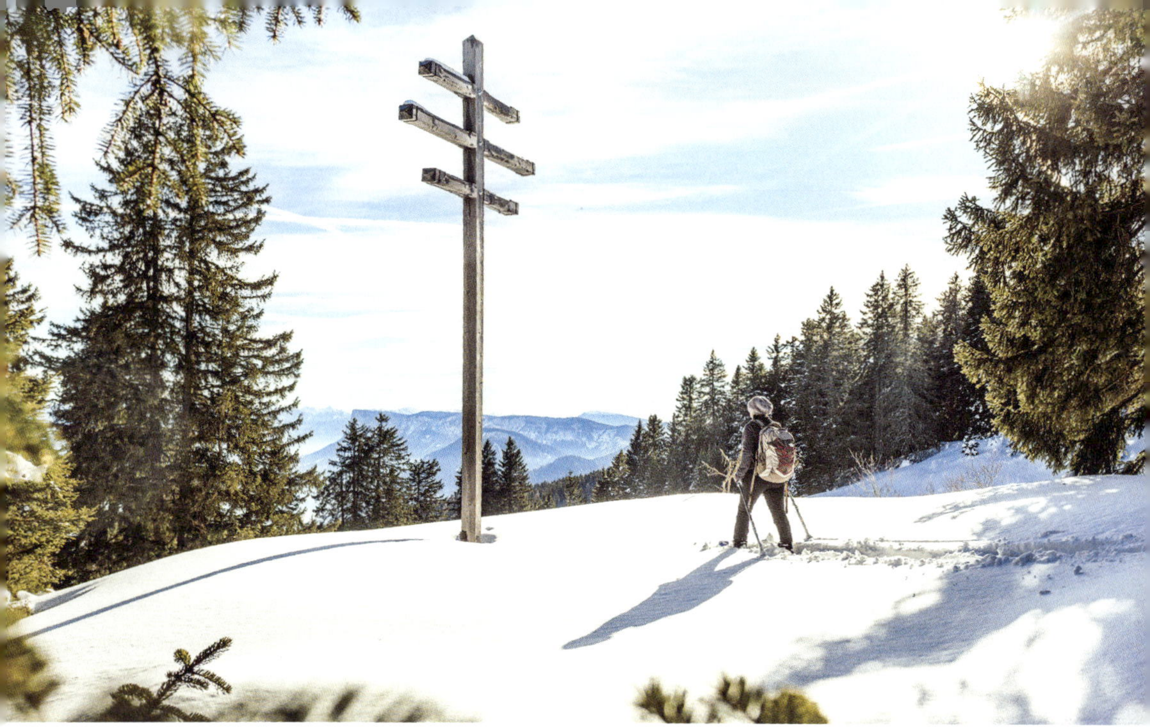

12 Auf den Hausberg von Lana

Winterwanderung am Vigiljoch

Zugegeben, besonders die Täler des Meraner Lands sind im Winter nicht gerade die schneereichsten. Wie gut, dass man in wenigen Minuten von Lana aus das Vigiljoch erreicht und sich dort in einer traumhaften Winterlandschaft wiederfinden kann. Mit Schneeschuhen ausgerüstet, lässt sich diese auf verschiedenen Wanderwegen erkunden.

Mit Europas zweitältester Schwebeseilbahn, die bereits 1912 erbaut wurde, fährt man zunächst hinauf auf den verschneiten und sonnenreichen Hausberg von Lana. Ausgehend von der Bergstation (1.486 m) folgt man der Markierung Nr. 34 über die bestens präparierte Forststraße hinauf auf das Vigiljoch. Anfangs verläuft der Weg noch unter dem Sessellift, zweigt dann links ab und führt immer weiter gemächlich den Berg hoch, immer mit Blick hinunter auf das weite Etschtal. Nach etwa 50 Minuten kommt man an der Gamplalm vorbei, ehe man kurz darauf beim Wetterkreuz am Vigiljoch (1.747 m) steht. Von dort ist es nur mehr ein Katzensprung hinauf zur kleinen St.-Vigilius-Kirche (1.791 m), dem höchsten Punkt dieser Wanderung. Gleich darunter bietet der Gasthof Jocher eine weitere Einkehrmöglichkeit.

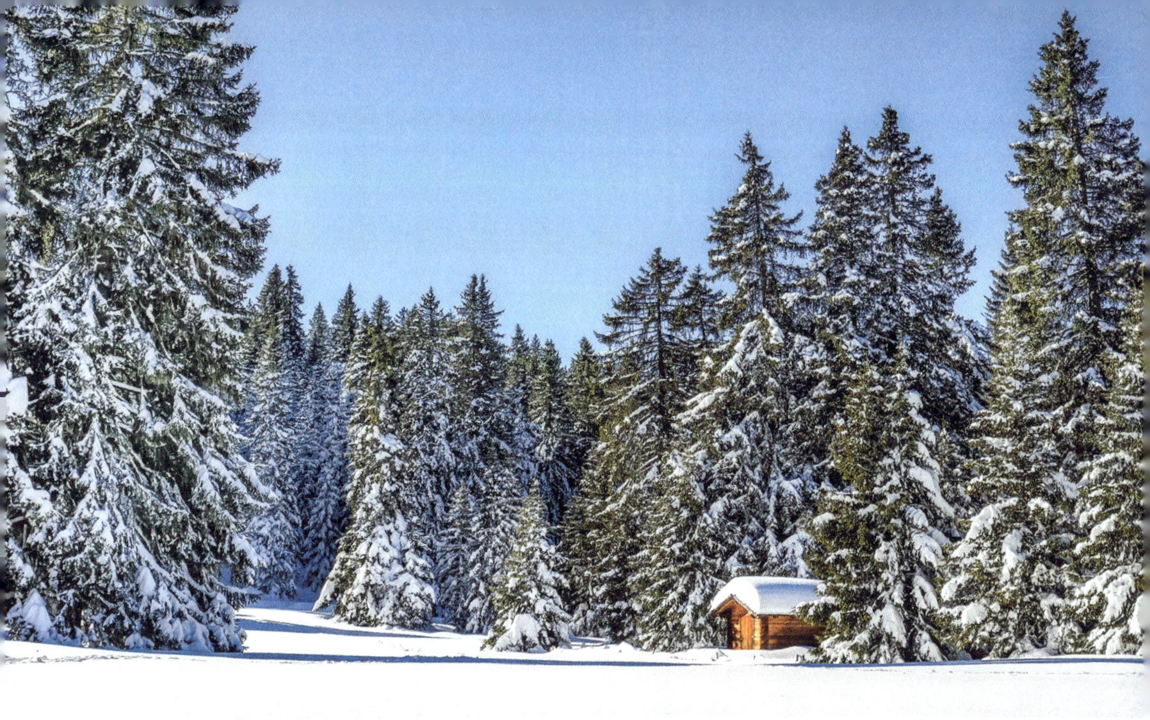

←
Es gibt kaum etwas Schöneres, als die ersten Spuren im frischen Schnee zu ziehen. {EXIF: Canon EOS 5D Mark II | 17–40 mm @ 28 mm | f/7,1 | 1/500 s} {GPS: 46.643018, 11.104544}

↑
Eine kleine Holzhütte schmiegt sich zwischen die Bäume auf dem tief verschneiten Vigiljoch {EXIF: Panasonic LUMIX G70 | 14–42 mm @ 20 mm | f/9 | 1/400 s}

Über den gespurten Weg Nr. 9 geht es durch einen lichten Wald weiter bis zum ca. 20 Minuten entfernten Biotop „Schwarze Lacke" mit dem Gasthaus Seespitz (1.730 m). Hier endet nun der präparierte Weg und die nächsten 1,5 km auf dem Panoramaweg Nr. 7 sind der anstrengendste Teil dieser ansonsten sehr einfachen Wanderung. Die Mühe wird dafür allerdings mit einer einsamen Winterlandschaft und dem Ausblick auf das Etschtal bis hin zu den Dolomiten belohnt.
Kurz nachdem man ein Wetterkreuz passiert hat, trifft man dann auf die Weggabelung Nr. 7 und Nr. 10. Hier ist der schmale Pfad wieder gut ausgetreten, man zweigt links ab und folgt weiter der Markierung Nr. 7, bis man auf den Weg Nr. 34 gelangt, der zurück zur Bergstation der Seilbahn führt.
Alternativ kann man vom Biotop „Schwarze Lacke" direkt den Weg Nr. 10 nehmen und sich so das erste anstrengende Stück des Panoramawegs Nr. 7 ersparen.

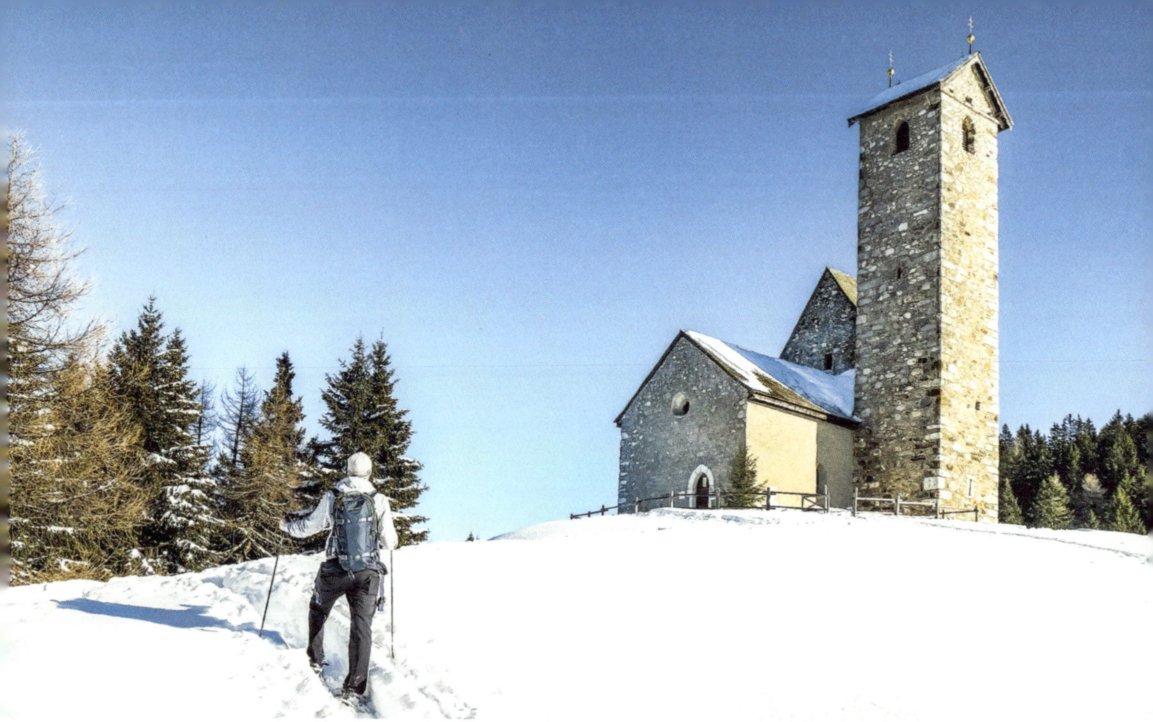

↑
Die St.-Vigilius-Kirche wurde erstmals im 12. Jh. erwähnt und markiert den höchsten Punkt der Wanderung {EXIF: Panasonic LUMIX G70 | 14–42 mm @ 14 mm | f/9 | 1/640 s} {GPS: 46.636191, 11.092586}

FOTOTIPP

Blaue Stunde
Eine interessante fotografische Tageszeit ist die sogenannte blaue Stunde. Gemeint ist der Abschnitt am Morgen zwischen Dunkelheit und Sonnenaufgang und am Abend kurz nach Sonnenuntergang bis zur nächtlichen Dunkelheit und seinen Namen hat er von der tiefblauen Farbe des Himmels. Zu keiner anderen Tageszeit wirkt er intensiver als zu dieser (siehe Seite 240). Ein Stativ ist bei diesen schwachen Lichtverhältnissen fast unumgänglich. Den Wetterbericht im Auge behalten, denn bei zu bedecktem Himmel oder gar Regen fällt die blaue Stunde oft aus.

Lohnende Schneeschuhwanderung in herrlicher Landschaft. Ortskenntnis oder GPS-Navigation von Vorteil.

Von Meran nach Lana und dort auf die Straße in Richtung Ultental abzweigen. Kurz darauf in der ersten Kurve befindet sich auf der rechten Seite der gebührenpflichtige Parkplatz der Seilbahn Vigiljoch.

(leicht)

- Gebiet: Meraner Land, Südtirol
- Tal: Burggrafenamt
- Start: Seilbahn Vigiljoch, Lana (gebührenpflichtig)
- Ziel: Seilbahn Vigiljoch, Lana
- Dauer: 3:00 Std.
- Strecke: 8,6 km
- Aufstieg: 300 Hm
- Abstieg: 300 Hm
- Wann: Frühling, Sommer, Herbst, Winter

Landschaft: ●●●○○
Abwechslung: ●●●○○
Kondition: ●●●○○
Technik: ●●○○○

ja

Seilbahn Vigiljoch, Lana – Bergstation (1.486 m) → Weg Nr. 34 hinauf auf das Vigiljoch (1.747 m) → St.-Vigilius-Kirche (1.791 m) → gespurter Weg Nr. 9 bis zum Biotop „Schwarze Lacke" → Panoramaweg Nr. 7 nicht gespurt → Weg Nr. 34 zurück zum Ausgangspunkt

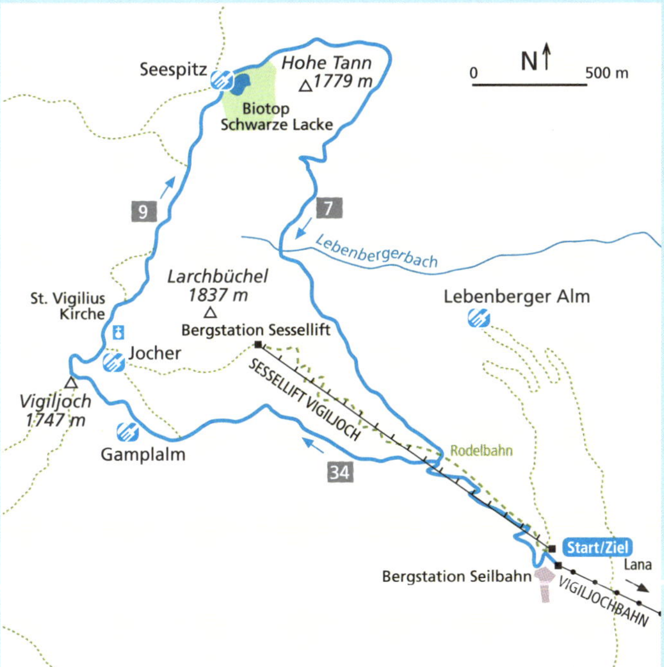

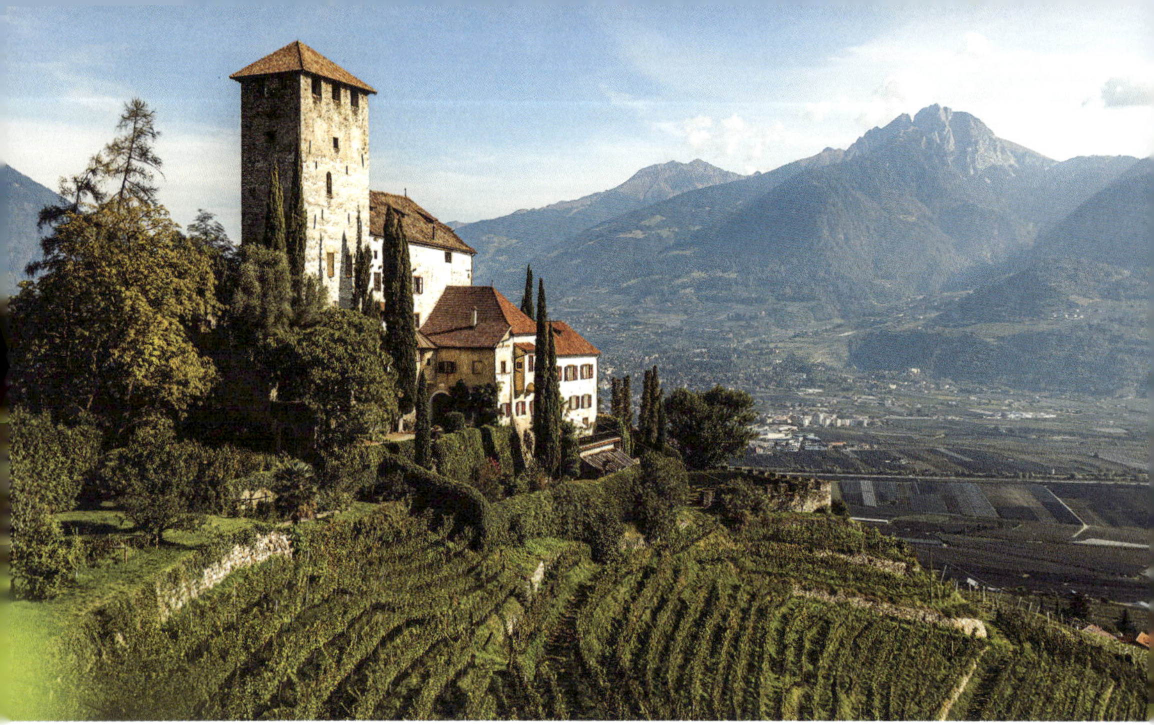

13 Der Marlinger Höhenweg

Ein Traum in Weiß zur Zeit der Apfelblüte

Ein wahres Naturschauspiel bringt Naturliebhaber in Südtirol Jahr für Jahr ins Schwärmen. Wenn sich Mitte April die ersten Apfelblüten öffnen, dauert es nicht mehr lang, bis sich der ganze Meraner Talkessel in ein weißes Blütenmeer verwandelt. Entlang des Marlinger Waalweges kann man dieses Spektakel besonders gut erleben.

Ausgangspunkt dieser Frühlingswanderung ist der Parkplatz beim Gasthof Waldschenke (476 m) oberhalb von Marling. Am besten startet man bereits am frühen Morgen, kurz nach Sonnenaufgang. Dann ist man noch fast ganz alleine auf Südtirols längstem Waalweg unterwegs, kann die Ruhe und das sanfte Licht genießen.

Los geht es vorbei am Gasthof, immer der Markierung Marlinger Waalweg folgend, in Richtung Tscherms. Der Weg verläuft eben neben dem plätschernden Waal und zwischen blühenden Apfelbäumen und Wiesen. Dabei hat man ständig eine herrliche Aussicht auf Meran und das Etschtal. In regelmäßigen Abständen informieren Schautafeln über das uralte Bewässerungssystem, den Mischwald und seine Bewohner. Nach etwa 3 km überquert man eine Brücke, zweigt

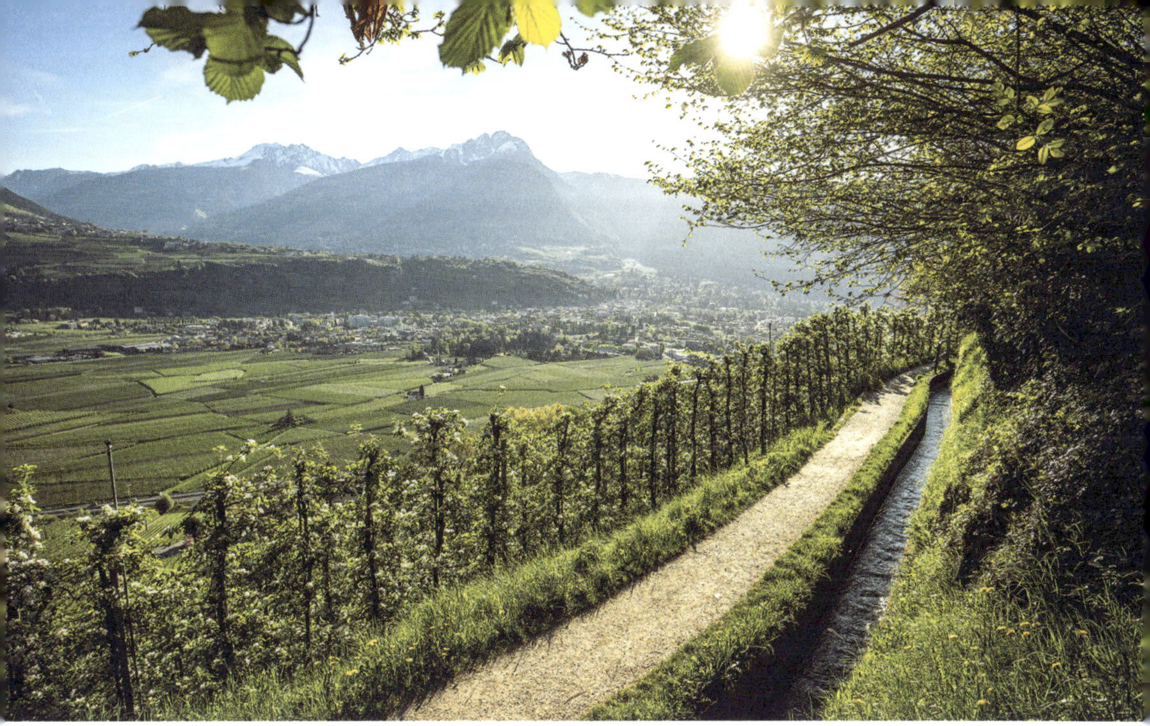

← Das Schloss Lebenberg oberhalb von Tscherms wurde im 13. Jh. erbaut {EXIF: Canon EOS 5D Mark II | 24–70 mm @ 33 mm | f/3,2 | 1/3200 s} {GPS: 46.636783, 11.134869}

↑ Fast der gesamte Marlinger Waalweg verläuft entlang des offenen Wasserkanals. {EXIF: Canon EOS 5D Mark II | 17–40 mm @ 40 mm | f/9 | 1/200 s}

gleich darauf rechts hinauf zum Schloss Lebenberg ab und erreicht auf dem Weg Nr. 36 nach etwa 1:10 Stunden das Gasthaus Haidenhof (545 m). Hier steht das anstrengendste Stück der Wanderung bevor, über einen steilen Weg folgt man der Markierung Nr. 33B hinauf zur Ruine von Holdersberg (722 m), von der aber bis auf ein paar Mauern nicht mehr viel zu sehen ist. Kurz darauf geht es im leichten Auf und Ab über den Marlinger Höhenweg weiter, teilweise über eine Asphalt- und Schotterstraße. Auch hier eröffnet sich wieder ein weiter Blick auf den Meraner Talkessel.

Nachdem man das Gasthaus Senn am Egg (699 m, knapp 2 Stunden ab Haidenhof) passiert hat, bleibt man noch etwa 1 km lang auf dem Marlinger Höhenweg, bis man auf den Weg Nr. 9 nach Forst abbiegt und so wieder den Marlinger Waalweg erreicht. Den Wasserlauf entlang und inmitten der Apfelwiesen geht es nun wieder gemächlich zurück zum Ausgangspunkt.

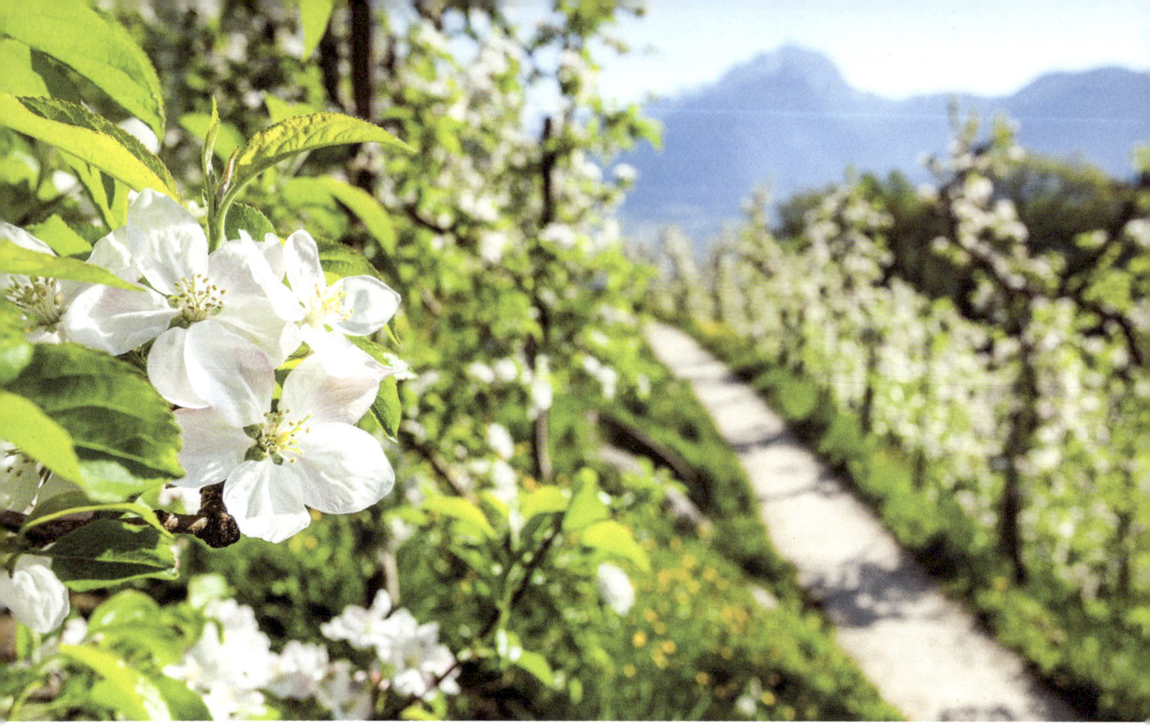

↑
Mitte April beginnt die Apfelblüte, die man entlang des Weges hautnah erleben kann. {EXIF: Canon EOS 5D Mark II | 17–40 mm @ 29 mm | f/9 | 1/400 s}

FOTOTIPP

Einen natürlichen Rahmen schaffen
Um den Blick auf das Geschehen zu lenken und mehr Tiefe in ein Bild zu bekommen, können Elemente eingebracht werden, die als Rahmen für das Hauptmotiv fungieren. Das könnte z. B. ein Blätterdach sein, eine offene Wolkendecke oder aber auch ein architektonisches Element wie ein Torbogen. Der Rahmen kann scharf oder unscharf sein, rund oder eckig, hier sind der Kreativität keine Grenzen gesetzt. Er muss dabei das Motiv auch nicht vollständig umgeben. Oft reicht auch schon ein Teil, damit der Betrachter das Gefühl hat, selbst mitten in der Szene zu stehen.

Eine sehr attraktive und einfache Wanderung, die besonders zur Apfelblüte im Frühjahr ein echtes Erlebnis ist.

Von Meran hinauf nach Marling, vorbei an der Kirche und beim Romantik Hotel Oberwirt links nach oben abbiegen. Der Straße bis ans Ende zum Parkplatz beim Gasthof Waldschenke folgen.

(mittel)

- Gebiet: Meraner Land, Südtirol
- Tal: Burggrafenamt
- Start: Parkplatz beim Gasthof Waldschenke, Marling
- Ziel: Parkplatz beim Gasthof Waldschenke, Marling
- Dauer: 4:30 Std.
- Strecke: 13,2 km
- Aufstieg: 400 Hm
- Abstieg: 400 Hm
- Wann: Frühling, Sommer, Herbst, Winter

Landschaft: ●●●●○
Abwechslung: ●●●○○
Kondition: ●●●○○
Technik: ●●○○○

ja

Parkplatz beim Gasthof Waldschenke (476 m), Marling → Richtung Tscherms → Markierung Marlinger Waalweg → hinauf zum Schloss Lebenberg → Weg Nr. 36 bis zum Gasthaus Haidenhof (545 m) → Weg Nr. 33B steil bergauf → Marlinger Höhenweg → Weg Nr. 9 nach Forst → über den Marlinger Waalweg zurück zum Ausgangspunkt

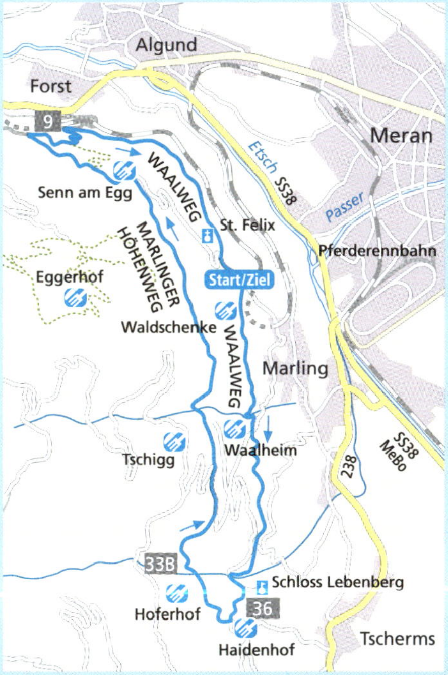

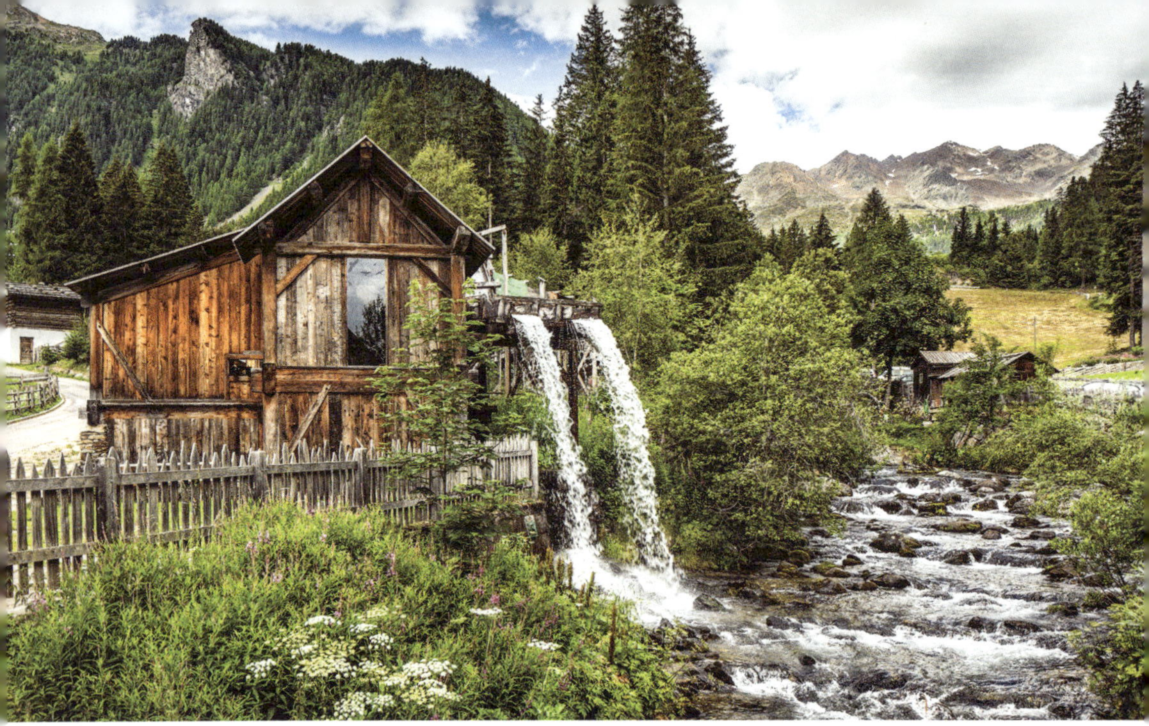

14 Der Ultner Höfeweg

Urige Bergbauernhöfe und uralte Bäume

Diese erlebnisreiche Wanderung führt vorbei an urigen Bergbauernhöfen, steinalten Lärchen, verwitterten Dachschindeln und liebevoll gepflegten Bauerngärten. Auf dem 11 km langen Rundweg gibt es Postkartenmotive, wohin man schaut. Eine leichte, kulturell und landschaftlich faszinierende Wanderung für die ganze Familie im ruhigen und reizenden Ultental.

Gestartet wird beim Parkplatz neben dem Fußballplatz von St. Nikolaus (1.256 m). Von dort geht es ins Ortszentrum, wo man der Beschilderung oberhalb der Kirche zum Ultner Höfeweg folgt. Auf der Sonnental-Seite geht es im leichten Auf und Ab bald über kleine Pfade durch den Wald, bald auf der asphaltierten Straße zwischen den Höfen hinein bis nach St. Gertraud. Die alten Bauernhöfe sind dabei stets ein wahrer Blickfang.
Nach etwa 1:50 Stunden erreicht man St. Gertraud (1.519 m), wo heute in einer alten wasserbetriebenen Säge das Besucherzentrum des Stilfserjoch Nationalparks untergebracht ist. Hier wechselt der Weg auf die andere Talseite und führt, bevor es zurück nach St. Nikolaus geht, an den berühmten Ultner Urlärchen vorbei. Beim ältesten dieser

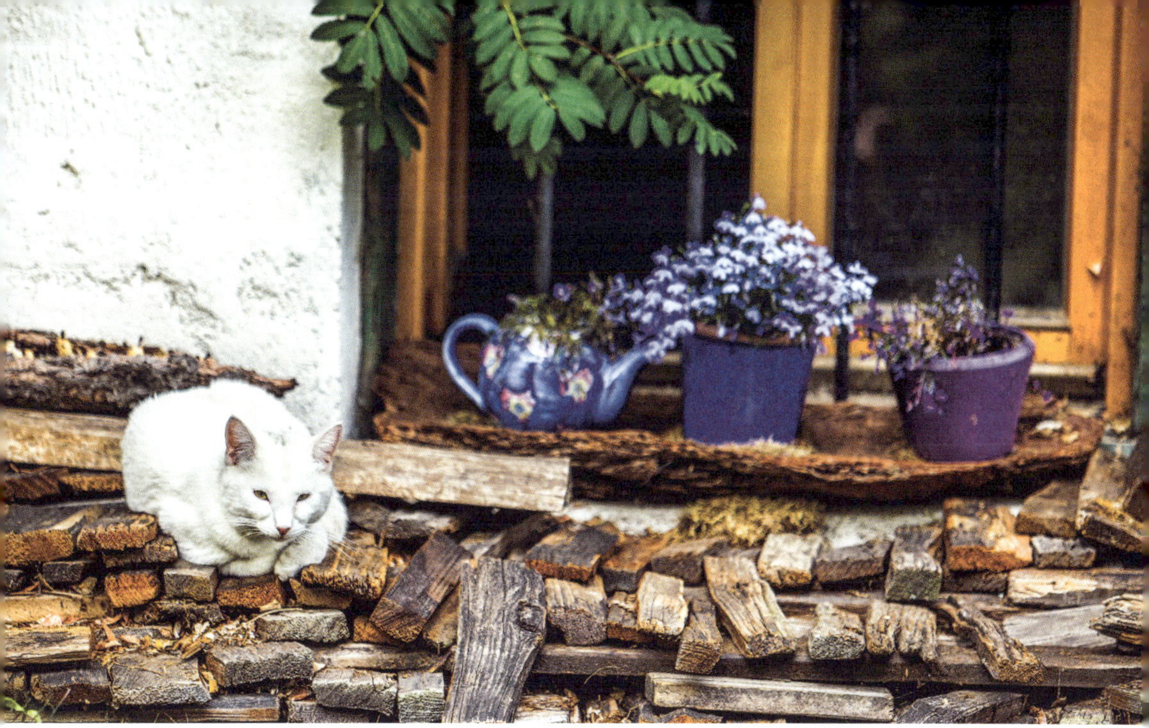

←
Die alte wasserbetriebene Säge in St. Gertraud beherbergt heute das Besucherzentrum des Nationalparks Stilfserjoch {EXIF: Canon EOS 5D Mark II | 17–40 mm @ 25 mm | f/9 | 1/160 s} {GPS: 46.490270, 10.877652}

↑
Die Höfe bieten immer wieder reizvolle Fotomotive, man muss nur hinschauen. {EXIF: Canon EOS 5D Mark II | 70–200 mm @ 185 mm | f/3,2 | 1/320 s}

Prachtexemplare, das aber heute nicht mehr steht, hat man 2.200 Jahresringe gezählt, acht Meter Stammumfang hat das dickste von ihnen, über 36 m ragt die höchste Lärche empor. Sie sind eines der bekanntesten Naturdenkmäler Südtirols.
Gemütlich wandert man über Waldwege und Straßen zurück zum Ausgangspunkt. Man überquert dabei kleine Holzbrücken und kommt am ehemaligen Sanatorium Hartunghausen (erbaut 1903–1906) vorbei, in dem bekannte Persönlichkeiten wie Sigmund Freud, Thomas Mann oder Franz Kafka zur Kur weilten.

Wenig später wird es etwas kurios, wenn Gebetsfahnen, eine Buddhafigur und andere seltsame Dinge den Wegesrand säumen, die man im Ultental nicht unbedingt erwarten würde. Über Wald- und Asphaltabschnitte geht es weiter bis zur Hauptstraße bei St. Nikolaus. Dort überquert man die Fahrbahn, biegt nach links ab und kehrt zurück zum Parkplatz am Fußballplatz.

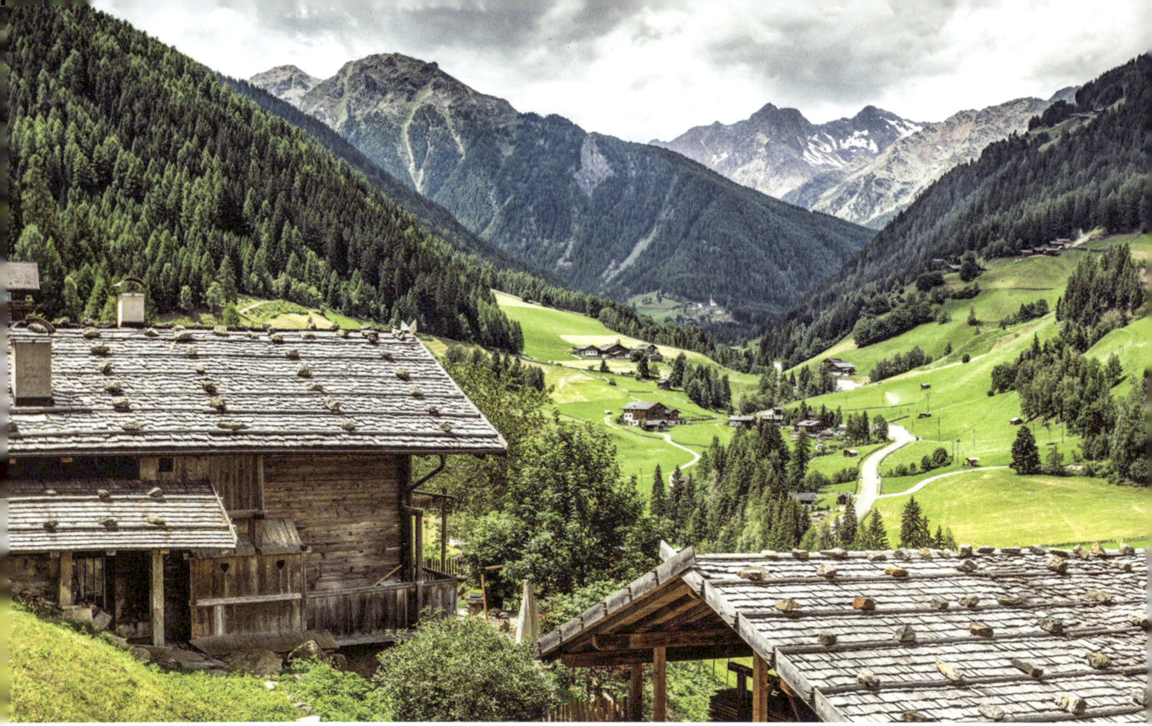

↑ Alte Bauernhöfe im urigen Ultental {EXIF: Canon EOS 5D Mark II | 17–40 mm @ 40 mm | f/9 | 1/200 s} {GPS: 46.497765, 10.910528}

↓ Die berühmten Ultner Urlärchen {EXIF: Canon EOS 5D Mark II | 17–40 mm @ 17 mm | f/9 | 1/100 s} {GPS: 46.491558, 10.892723}

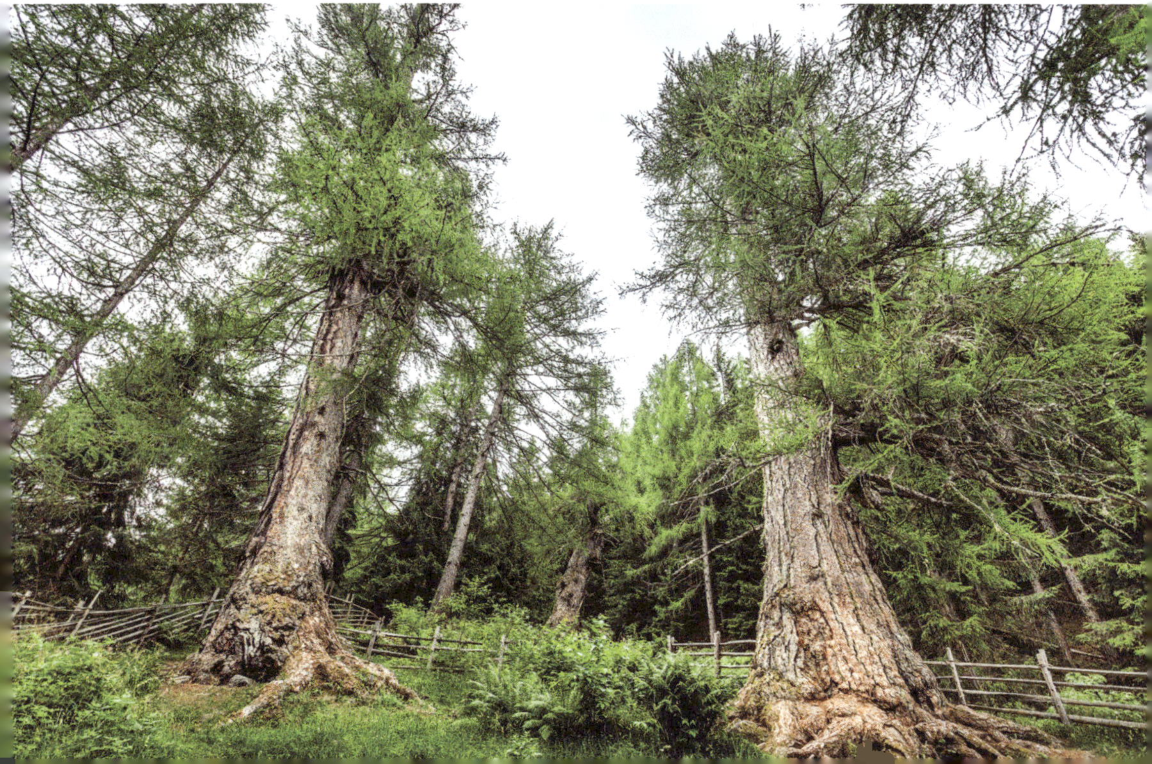

Eine kulturell und landschaftlich sehr lohnenswerte Wanderung für die ganze Familie. Die urigen Bauernhöfe sind ein wahrer Blickfang entlang des einfachen Weges.

Von Meran nach Lana und von dort hinein ins Ultental bis nach St. Nikolaus. Parkplatz beim Fußballplatz.

(leicht)

- Gebiet: Meraner Land, Südtirol
- Tal: Ultental
- Start: Parkplatz Sportplatz in St. Nikolaus
- Ziel: Parkplatz Sportplatz in St. Nikolaus
- Dauer: 3:30 Std.
- Strecke: 11 km
- Aufstieg: 306 Hm
- Abstieg: 306 Hm
- Wann: Frühling, Sommer, Herbst

Landschaft: ●●●●○
Abwechslung: ●●●●●
Kondition: ●●○○○
Technik: ●●○○○

ja

Parkplatz beim Sportplatz in St. Nikolaus (1.256 m) → im Ortszentrum oberhalb der Kirche dem Ultner Höfeweg folgen → St. Gertraud (1.519 m) → auf der anderen Talseite zurück nach St. Nikolaus

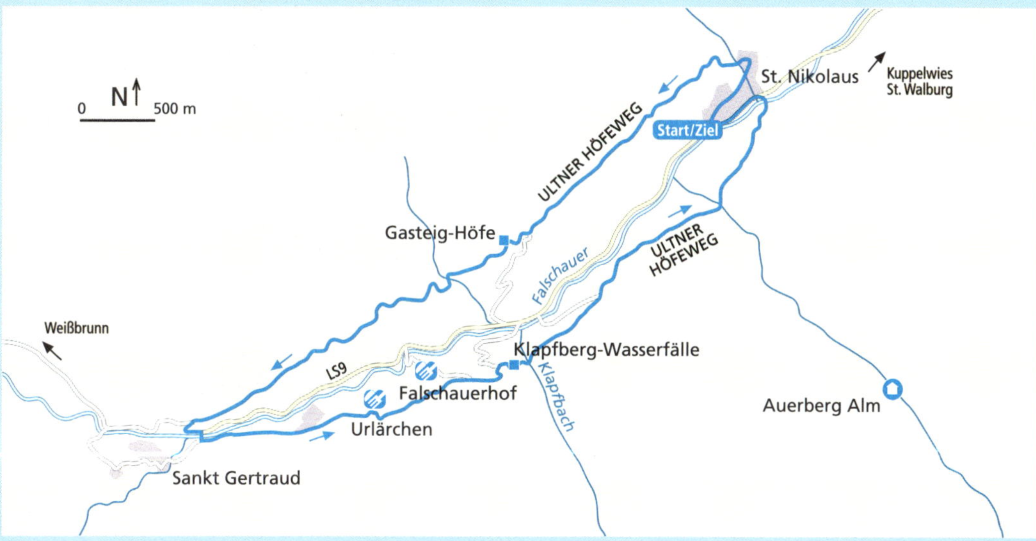

TOP FOTOSPOT

Häuserl am Stein, St. Pankraz im Ultental

Eines der wohl kuriosesten Bauwerke Südtirols befindet sich in St. Pankraz im Ultental. Das Häuserl am Stein hat im Jahre 1882 wie durch ein Wunder das Hochwasser der Falschauer überstanden. Die Fluten von damals rissen alles fort – bis auf das kleine Haus, das unversehrt auf dem freigelegten Felsbrocken stehen geblieben ist.

Koordinaten: 46.573115, 11.075649
Wie kommt man hin: Hinein ins Ultental und kurz nach St. Pankraz links nach unten abzweigen und der Beschilderung Häuserl am Stein folgen. Vorbei an einer Stellfläche biegt man links über eine kleine Brücke ab. Danach hält man sich rechts, bis die Straße wieder ansteigt und man auf der rechten Seite eine Holzbrücke sieht, die zum Häuschen führt. Dort parkt man am Straßenrand.
Exif-Daten: Canon EOS 5D Mark II | 70–200 mm @ 70 mm | f/3,5 | 1/6000 s
Aufnahmedatum: 09.07. – 14:17 Uhr

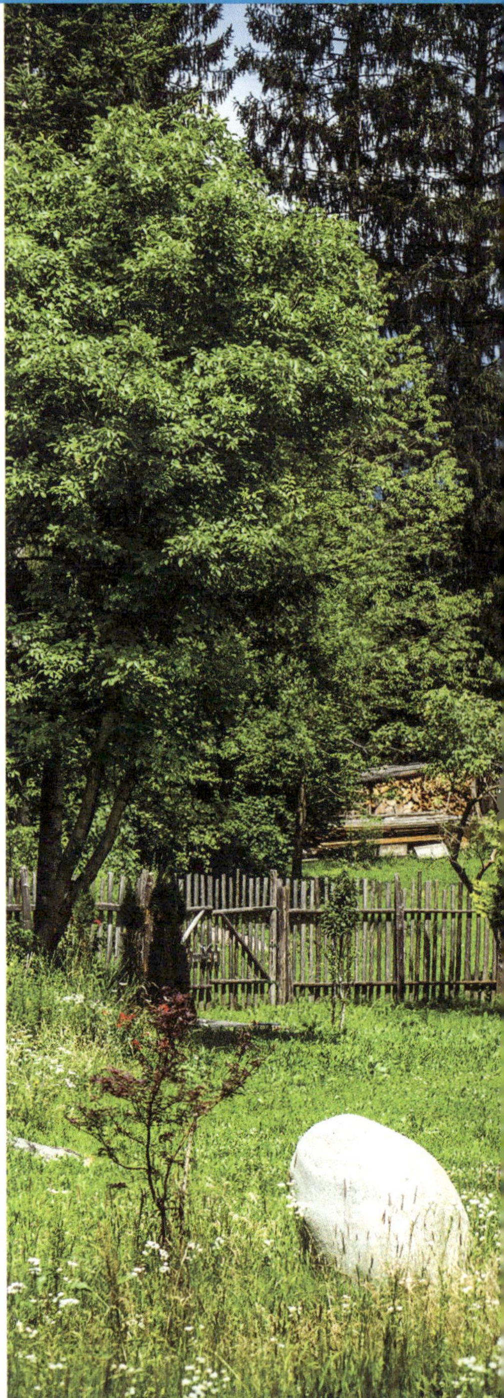

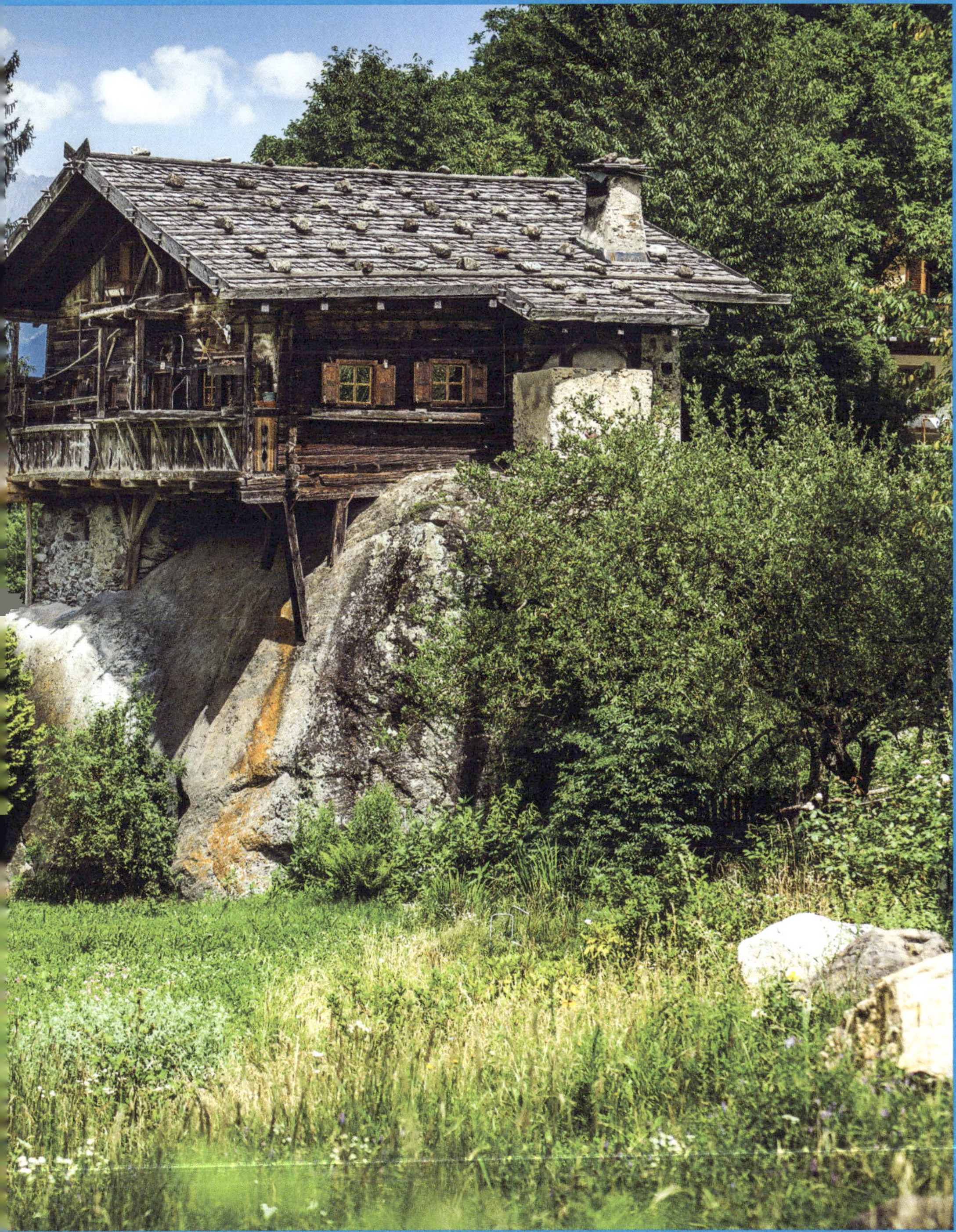

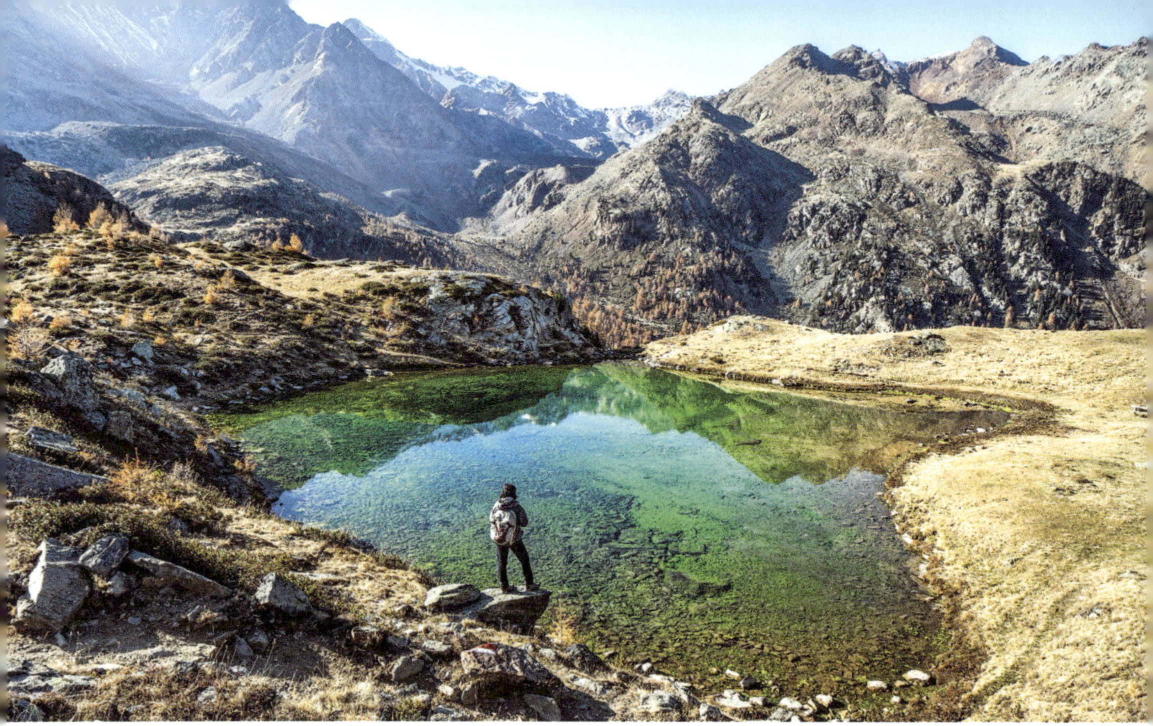

15 Ultner Seen-Rundwanderung

Herbstliche Farbenpracht

Besonders im Herbst ist diese Wanderung ein wahres Highlight. Denn kurz bevor die Lärchen ihre Nadeln abwerfen, färben sie sich noch kräftig goldgelb. Komplettiert wird das herbstliche Spektrum durch die smaragdgrüne bis türkise Tönung der fünf Bergseen (Weißbrunn-, Grün-, Lang-, Oberweißbrunn-, Fischersee), die sich in der schroffen Gebirgslandschaft am Ende des Ultentals befinden.

Ausgangspunkt dieser Rundwanderung ist der Weißbrunner Stausee im Ultner Talschluss. Vorbei am Berggasthaus Knödlmoidl (1.892 m) schraubt sich der Weg Nr. 12/140 zuerst noch durch den Wald, dann durch eine karge Landschaft steil hinauf zur Höchsterhütte (2.560 m). Nach etwa 1:45 Stunden hat man den anstrengendsten Teil der Tour hinter sich und ist oben an der Hütte und beim Stausee angekommen. Entlang der Staumauer des Grünsees geht es über den Ultner Höhenweg Nr. 12 relativ eben weiter, bis man nach ca. 60 Minuten den Langsee (2.340 m) erreicht. Ein herrlich angelegter Abschnitt, teils über Felsplatten, mit schönem Blick hinunter auf den Weißbrunn- und Fischersee.

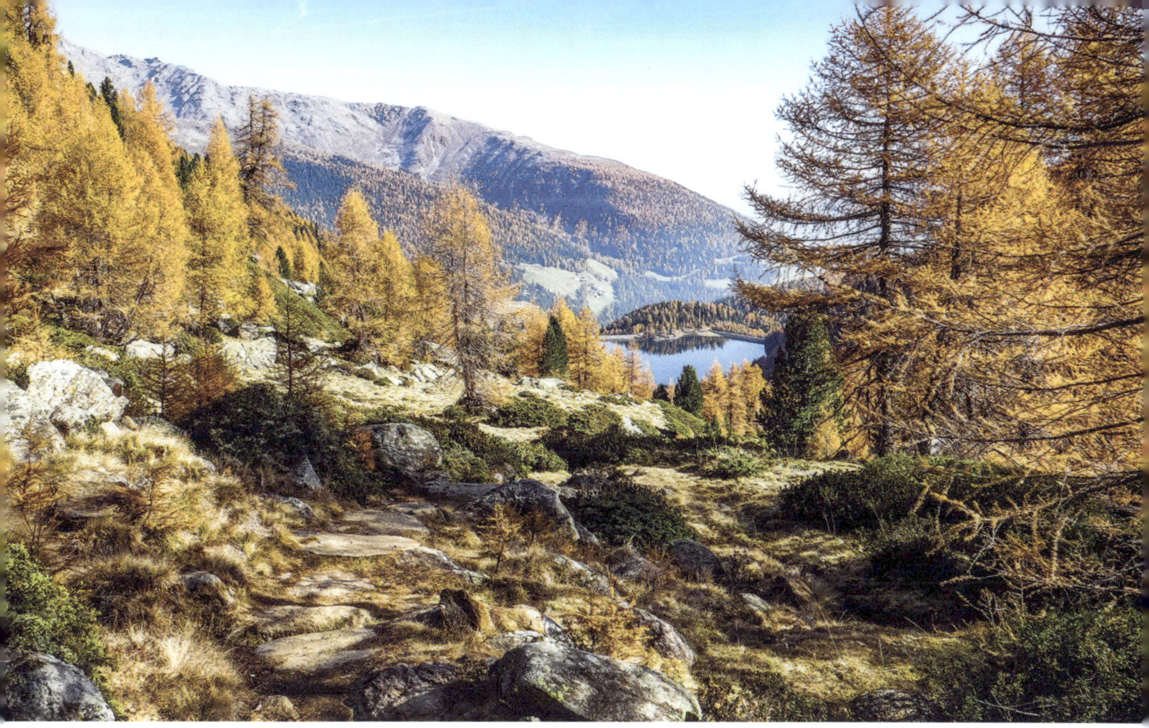

←
Ein Bild, das Sehnsucht weckt: ein einsamer Wanderer am klaren Bergsee, umgeben von wunderschöner Natur {EXIF: Canon EOS 5D Mark II | 17–40 mm @ 21 mm | f/9 | 1/160 s} {GPS: 46.472188, 10.827358}

↑
Der Herbst taucht die Landschaft in ein leuchtendes Farbenmeer und ist für Fotografen eine ganz besonders reizvolle Jahreszeit {EXIF: Panasonic LUMIX G70 | 14–42 mm @ 14 mm | f/5,6 | 1/320 s}

Auf der anderen Talseite geht es nun über die weite Almwiese, vorbei am Langsee und über den Weg Nr. 107 hinunter zum 35 Minuten entfernten Oberweißbrunnsee (2.218 m). In der kleinen Wasserfläche spiegelt sich malerisch die umliegende Berglandschaft und ein paar ruhige Picknickplätze locken hier noch einmal zu einer kleinen Rast. Nach einer weiteren halben Stunde Fußmarsch folgt der dritte Stausee auf dieser Rundwanderung, der Fischersee (2.068 m). Auf dem Weg dorthin bietet sich dem Auge wieder die ganze Farbenpracht des herbstlichen Waldes.

Immer der Markierung Nr. 107 folgend, geht es über den reizvoll angelegten Wanderweg mit Blick hinunter auf den Weißbrunner Stausee im leichten Auf und Ab zur Fiechtalm (2.036 m). Bei der Alm nimmt man den Weg Nr. 101 und erreicht schließlich nach 30 Minuten wieder den Ausgangspunkt.

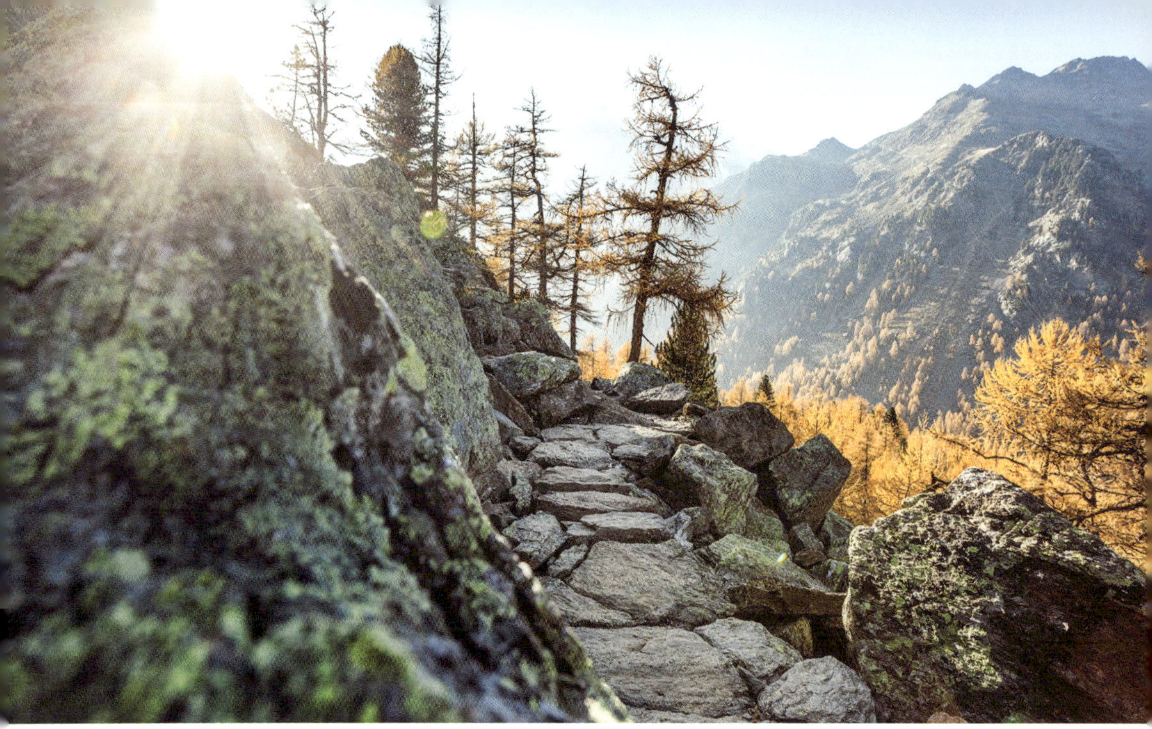

Vom Fischersee zur Fiechtalm führt ein wunderbar gemachter Weg

FOTOTIPP

Spiegelungen
Ein echter Blickfang sind Landschaften, die sich auf Wasseroberflächen spiegeln. Dabei darf man ruhig auch einmal die Drittel-Regel brechen und stattdessen die Spiegelachse genau in die Mitte setzen, um eine Symmetrie zu erzeugen. Da sich frühmorgens und spätabends die Luft am geringsten bewegt, hat man dann die beste Chance auf eine glatte Oberfläche.

Eine ausgesprochen schöne Rundwanderung, vorbei an mehreren reizenden Seen, die gerade im Herbst besonders empfehlenswert ist. Dann zeigt sich nämlich die goldene Jahreszeit in all ihrer Pracht.

Von Meran nach Lana und von dort ins Ultental. Hinein bis nach St. Gertraud und weiter bis ans Talende zum gebührenpflichtigen Parkplatz am Weißbrunner Stausee.

(mittel)

- Gebiet: Meraner Land, Südtirol
- Tal: Ultental
- Start: Weißbrunner Stausee, Ulten (Parkplatz gebührenpflichtig)
- Ziel: Weißbrunner Stausee, Ulten
- Dauer: 4:45 Std.
- Strecke: 12,7 km
- Aufstieg: 730 Hm
- Abstieg: 730 Hm
- Wann: Sommer, Herbst

Landschaft: ●●●●●
Abwechslung: ●●●●●
Kondition: ●●●●○
Technik: ●●○○○

ja

Weißbrunner Stausee, Ulten → vorbei am Berggasthaus Knödlmoidl (1.892 m) → Weg Nr. 12/140 hinauf zur Höchsterhütte (2.560 m) → Ultner Höhenweg Nr. 12 → vorbei am Langsee → Weg Nr. 107 bis zur Fiechtalm (2.036 m) → Weg Nr. 101 zurück zum Ausgangspunkt

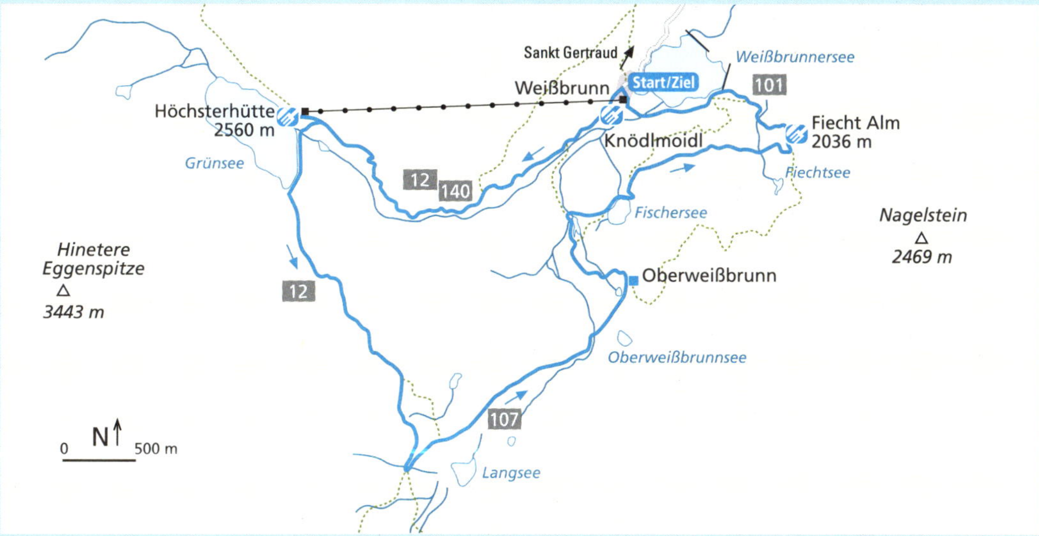

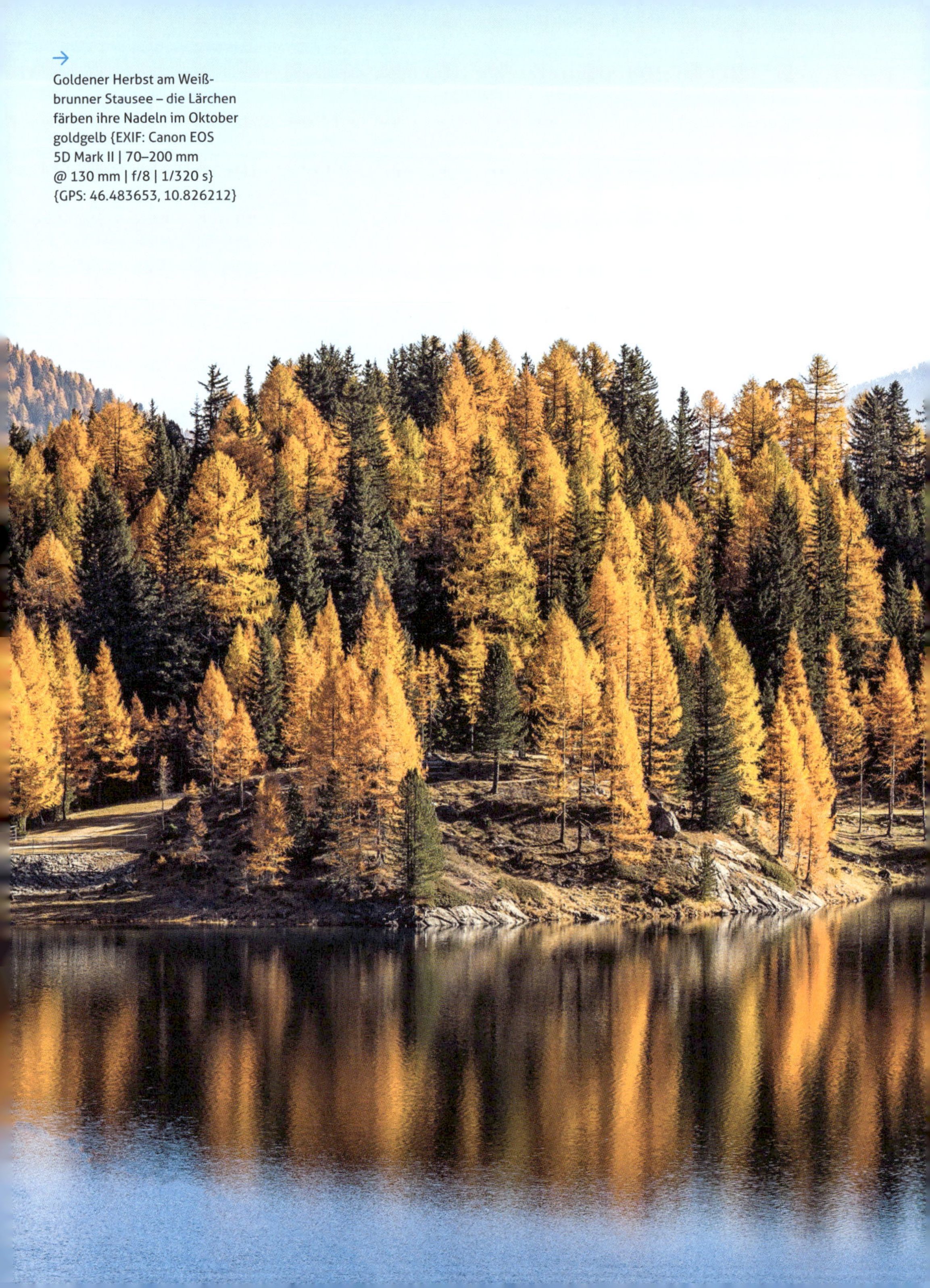

→ Goldener Herbst am Weißbrunner Stausee – die Lärchen färben ihre Nadeln im Oktober goldgelb {EXIF: Canon EOS 5D Mark II | 70–200 mm @ 130 mm | f/8 | 1/320 s} {GPS: 46.483653, 10.826212}

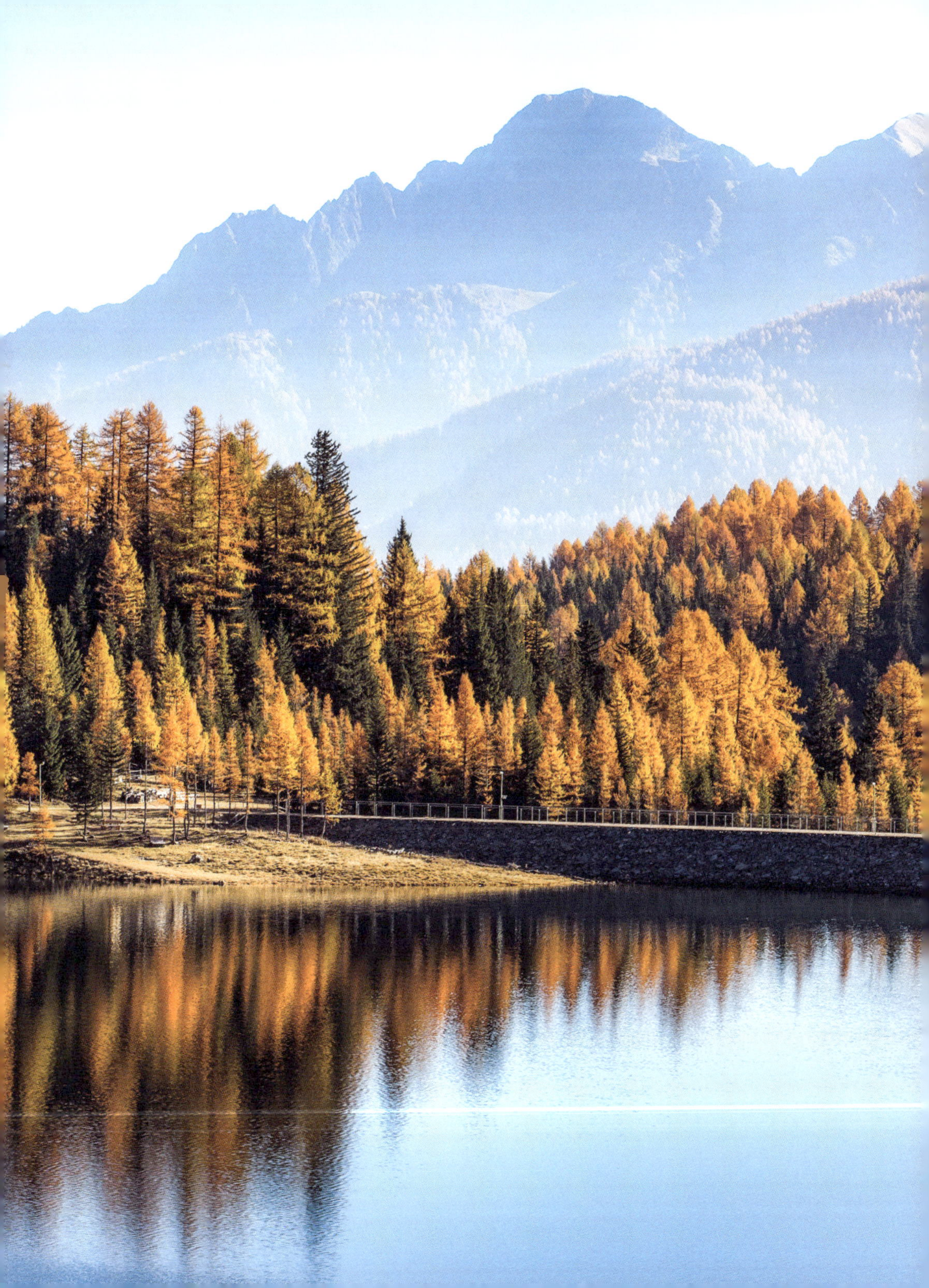

→

Blick auf die Kirche von Missian und den Bozner Talkessel {EXIF: Canon EOS 5D Mark II | 17–40 mm @ 22 mm | f/9 | 1/400 s} {GPS: 46.480930, 11.250048}

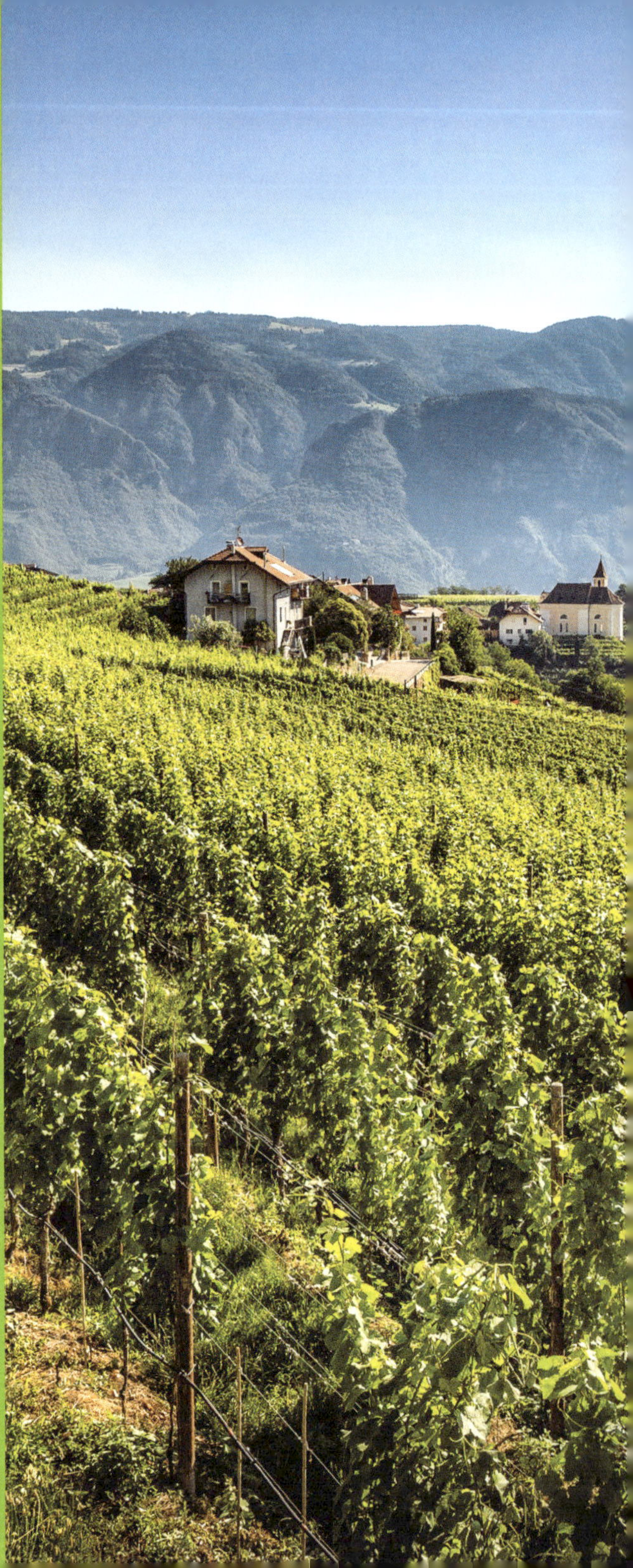

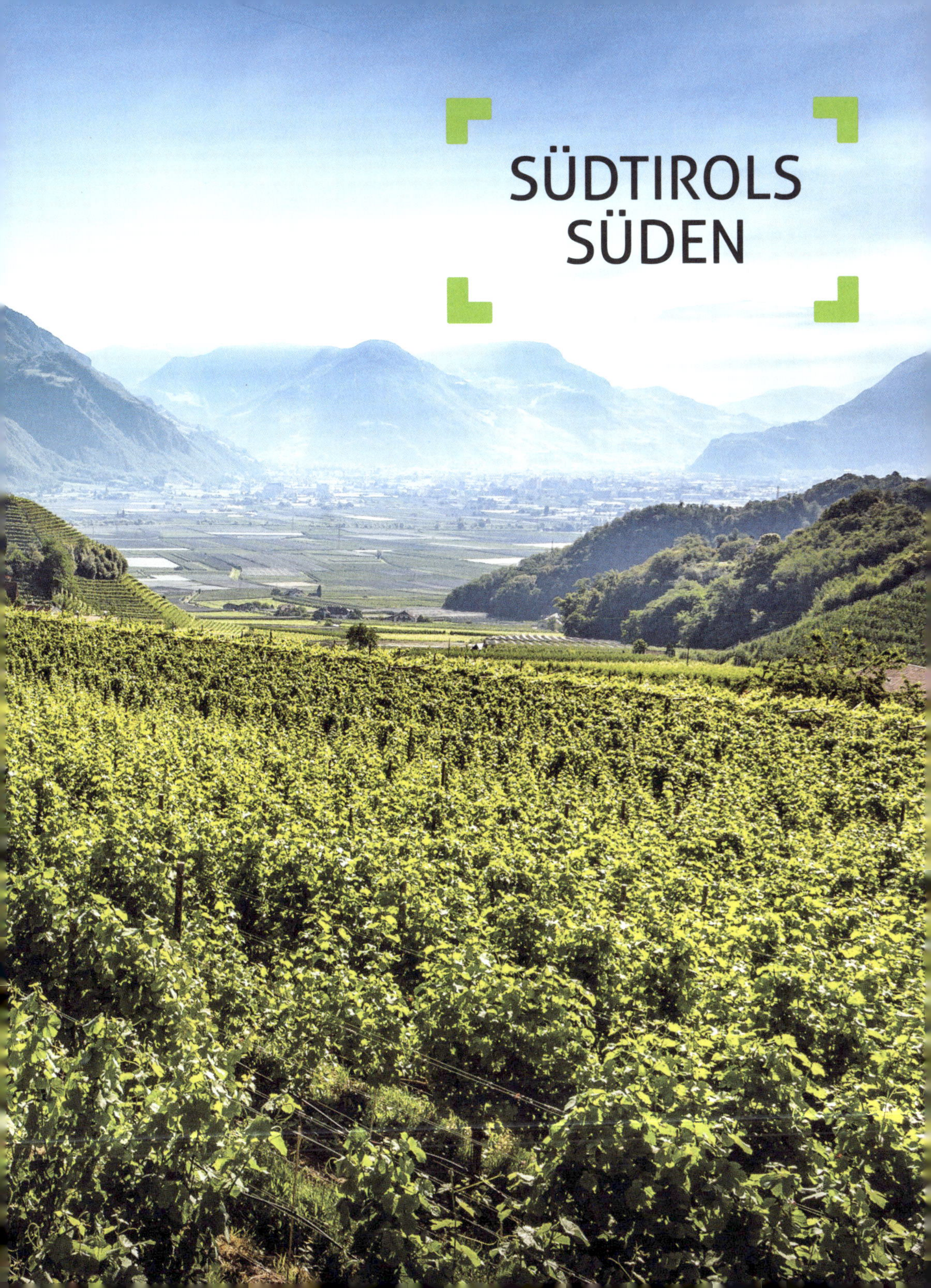
SÜDTIROLS
SÜDEN

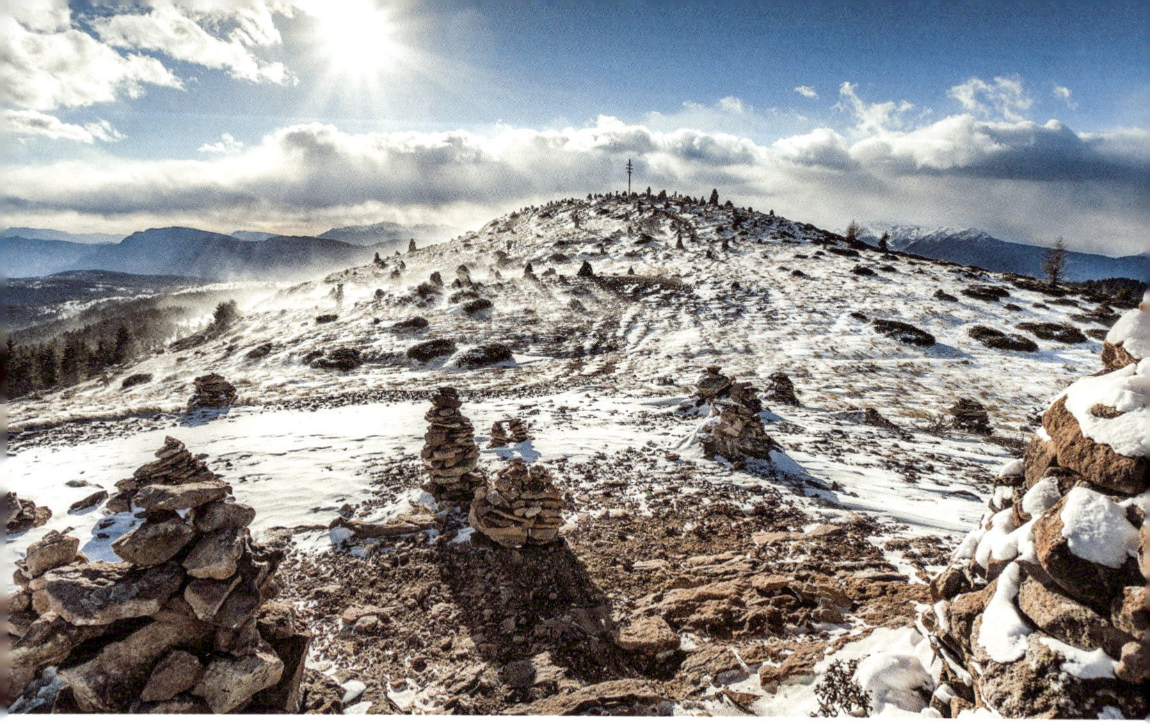

16 Die Stoanernen Mandln

Ein mystischer Ort in den Sarntaler Alpen

Die Stoanernen Mandln in Mölten gehören sicherlich zu den sagenumwobensten Orten in Südtirol. Den Wanderer erwarten Hunderte, zum Teil mannshohe Steingebilde, um deren Errichtung sich viele Sagen und Geschichten ranken. Ob es nun ein Zeitvertreib für Hirten oder eine Kultstätte für Hexen war, der Platz strahlt etwas Mystisches aus und ist noch dazu einer der wohl schönsten Aussichtspunkte in den Sarntaler Alpen.

Startpunkt dieser gemütlichen Wanderung ist der gebührenpflichtige Parkplatz in Kampidell (1.567 m) oberhalb von Mölten. Von dort folgt man der Forststraße Nr. 5 hinauf zur Jenesier-Jöchl-Alm (1.664 m). Nach etwa 40 Minuten und kurz vor der Abzweigung zur Alm biegt man links auf den schmalen Pfad Nr. 28 ab und folgt der Beschilderung zu den Stoanernen Mandln. Vorbei an der Möltner-Kaser-Alm (1.763 m) führt der Weg Nr. 23A nun in leichter Steigung in ca. 45 Minuten hinauf auf das Gipfelplateau (2.000 m) zu den aufgetürmten Steinhaufen.
Zwischen all den steinernen Weggefährten überquert man das Plateau und kann dabei das 360°-Panorama auf die umliegende Berg-

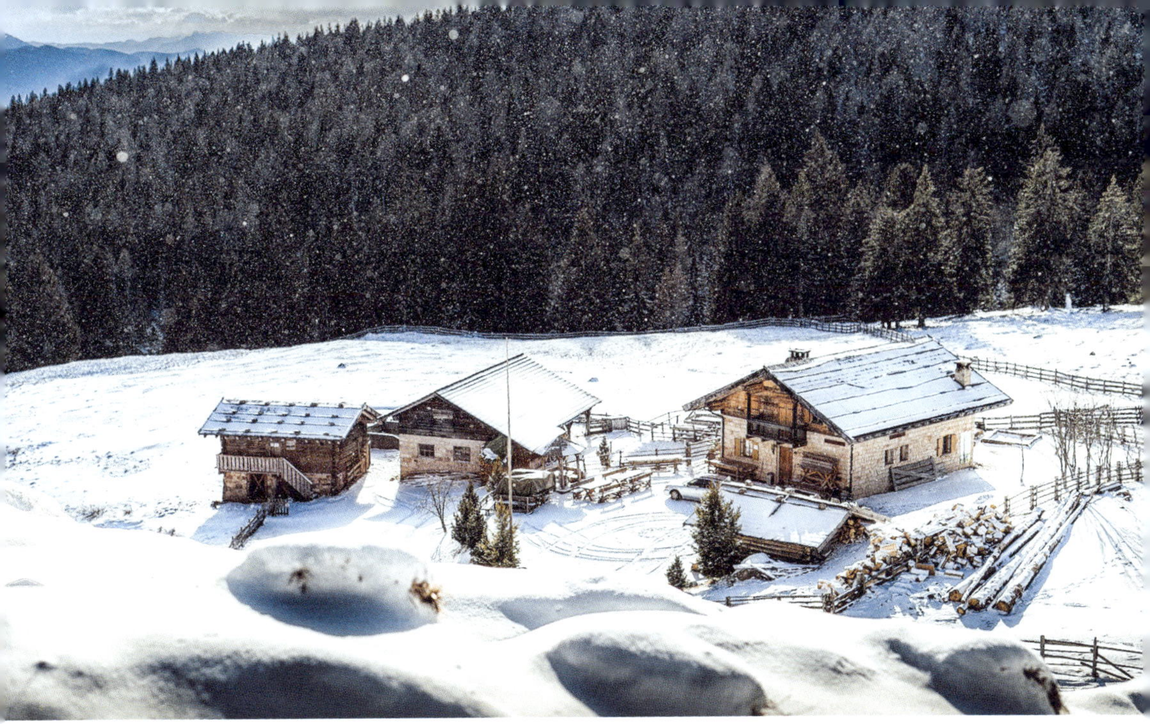

←
Hunderte dieser steinernen Männchen sind rings um das Wetterkreuz aufgetürmt {EXIF: Canon EOS 5D Mark II | 17–40 mm @ 17 mm | f/14 | 1/250 s} {GPS: 46.636395, 11.306075}

↑
Die Möltner-Kaser-Alm auf 1.763 m

welt bestaunen. Über den Weg Nr. 23-5 geht es durch den Wald und über die Putzwiesen (1.942 m) wieder hinab zur etwa eine Stunde entfernten Jenesier-Jöchl-Alm. Auf der bereits bekannten Forststraße erreicht man schließlich wieder den Ausgangspunkt.

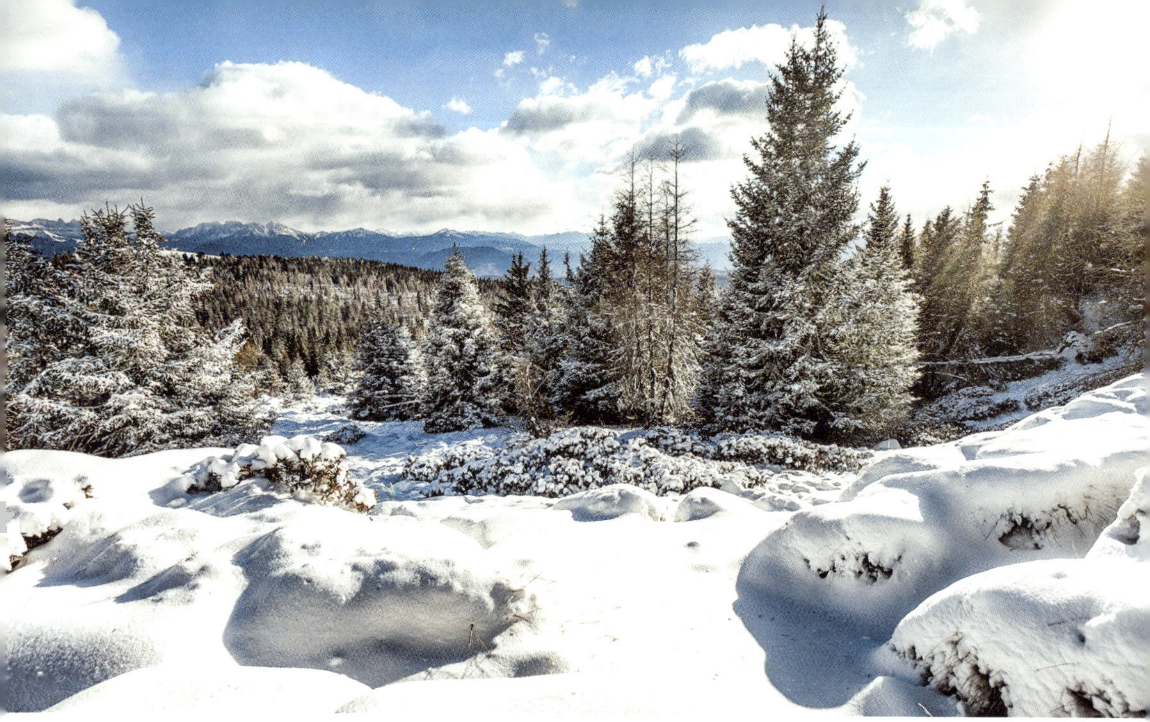

↑
Der Rückweg erfolgt durch einen verschneiten Winterwald

FOTOTIPP

Kameraausrüstung im Winter
Bei einer Winterwanderung sind Material und Kamera oft extremen Bedingungen ausgesetzt. Einige Tipps, wie man seine Ausrüstung gut über die kalte Jahreszeit bringt:

- vor und nach der Wanderung die Kamera am besten in eine schützende Tasche geben, damit sie nicht direkt größeren Temperaturschwankungen ausgesetzt ist
- da sich die Akkus bei Kälte sehr schnell entleeren, sollte man sie am besten nah am Körper (Hosentasche) tragen und immer genug Ersatzakkus dabei haben
- bei extremen Temperaturen niemals Objektive und Kamera anhauchen
- bevor man in einer Skihütte einkehrt, gibt man die Kamera besser in den kalten Rucksack, das verhindert einen zu starken Temperaturanstieg und die Bildung von Kondenswasser

Eine abwechslungsreiche Wanderung zu einem mystischen Ort, mit einem reizvollen Weitblick auf die umliegenden Berge.

Von Bozen hinauf nach Jenesien und von dort, der Straße immer weiter folgend, nach Flaas. Nach der Kirche in Flaas an der nächsten Kreuzung rechts nach Kampidell abzweigen und der Fahrbahn ca. 4,5 km bis zum Parkplatz folgen.

(leicht)

- Gebiet: Südtirols Süden, Südtirol
- Tal: Etschtal
- Start: Parkplatz Kampidell, Flaas (gebührenpflichtig)
- Ziel: Parkplatz Kampidell, Flaas
- Dauer: 3:45 Std.
- Strecke: 11,6 km
- Aufstieg: 485 Hm
- Abstieg: 485 Hm
- Wann: Frühling, Sommer, Herbst, Winter

Landschaft: ●●●●○
Abwechslung: ●●●○○
Kondition: ●●●○○
Technik: ●●○○○

ja

Parkplatz in Kampidell (1.567 m) → Forststraße Nr. 5 hinauf zur Jenesier-Jöchl-Alm (1.664 m) → links auf den Weg Nr. 28 abzweigen → vorbei an der Möltner-Kaser-Alm (1.763 m) → Weg Nr. 23A hinauf auf das Gipfelplateau (2.000 m) → Weg Nr. 23-5 hinab zur Jenesier-Jöchl-Alm → Forststraße Nr. 5 zurück zum Ausgangspunkt

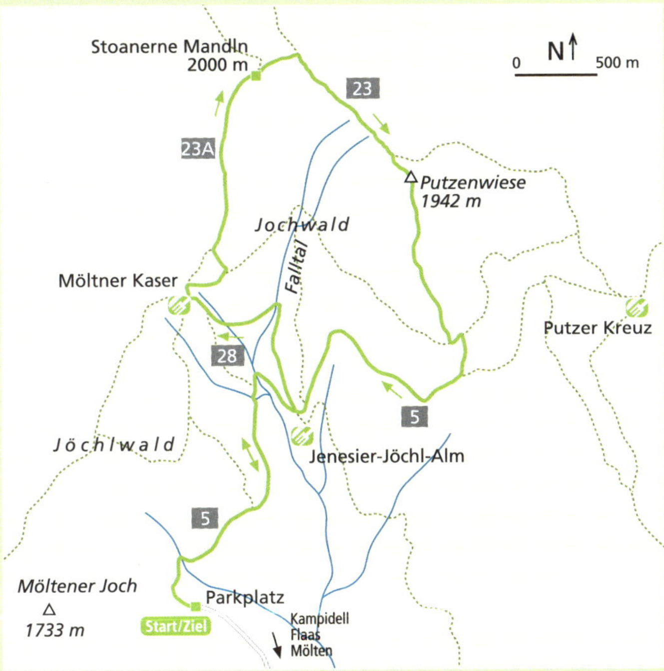

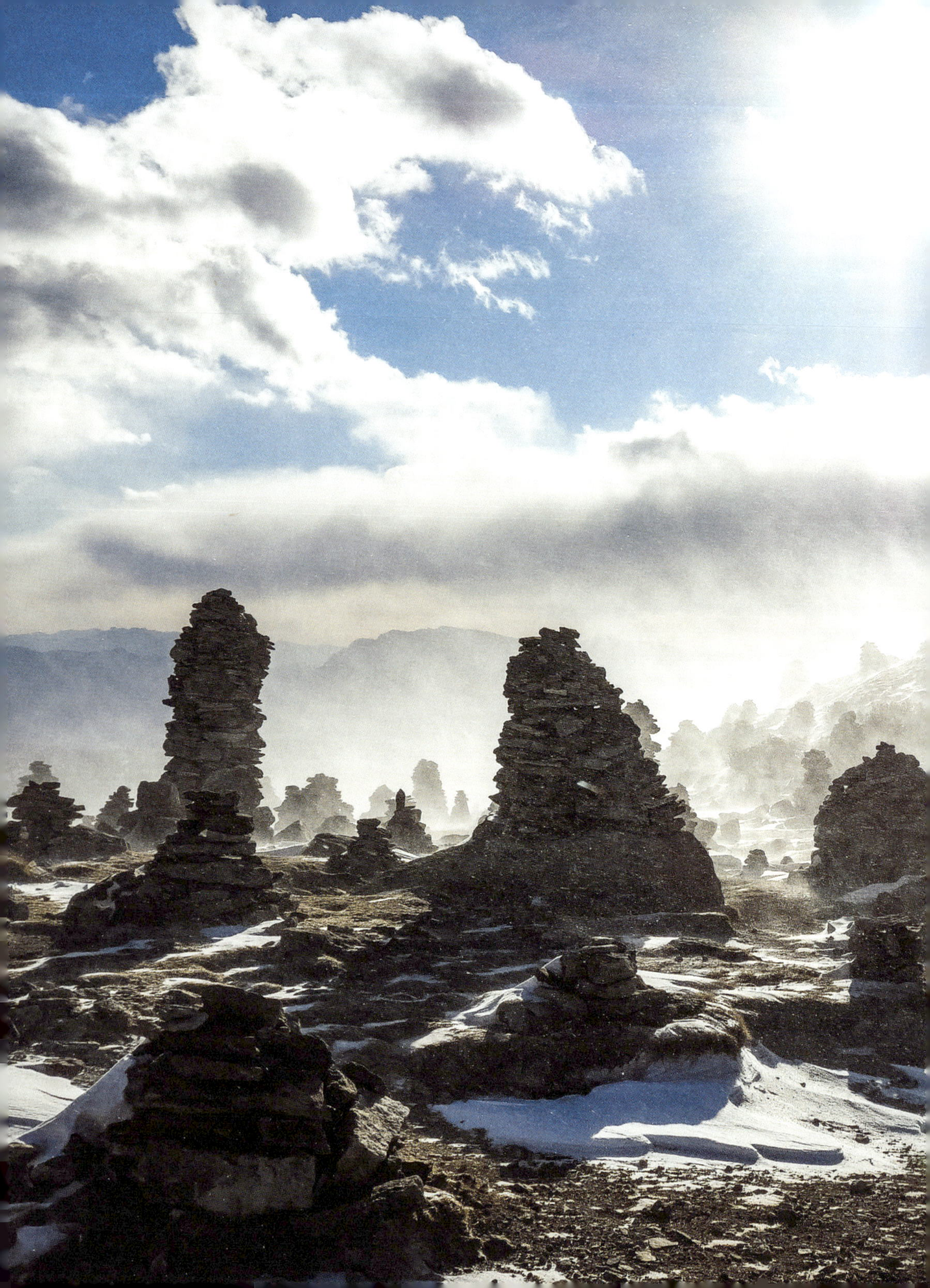

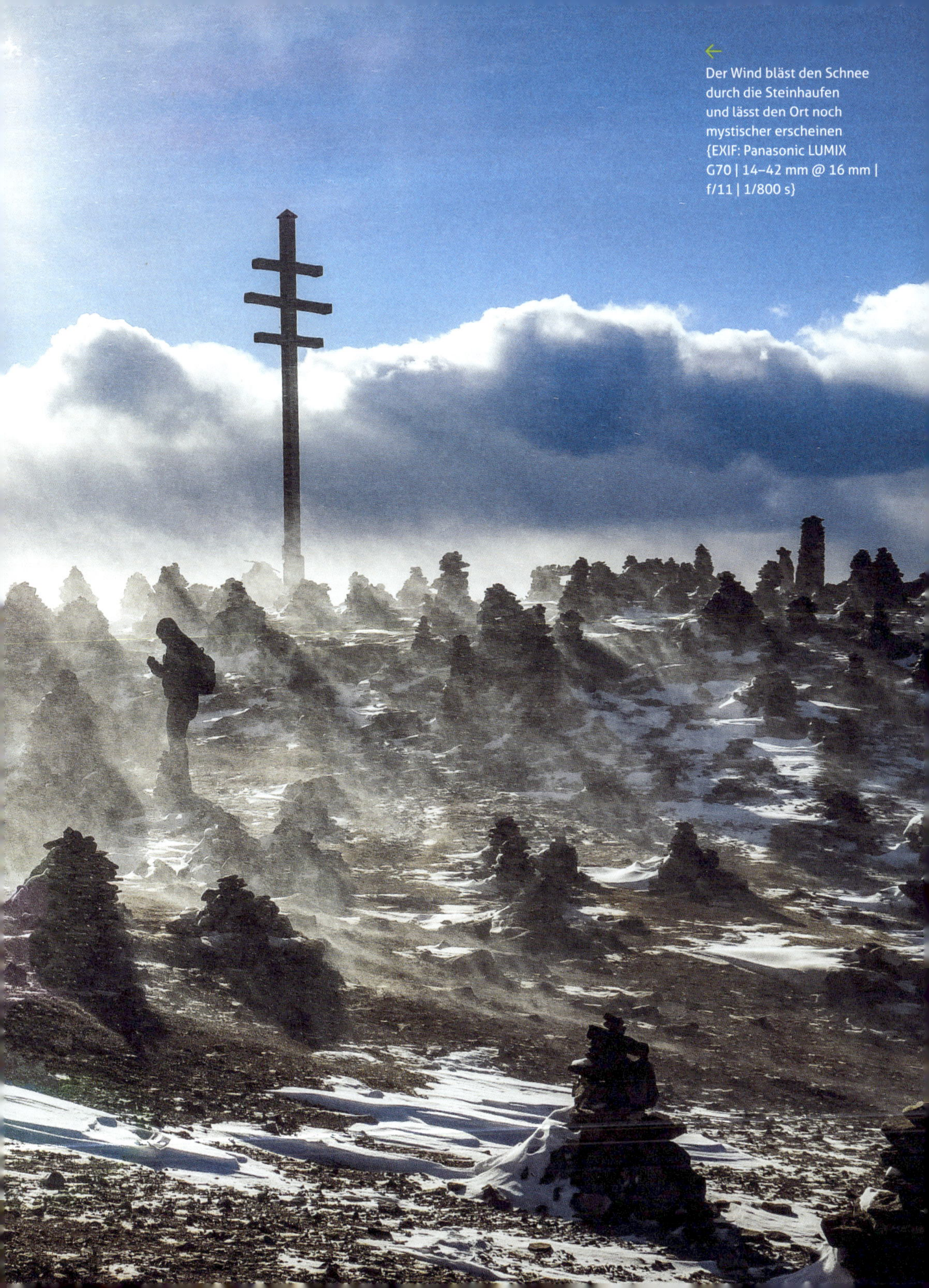

Der Wind bläst den Schnee durch die Steinhaufen und lässt den Ort noch mystischer erscheinen (EXIF: Panasonic LUMIX G70 | 14–42 mm @ 16 mm | f/11 | 1/800 s)

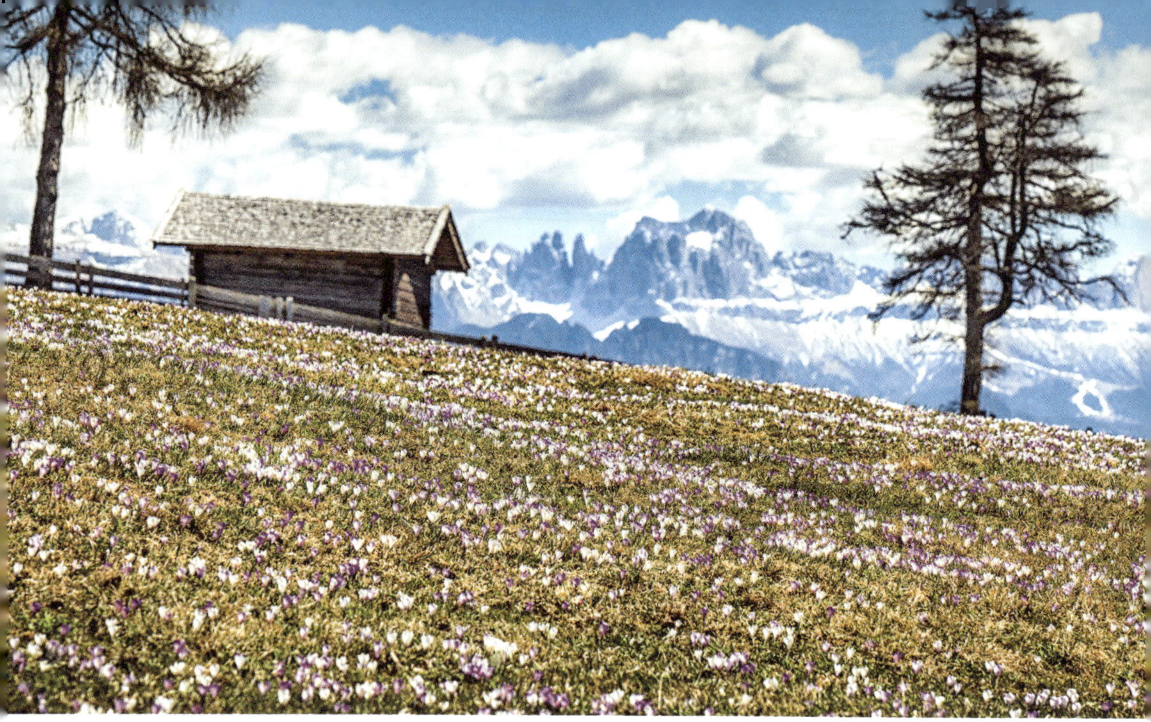

17 Wanderung am Möltner Joch

Ein Meer aus tausend Krokusblüten

Jedes Jahr im Frühling, von Mitte April bis Anfang Mai, verwandeln sich die Almwiesen am Salten in einen leuchtenden Blütenteppich aus lila, weißen und violetten Wildkrokussen.

Die Tour beginnt beim gebührenpflichtigen Parkplatz Schermoos (1.445 m) zwischen Mölten und Jenesien. Von dort bleibt man zunächst noch etwa 100 m auf der Straße Richtung Jenesien, zweigt dann links auf den Waldweg ab und folgt der Markierung E5 Möltner Kaser. Es geht vorbei am Fahrer Weiher, und sobald sich der Wald lichtet, hat man bereits die ersten großen Krokusflächen vor Augen.

Mit sanfter Steigung wandert man immer weiter, begleitet von der Blütenpracht, bis man nach etwa 50 Minuten an eine Weggabelung mit Wetterkreuz (1.685 m) gelangt. Dort lässt sich das 360°-Bergpanorama, mit Blick zu den markanten Dolomitengipfeln, besonders gut betrachten. Man hält sich rechts und kommt wenig später zum Möltner Joch (1.733 m), wo man auf der Bank bei einem kleinen Bildstock eine Rast einlegen kann, ehe man den Weg bis zu einer Wegkreuzung mit der Markierung Nr. 15 fortsetzt. Ab hier

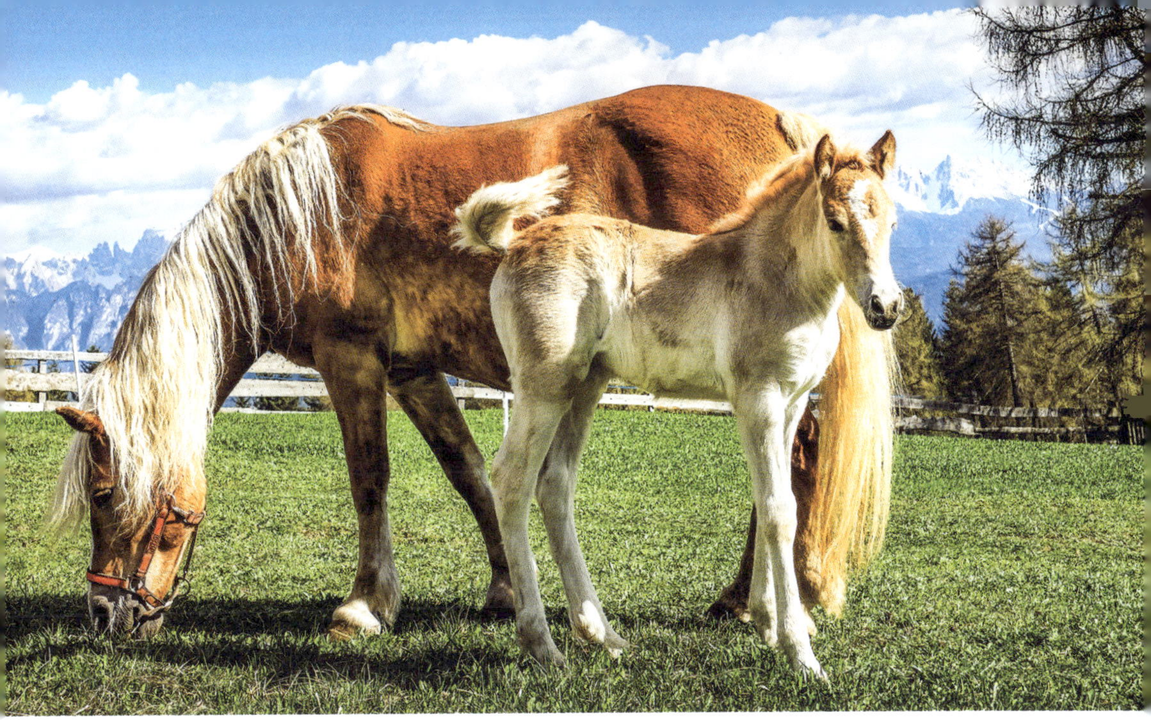

←
Die Krokusblüte am Möltner Joch ist ein farbenfrohes Naturspektakel {EXIF: Canon EOS 5D Mark II | 70–200 mm @ 145 mm | f/9 | 1/400 s} {GPS: 46.604803, 11.285113}

↑
Die Haflinger Pferde haben ihren Ursprung am Tschögglberg

geht es die Forststraße Richtung Kircheben (Nr. 15) entlang, vorbei am Möltner Steinbruch und der Sattlerhütte (1.604 m), die man nach insgesamt 1:40 Stunden erreicht.
Der Markierung Nr. 17 nach Scheermoos folgend, kommt man wieder am ersten Wetterkreuz vorbei, um kurz darauf auf den Weg Nr. 17A Richtung Flaas abzuzweigen. An der asphaltierten Straße und bei den Fahrerhöfen angelangt, folgt man nun dem Wegschild Nr. 5 zurück zum Parkplatz nach Schermoos.

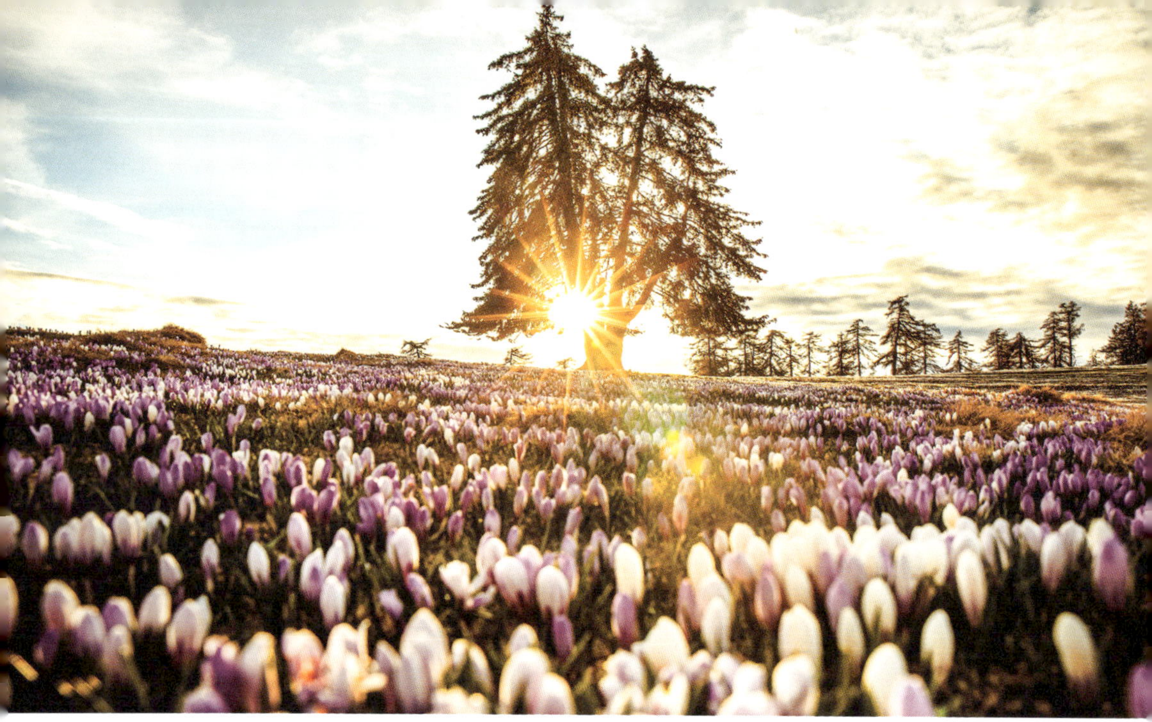

↑
Um ein Bild interessanter wirken zu lassen, kann man sich ohne weiteres auch einmal auf den Boden legen, um die Dinge aus der Froschperspektive abzulichten. {EXIF: Canon EOS 5D Mark II | 24–70 mm @ 24 mm | f/9 | 1/200 s} {GPS: 46.610199, 11.290841}

FOTOTIPP

Verschiedene Perspektiven ausprobieren
Um die richtige Perspektive oder den perfekten Bildwinkel zu finden, braucht es meist körperlichen Einsatz mit oft akrobatischen Verrenkungen, aber dieser kreative Einsatz lohnt sich. Denn die Verwendung von Vogel-, Normal- und Froschperspektive lassen die Aufnahmen interessanter erscheinen.

Eine ideale Familienwanderung, die besonders im Frühling mit einer üppigen Flora zu begeistern weiß.

Von Terlan hinauf nach Mölten, dort auf der Straße in Richtung Jenesien bis zum Parkplatz Schermoos.

(leicht)

- Gebiet: Südtirols Süden, Südtirol
- Tal: Etschtal
- Start: Parkplatz Schermoos zwischen Mölten und Jenesien (gebührenpflichtig)
- Ziel: Parkplatz Schermoos
- Dauer: 2:45 Std.
- Strecke: 8,2 km
- Aufstieg: 415 Hm
- Abstieg: 415 Hm
- Wann: Frühling, Sommer, Herbst, Winter

Landschaft: ●●●●●
Abwechslung: ●●●●○
Kondition: ●●●○○
Technik: ●●○○○

ja

Parkplatz Schermoos (1.445 m) → etwa 100 m der Straße in Richtung Jenesien folgen → links auf den Weg E5 Möltner Kaser abzweigen → Weg Nr. 15 nach Kircheben → Weg Nr. 17 nach Scheermoos → vorbei am Wetterkreuz auf den Weg Nr. 17A Richtung Flaas → Weg Nr. 5 zurück zum Ausgangspunkt

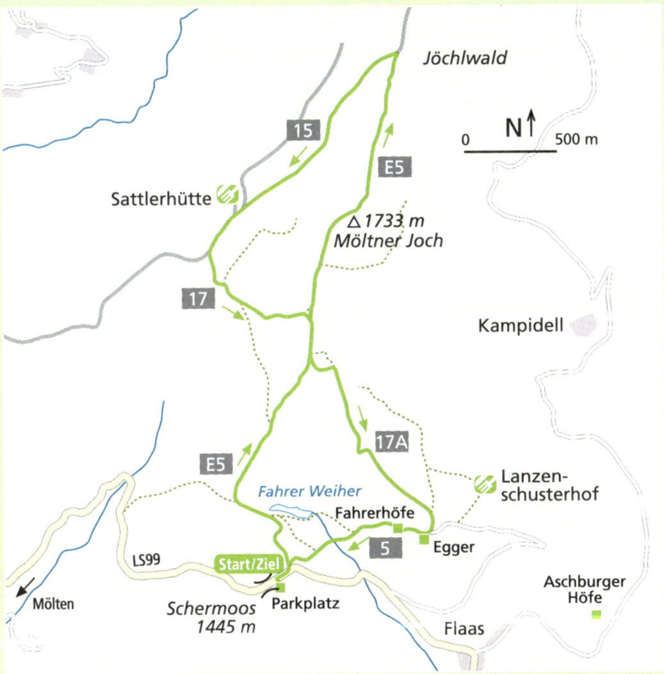

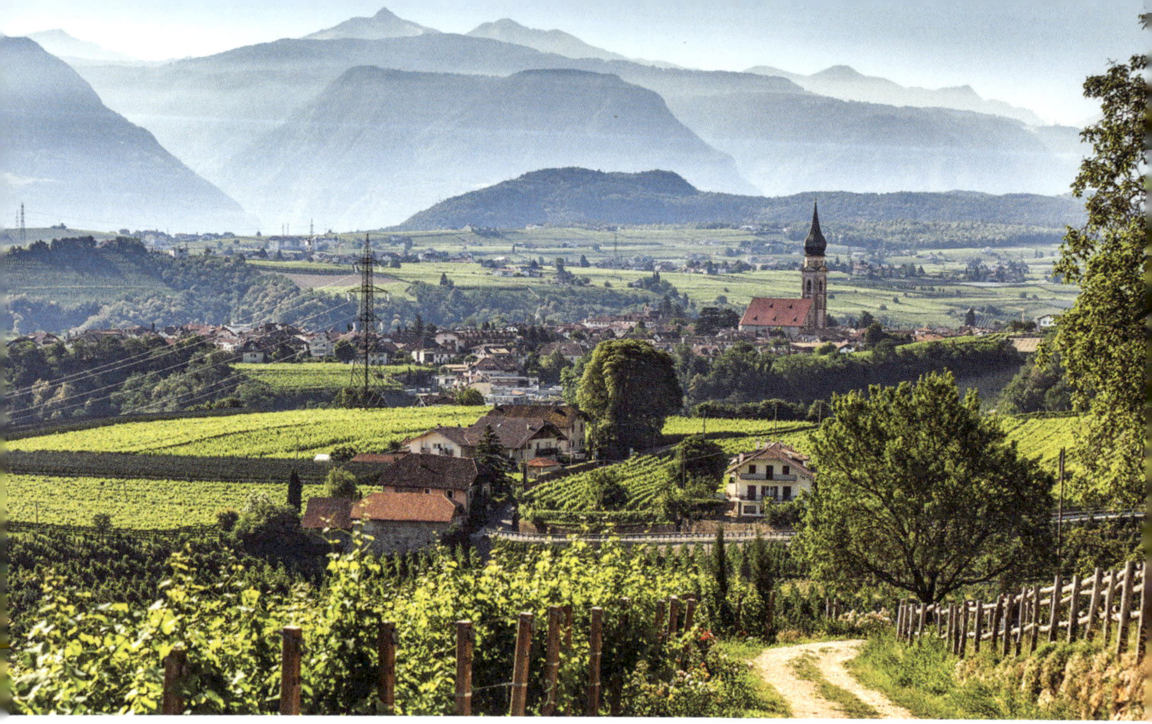

18 Der Eppaner Burgenweg

Wanderung mit mittelalterlichem Flair

Eppan ist nicht nur das größte Weinbaugebiet Südtirols, es hat auch eine besonders hohe Dichte an Burgen und Schlössern. Das Überetsch zählt sogar zu den burgenreichsten Gegenden Europas. Diese beliebte Wanderung führt an drei der historischen Gemäuer vorbei und bietet auch die Gelegenheit zu einer Besichtigung.

Vom Parkplatz in Missian (352 m), unterhalb der Kirche, geht es die asphaltierte Straße entlang bis hinauf zur Kreuzung beim Gerätehaus der Feuerwehr. Dort zweigt man links ab und folgt dem Schild Eppaner Burgenrunde. Nach 25 Minuten kommt man am romantischen Schlosshotel Korb (440 m) vorbei, das inmitten von Weinbergen und Obstgärten liegt und von wo aus man eine hervorragende Aussicht über das Etschtal bis nach Bozen und zum Schlern hat. Tatsächlich lohnt es sich auch, immer wieder einen Blick nach St. Pauls und auf dessen Pfarrkirche zurückzuwerfen, die wegen ihrer Größe auch gerne als „Dom auf dem Lande" bezeichnet wird. Zusammen mit den in der Ferne aufragenden Bergen ergibt sich ein wunderbares Motiv. Vorbei am Schloss Korb biegt nach etwa 300 m der Weg links ab und man folgt nun

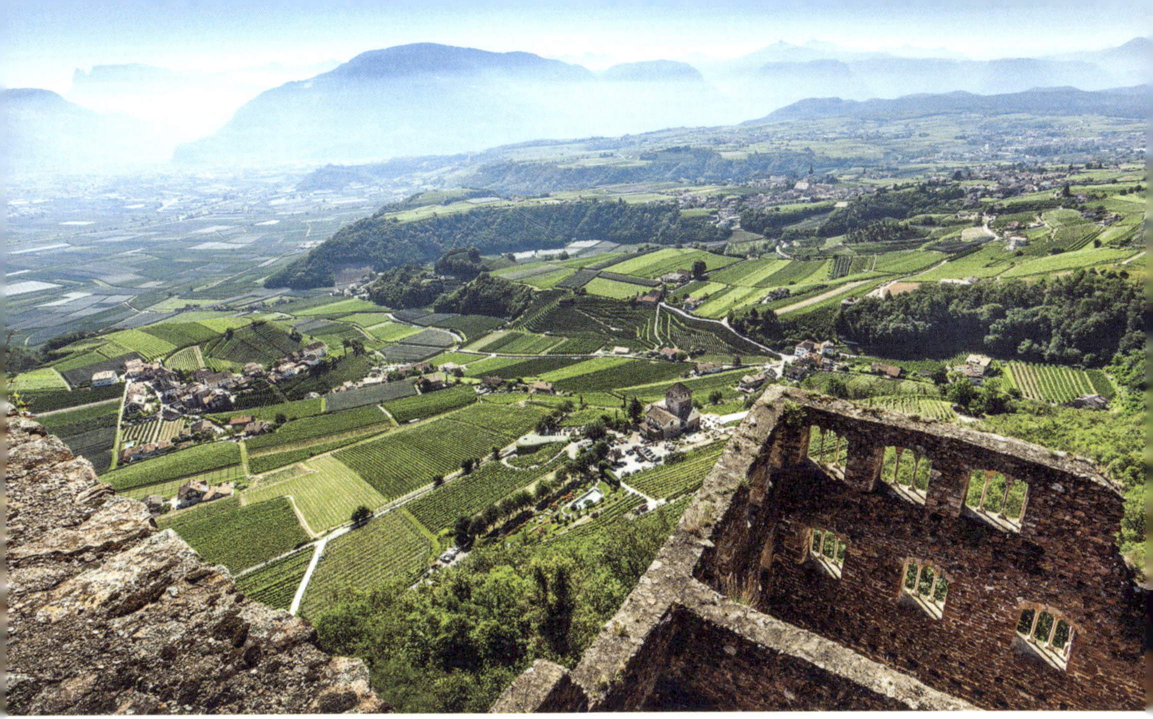

←
Der Blick zurück nach St. Pauls und auf dessen stattliche Pfarrkirche. {EXIF: Canon EOS 5D Mark II | 70–200 mm @ 70 mm | f/6,3 | 1/400 s} {GPS: 46.483038, 11.249653}

↑
Das Panorama vom Burgfried von Schloss Boymont sollte man sich nicht entgehen lassen {EXIF: Canon EOS 5D Mark II | 17–40 mm @ 17 mm | f/9 | 1/250 s}

der Beschilderung Burgenweg. Durch den schattenspendenden Laubwald geht es dann bergauf zum Schloss Boymont (597 m), das man nach etwa einer Stunde ab Start erreicht. Diese hochmittelalterliche Burgruine kann besichtigt werden und beherbergt im Innenhof einen Buschenschank. Nach einer wohlverdienten Stärkung sollte man sich keinesfalls das wundervolle Panorama vom Bergfried, dem Hauptturm der Burg, entgehen lassen. Von dort blickt man auf die Dolomiten, die Ötztaler Alpen und auf die Landeshauptstadt Bozen. Von Boymont geht man den Weg wieder etwas zurück, um links auf einen Pfad abzuzweigen, der zuerst leicht ansteigt und dann eben durch den Wald nach Schloss Hocheppan führt. Über eine Treppenkonstruktion steigt man ein Stück weit in eine Schlucht hinunter, ehe es auf der anderen Seite, teilweise steil, wieder hinauf zum Schloss Hocheppan (623 m) geht. Oben angekommen (40 Minuten ab Boymont), gelangt man über eine Brücke in den Innenhof und kann dabei den Schweinen im Burggraben bei ihrem Treiben zusehen. Das Schloss gehört zu den wichtigsten Wehrbauten des Landes und besonders sehenswert ist die kleine Burgkapelle, die wegen ihrer gut

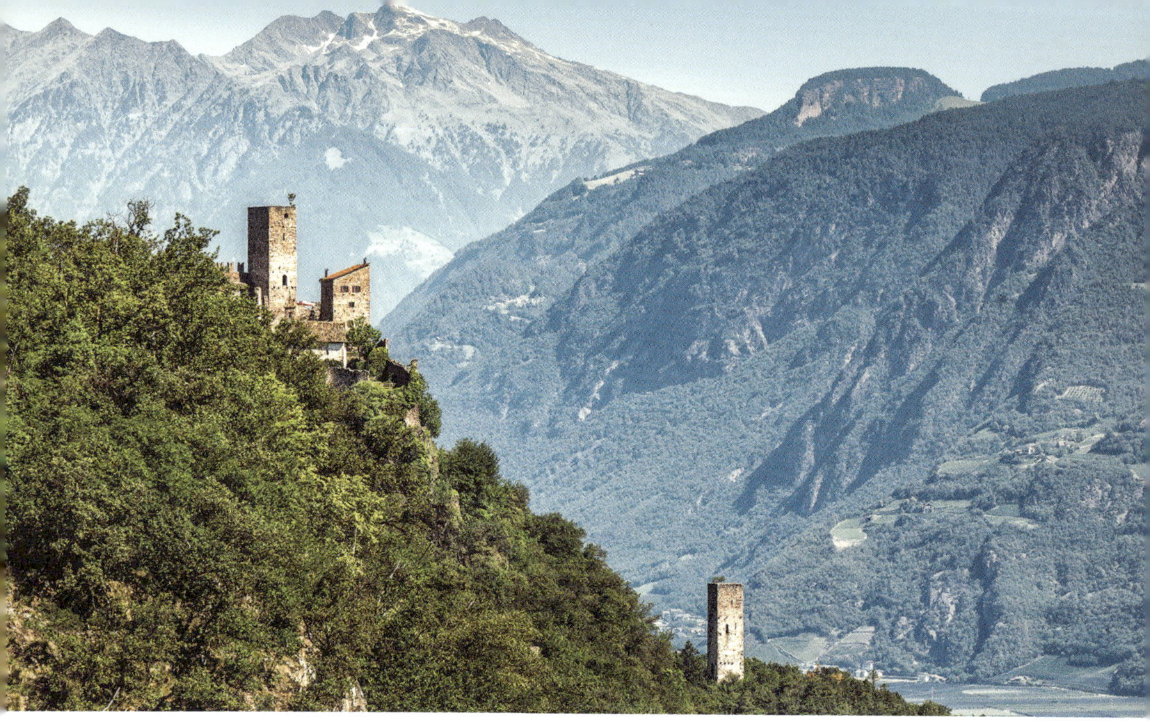

↑
Schloss Hocheppan und der darunterliegende Kreideturm {EXIF: Canon EOS 5D Mark II | 70–200 mm @ 140 mm | f/8 | 1/400 s}

erhaltenen Fresken auch „Sixtinische Kapelle der Alpen" genannt wird. Abschließend geht es über den breiten Schotterweg Nr. 12 hinunter zu einem Parkplatz, den man nach 25 Minuten erreicht. Danach folgt man ca. 200 m der Asphaltstraße, zweigt dann links ab, um über den Weg Nr. 13 und mitten durch die Weinberge zurück in das 30 Minuten entfernte Missian zu gelangen.

Gemütliche Wanderung für die ganze Familie, vorbei an drei Burgen mit Einkehrmöglichkeit. Im Sommer kann es allerdings sehr heiß werden.

Von Bozen in Richtung Eppan, beim großen Kreisverkehr kurz nach der MeBo-Ausfahrt rechts abbiegen und der Beschilderung nach Missian folgen. Nach dem Ortsschild befindet sich auf der rechten Seite der Parkplatz.

(leicht)

- Gebiet: Südtirols Süden, Südtirol
- Tal: Überetsch
- Start: Parkplatz in Missian unterhalb der Kirche
- Ziel: Parkplatz in Missian
- Dauer: 2:30 Std.
- Strecke: 6,7 km
- Aufstieg: 415 Hm
- Abstieg: 415 Hm
- Wann: Frühling, Sommer, Herbst, Winter

Landschaft: ●●●●○
Abwechslung: ●●●●○
Kondition: ●●●○○
Technik: ●●○○○

ja

Parkplatz in Missian unterhalb der Kirche (352 m) → die asphaltierte Straße hinauf bis zur Kreuzung beim Gerätehaus der Feuerwehr → links dem Schild Eppaner Burgenrunde folgen → vorbei am Schlosshotel Korb (440 m) → weiter bis zum Schloss Boymont (597 m) → den Weg wieder ein Stück zurück und links auf den Pfad zum Schloss Hocheppan abzweigen → Schloss Hocheppan (623 m) → Schotterweg Nr. 12 hinunter zu einem Parkplatz → ca. 200 m der Asphaltstraße folgen → Weg Nr. 13 zurück zum Ausgangspunkt

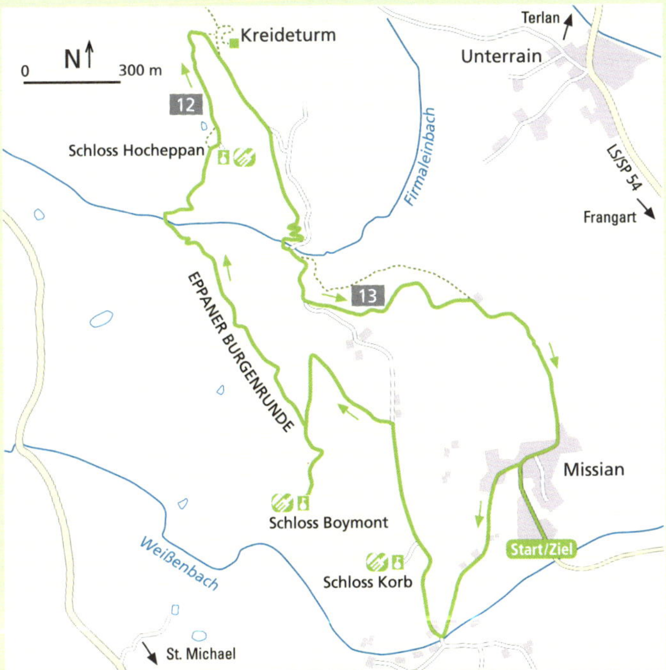

TOP FOTOSPOT

Weingut Baron Longo, Neumarkt

Die Mischung aus alpinen und mediterranen Elementen macht die Südtiroler Landschaft zu etwas Einzigartigem. Den Süden Südtirols prägt vor allem der Weinbau, der hier eine lange Tradition hat. Ein sehr interessanter Fotospot ist das Weingut Baron Longo in Neumarkt mit seiner kreisförmigen Wein-Pergola.

Koordinaten: 46.320018, 11.285214
Wie kommt man hin: Von Bozen in Richtung Neumarkt, in der Ortschaft Vill links nach Montan hinauf abbiegen. Bei der Kellerei Franz Haas gibt es auf der linken Seite einen Parkplatz. Von dort geht man zu Fuß die Straße wieder hinab bis zum Ortsschild.
Exif-Daten: Canon EOS 5D Mark II | 24–70 mm @ 31 mm | f/6,3 | 1/400 s
Aufnahmedatum: 18.08. – 17:27 Uhr

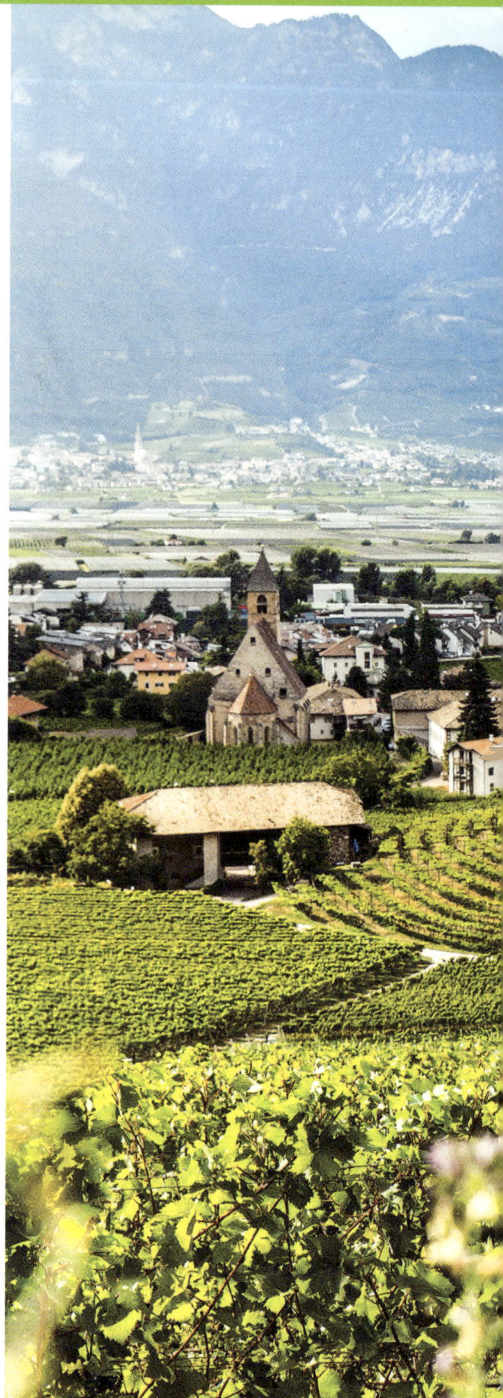

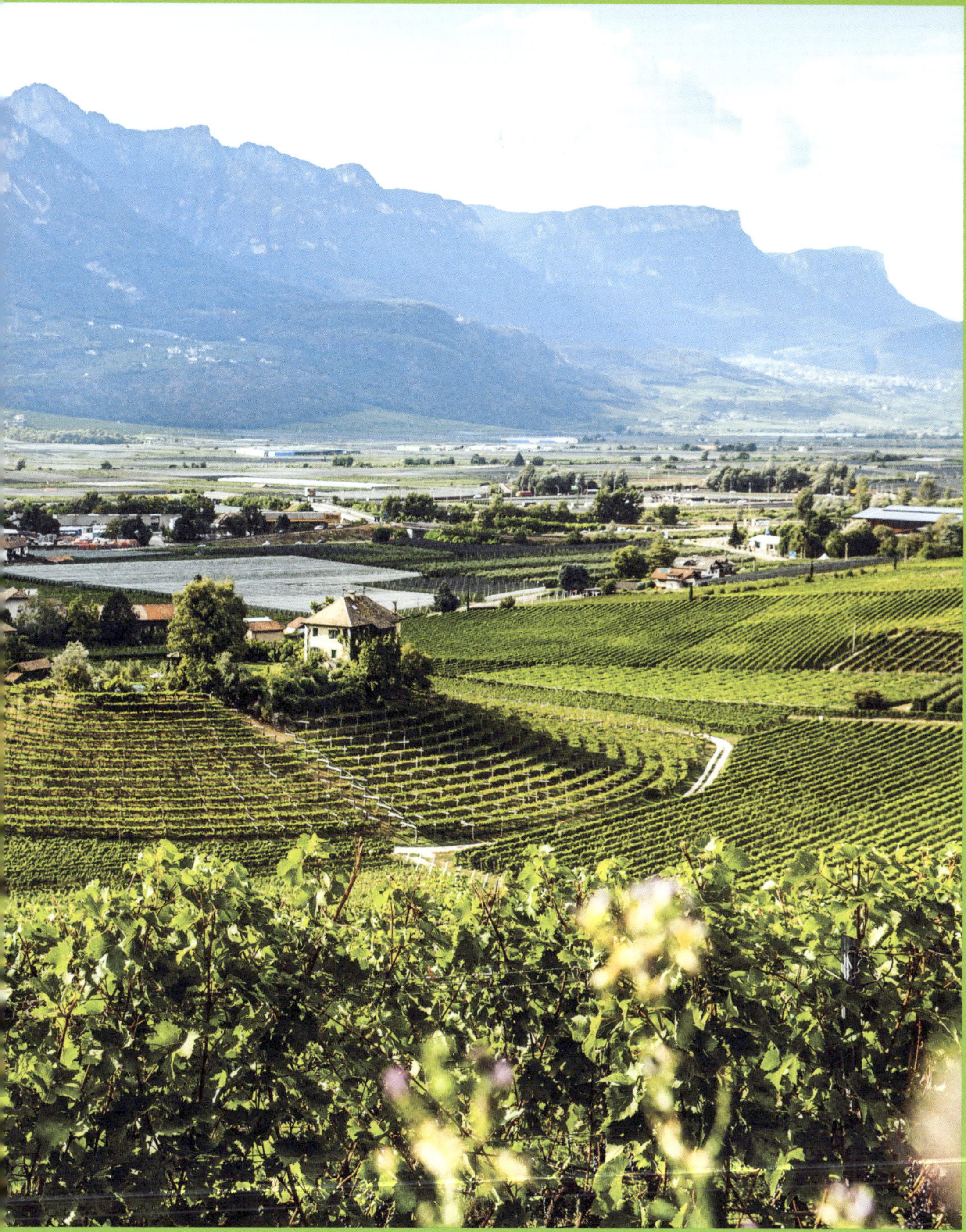

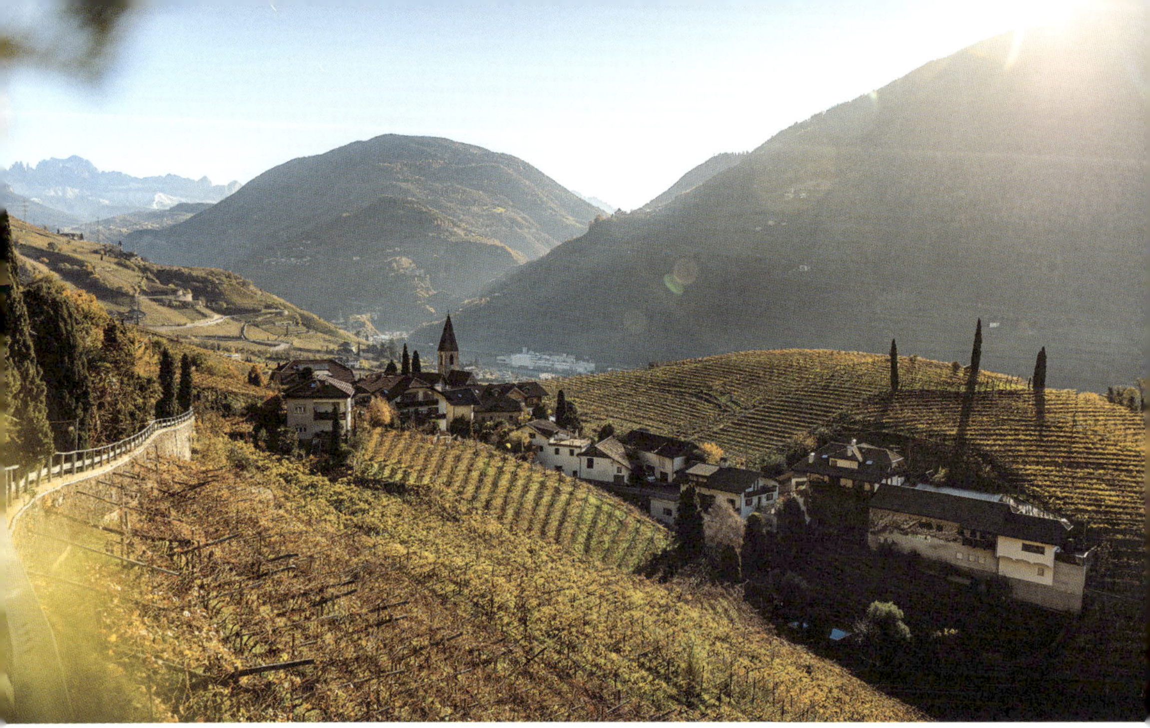

19 Auf der Oswaldpromenade

Über den Dächern von Bozen

Wer dem hektischen Treiben der Landeshauptstadt für ein paar Stunden entfliehen möchte, der braucht gar nicht weit zu gehen. Auf einer leichten Anhöhe am Stadtrand von Bozen befindet sich die Oswaldpromenade, ein wunderbar angelegter Panoramaweg. Vor allem im Frühling, wenn alles blüht und die Temperaturen angenehm sind, ist dieser Spaziergang besonders lohnend.

Ausgangspunkt dieser einfachen Wanderung ist der Zugbahnhof in Bozen (265 m). Hier nimmt man rechts den Gehweg bis zur Talstation der Rittner Bahn und zweigt dort links ab. Die Beschilderung zur Oswaldpromenade führt steil hinauf zum Weindorf St. Magdalena, wo man bereits nach einer knappen halben Stunde den Lärm der Stadt hinter sich gelassen hat. Bei der kleinen Kirche (397 m) laden ein paar Bänke zum Verweilen ein und dort kann man den tollen Blick auf den Rosengarten genießen.
Gemächlich geht es danach weiter hinauf, vorbei am Hotel Eberle, ehe man durch einen artenreichen Mischwald spaziert, begleitet von einer herrlichen Aussicht auf die Stadt. Nach ungefähr 25 Minuten ab St. Magdalena

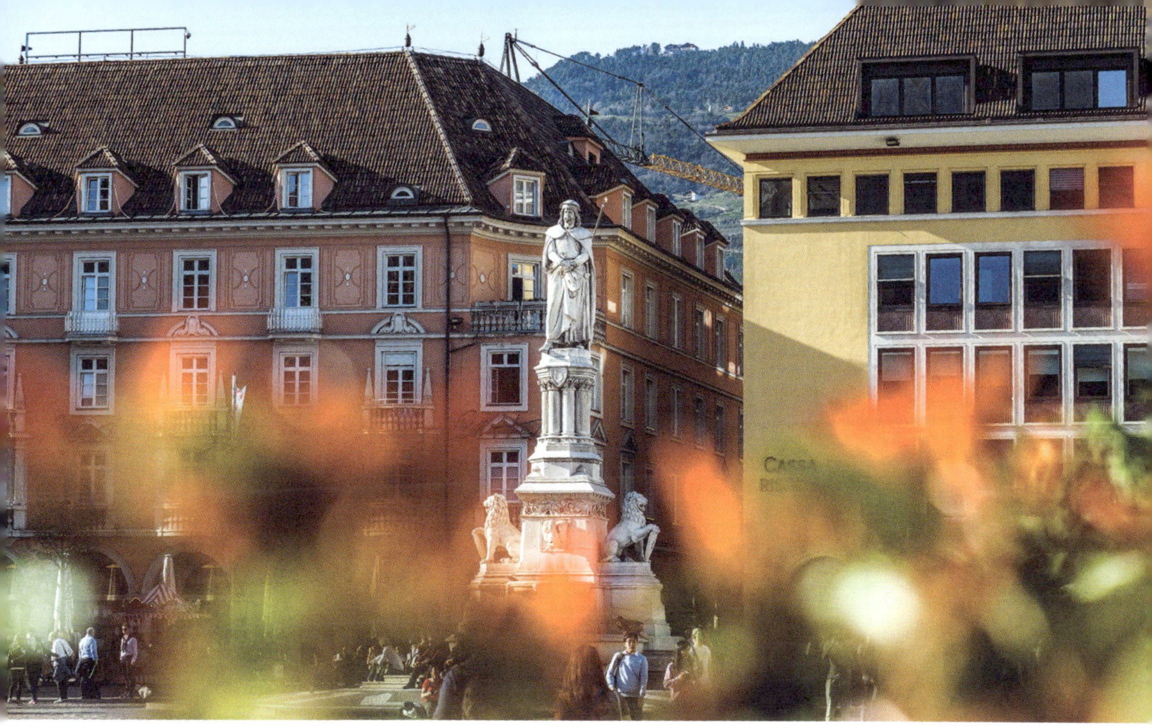

←
Beim Hotel Eberle genießt man einen fabelhaften Blick auf das Weindorf St. Magdalena und den Rosengarten

↑
Der Waltherplatz – am Ende der Wanderung kann man noch gemütlich durch die Stadt schlendern {EXIF: Canon EOS 5D Mark II | 70–200 mm @ 85 mm | f/4,5 | 1/320 s}

verlässt man die Oswaldpromenade und zweigt rechts auf den Pfad Nr. 2 zum Schloss Runkelstein ab, der kurz steil nach oben führt. Danach folgt man dem breiten Keschtenweg über Schotter- und Asphaltstraßen bis zum ca. 40 Minuten entfernten Schloss (360 m), welches vor allem wegen seines umfangreichen Freskenzyklus bekannt ist und auch besichtigt werden kann.
Der Weg führt nun beim Schloss Runkelstein hinab auf die Straße, und wer ein Stück von der Wanderroute abzweigt, der Fahrbahn in Richtung Sarntal folgend, der kann das mittelalterliche Gebäude aus einer anderen Perspektive betrachten. Kühn thront es auf einem Felsen, der nach fast allen Seiten steil abfällt.
Vorbei an den Talferwiesen, der Freizeit- und Naherholungszone der Stadt, geht es nun entlang der Talfer zurück ins Zentrum von Bozen. Am Ende kann man noch gemütlich durch die Lauben und die Altstadt bis zum Bahnhof schlendern.

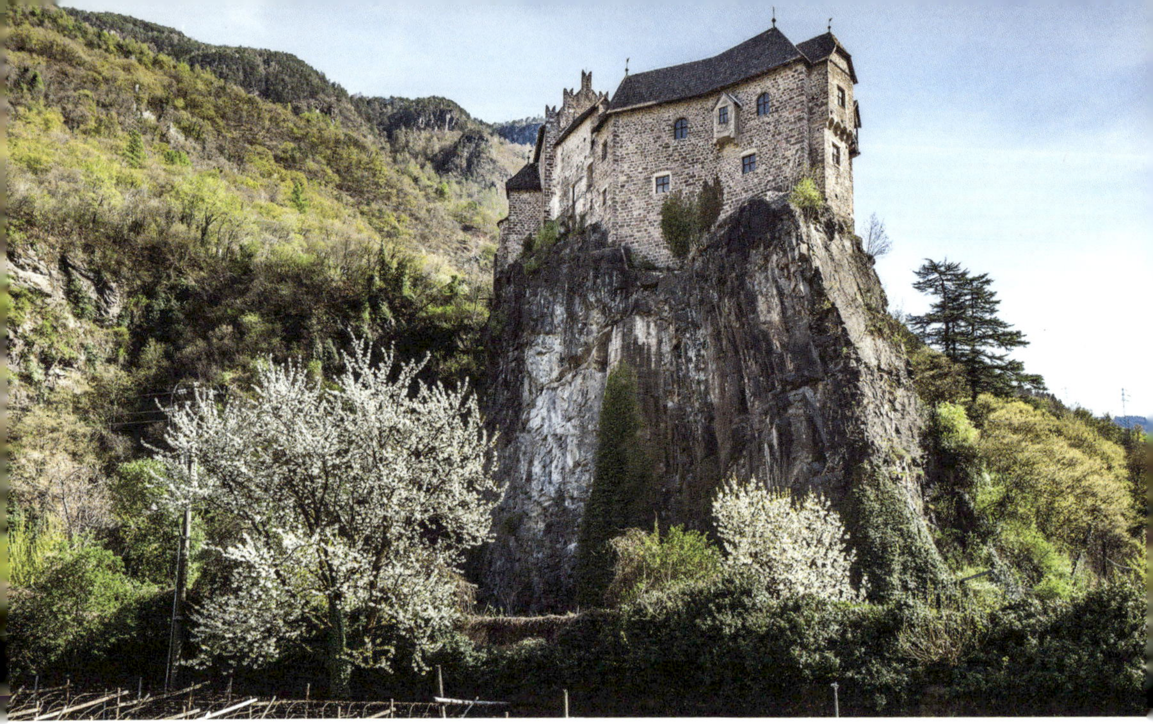

↑
Wenn man kurz vom Wegverlauf abzweigt, kann man das Schloss Runkelstein aus einer anderen Perspektive betrachten. {EXIF: Canon EOS 5D Mark II | 17–40 mm @ 29 mm | f/9 | 1/100 s} {GPS: 46.518428, 11.358305}

FOTOTIPP

Halbautomatik
Wer den Schritt aus der Vollautomatik wagen möchte, der nimmt am besten den Weg über die verschiedenen Programme der Halbautomatik, bevor er in den manuellen Modus (M) wechselt. Diese Modi bieten nämlich Unterstützung bei den Kameraeinstellungen. Bei der Zeitautomatik (Av, A) etwa wählt man die Blende manuell und die Belichtungszeit wird automatisch bestimmt, sodass ein möglichst optimal belichtetes Foto entsteht. Bei der Blendenautomatik (Tv, S) hingegen wird die Belichtungszeit manuell festgelegt und die Kamera wählt die Blende.

Eine sehr kurze und attraktive Wanderung, ideal für eine kleine Auszeit vom hektischen Treiben der Stadt.

Zur Anreise eignet sich am besten der Zug nach Bozen, da die Wanderung direkt beim Bahnhof startet.

(leicht)

- Gebiet: Südtirols Süden, Südtirol
- Tal: Etschtal
- Start: Zugbahnhof Bozen
- Ziel: Zugbahnhof Bozen
- Dauer: 2:30 Std.
- Strecke: 8,1 km
- Aufstieg: 258 Hm
- Abstieg: 258 Hm
- Wann: Frühling, Sommer, Herbst, Winter

Landschaft: ●●●○○
Abwechslung: ●●●●○
Kondition: ●●○○○
Technik: ●○○○○

ja

Zugbahnhof Bozen (265 m) → bei der Talstation der Rittner Bahn links die Straße hinauf → Oswaldpromenade → Weg Nr. 2 zum Schloss Runkelstein → Keschtenweg → entlang der Talfer ins Zentrum → durch die Altstadt zurück zum Ausgangspunkt

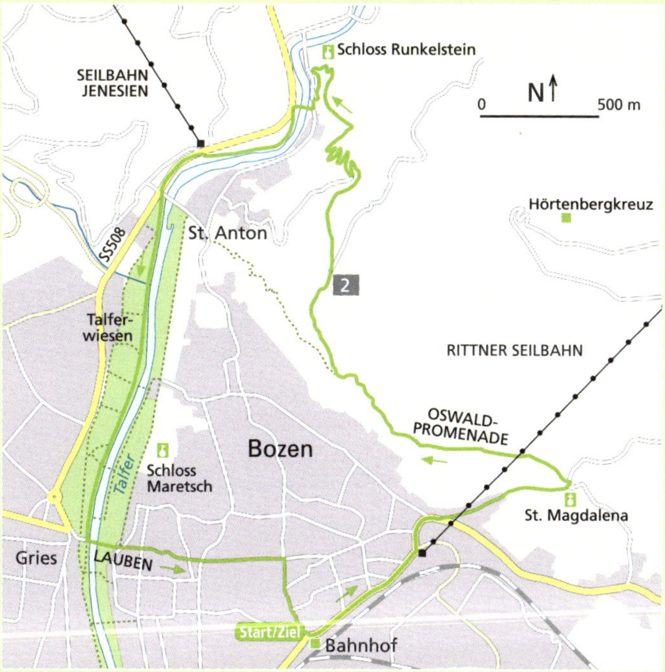

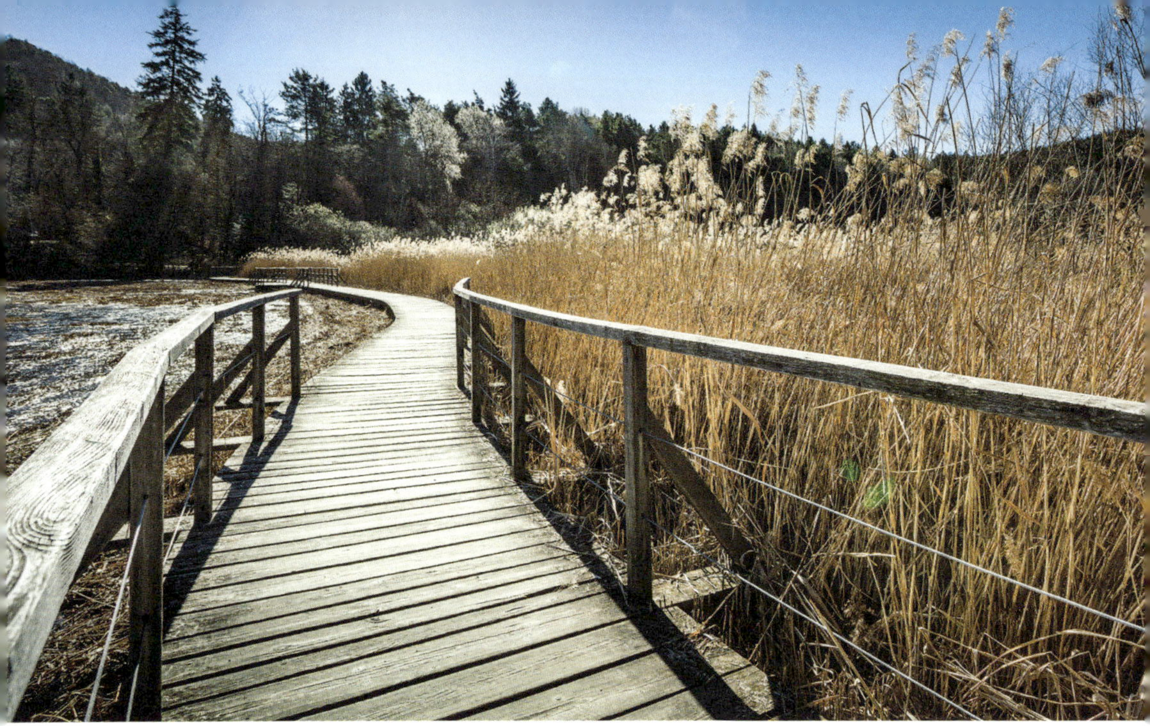

20 Das Frühlingstal bei Montiggl

Blütenreicher Spaziergang

Von Ende Februar bis Anfang März kann man die ersten Frühlingsboten auf einer gemütlichen Wanderung zwischen Montiggl und Kaltern bestaunen. Durch die besondere klimatische Lage des Frühlingstals sprießen dort unzählige Märzenbecher und Primeln. Eine wahre Wohltat in den noch oft kalten und kargen Monaten.

Ausgehend vom großen Parkplatz bei den Montiggler Seen (541 m) folgt man der Markierung Nr. 20 hinunter durch den Wald bis zum Großen Montiggler See. Über einen hölzernen Steg gelangt man auf die andere Uferseite und erreicht nach einer knappen halben Stunde bereits das Frühlingstal.
Das kleine Tal ist als Biotop ausgewiesen und bietet gefährdeten Pflanzen und Tieren einen geschützten Lebensraum. Man wandert auf einem Waldweg neben einem kleinen Bächlein durch ein ganzes Meer von weißen Märzenbechern und blauen Leberblümchen und kann den Frühling genießen. Nach ca. 1,5 km, auf denen man noch an einer Picknick-Station vorbeikommt, verlässt man dieses blühende Gelände und spaziert gemütlich weiter, bis man auf eine Asphaltstraße trifft. Dort angekommen (1:30 Stunden

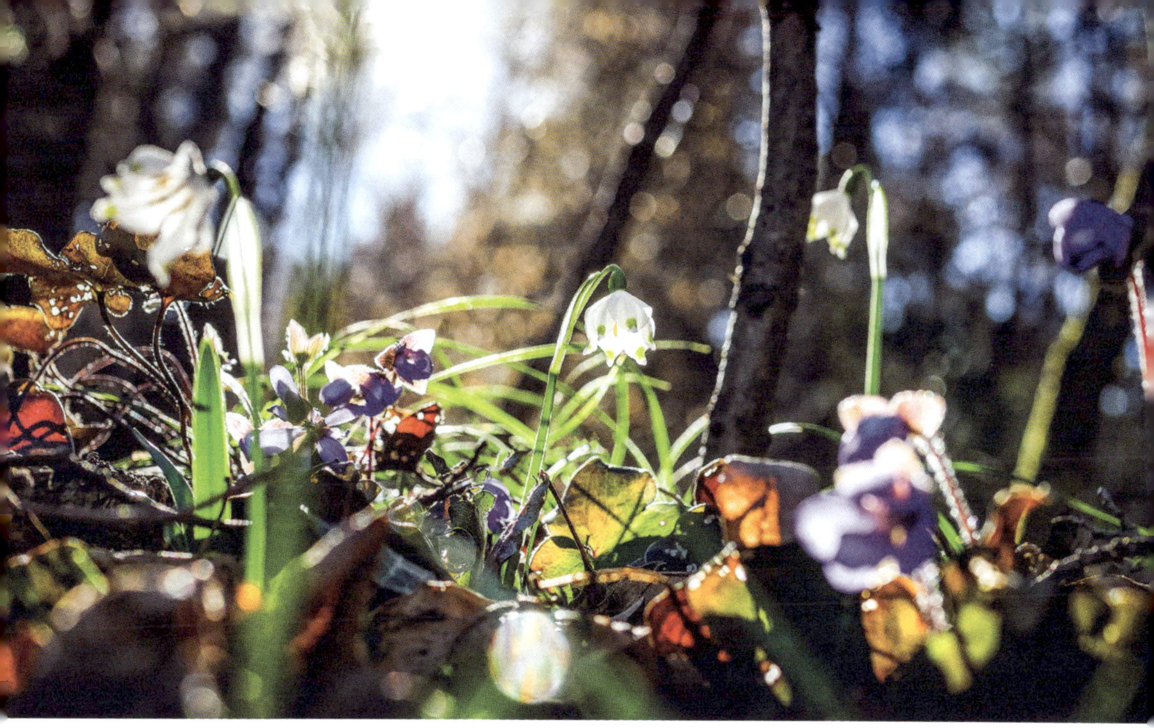

←
Ein Holzsteg führt über den Montiggler See zum Frühlingstal

↑
Eine tiefe Position rückt die kleinen Objekte in den Mittelpunkt {EXIF: Panasonic LUMIX G70 | 30 mm | f/4,5 | 1/320 s}

ab Start), blickt man auf den Kalterer See hinunter, der als einer der wärmsten Seen in den Alpen gilt und im Sommer ein beliebtes Badeziel ist. Von hier aus tritt man über das Fuschgalaital Nr. 19 und in leichter Steigung den Rückweg an, der um diese Jahreszeit vor allem von Stängellosen Primeln gesäumt ist. Nach etwa 50 Minuten gelangt man wieder ins Frühlingstal, wo man noch einmal die wunderschöne Blumenpracht erleben kann, ehe es über denselben Weg zurück zum Ausgangspunkt geht.

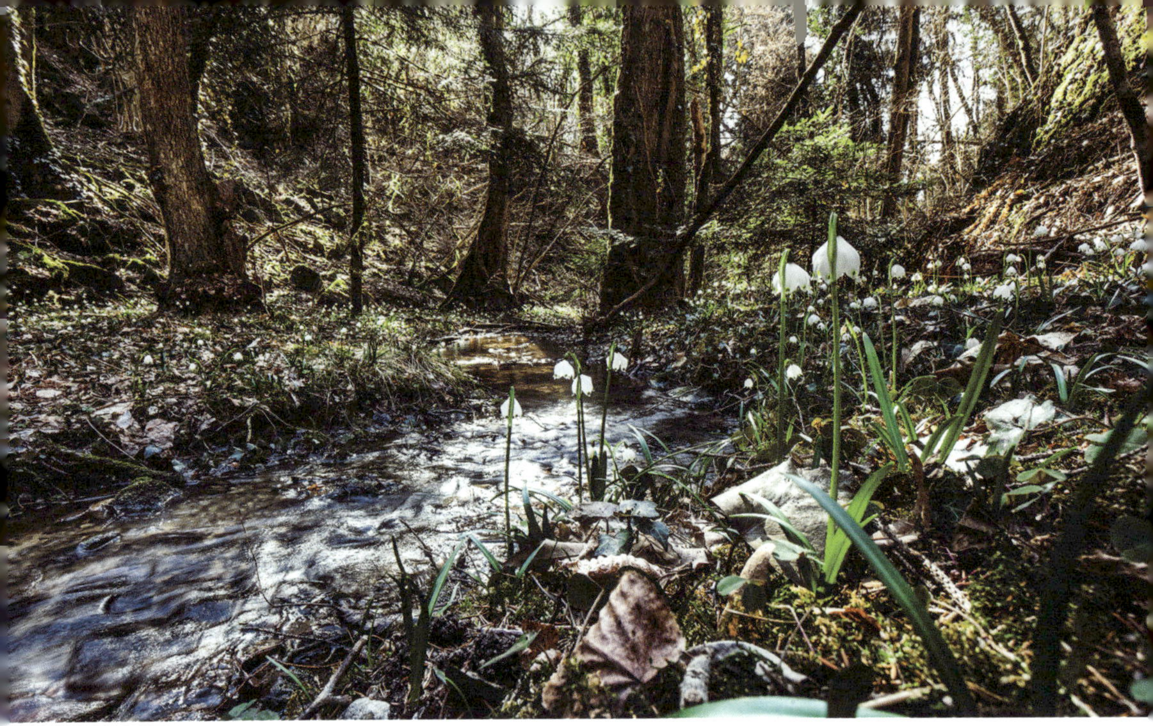

↑
Von Ende Februar bis Anfang März kann man die ersten Frühlingsboten bestaunen {EXIF: Canon EOS 5D Mark II | 17–40 mm @ 19 mm | f/16 | 0,3 s}

FOTOTIPP

Bild aufräumen
Um den Blick vom Hauptmotiv nicht unnötig abzulenken, sollte man möglichst bereits vor Ort störende Elemente aus der Aufnahme entfernen. Alles, was nicht zwingend notwendig ist, kann weg. Oft hilft es dabei auch schon, die Kamera ein wenig zu schwenken, den Bildausschnitt zu verkleinern (zoomen), einfach ein paar Schritte zur Seite zu gehen und das Motiv aus einer neuen Perspektive zu fotografieren oder störende Elemente wie Äste oder Grashalme mit der Hand zu entfernen.

Sehr einfache Wanderung, die in den kargen Wintermonaten dank der vielen Blüten ein wohltuendes Erlebnis ist.

Von Bozen nach Eppan/St. Michael und dort weiter bis zum Parkplatz der Montiggler Seen.

(leicht)

- Gebiet: Südtirols Süden, Südtirol
- Tal: Überetsch
- Start: Parkplatz Montiggler Seen (gebührenpflichtig)
- Ziel: Parkplatz Montiggler Seen
- Dauer: 3:15 Std.
- Strecke: 10,3 km
- Aufstieg: 315 Hm
- Abstieg: 315 Hm
- Wann: Frühling, Sommer, Herbst, Winter

Landschaft: ●●●●○
Abwechslung: ●●●○○
Kondition: ●●○○○
Technik: ●●○○○

nein

Parkplatz Montiggler Seen (541 m) → Weg Nr. 20 → Frühlingstal → weiter bis zu einer Asphaltstraße → zurück durch das Fuschgalaital Nr. 19 → Frühlingstal → Parkplatz Montiggler Seen

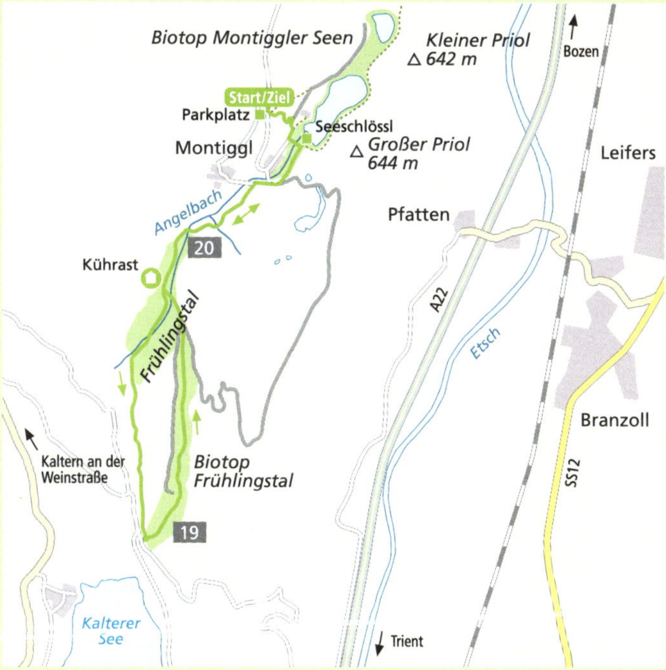

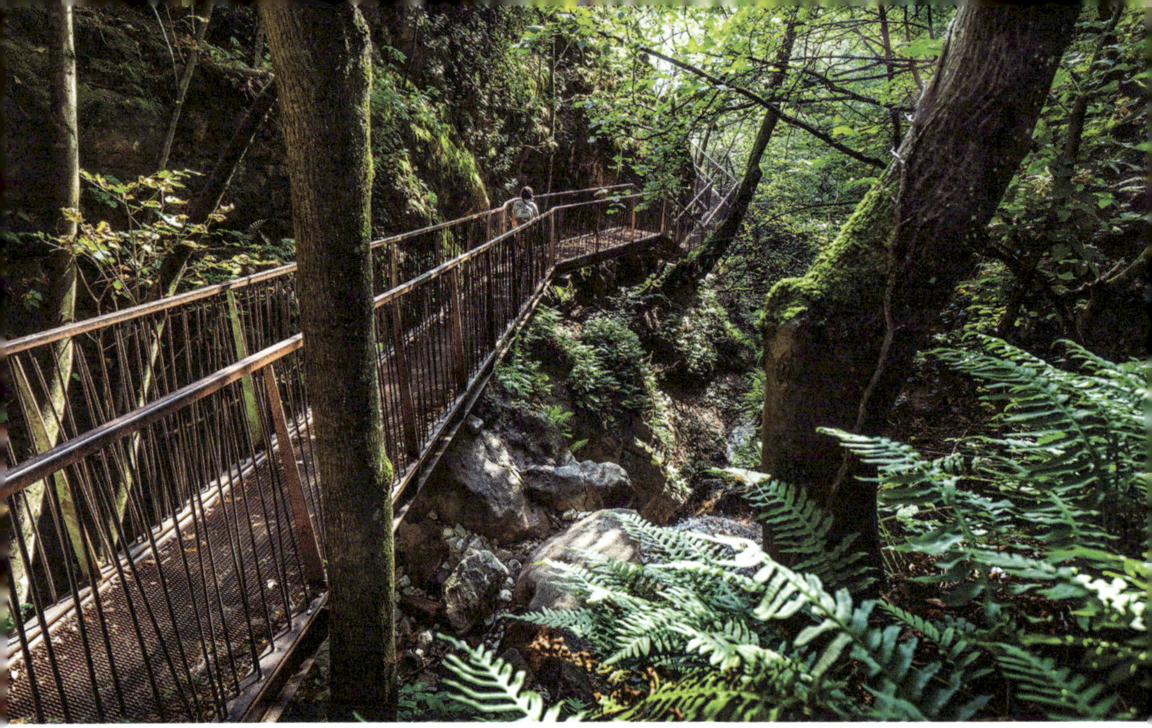

21 Die Rastenbachklamm

Dschungelfeeling über dem Kalterer See

Die Rastenbachklamm zwischen Altenburg und dem Kalterer See ist ein Naturerlebnis für die ganze Familie. Der Weg führt dabei über Stege, eine schwindelerregende Eisentreppe und eine Hängebrücke. In diesem besonderen Mikroklima gedeihen hier prächtige Farne und Moose und lassen ein echtes Dschungelfeeling aufkommen.

Startpunkt dieser Rundwanderung ist die Kirche St. Vigil in Altenburg (615 m) oberhalb von Kaltern. Dort folgt man der Markierung Nr. 2 zur Rastenbachklamm und kommt kurz darauf an einem Aussichtsplatz mit Sitzgelegenheit vorbei, von dem es sich bestens auf den Kalterer See blicken lässt.

Weiter geht es nun leicht abwärts, ehe der Weg über eine Hängebrücke führt. Wer möchte, kann hier einen kurzen Abstecher zur Ruine St. Peter machen, eine der ältesten Kirchen Südtirols. Unterhalb der Hängebrücke führt eine Treppenkonstruktion schließlich hinunter in die wildromantische Schlucht. Man hält sich dabei an die Markierung Nr. 1 zum Müllereck – Kalterer See. Ab hier folgt man dabei stets dem Lauf des Rastenbachs und kann die Schlucht über abenteuerliche Gitterstege, Brücken und Waldpfade

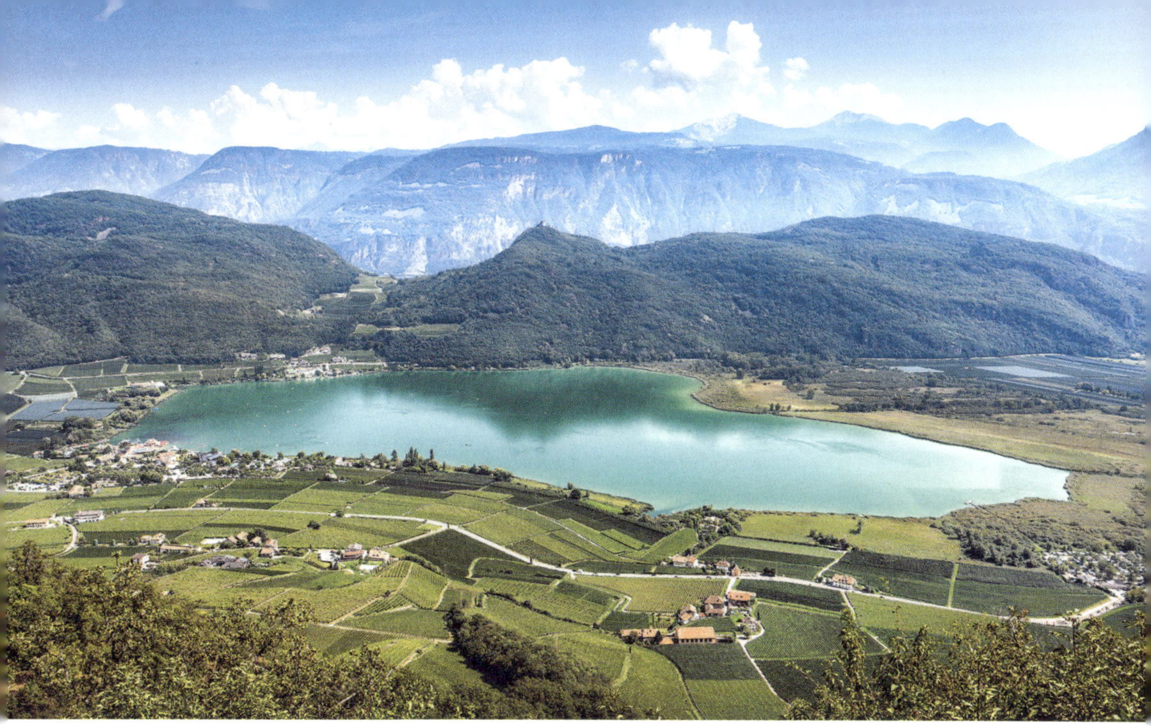

←
Ein Erlebnis für Jung und Alt – auf Gitterstegen durch die Klamm {EXIF: Canon EOS 5D Mark II | 17–40 mm @ 21 mm | f/9 | 1/50 s | ISO 400}

↑
Gleich am Beginn der Wanderung kann man die tolle Aussicht auf den Kalterer See genießen {EXIF: Canon EOS 5D Mark II | 17–40 mm @ 26 mm | f/9 | 1/320 s} {GPS: 46.377698, 11.240262}

erkunden. Am Ende der Klamm gelangt man auf eine Aussichtsplattform, die einen umwerfenden Blick auf den Kalterer See bietet. Über eine Stahltreppe geht es dann die Wand entlang nach unten.
Wer ein wenig Abkühlung benötigt, der zweigt an der nächsten Gabelung rechts ab und gelangt so zum großen Wasserfall. Wieder zurück auf dem bisherigen Weg erreicht man nach ein paar Treppen eine Weggabelung. Links lohnt sich ein kurzer Abstecher zu einer weiteren Aussichtsplattform. Wer die Runde abkürzen möchte, folgt anschließend dem Pfad bergauf und gelangt bald wieder in den oberen Teil der Klamm. Danach folgt man dem Kardatscher Wanderweg Nr. 10 durch einen Laubwald und Weingärten, bis man auf den Friedensweg trifft.
Der gut ausgebaute Weg führt links den Wald hoch und zurück Richtung Ausgangspunkt. Dabei kommt man noch einmal an einer Aussichtsplattform vorbei, bevor man in den oberen Teil der Rastenbachklamm gelangt und sich an deren Schönheit ein weiteres Mal erfreuen kann. Über Gitterstege und Stiegen geht es wieder das Bachbett entlang und schließlich zurück zum Ausgangspunkt nach Altenburg.

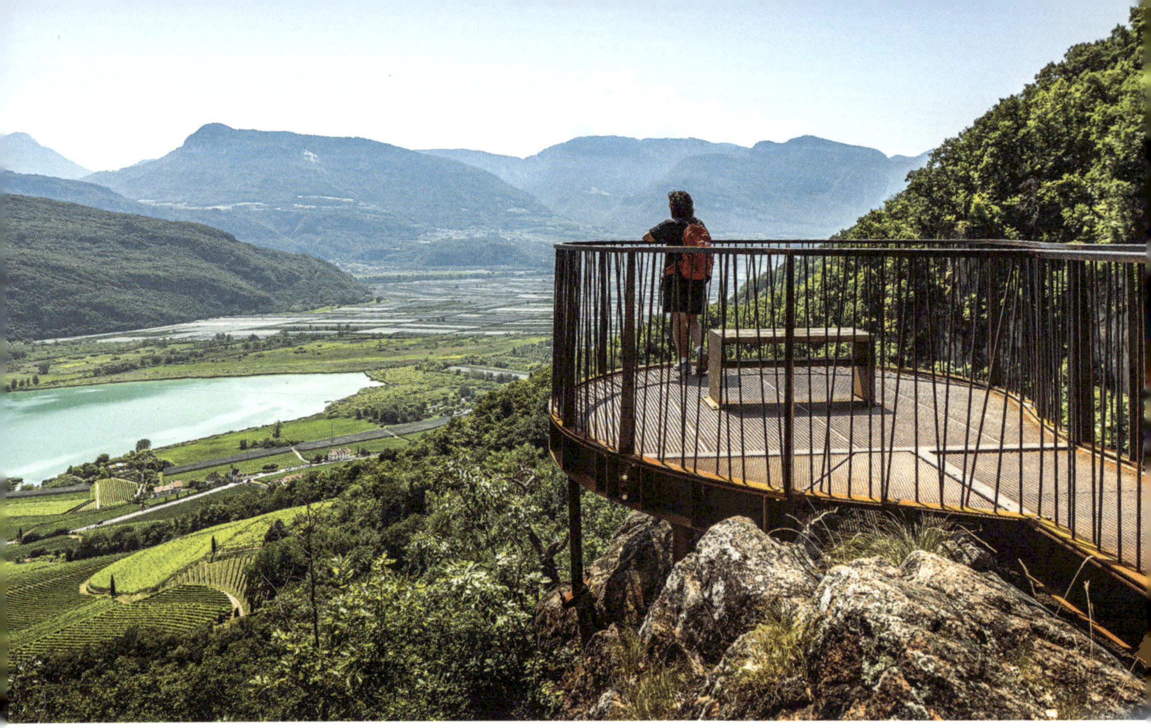

↑
Ein lohnenswerter Abstecher führt nach dem Wasserfall links hinauf zu dieser Aussichtsplattform.

FOTOTIPP

Drittel-Regel
Ein mittig positioniertes Hauptmotiv wirkt für den Betrachter oft langweilig und wenig interessant. Mit dieser einfachen Regel lassen sich Fotos gleich viel spannender und harmonischer gestalten. Bei der Drittel-Regel wird das Bild gedanklich durch zwei waagrechte und zwei senkrechte Linien geteilt, sodass 9 gleich große Vierecke entstehen. Das Hauptmotiv positioniert man dann auf einem der 4 Schnittpunkte und den Horizont im unteren oder oberen Drittel. Bei vielen Kameras lässt sich das Drittel-Gitter sogar im Sucher oder auf dem Display anzeigen.

Eine tolle Wanderung über Stege und Treppen durch die Klamm und ein Erlebnis für Jung und Alt.

Von Bozen nach Kaltern und von dort hinauf nach Altenburg. Kleiner Parkplatzin der Nähe der Bushaltestelle Altenburg.

(leicht)

- Gebiet: Südtirols Süden, Südtirol
- Tal: Überetsch
- Start: Kirche St. Vigil in Altenburg oberhalb von Kaltern
- Ziel: Kirche St. Vigil in Altenburg
- Dauer: 2:45 Std.
- Strecke: 6,8 km
- Aufstieg: 351 Hm
- Abstieg: 351 Hm
- Wann: Frühling, Sommer, Herbst

Landschaft: ●●●●○
Abwechslung: ●●●●○
Kondition: ●●●○○
Technik: ●●○○○

nein

Kirche St. Vigil in Altenburg (615 m) → Weg Nr. 2 zur Rastenbachklamm → Weg Nr. 1 durch die Schlucht zum Müllereck – Kalterer See → Kardatscher Wanderweg Nr. 10 → Friedensweg bergauf → durch den oberen Teil der Rastenbachklamm zurück zum Ausgangspunkt

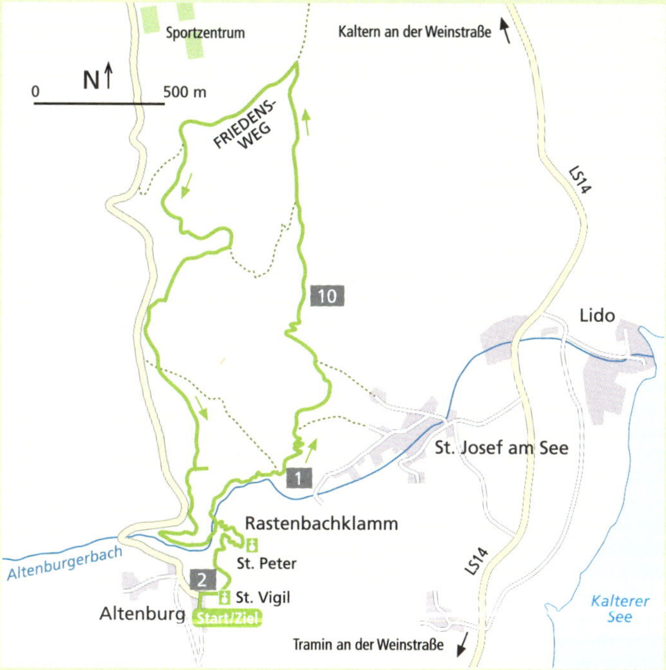

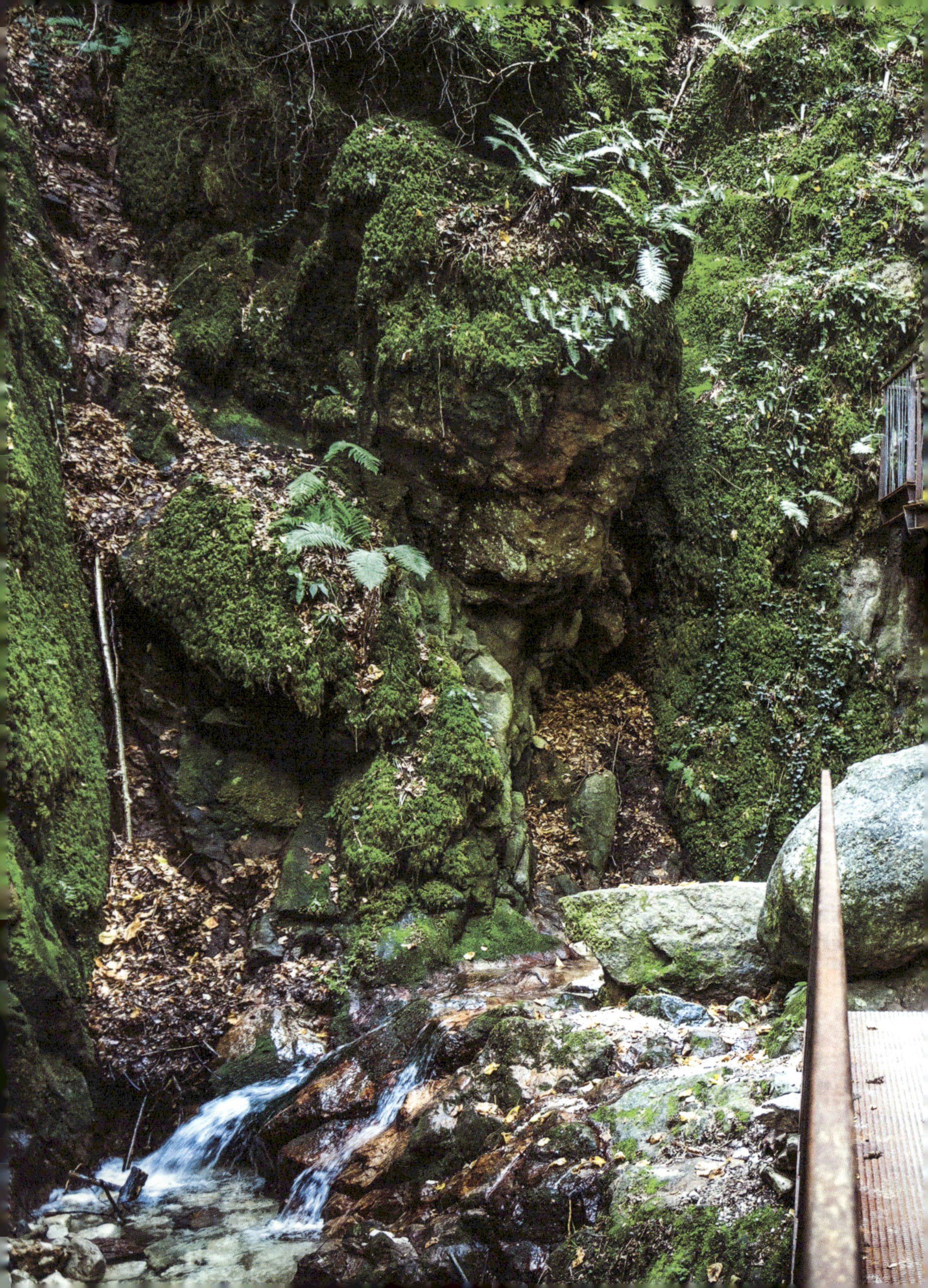

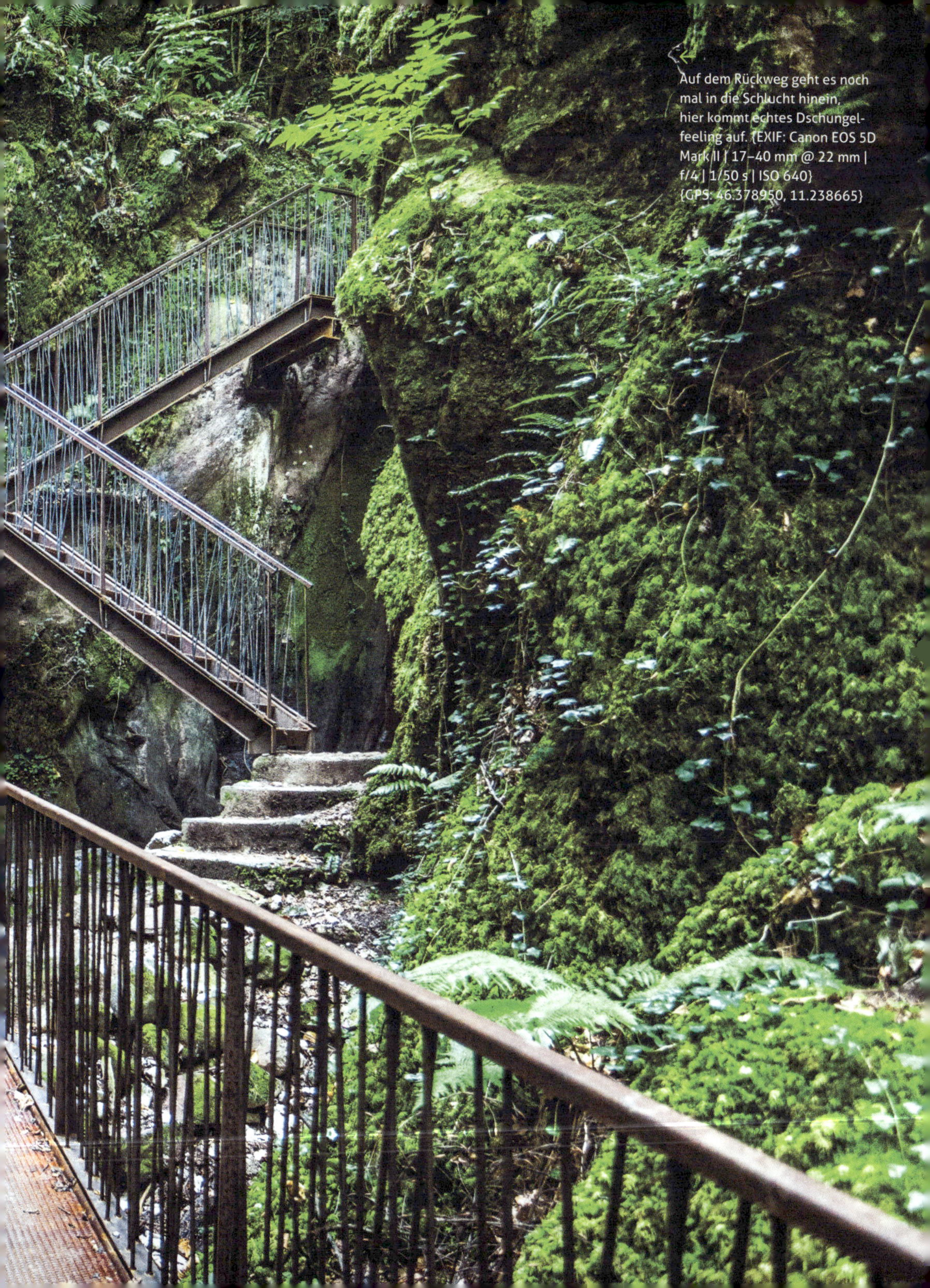

Auf dem Rückweg geht es noch mal in die Schlucht hinein, hier kommt echtes Dschungelfeeling auf. {EXIF: Canon EOS 5D Mark II | 17–40 mm @ 22 mm | f/4 | 1/50 s | ISO 640} {GPS: 46.378950, 11.238665}

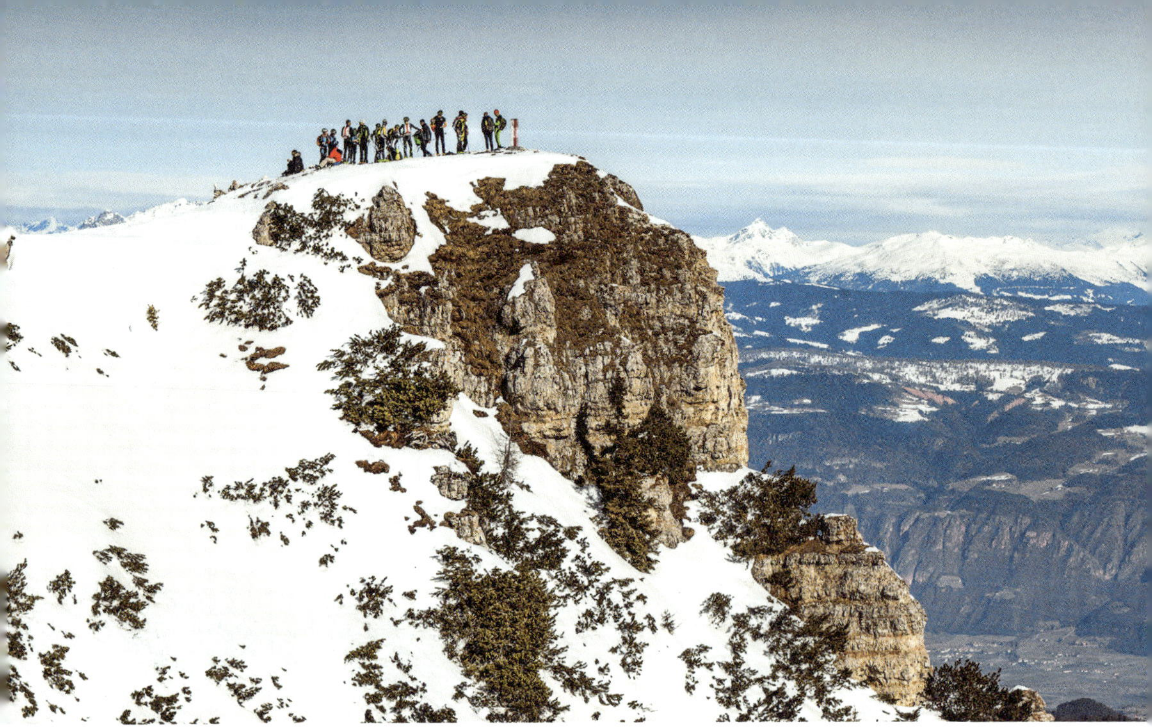

22 Auf den Roen

Aussichtsreiche Winterwanderung am Mendelpass

Die Wanderung auf den Roen, den höchsten Berg der Nonsberggruppe, ist zu allen Jahreszeiten ein Hit. Selbst im Winter ist sie einfach zu schaffen und am Gipfelkreuz angekommen wird man mit einem grandiosen Rundumblick auf die Bergwelt Südtirols und des Trentino belohnt.

Beginn dieser aussichtsreichen Tour ist der Parkplatz bei der Località Campi Golf auf dem Mendelpass (1.370 m). Die ersten Höhenmeter lassen sich sehr gemütlich mit dem etwas in die Jahre gekommenen Sessellift zurücklegen. Oben angekommen folgt man rechts der Beschilderung zum nur wenige hundert Meter entfernten Schutzhaus Halbweg (1.594 m). Von dort aus geht es dann auf dem Weg Nr. 500 bis auf den Roen (2.116 m) hinauf.
Gemütlich wandert man durch den Wald auf dem ausgetretenen Schneepfad dahin und kann die wunderbare Winterlandschaft genießen. Ab der Romenoalm, die man nach ca. 1:15 Stunden erreicht, wird es etwas anstrengender, ab hier geht es noch die letzten 350 Höhenmeter hinauf bis zum Gipfel des Roen. Sobald sich der Wald immer mehr lichtet, verläuft das letzte Stück des Weges nun

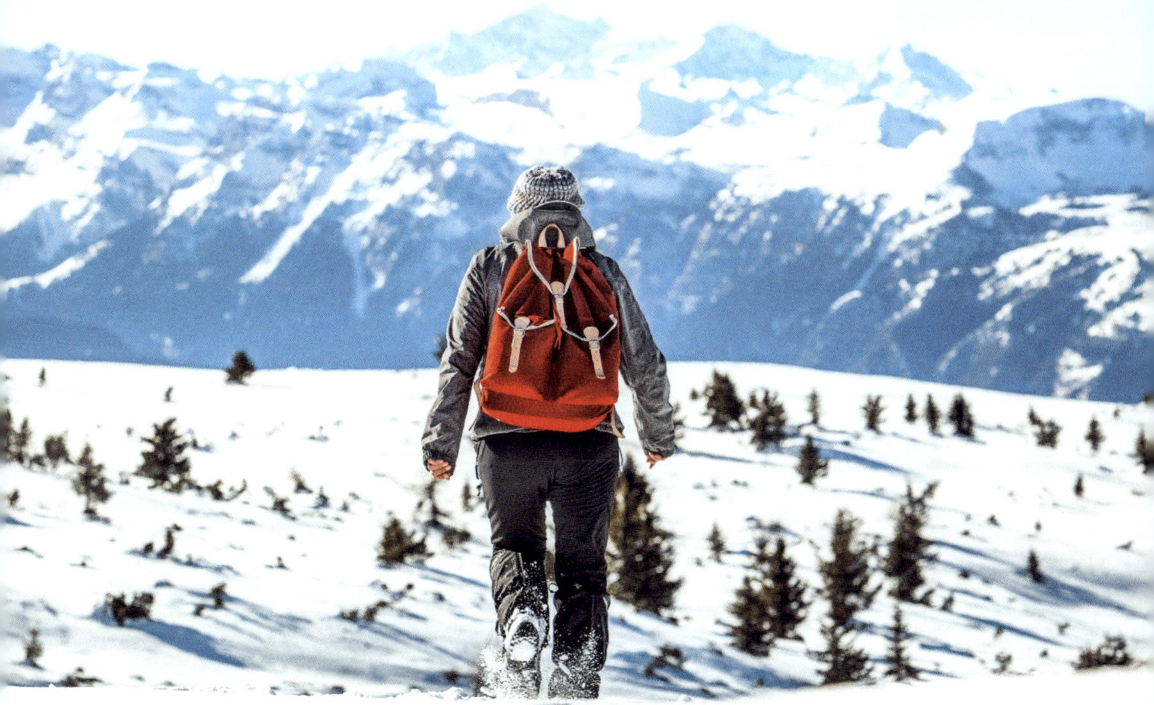

←
Eine schlichte Eisenstange markiert den Roen, ein großes Kreuz befindet sich einige hundert Meter daneben.

↑
Der rote Rucksack inmitten der weißen Schneelandschaft ergibt einen spannenden Farbkontrast {EXIF: Canon EOS 5D Mark II | 70–200 mm @ 140 mm | f/8 | 1/640 s}

wieder ebener über den weiten Bergrücken dahin. Oben angekommen, hat man dann einen fantastischen 360°-Panoramablick auf die umliegende Bergwelt: Rosengarten, Latemar, Sarntaler Alpen, Ötztaler Alpen, Brentadolomiten
Die senkrecht abfallenden Felswände in Richtung Überetsch sind ein atemberaubender Anblick, man sollte aber vor allem im Winter nicht zu nahe an die Kante herantreten, denn unter dem Schnee könnten sich Latschenkiefern verbergen, die keinen Halt mehr bieten. Der Rückweg erfolgt auf derselben Strecke.

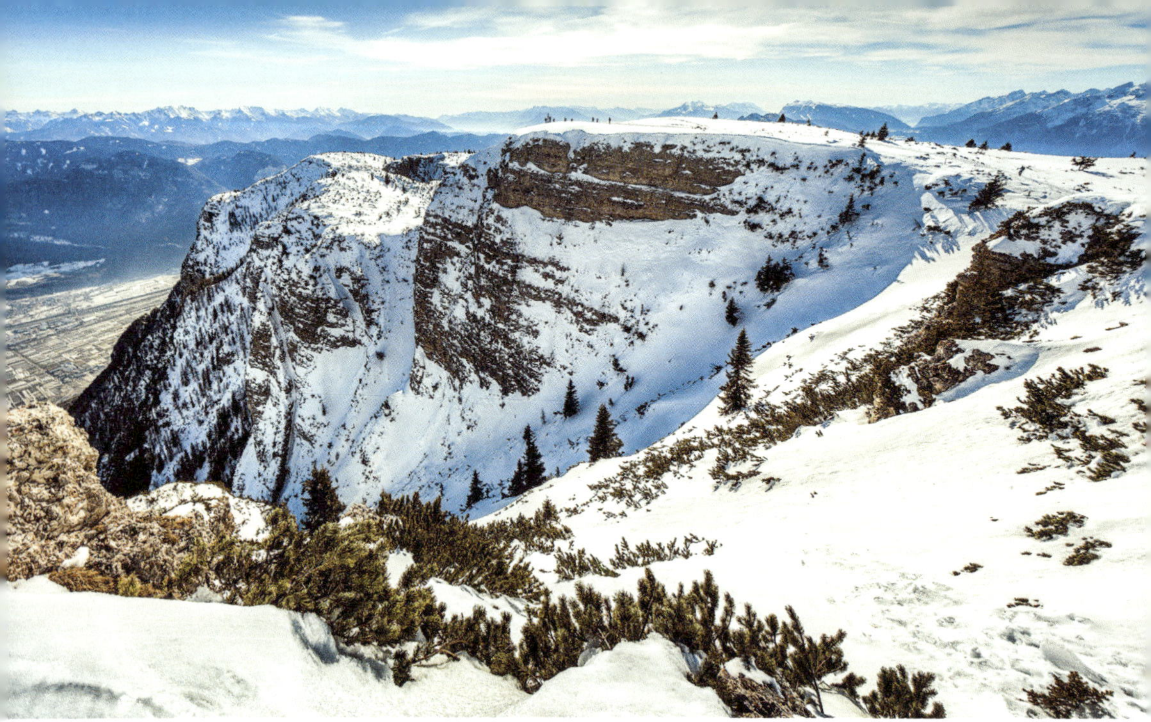

↑
Steil fallen die Bergwände nach Osten ab

FOTOTIPP

Polfilter
Als sehr nützlich erweist sich ein Polarisationsfilter, da er eine Möglichkeit bietet, die sich auch durch eine Nachbearbeitung nicht ergibt. Er dient dazu, Spiegelungen auf nichtmetallischen Oberflächen, wie bei Wasser oder Glasscheiben, großteils zu eliminieren oder hervorzuheben. Noch dazu lässt er Farben satter erscheinen und verstärkt das Blau des Himmels und den Kontrast zu den Wolken. Seine größte Wirkung zeigt er in einem 90°-Winkel zur Sonne. Da der Polfilter etwas Licht schluckt, verlängert sich auch die Belichtungszeit.

Eine leichte und sonnige Wanderung zu einem herrlichen Aussichtsgipfel. Ideal im Winter, da geringe Lawinengefahr herrscht.

Von Bozen nach Eppan und weiter in Richtung Kaltern. Vor Kaltern rechts hinauf zum Mendelpass. Beim Pass dem Schild Roen folgen, links abbiegen, weiter bis zum Parkplatz beim Sessellift. Der Sessellift öffnet um 09:00 Uhr.

(leicht)

- Gebiet: Südtirols Süden, Südtirol
- Tal: Nonstal
- Start: Località Campi Golf, Mendelpass
- Ziel: Località Campi Golf, Mendelpass
- Dauer: 4:00 Std.
- Strecke: 10,6 km
- Aufstieg: 550 Hm
- Abstieg: 550 Hm
- Wann: Frühling, Sommer, Herbst, Winter

Landschaft: ●●●○○
Abwechslung: ●●●○○
Kondition: ●●●○○
Technik: ●●○○○

ja

Località Campi Golf, Mendelpass (1.370 m) → Sessellift → Schutzhaus Halbweg (1.594 m) → Weg Nr. 500 → Roen (2.116 m) → Rückweg wie Hinweg

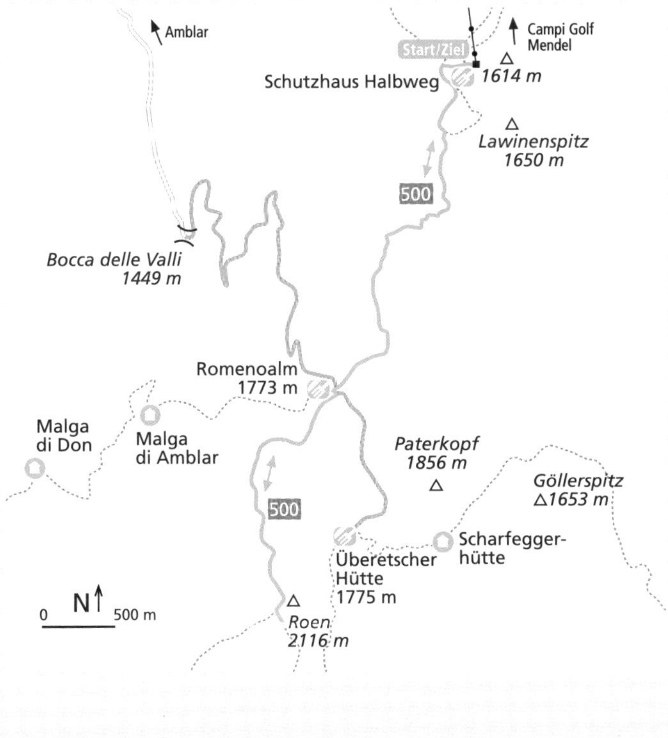

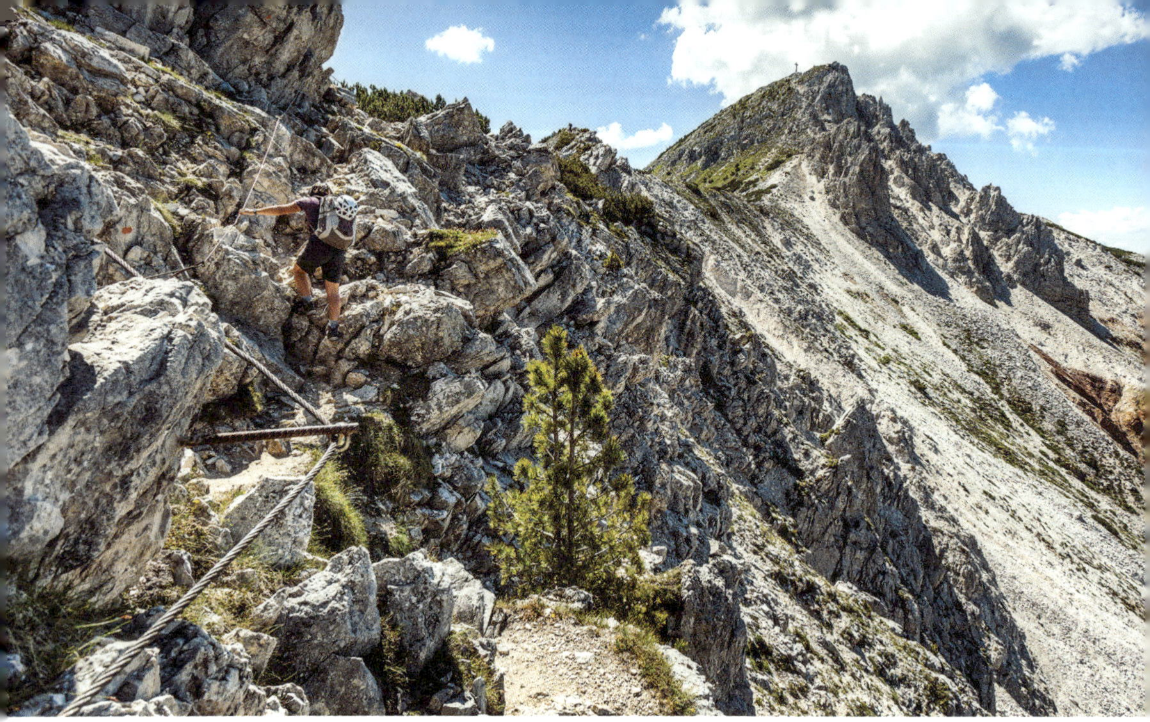

23 Die Bletterbachschlucht

Über das Weißhorn in den Grand Canyon Südtirols

Diese ausgedehnte Rundwanderung hat gleich zwei Höhepunkte: die Besteigung des Weißhorns, dieses hervorragenden Panorama-Gipfels, und die Entdeckungstour durch den Südtiroler Grand Canyon. Hier kommen natur- und geologiebegeisterte Wanderer voll auf ihre Kosten. Denn die Bletterbachschlucht in Aldein offenbart mehr als 40 Millionen Jahre Erdgeschichte und zählt somit zu den bedeutendsten Naturwundern Südtirols. Im dazugehörigen Museum erfährt man dann Näheres zur Geschichte und Entstehung dieser faszinierenden Schlucht, die zum UNESCO-Weltnaturerbe gehört.

Am besten beginnt man die knapp 13 km lange Wanderung bereits am frühen Vormittag, da es tagsüber im Sommer sehr heiß werden kann. Links neben dem GEOPARC-Gebäude (1.548 m) und über den breiten Forstweg Nr. 3 geht es zunächst in leichter Steigung durch den Wald aufwärts. Nach nur wenigen hundert Metern kommt man an der Laneralm (1.583 m) vorbei, die man rechts liegen lässt, und setzt den Weg bis zur nächsten Kreuzung fort. Dort zweigt man rechts auf die Markierung Nr. 5 ab, die geradewegs hinauf zum Weißhorn führt. Durch den Wald geht es nach oben, bis man nach etwa 3 km an den ersten

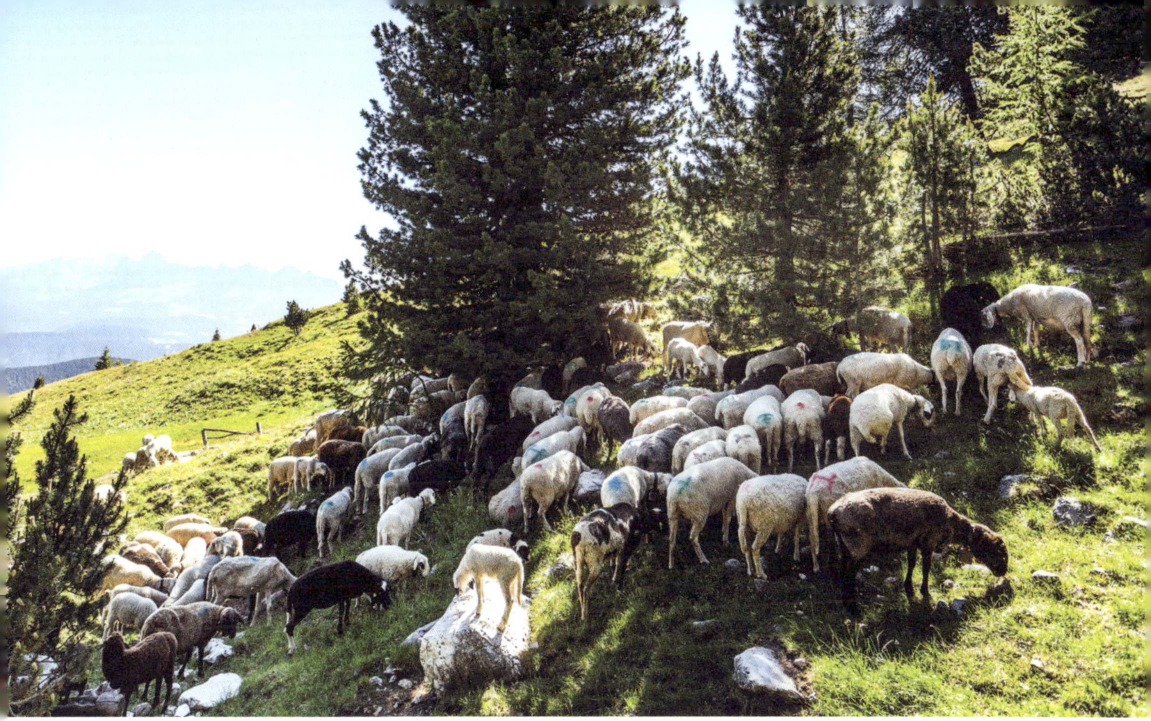

←
Einige Stellen sind ausgesetzt und mit einem Drahtseil gesichert, hier ist Trittsicherheit gefordert. {EXIF: Canon EOS 5D Mark II | 17–40 mm @ 17 mm | f/9 | 1/200 s}

↑
Tierische Begegnung auf dem Weg bergauf, eine Herde Schafe lässt es sich schmecken

Aussichtspunkt gelangt. Von hier überblickt man die verschiedenen Gesteinsschichten der breiten Schlucht, die sich nach oben hin verjüngt und deren Ende vom spitzen Gipfel des Weißhorns überragt wird. Wenig später endet der Waldweg und ab hier sind Trittsicherheit und Schwindelfreiheit gefragt, denn der Weg zum höchsten Punkt dieser Wanderung verläuft entlang einer Kante und über einen Geröllpfad. Einige Stellen sind dabei ausgesetzt und mit einem Drahtseil gesichert. Nach insgesamt 2:30 Stunden hat man es geschafft und genießt vom Gipfel des Weißhorns (2.317 m) einen unverstellten Blick in alle Himmelsrichtungen und hinunter in die bis zu 400 m tiefe Bletterbachschlucht. Über den Zirmersteig Nr. 12, auf der anderen Seite des Gipfels, verläuft der Weg nun bergab. Nahe der Schluchtenkante wandert man durch einen ausgedehnten Latschenkiefernwald, ehe man nach ca. einer Stunde rechts auf den Gorzsteig abzweigt. Jetzt heißt es Helm aufsetzen, denn es geht hinein in die Bletterbachschlucht. Am Flussbett angekommen, folgt man dem Wasserlauf talauswärts und kommt so an den oberen Rand des Butterloch-Wasserfalls (1.551 m), einen tollen Aussichtspunkt. Man geht ein Stück zurück,

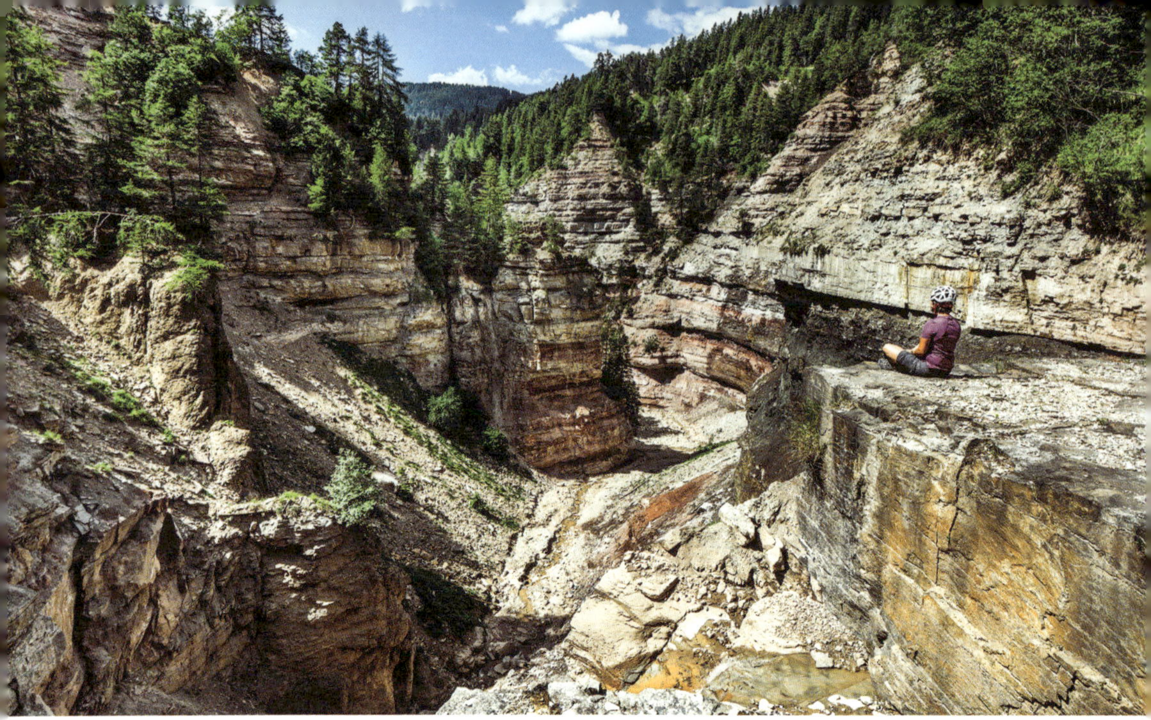

↑
Beim Butterloch-Wasserfall erhält man einen besonders beeindruckenden Einblick in die Schlucht {EXIF: Canon EOS 5D Mark II | 17–40 mm @ 17 mm | f/9 | 1/400 s} {GPS: 46.360813, 11.417334}

nimmt auf der linken Seite eine Treppe in den Wald hinauf und folgt dann dem Weg wieder hinunter zum Bach. Dort geht es zunächst wieder ein Stück in die Schlucht hinein zum bereits bekannten Butterloch, das man sich dieses Mal von unten ansieht. Am Ende durchwandert man das Taubenleck, einen schmalen und besonders schönen Teil der Klamm, bevor man nach etwa 4 km und 1:30 Stunden (ab Gorzsteig) aus der Schlucht wieder in den Wald gelangt und nach 30 Minuten den Ausgangspunkt erreicht.

Eine lange Rundwanderung mit anschließender Entdeckungstour durch die Bletterbachschlucht. Der Eintritt in die Bletterbachschlucht ist kostenpflichtig und es herrscht Helmpflicht. Den Helm kann man sich beim Besucherzentrum ausleihen.

Von Bozen nach Auer und dort in Richtung Cavalese fahren, links nach Aldein abzweigen und der Beschilderung zum GEOPARC Bletterbach folgen.

(schwer)

- Gebiet: Südtirols Süden, Südtirol
- Tal: Unterland
- Start: Besucherzentrum GEOPARC, Aldein
- Ziel: Besucherzentrum GEOPARC, Aldein
- Dauer: 6:00 Std.
- Strecke: 12,6 km
- Aufstieg: 1.030 Hm
- Abstieg: 1.030 Hm
- Wann: Sommer, Herbst

Landschaft: ●●●●●
Abwechslung: ●●●●●
Kondition: ●●●●●
Technik: ●●●●○

ja

Besucherzentrum GEOPARC (1.548 m), Aldein → Forstweg Nr. 3 → vorbei an der Laneralm (1.583 m) → Weg Nr. 5 → Weißhorn (2.317 m) → Zirmersteig Nr. 12 bergab → Gorzsteig → durch die Bletterbachschlucht zurück zum Ausgangspunkt

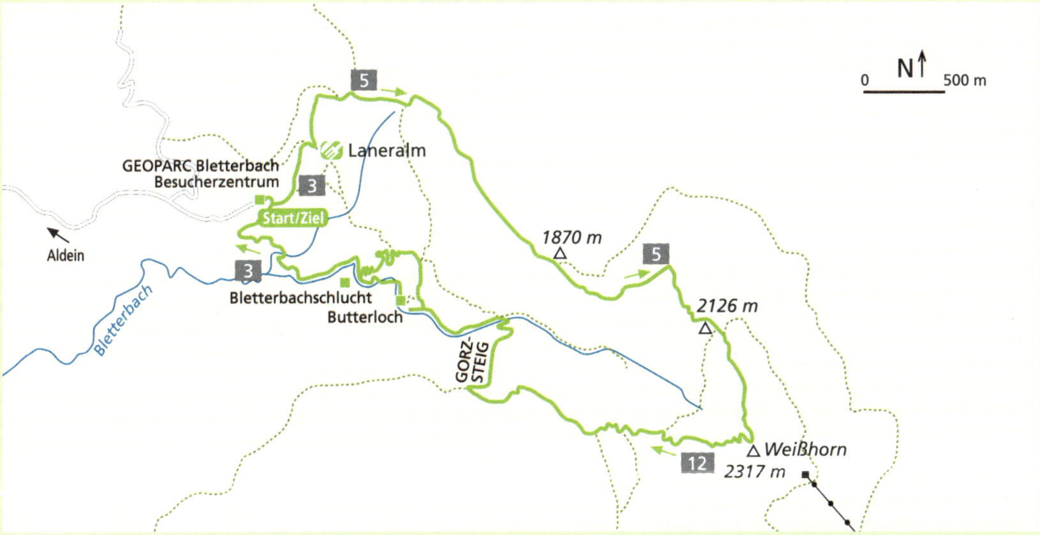

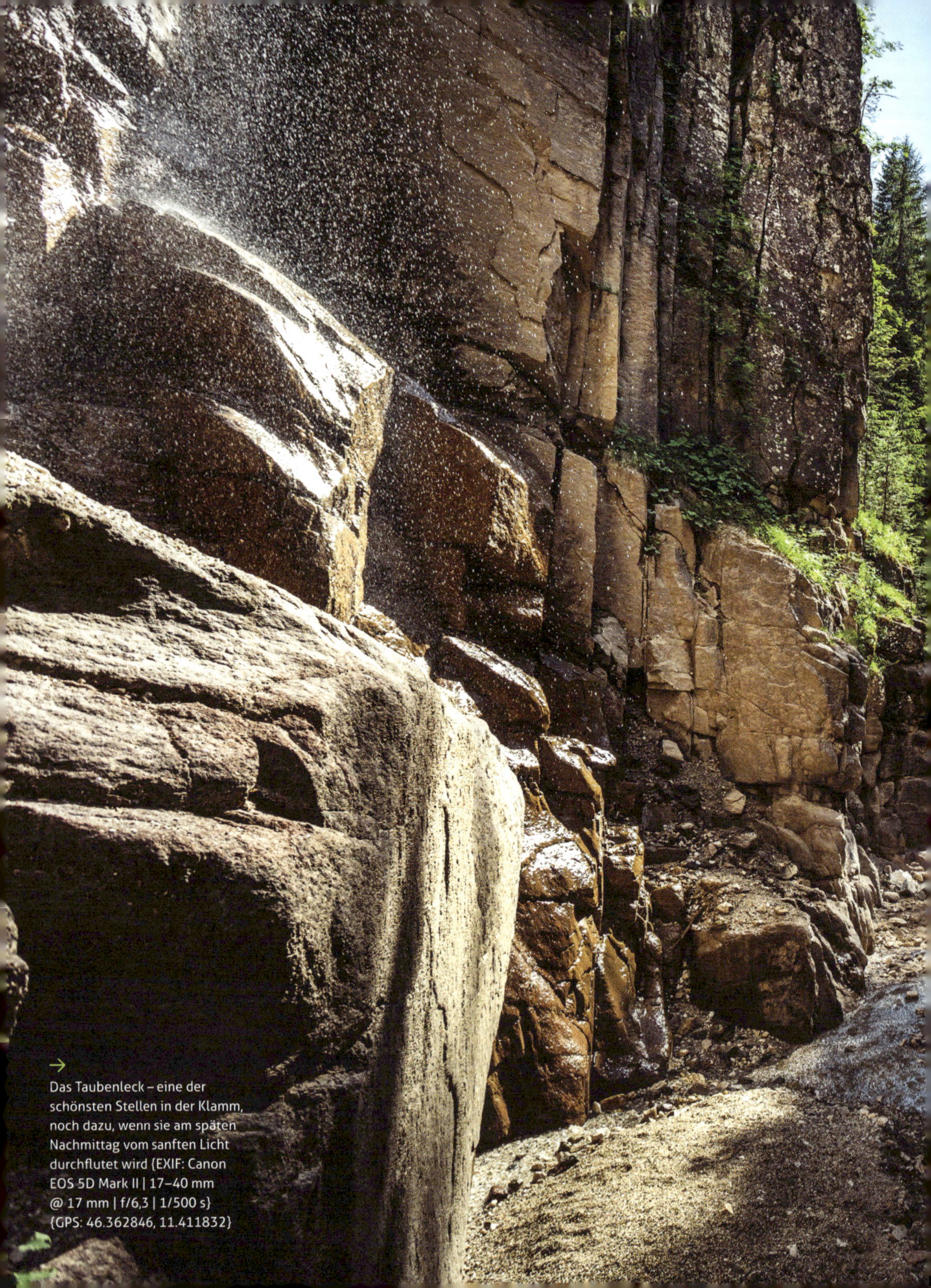

→
Das Taubenleck – eine der schönsten Stellen in der Klamm, noch dazu, wenn sie am späten Nachmittag vom sanften Licht durchflutet wird {EXIF: Canon EOS 5D Mark II | 17–40 mm @ 17 mm | f/6,3 | 1/500 s} {GPS: 46.362846, 11.411832}

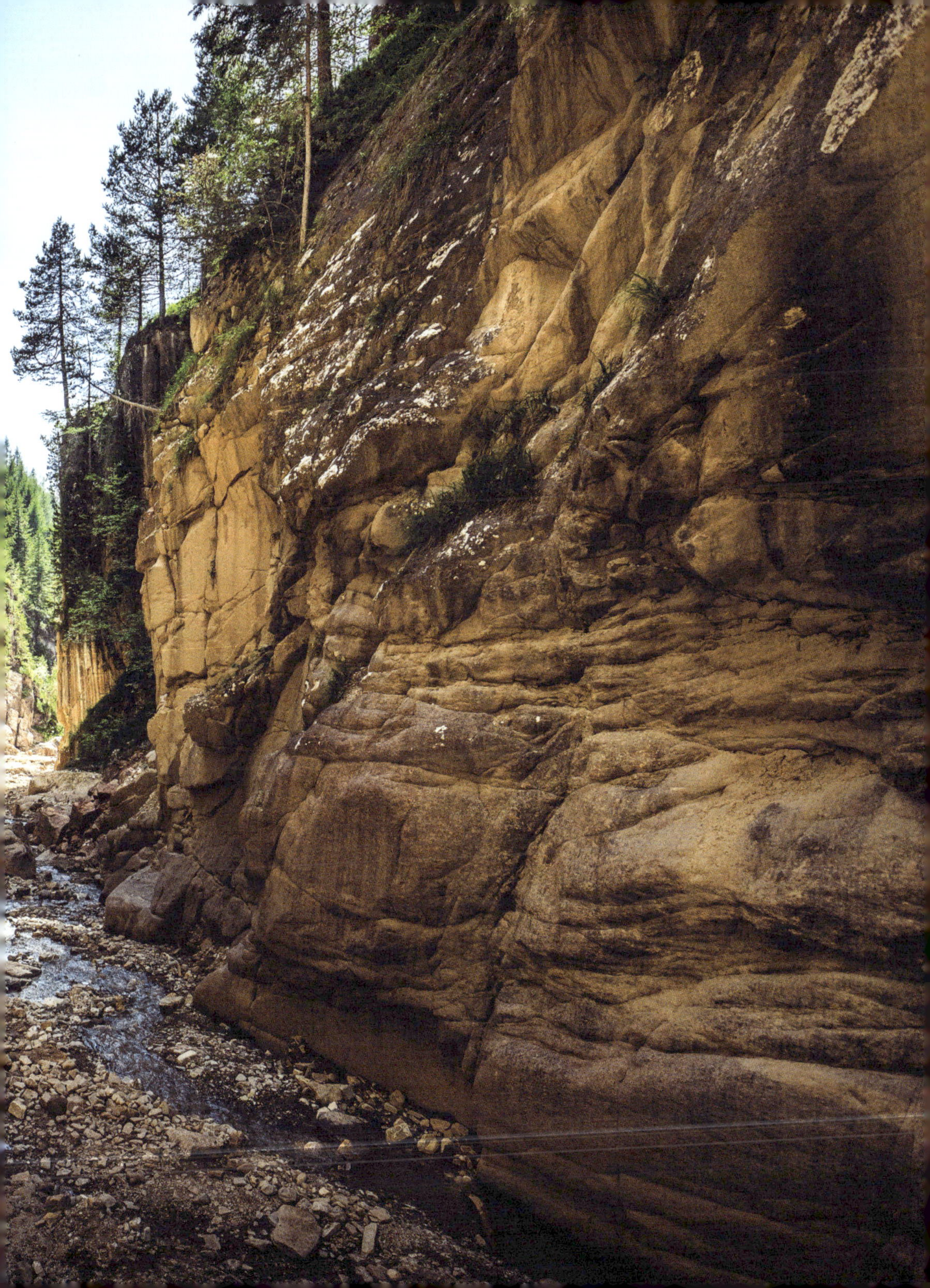

TOP FOTOSPOT

Castelfeder, Montan

Castelfeder ist ein 190 m hoher Porphyrhügel oberhalb von Auer nahe Montan. Wer von dort oben einmal den Panoramablick vom Überetsch bis hinunter zur Salurner Klause genossen hat, versteht die Auswahl dieses Standortes. Nicht nur die Aussicht macht diesen Ort so besonders, sondern man stößt hier auch auf zahlreiche archäologische Funde. Heute noch sichtbar sind eine prähistorische Fruchtbarkeitsrutsche, die Ruine einer Ringmauer, die zu einer großen Befestigungsanlage namens Castelfeder aus der Zeit des Weströmischen Reiches gehörte, und Überreste einer Barbara-Kapelle aus dem 6. Jh.

Koordinaten: 46.337511, 11.288490
Wie kommt man hin: Von Bozen nach Auer und hinauf in Richtung Montan. Bei der 3. Kehre gibt es einen Fußball- und Parkplatz. Von dort geht es zu Fuß zur 20 Minuten entfernten Ruine Castelfeder.
Exif-Daten: Canon EOS 5D Mark II | 17–40 mm @ 17 mm | f/11 | 1/100 s
Aufnahmedatum: 18.08. – 18:45 Uhr

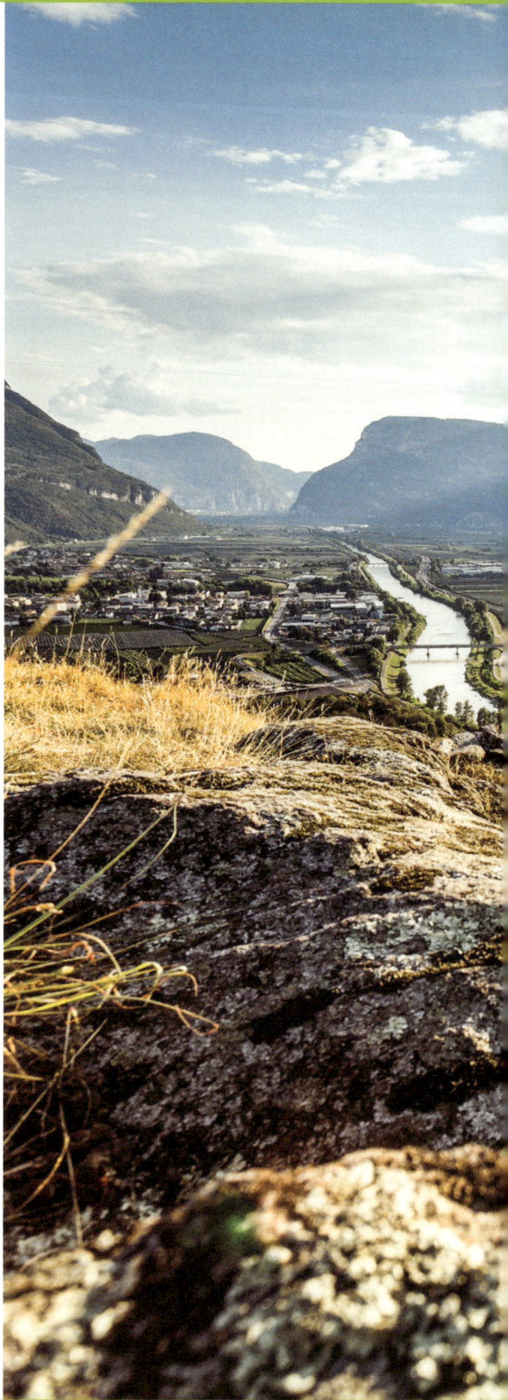

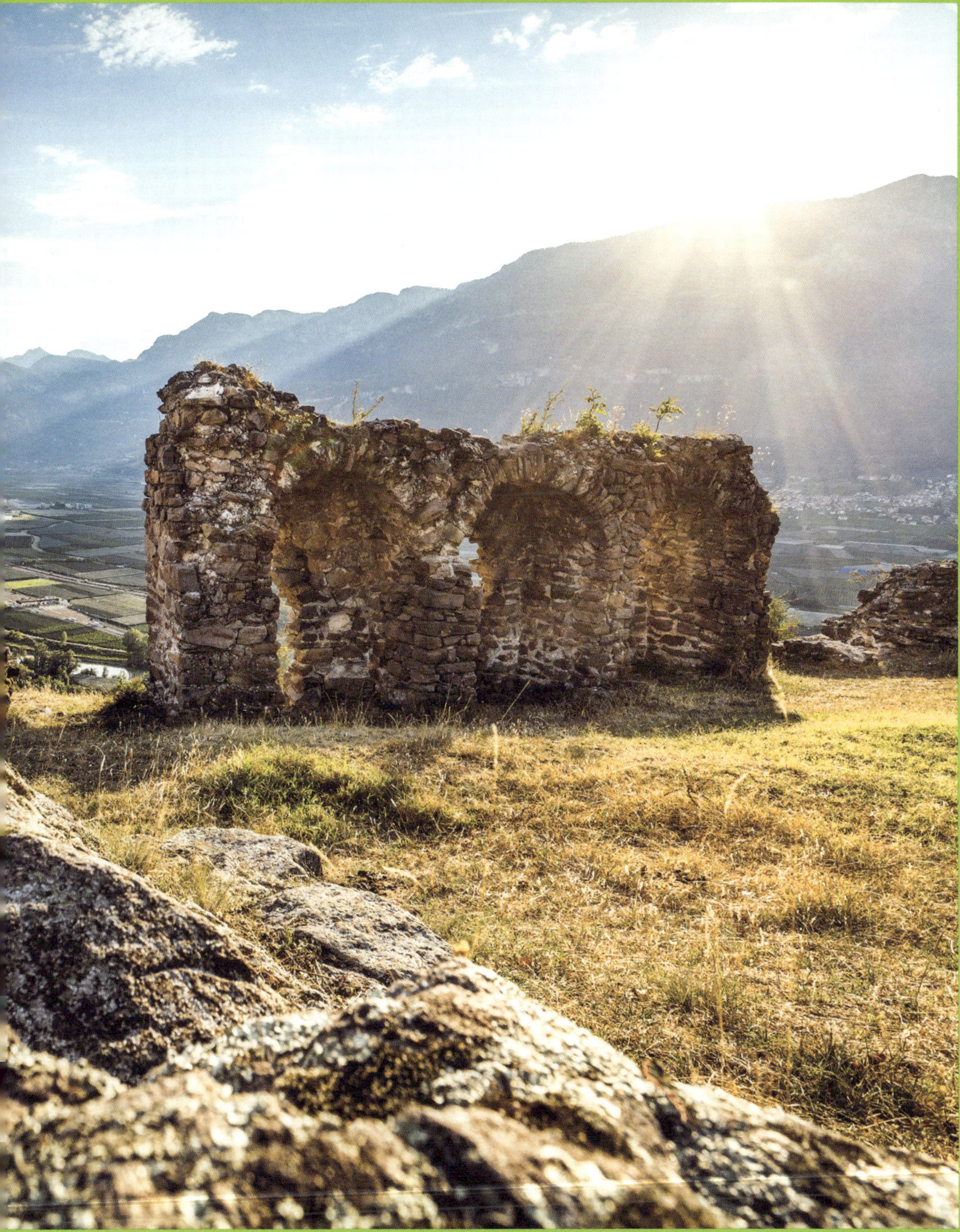

→

Dem Wanderer über die Schulter geblickt, hinab auf das Latzfonser Kreuz und die Gipfel der Dolomiten {EXIF: Canon EOS 5D Mark II | 24–70 mm @ 24 mm | f/7,1 | 1/400 s} {GPS: 46.703487, 11.493767}

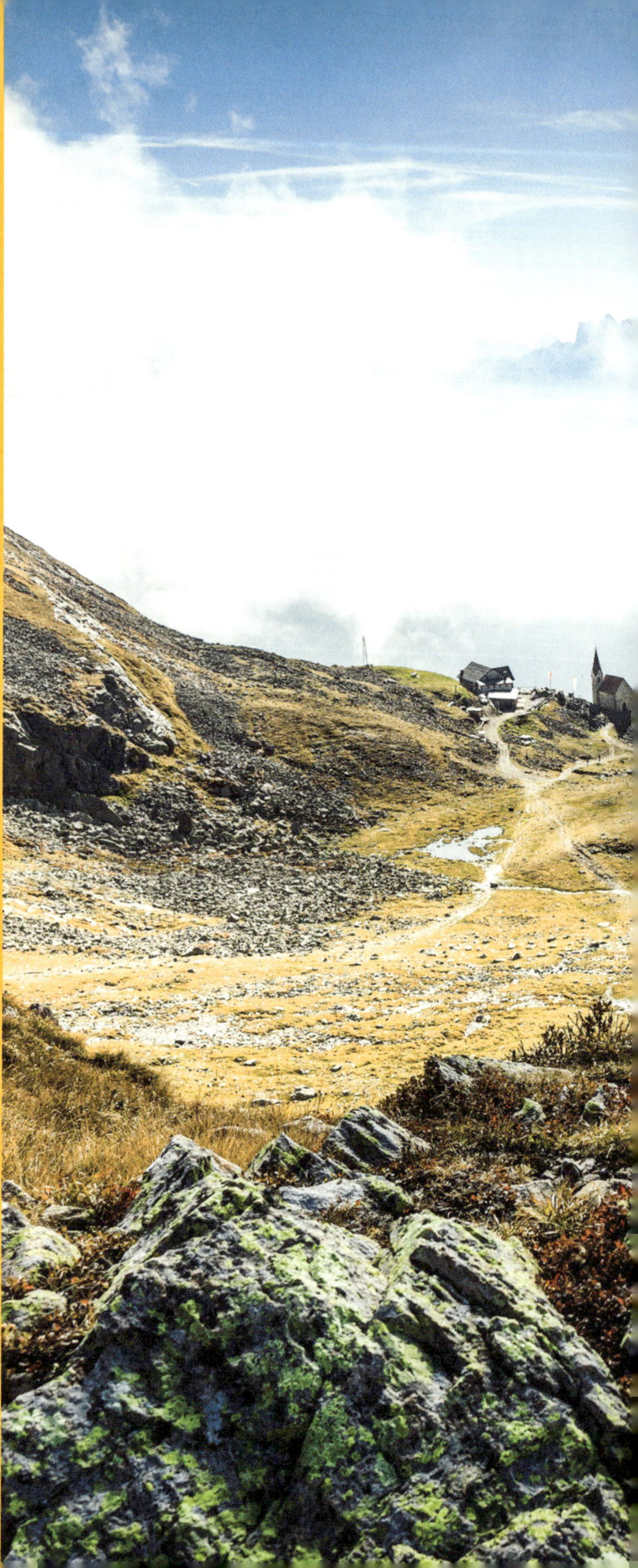

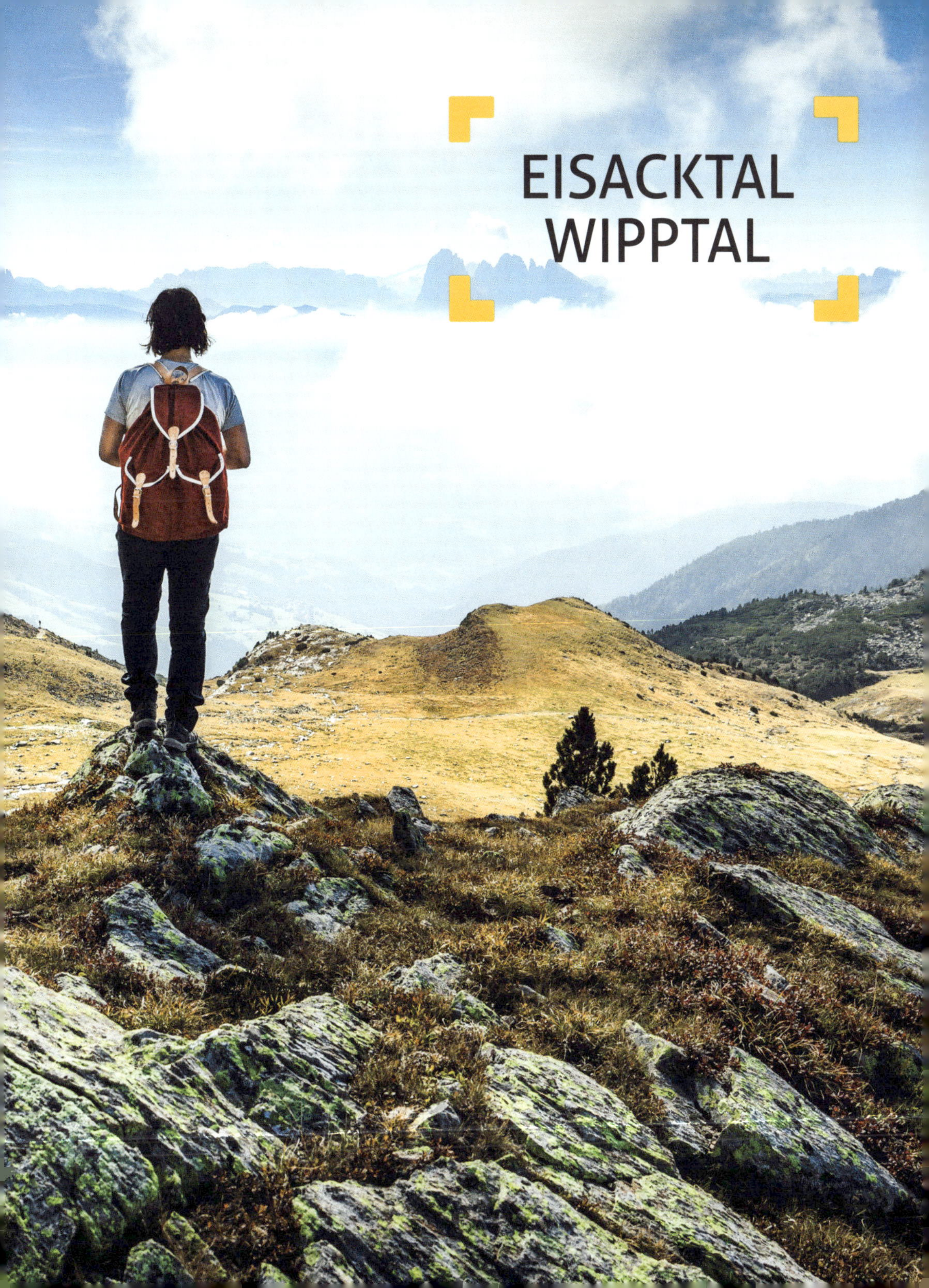

EISACKTAL WIPPTAL

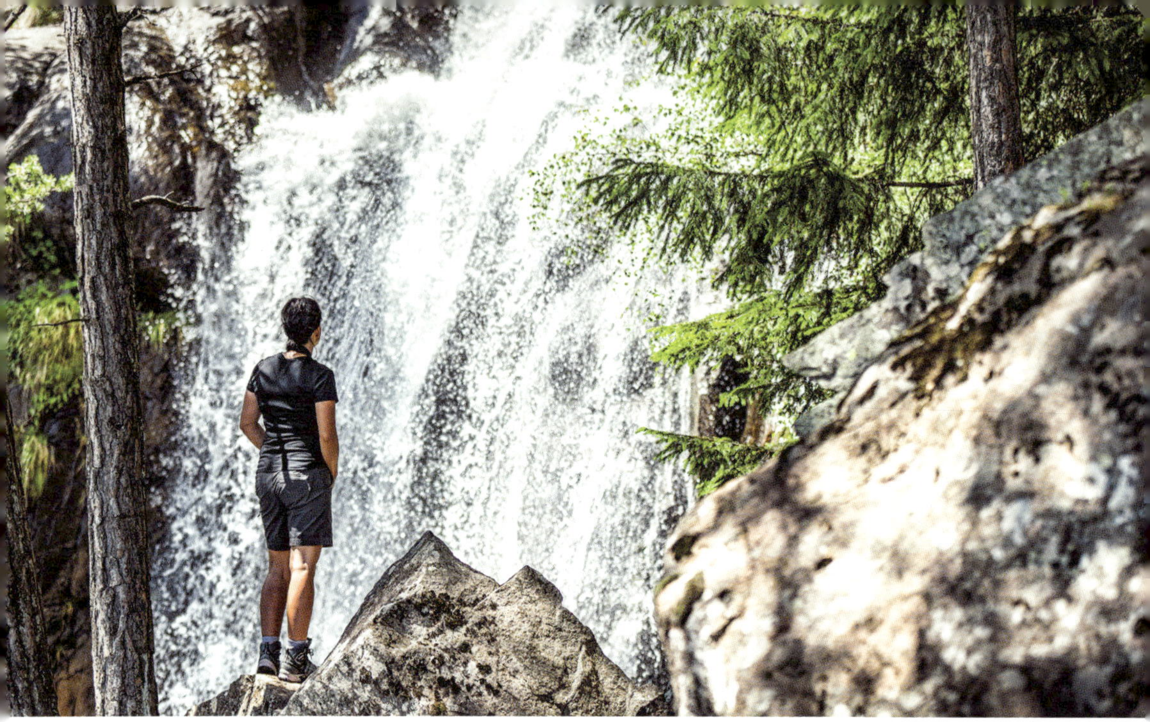

24 Die Barbianer Wasserfälle

Abwechslungsreiche Wanderung im Eisacktal

Auf dieser sehr leichten und lohnenswerten Wanderung kommt man an einigen landschaftlich und kulturell interessanten Highlights vorbei. Den Auftakt macht ein Kirchturm in Schieflage, weiter geht es über einen Kneippweg zu tosenden Wassermassen bis hin zu einem malerischen Kurort. Bei so viel Abwechslung dürfte für jeden etwas dabei sein.

Im Dorfzentrum von Barbian (840 m) stößt man gleich zu Beginn dieser Wanderung auf einen skurrilen Anblick: den schiefen Turm der St.-Jakob-Kirche. Ganze 1,5 m ist die Spitze aus dem Lot und es sieht fast so aus, als würde der Turm jeden Moment umkippen. Immer mit Blick bis in die Dolomiten lässt man die Kirche hinter sich und folgt dem Wasserfallweg bergauf. Es geht vorbei an mächtigen Kastanienbäumen, an Kneipp-Stationen und durch einen mit großen Felsbrocken gesäumten Wald, bis man nach etwa 45 Minuten zum unteren Wasserfall (1.012 m) gelangt. Dieser ist mit 85 m der höchste der Barbianer Wasserfälle.
Über einen schmalen, teilweise mit einem Drahtseil gesicherten Pfad geht es nun weiter hinauf zum oberen Wasserfall. Wirklich

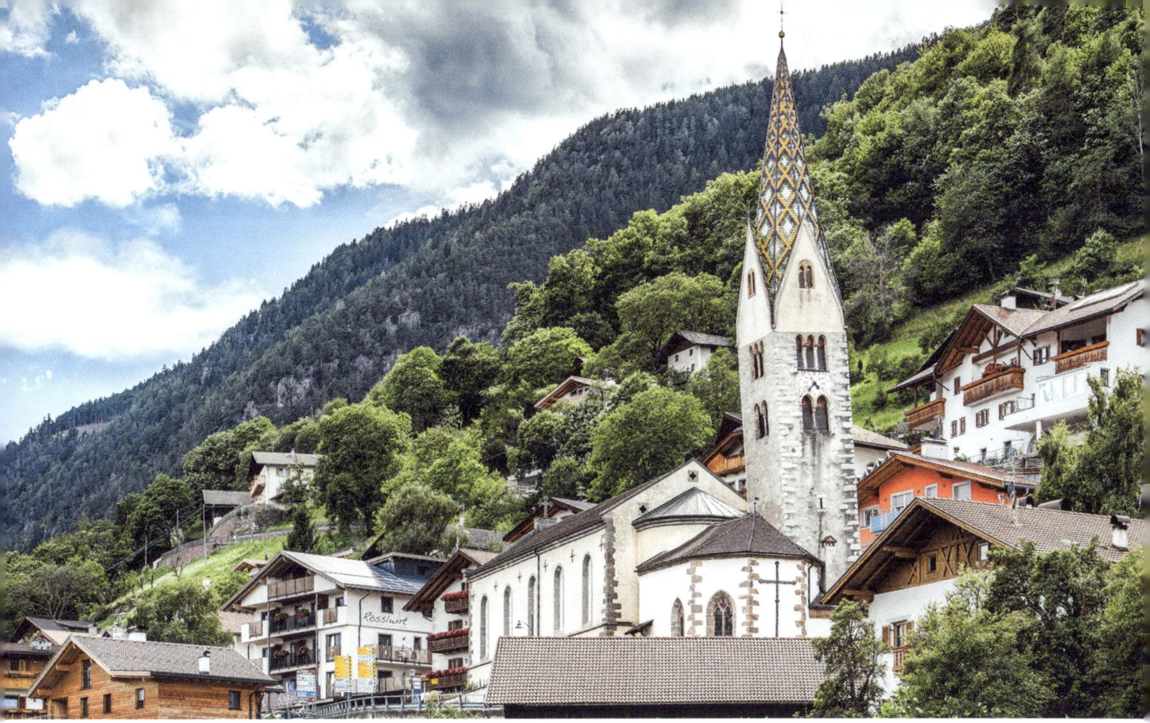

←
Um die Gischt eines Wasserfalls scharf abzubilden, wählt man eine kurze Verschlusszeit. {EXIF: Canon EOS 5D Mark II | 70–200 mm @ 75 mm | f/3,2 | 1/500 s}

↑
Der schiefe Turm von Barbian, ganze 1,5 m ist die Spitze aus dem Lot

schwierig ist aber auch diese Passage nicht. Dabei kommt man noch an einer schönen Aussichtsstelle mit Bänken vorbei, die zu einer kurzen Rast einladen. Wer auch den oberen Wasserfall sehen will, zweigt kurz vom Weg links ab, kehrt dann aber wieder zurück, um über die Markierung Nr. 6 in Richtung Dreikirchen zu gehen. Auf dem Weg dorthin trifft man auf ein Schild, das links hinauf zur Schlernbank führt. Nach etwa 10 Minuten gelangt man auf eine Lichtung mit Sitzbank, von wo aus man einen wunderbaren Blick auf den Schlern hat. Es geht die Wiese weiter hoch, vorbei an der schönen Welzenbacher Villa (1.168 m), bis man an eine Forststraße gelangt, die hinunter zum Weiler Bad Dreikirchen (1.120 m) führt. Nach insgesamt 2:15 Stunden kann man sich dort die drei miteinander verbundenen Kapellen ansehen. Die älteste und größte davon, St. Gertraud, wurde im 13. Jh. erbaut. Gleich nebenan befindet sich der Gasthof Bad Dreikirchen. Durch den Wald geht es schließlich zuerst über den Weg Nr. 11 und dann über den Weg Nr. 11A wieder hinunter nach Barbian.

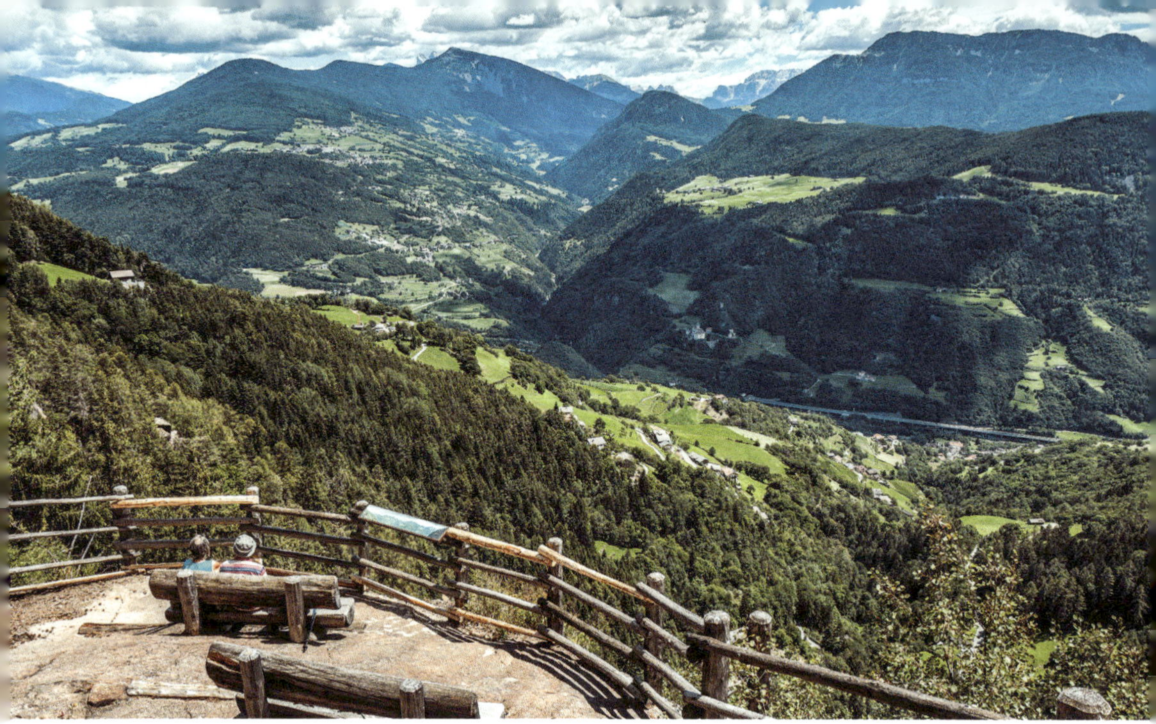

↑
Ein paar Bänke laden zu einer Verschnaufpause mit Aussicht ein

FOTOTIPP

Quer- und Hochformat
Es gibt keine fotografische Regel dafür, wann man welches Format anwendet, aber einige Motive sehen einfach in einer der beiden Ausrichtungen besser aus. Das Querformat wirkt ruhiger, da es unserem normalen Sehfeld entspricht. Für die Landschaftsfotografie hat es ganz klar den Vorteil, dass man mehr von der Umgebung darauf festhalten kann. Das Hochformat kann Motive mit vertikalen Linien besser zur Geltung bringen und lässt sie dadurch dynamischer wirken, wie z. B. Bäume, Straßen oder Wasserfälle.

Sehr abwechslungsreiche und lohnenswerte Rundwanderung mit vielen landschaftlichen und kulturellen Höhepunkten.

Von Klausen in Richtung Bozen fahren und bei Kollmann rechts hinauf nach Barbian abzweigen. Bei der Dorfeinfahrt rechts abbiegen zum Parkplatz.

(leicht)

- Gebiet: Eisacktal/Wipptal, Südtirol
- Tal: Eisacktal
- Start: Dorfzentrum Barbian
- Ziel: Dorfzentrum Barbian
- Dauer: 3:00 Std.
- Strecke: 8,5 km
- Aufstieg: 475 Hm
- Abstieg: 475 Hm
- Wann: Frühling, Sommer, Herbst

Landschaft: ●●●●○
Abwechslung: ●●●●●
Kondition: ●●●○○
Technik: ●●●○○

ja

Barbian (840 m) → Wasserfallweg bergauf → unterer Wasserfall → oberer Wasserfall → Weg Nr. 6 durch den Wald → links hinauf zur Schlernbank → die Wiese weiter hoch → vorbei an der Welzenbacher Villa (1.168 m) → Forststraße zum Weiler Bad Dreikirchen (1.120 m) → Weg Nr. 11 und Nr. 11A bergab zurück zum Ausgangspunkt

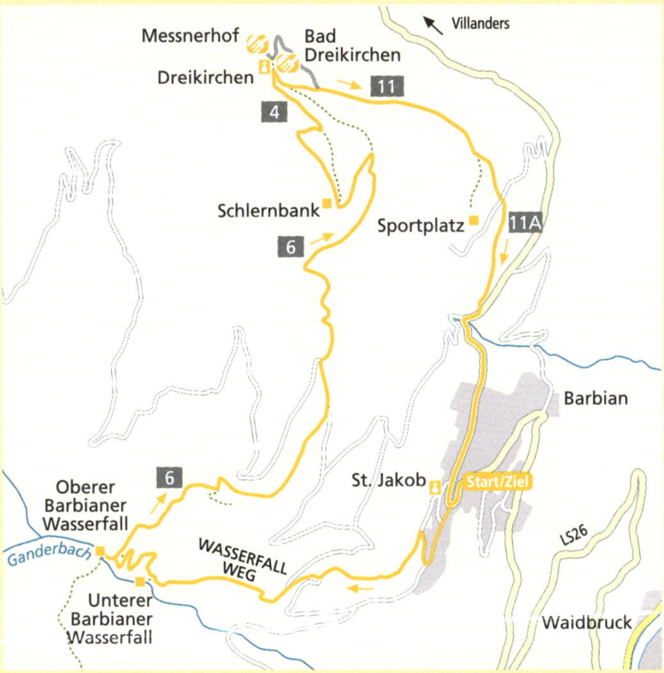

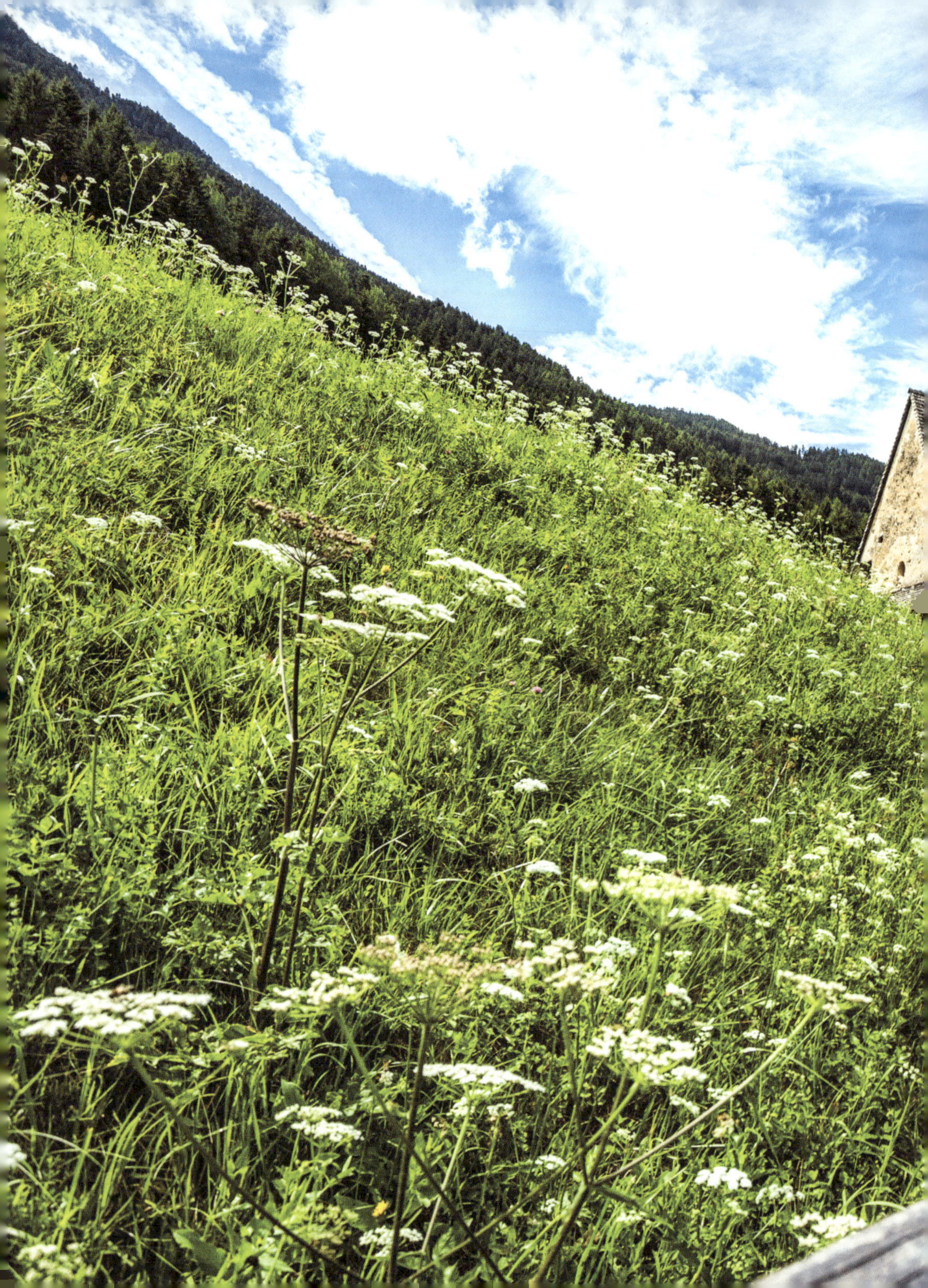

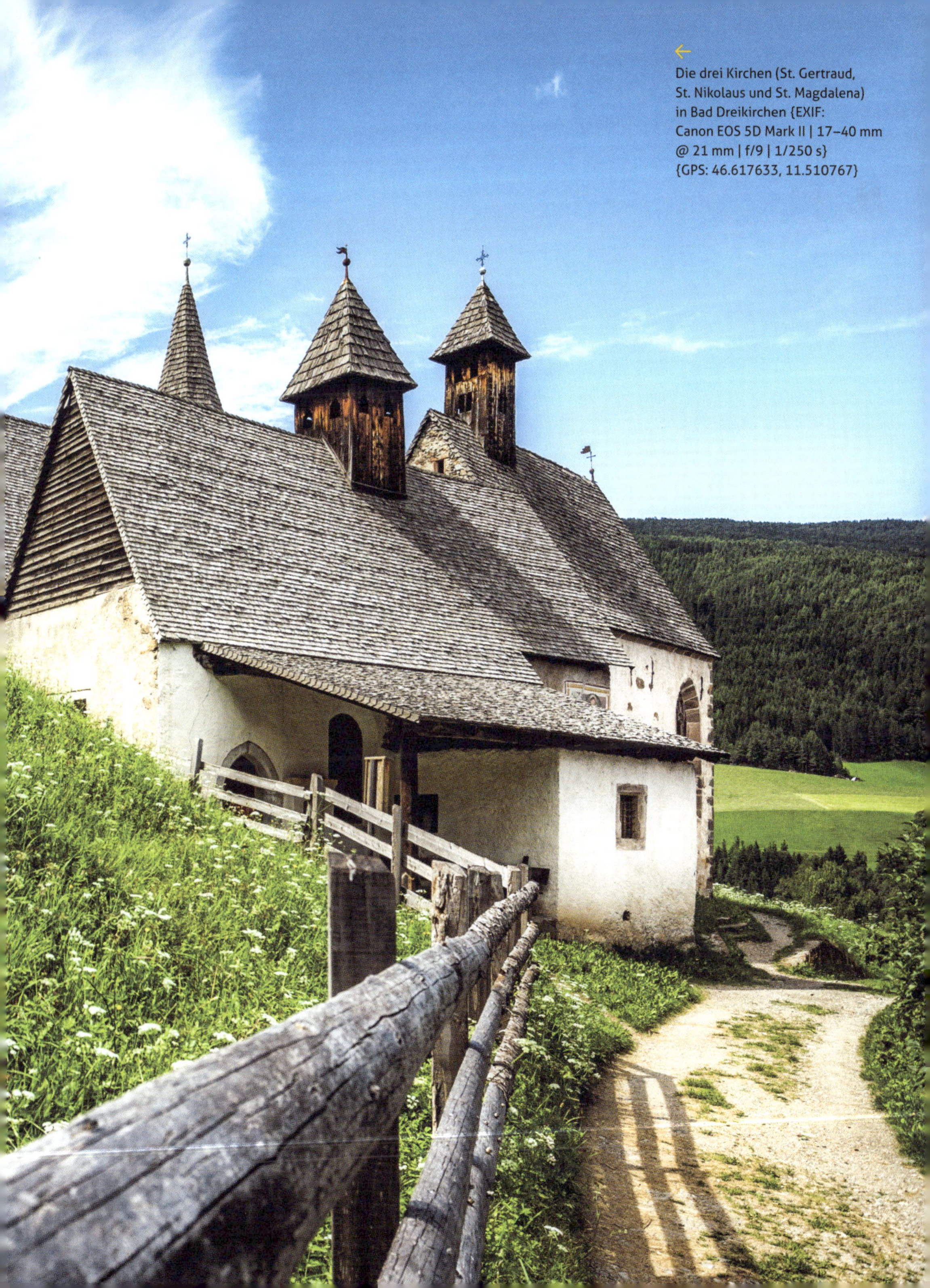

←
Die drei Kirchen (St. Gertraud, St. Nikolaus und St. Magdalena) in Bad Dreikirchen {EXIF: Canon EOS 5D Mark II | 17–40 mm @ 21 mm | f/9 | 1/250 s} {GPS: 46.617633, 11.510767}

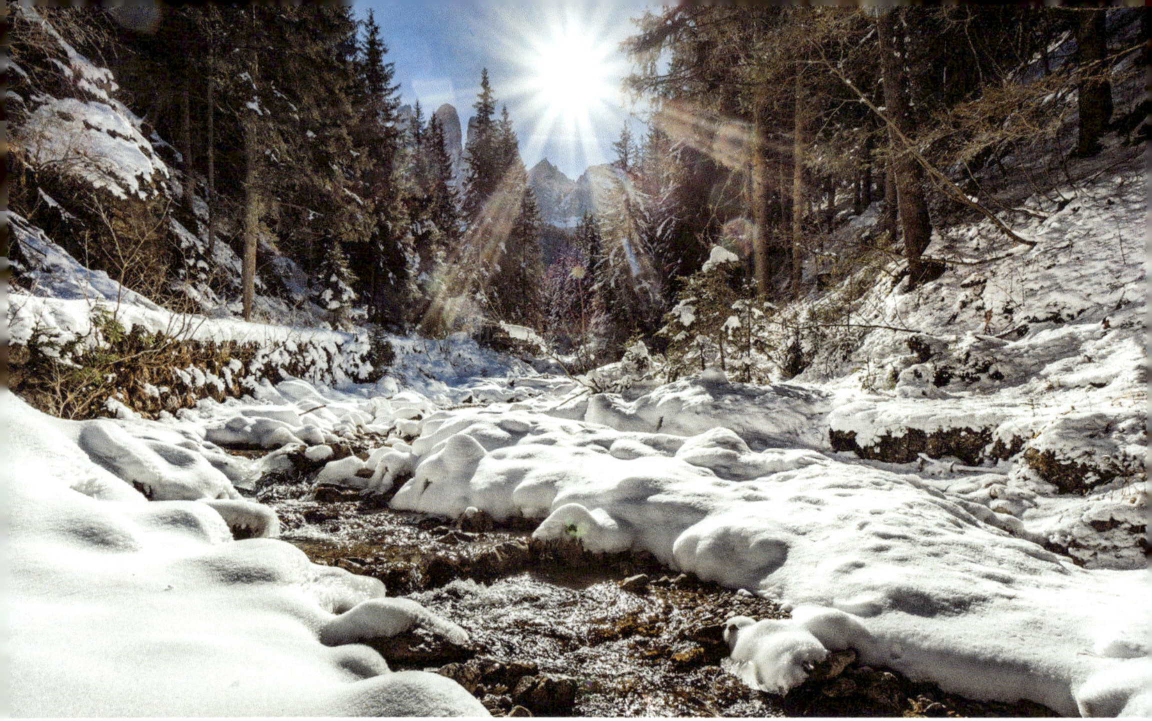

25 Am Fuße der Geislerspitzen

Winterwanderung im Villnößtal

Bei dieser einfachen Wanderung geht es hinauf zur urigen Geisleralm am Fuße der imposanten Geislerspitzen. Dort kann man das umwerfende Bergpanorama genießen, ehe man über die Dusler Alm wieder zurück ins Tal kehrt.

Vom Parkplatz in Ranui (1.378 m) geht es über die breite Forststraße Nr. 28 in Richtung Geisler Alm. Das erste Stück des Weges führt den Broglesbach entlang und zweigt dann auf die Markierung Nr. 34A ab. In leichter Steigung führt die Straße durch den Wald, und von hier aus lassen sich die Berge nur manchmal zwischen den Bäumen blicken. Hat man aber schließlich nach etwa 2 Stunden die Geisleralm (1.996 m) erreicht, wird man für den wenig aufregenden Aufstieg reichlich entschädigt: Auf den Holzliegestühlen hinter der Hütte kann man entspannt den Blick auf die einmalige Kulisse der Geislerspitzen genießen.

Vorbei an der Hütte geht es dann über den Pfad Nr. 36 zur 30 Minuten entfernten Dusler Alm (1.784 m), wo man noch einmal das faszinierende Bild der gesamten Bergkette vor sich hat. Bei der Alm zweigt ein kleiner Weg mit der Markierung nach St. Magdalena ab,

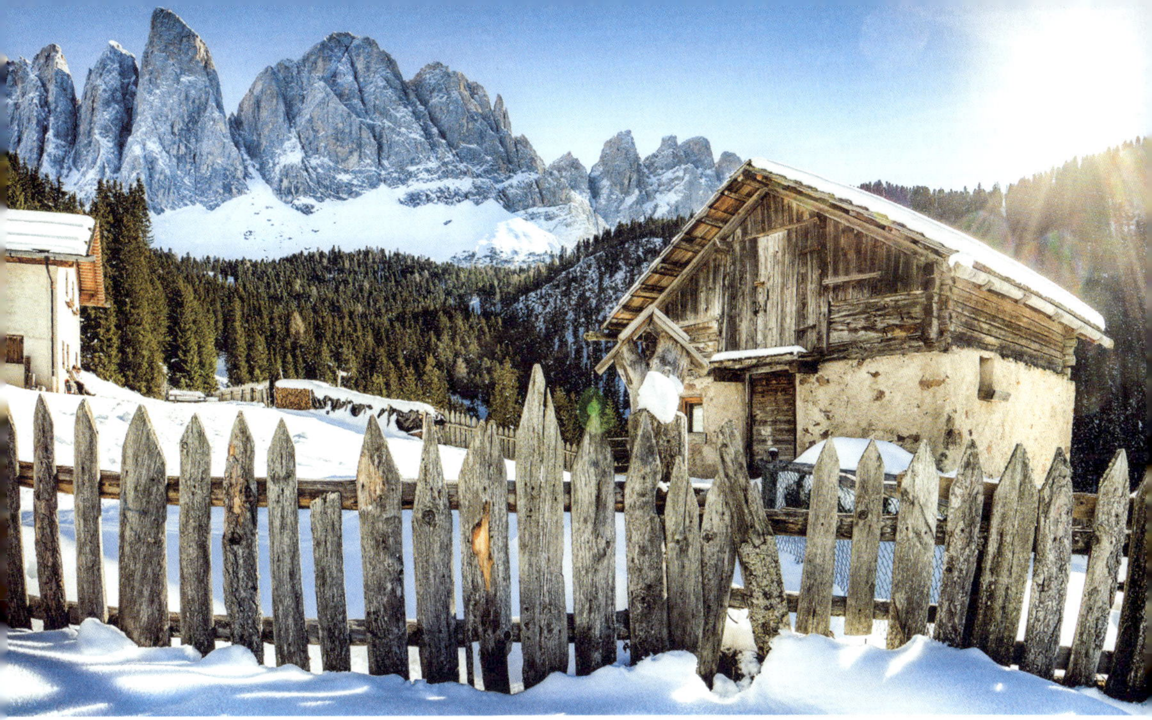

←
Je geschlossener die Blende ist, umso länger werden die Strahlen des Sonnensterns. {EXIF: Canon EOS 5D Mark II | 17–40 mm @ 17 mm | f/14 | 1/200 s}

↑
Ein prächtiges Fotomotiv findet sich bei der Dusleralm mit den aufragenden Geislerspitzen im Hintergrund {EXIF: Canon EOS 5D Mark II | 17–40 mm @ 17 mm | f/9 | 1/200 s} {GPS: 46.626945, 11.756112}

auf dem man in wenigen Minuten die Forststraße Nr. 34 erreicht. Den Schwarzenbach entlang und an der Jägerhütte vorbei geht es zurück zum Ausgangspunkt.
Am Ende der Wanderung lohnt sich noch ein 5-minütiger Abstecher zur Kirche St. Johann in Ranui, die sich ebenfalls als Fotospot anbietet.
Tipp: Die Forststraße wird im Winter zur Rodelbahn umfunktioniert. Wer also seinen Schlitten mitnimmt oder sich bei der Geisler Alm einen ausleiht, der kann auf dem Weg Nr. 34 über die 6 km lange Strecke wieder zurück ins Tal fahren.

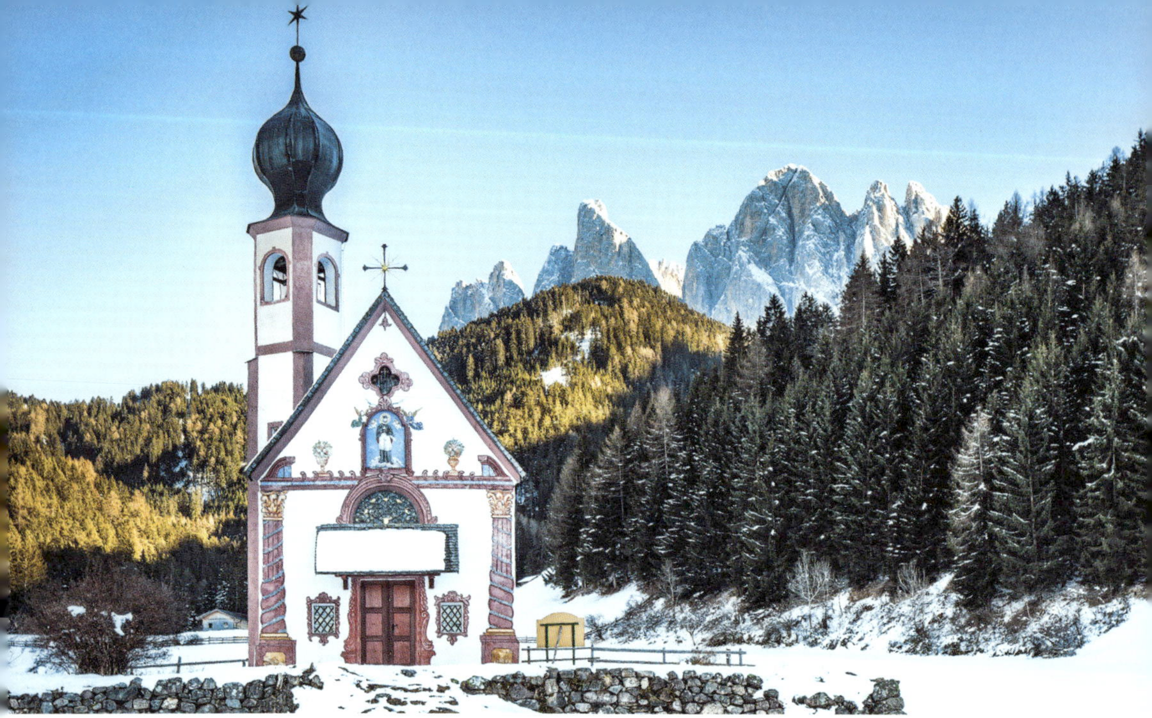

↑ Das Kirchlein St. Johann in Ranui {EXIF: Canon EOS 5D Mark II | 17–40 mm @ 39 mm | f/9 | 1/50 s} {GPS: 46.635232, 11.723822}

↓ Im Winter sollte man ausreichend Ersatzakkus dabei haben und sie dicht am Körper tragen.

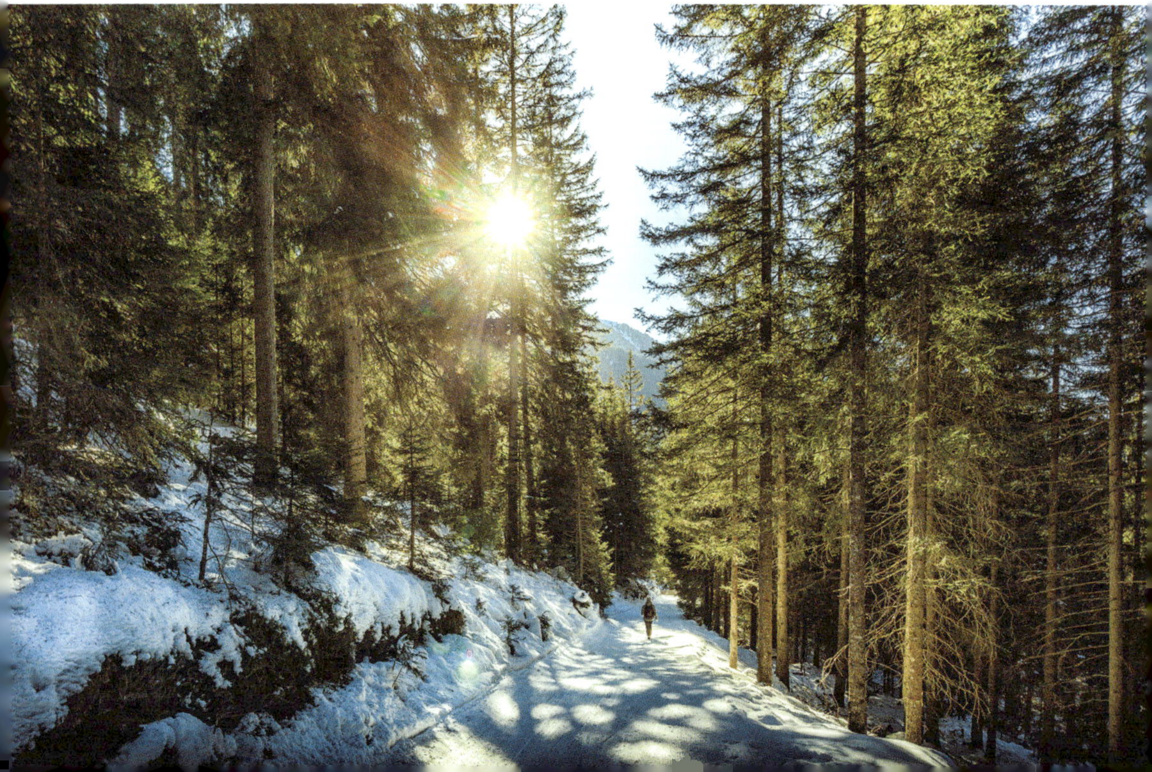

Eine beliebte Familienwanderung für alle Jahreszeiten mit tollem Bergpanorama. Im Winter kann man die Tour auch mit einer Schlittenfahrt verbinden.

Kurz nach Klausen in Richtung Brixen ins Villnößtal nach St. Magdalena abzweigen. Dort vorbei und in einer Kehre der Beschilderung St. Johann geradeaus folgen. Am Ende der Straße befindet sich ein gebührenpflichtiger Parkplatz.

(leicht)

- Gebiet: Eisacktal, Südtirol
- Tal: Villnöß
- Start: Parkplatz Ranui (gebührenpflichtig)
- Ziel: Parkplatz Ranui
- Dauer: 4:00 Std.
- Strecke: 11,2 km
- Aufstieg: 620 Hm
- Abstieg: 620 Hm
- Wann: Frühling, Sommer, Herbst, Winter

Landschaft: ●●●●●
Abwechslung: ●●●○○
Kondition: ●●●○○
Technik: ●●○○○

ja

Parkplatz in Ranui (1.378 m) → Forststraße Nr. 28 → Weg Nr. 34A zur Geisler Alm (1.996 m) → Weg Nr. 36 zur Dusler Alm (1.784 m) → Weg nach St. Magdalena → Forststraße Nr. 34 zurück zum Ausgangspunkt

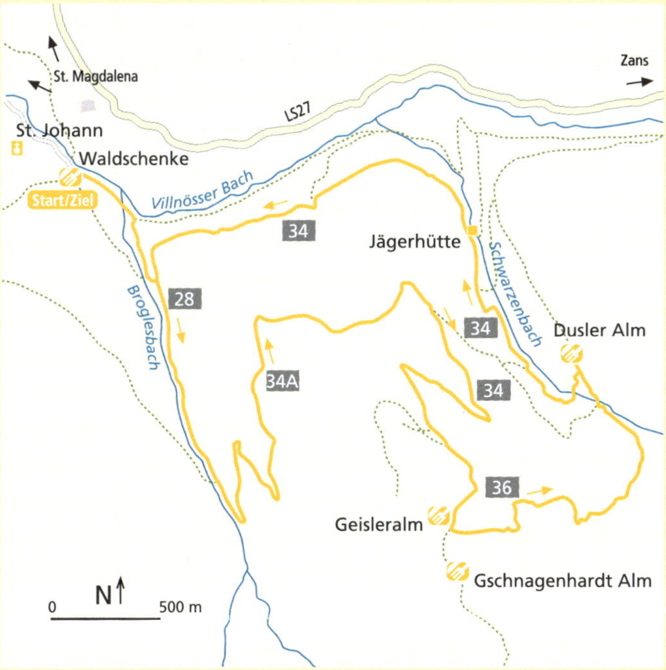

TOP FOTOSPOT

St.-Magdalena-Kirche, Villnößtal

Zu den beliebtesten Fotomotiven in Südtirol gehört sicherlich die St.-Magdalena-Kirche (1.394 m) im Villnößtal. Das kleine Kirchlein steht vor dem Hintergrund der einmaligen Bergkulisse der Geislergruppe und bildet zusammen mit dem Mesnerhaus, der alten Schule und dem Obermesnerhof eine harmonische Komposition und eine Bergidylle vom Feinsten.

Koordinaten: 46.648655, 11.715777
Wie kommt man hin: Kurz nach Klausen in Richtung Brixen ins Villnößtal abzweigen bis nach St. Magdalena. Am besten parkt man beim Naturparkhaus, das man auch kostenlos besichtigen kann. Dann folgt man zu Fuß der Beschilderung Kirche und geht etwa 25 Minuten, ohne abzuzweigen, die Asphaltstraße entlang, bis man ans Ende gelangt.
Exif-Daten: Canon EOS 5D Mark II | 50 mm | f/8 | 1/400 s
Aufnahmedatum: 30.07. – 15:00 Uhr

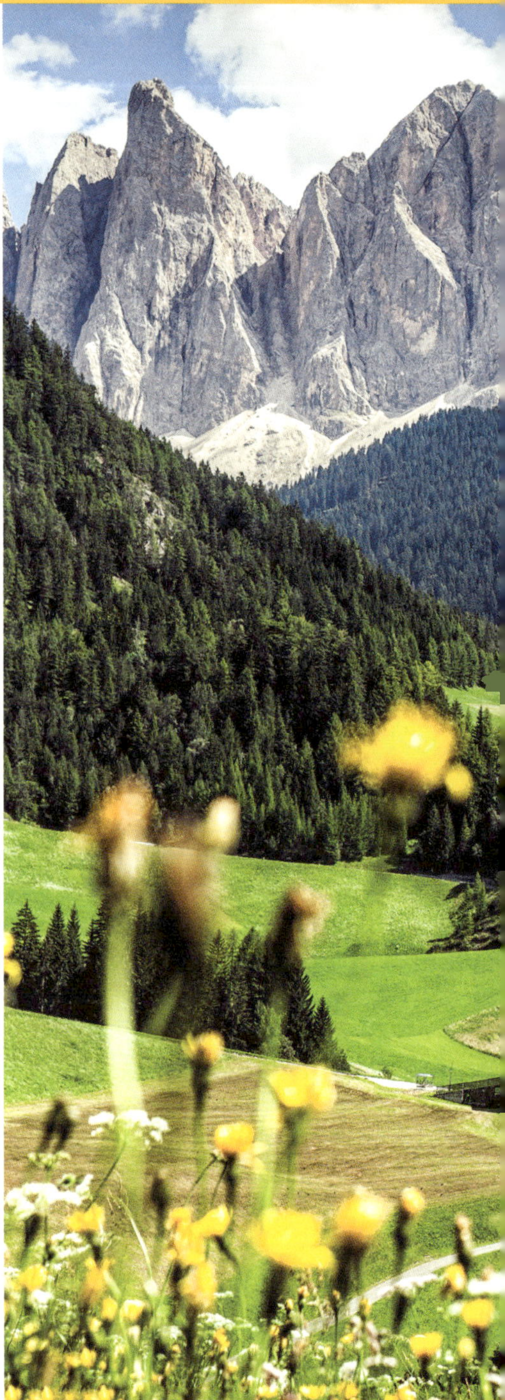

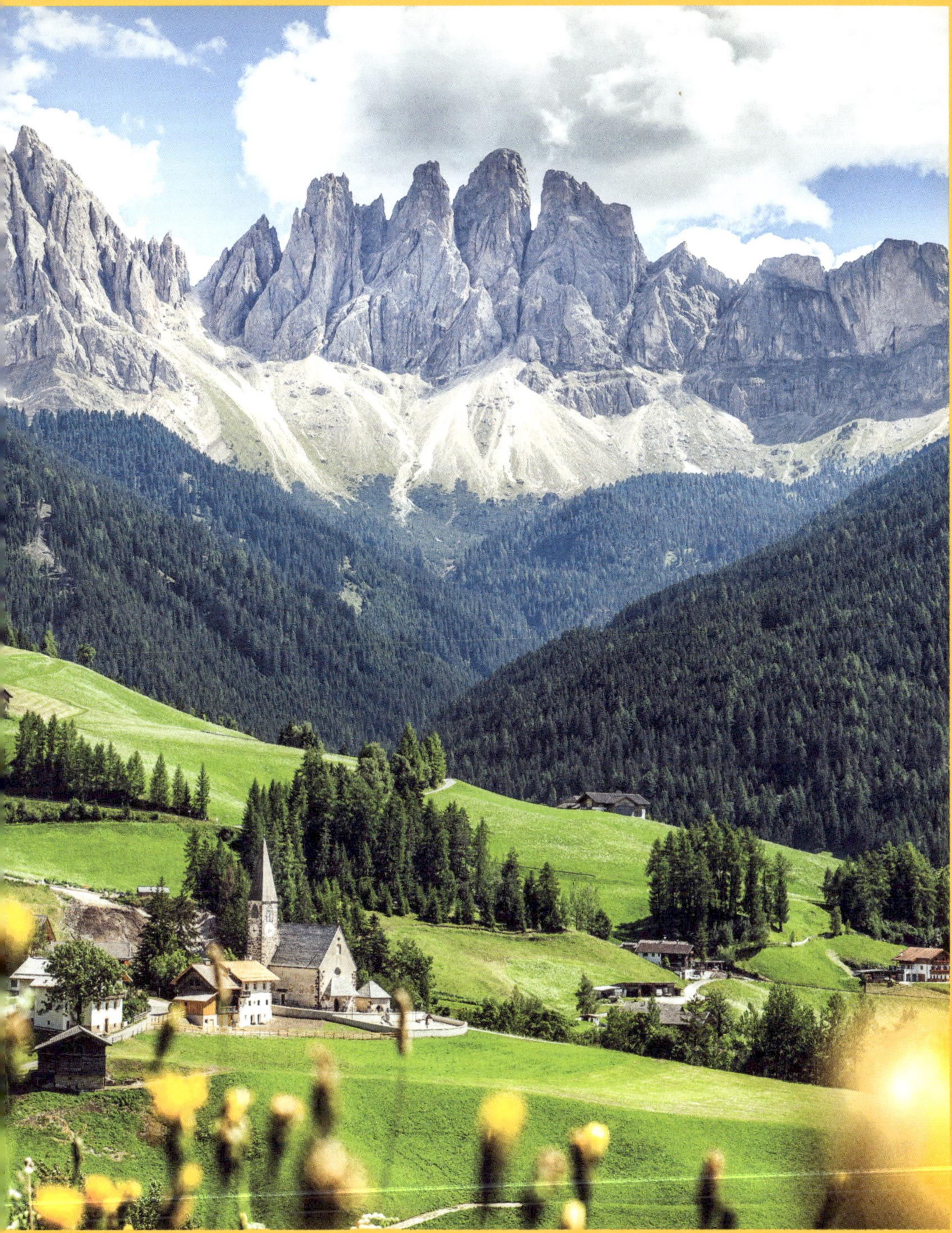

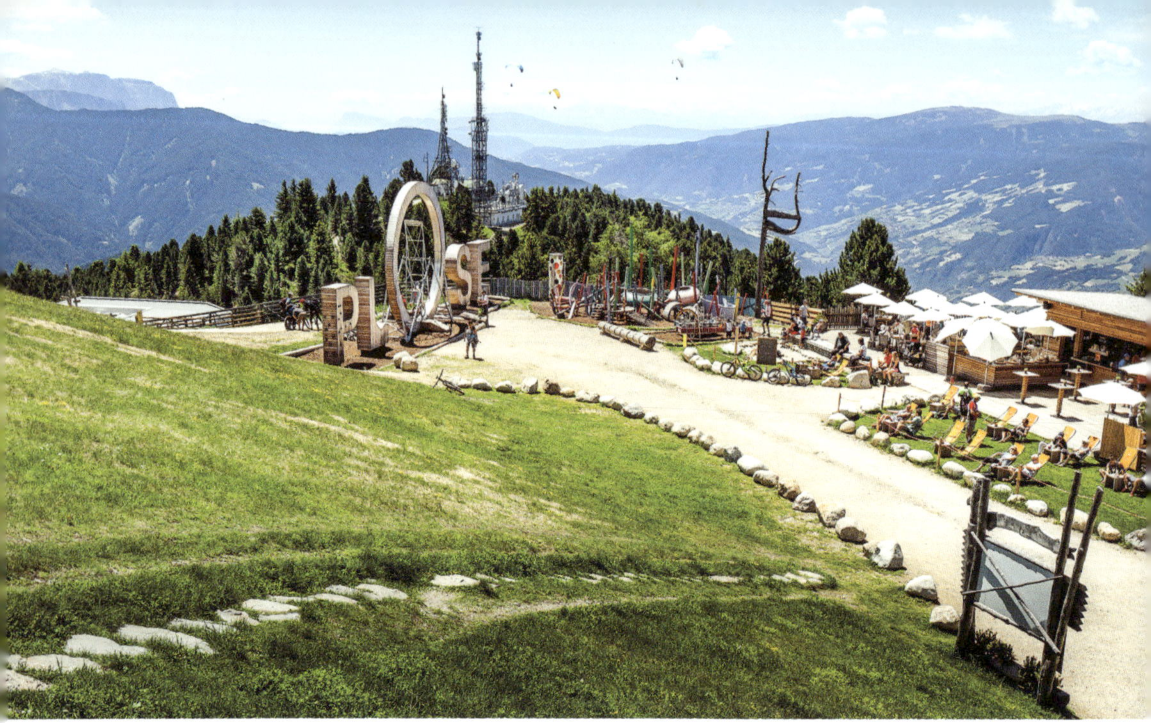

26 Drei-Gipfel-Tour auf der Plose

Panoramareiche Wanderung oberhalb von Brixen

Telegraph, Pfannspitze und Gabler nennen sich die drei Gipfel, die man bei dieser erstklassigen Panoramatour besteigt und die eine grandiose Aussicht auf den Alpenhauptkamm und die Dolomiten bieten.

An der Bergstation der Plose-Seilbahn (2.050 m) nimmt man den Weg Nr. 7, auf dem man in angenehmer Steigung nach knappen 1:15 Stunden die Plosehütte (2.447 m) erreicht. Bereits zu Beginn der Wanderung lässt sich die Aussicht auf die Berge und hinab ins Eisacktal genießen. Hat man die Hütte erreicht, geht es rechts daran vorbei und auf dem Weg Nr. 6 weiter. Wenig später steht man auch schon auf dem ersten Gipfel dieser Tour, dem Telegraph (2.486 m). Hier befinden sich noch die Überreste der Bergstation einer alten Militärseilbahn. Interessant ist der Panoramatisch, mit dessen Hilfe man die umliegenden Gipfel identifizieren kann. Nach diesem Abstecher geht es zurück zum Schutzhaus und dem Weg Nr. 7, der nun den Kamm entlang hinunter zur Lüsner Scharte (2.383 m) und dann wieder aufwärts bis zur Pfannspitze (2.545 m) führt. Nach ca. 45 Minuten ab der Plosehütte kann man hier abermals kurz innehalten und den Blick in

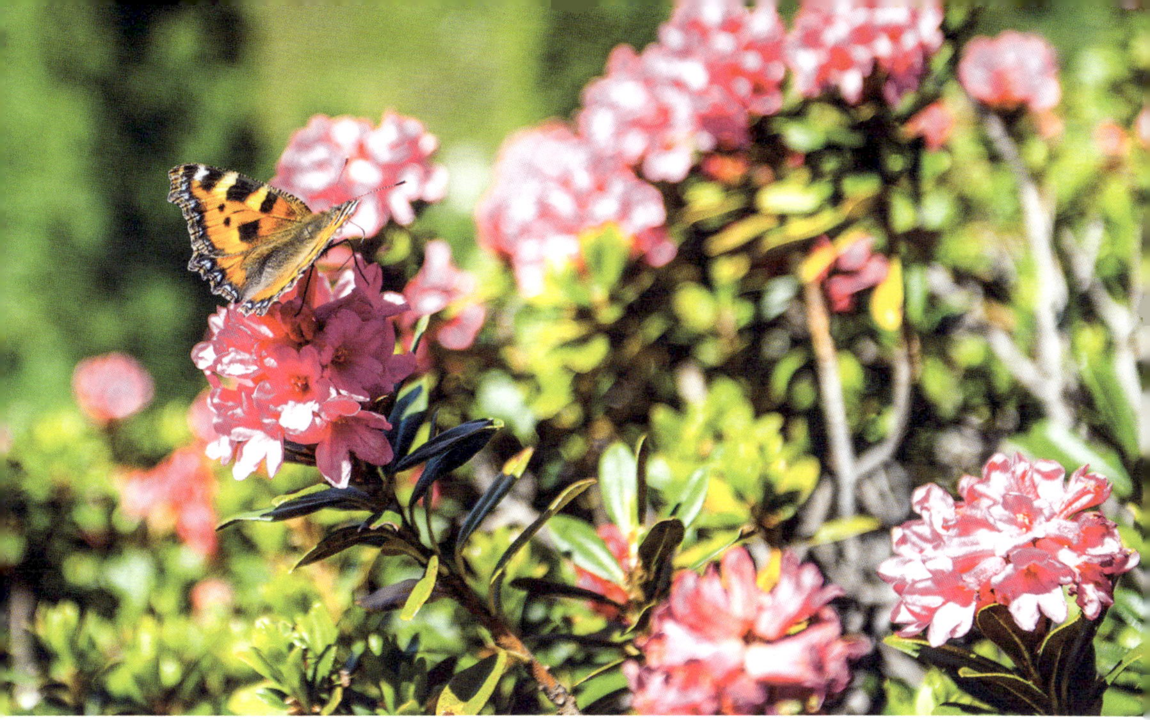

←
Ausgangspunkt der Wanderung ist die Bergstation der Plose-Seilbahn

↑
Um Tiere zu fotografieren, braucht es Geduld, viele sind scheu oder halten nicht lange still. {EXIF: Canon EOS 5D Mark II | 17–40 mm @ 40 mm | f/4 | 1/640 s}

die Ferne schweifen lassen, bevor man zum dritten und letzten Gipfel dieser Rundwanderung aufbricht, dem Gabler.
Man kehrt auf dem Weg Nr. 7 wieder zurück, wo es zunächst noch einmal etwas abwärts geht, bevor eine kurze, mit einem Drahtseil gesicherte Passage zum Großen Gabler (2.575 m) hochführt. Das Stück ist zwar steil, aber wenig schwierig. Oben angekommen (nach insgesamt 3 Stunden ab Start) hat man einen einmalig schönen Blick auf die Dolomiten, die hier zum Greifen nahe scheinen.
Der Rückweg führt rechts am Gabler-Biwak und einer kleinen Holzhütte vorbei und dann auf einem schmalen Pfad über die Wiese hinunter zur Schotterstraße. Über diese gut ausgebaute Straße mit der Markierung Nr. 14 erreicht man nun, vorbei an der Rossalm (2.180 m), wieder den Ausgangspunkt.

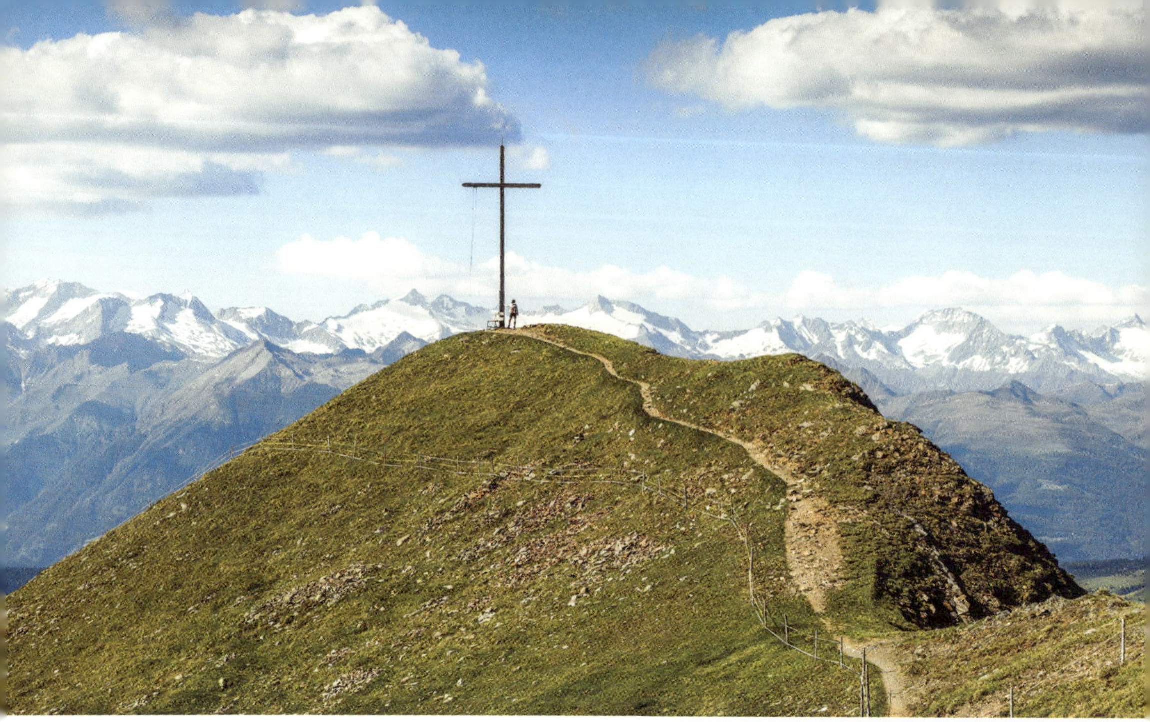

↑
Auf der Pfannspitze – um Dimensionen zu verdeutlichen, platziert man ein für den Betrachter bekanntes Objekt im Bild, wie etwa eine Person.

FOTOTIPP

Sonnenauf- und Sonnenuntergang
Das Fotografieren bei Sonnenauf- und Sonnenuntergang (siehe Seite 29) hat mehrere Vorteile. Das weiche Licht und das Farbspektrum lassen die Landschaft besonders schön erstrahlen. Zudem ist man zu diesen Zeiten fast alleine unterwegs und kann den Moment in Ruhe genießen. Hier einige Tipps:

- um verwackelte und unscharfe Bilder zu vermeiden, ein Stativ verwenden
- am besten mit einer App nachschauen, wann und wo die Sonne auf- bzw. untergeht
- auch mal nach hinten blicken, dort taucht das Licht die Landschaft ebenfalls in ganz besondere Farben
- da sich die Sonne schnell bewegt, sollte man früh genug am Standort sein, um noch Zeit für die Vorbereitungen zu haben

Panoramareiche Wanderung auf drei Aussichtsgipfel, die wegen ihrer Länge etwas an Kondition erfordert.

In Brixen der Beschilderung hinauf zur Plose folgen und mit der Seilbahn weiter zum Startpunkt.
Alternativ kann man auch bis zur Bergstation hochfahren, indem man der Straße weiter in Richtung Würzjoch folgt und dann bei der Fraktion Palmschoß links nach Kreuztal abbiegt. Dort befindet sich ein gebührenpflichtiger Parkplatz.

(mittel)

- Gebiet: Eisacktal/Wipptal, Südtirol
- Tal: Eisacktal
- Start: Bergstation Plose-Seilbahn
- Ziel: Bergstation Plose-Seilbahn
- Dauer: 5:00 Std.
- Strecke: 13,3 km
- Aufstieg: 750 Hm
- Abstieg: 750 Hm
- Wann: Frühling, Sommer, Herbst

Landschaft: ●●●●●
Abwechslung: ●●●●●
Kondition: ●●●●○
Technik: ●●●○○

ja

Bergstation der Plose-Seilbahn (2.050 m) → Weg Nr. 7 zur Plosehütte (2.447 m) → Weg Nr. 6 zum Telegraph (2.486 m) → zurück zur Plosehütte → Weg Nr. 7 zur Pfannspitze (2.545 m) → Weg Nr. 7 zum Großen Gabler (2.575 m) → rechts vorbei am Gabler-Biwak → hinab zur Schotterstraße → vorbei an der Rossalm (2.180 m) → zurück zum Ausgangspunkt

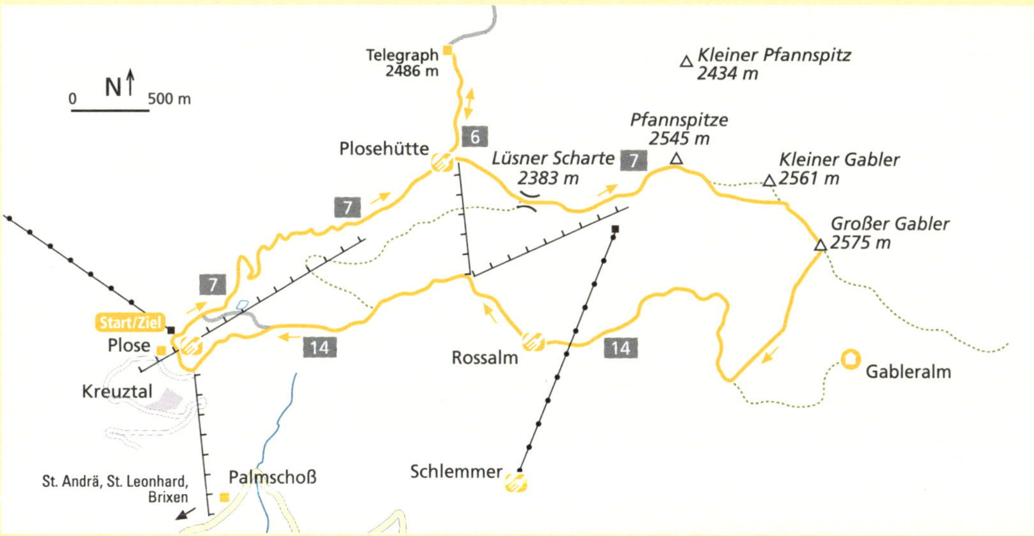

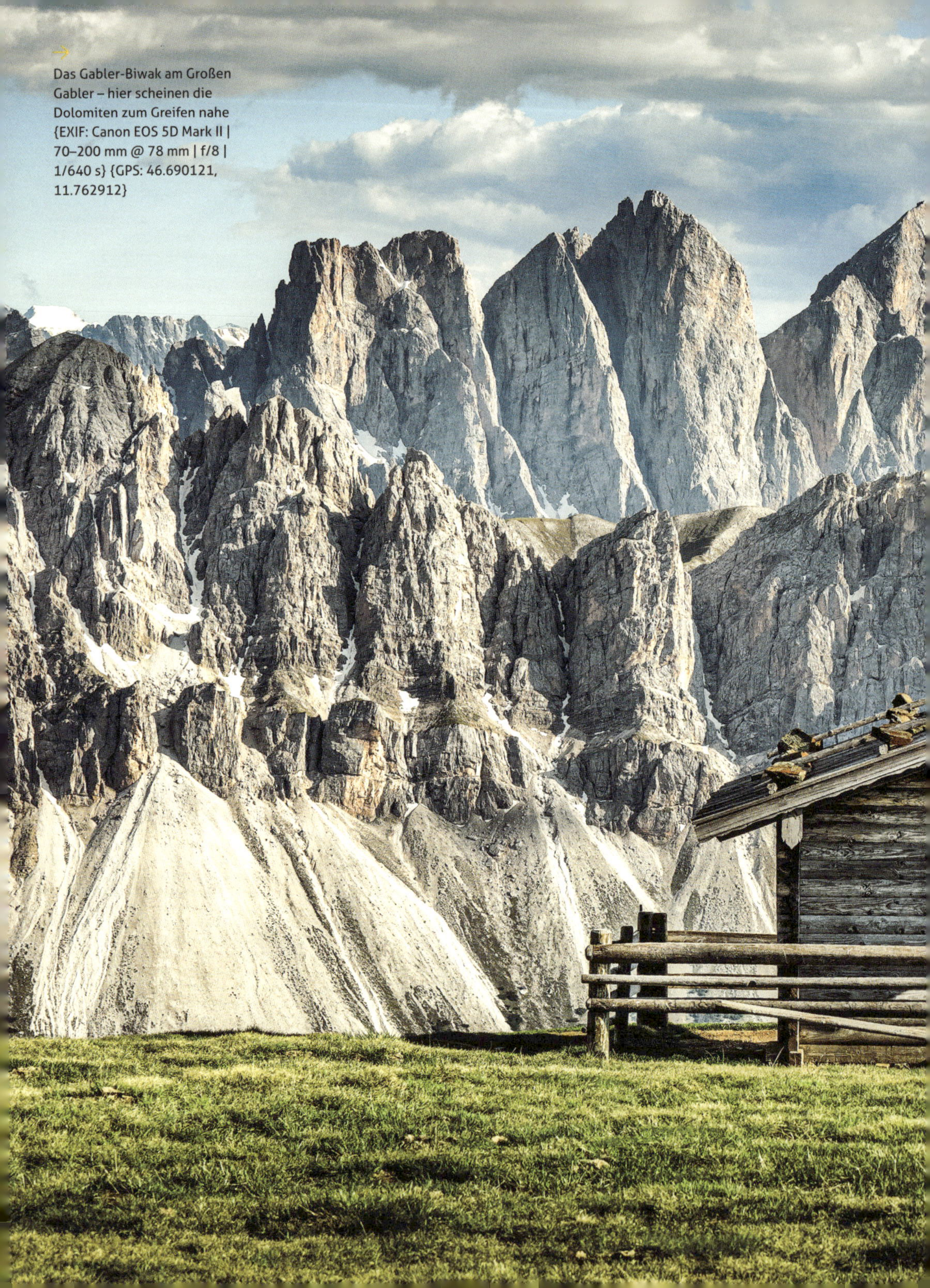

Das Gabler-Biwak am Großen Gabler – hier scheinen die Dolomiten zum Greifen nahe {EXIF: Canon EOS 5D Mark II | 70–200 mm @ 78 mm | f/8 | 1/640 s} {GPS: 46.690121, 11.762912}

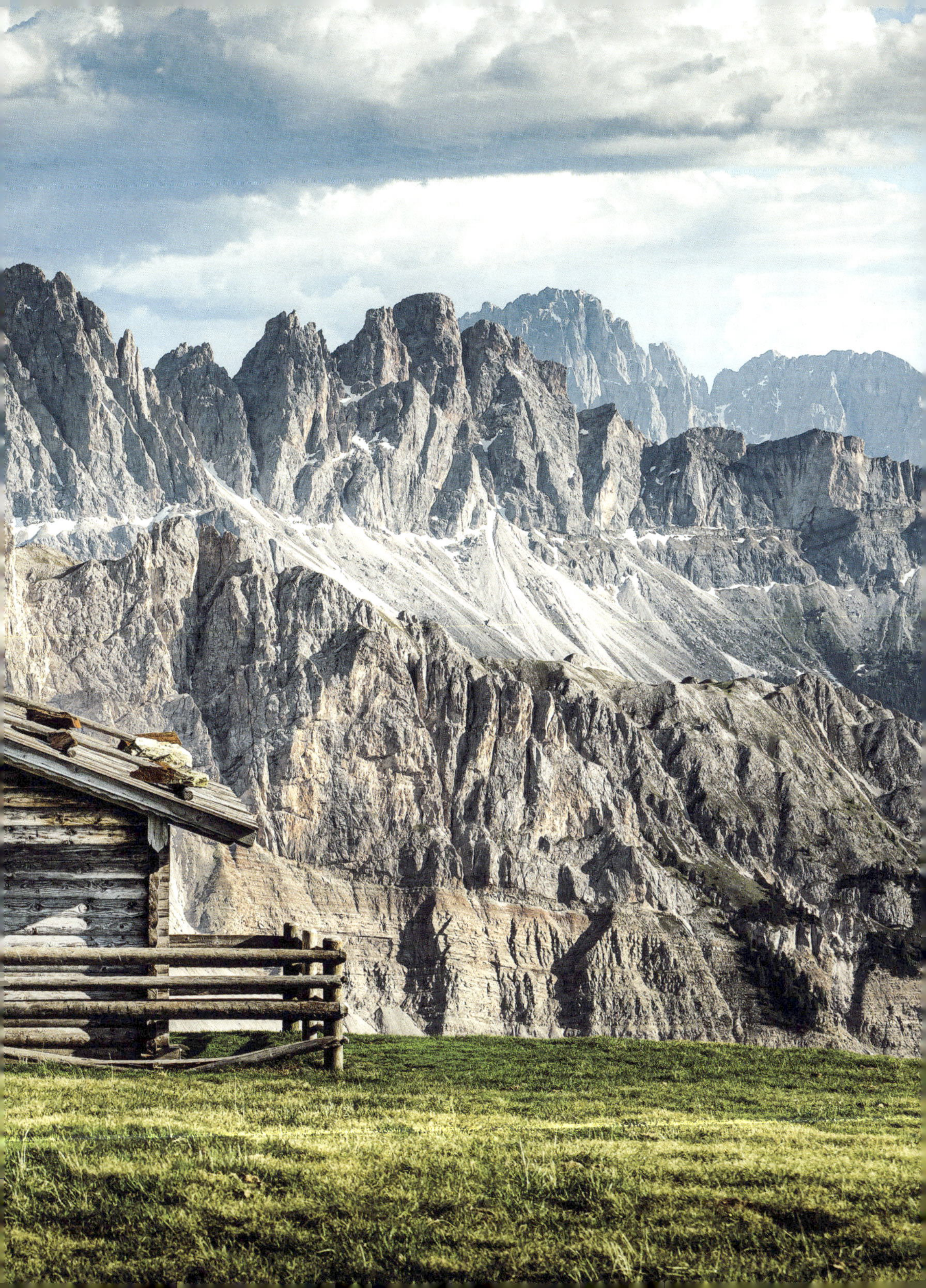

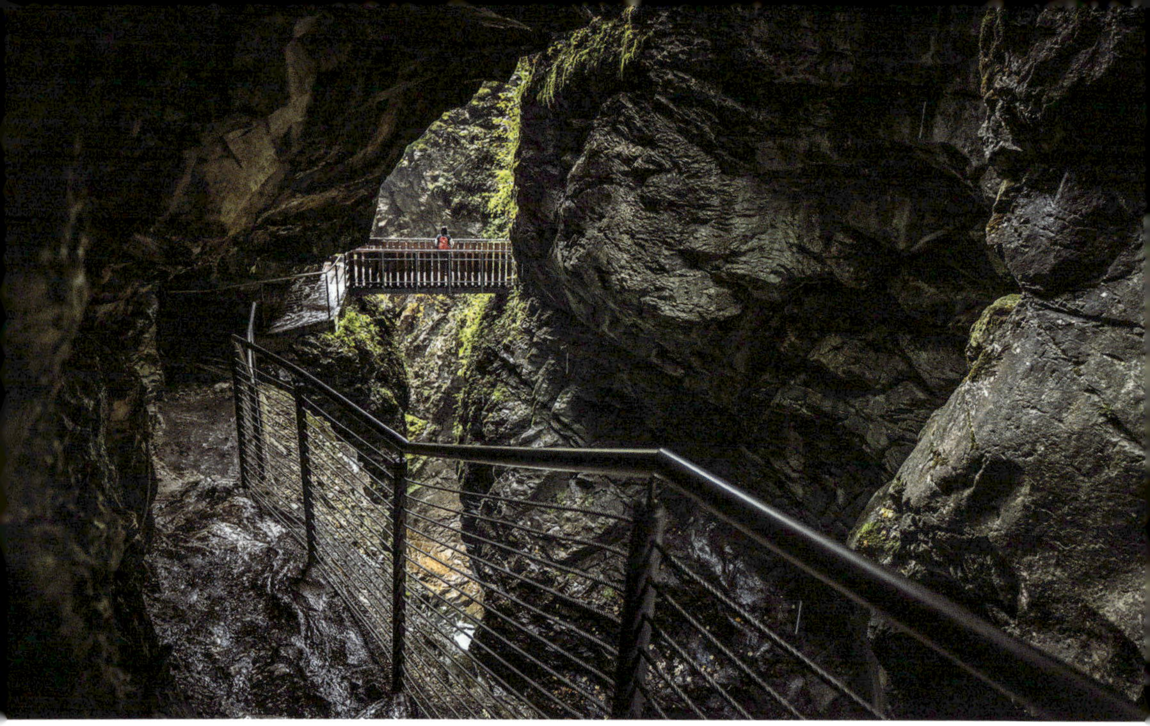

27 Die Gilfenklamm

Durch eine der schönsten Schluchten der Alpen

Die Wanderung durch die Gilfenklamm ist eine kurze, aber spektakuläre Tour. Auf einer Strecke von etwa 1,8 km durchquert man eine der schönsten Schluchten der Alpen. Über eine kühn angelegte Wegkonstruktion kann man die Faszination dieser engen Klamm hautnah erleben.

Startpunkt der Wanderung ist der Parkplatz bzw. die Bushaltestelle in Jaufensteg (1.150 m) am Eingang zur Klamm, wo der Weg in die Schlucht startet. Gleich am Anfang kommt man noch an einem Kassenhäuschen vorbei, bei dem man Eintritt bezahlen muss. Danach beginnt auch schon dieser aufregende Parcours, der über Stiegen, Brücken, Stege und Aussichtsplattformen durch die bizarre Klamm führt. Darunter tost das Wasser des Ratschingser Bachs durch ein Bett aus weißem Marmor und stürzt dabei immer wieder über große und kleine Stufen in die Tiefe. Der Weg ist gut gesichert und eröffnet atemberaubende Blicke in die Schlucht. Etwa auf halbem Weg erreicht man einen Picknickplatz (1.030 m) und hier endet der imposante Teil der Klamm. Ab hier folgt man dann einem gemütlichen Waldweg, der bis in die kleine Ortschaft Stange (981 m) führt.

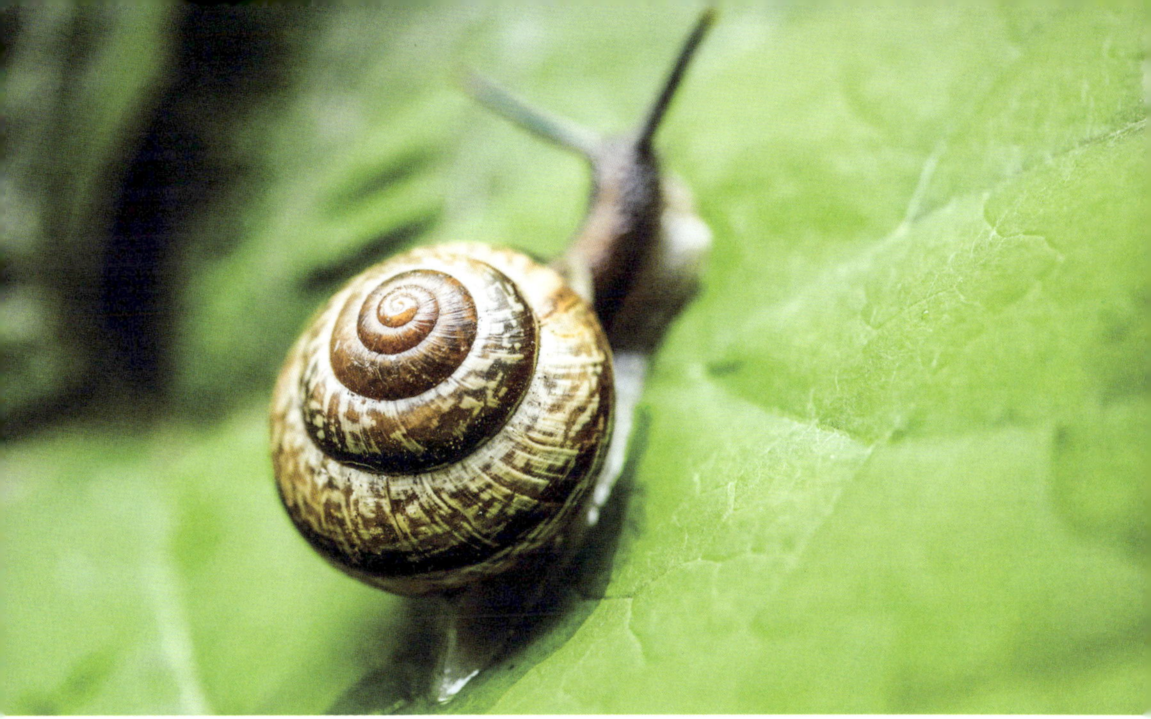

←
An einem bewölkten Tag lässt sich die Gilfenklamm besonders gut fotografieren, dann sind die Lichtkontraste gering und es gibt ein gleichmäßiges und weiches Licht. {EXIF: Canon EOS R6 | 17–40 mm @ 40 mm | f/4 | 1/40 s}

↑
Augen offen halten, es gibt einiges zu entdecken! {EXIF: Panasonic LUMIX G70 | 30 mm | f/2,8 | 1/80 s}

Wer wieder zum Ausgangspunkt in Jaufensteg zurückmuss, dem sei empfohlen, bereits beim Picknickplatz kehrtzumachen. Dafür ist die nochmalige Durchquerung der Schlucht ohne Zweifel lohnenswert.
Falls man die Schlucht nur in eine Richtung durchwandert, halbiert sich die Gehzeit auf etwa 45 Minuten.

Die Geschichte der Gilfenklamm
Der Weg durch die Gilfenklamm wurde nach dreijähriger Bauzeit bereits im Jahre 1896 eröffnet. Teile dieser außergewöhnlichen Route durch die Schlucht wurden in den Fels gesprengt, andere führen über aufwendig gebaute Brücken und Stege. Zwei Jahre nach der Eröffnung wurde sie als „Kaiser-Franz-Josef-Klamm" bezeichnet (1898) und war schon zur damaligen Zeit ein Besuchermagnet, bevor sie immer mehr verfiel. 1961 wurde die Klamm vom Verschönerungsverein Ratschings wiederhergestellt.

Wichtig: Die Gilfenklamm ist von Anfang Mai bis Anfang November von 09:00 bis 17:00 Uhr (Juli und August bis 18:00 Uhr) geöffnet. Der Besuch ist kostenpflichtig.

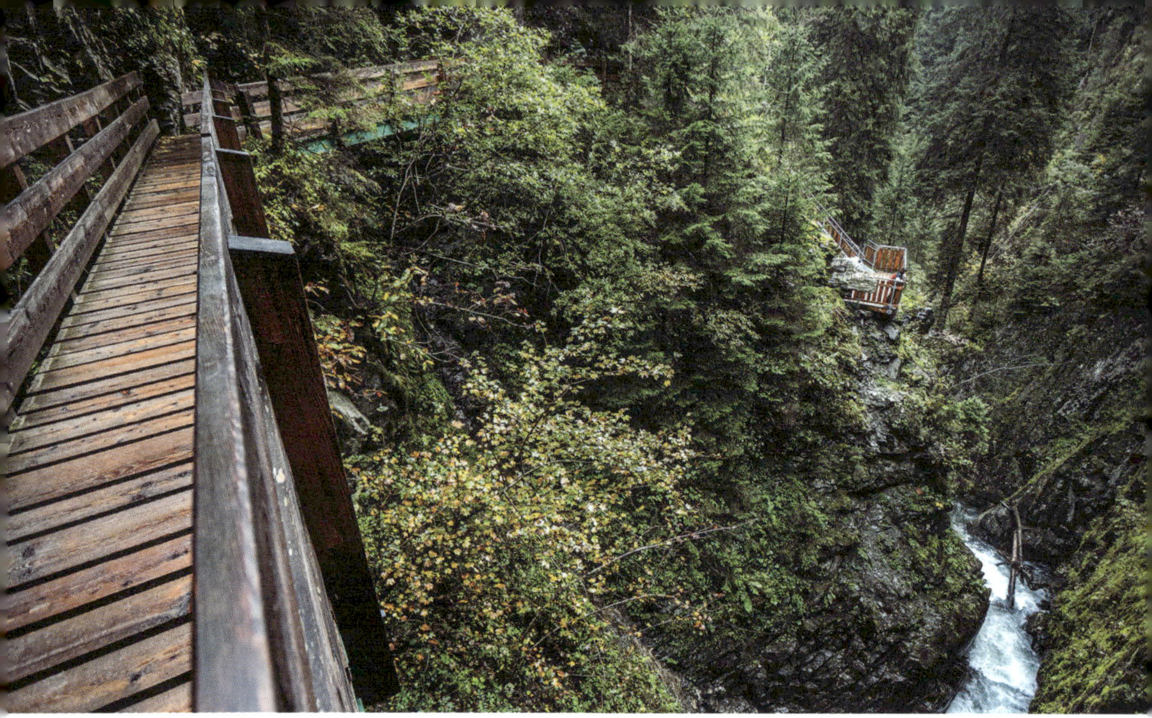

↑
Nach einem Regentag ist die Schlucht besonders beeindruckend. Von Aussichtsplattformen kann man die tosenden Wassermassen in Ruhe betrachten.

FOTOTIPP

ND-Filter
Ein gerne verwendeter Filter in der Landschaftsfotografie ist der ND-Filter (Neutraldichtefilter oder auch Graufilter). Er dient dazu, das einfallende Licht abzuschwächen und so die Belichtungszeit zu verlängern. Damit kann man beispielsweise auch bei hellem Aufnahmelicht Wolken ziehen oder Wasser samtweich werden lassen. ND-Filter gibt es in verschiedenen Stärken, und je höher der Verlängerungsfaktor, umso weiter steigt die Belichtungszeit. Rechnerisch würde das so aussehen: Belichtungszeit ohne Filter x Verlängerungsfaktor = neue Belichtungszeit (z. B. mit ND-1.000-Filter: 1/10 s x 1.000 = 100 s).

Eine kurze, aber eindrucksvolle Wanderung durch die Gilfenklamm auf einem sehr gut angelegten Weg. Bestens geeignet für die ganze Familie.

Von Sterzing in Richtung Ratschings, bei Stange links ins Ratschingstal abbiegen und hinauf bis zum Gasthof Jaufensteg. Dort befindet sich auf der linken Seite der Parkplatz zur Gilfenklamm.

(leicht)

- Gebiet: Eisacktal/Wipptal, Südtirol
- Tal: Ratschingstal
- Start: Parkplatz/Bushaltestelle in Jaufensteg
- Ziel: Parkplatz/Bushaltestelle in Jaufensteg
- Dauer: 1:30 Std.
- Strecke: 3,7 km
- Aufstieg: 170 Hm
- Abstieg: 170 Hm
- Wann: Sommer, Herbst

Landschaft: ●●●●●
Abwechslung: ●●●●○
Kondition: ●●○○○
Technik: ●●○○○

nein

Parkplatz/Bushaltestelle in Jaufensteg (1.150 m) → Gilfenklamm → Picknickplatz (1.030 m) → Waldweg bis nach Stange (981 m) → Rückweg wie Hinweg

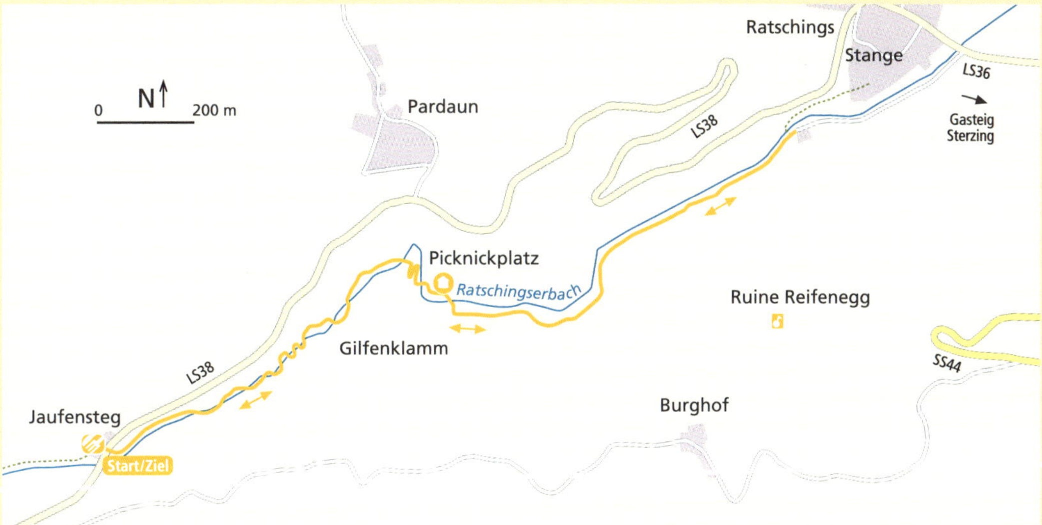

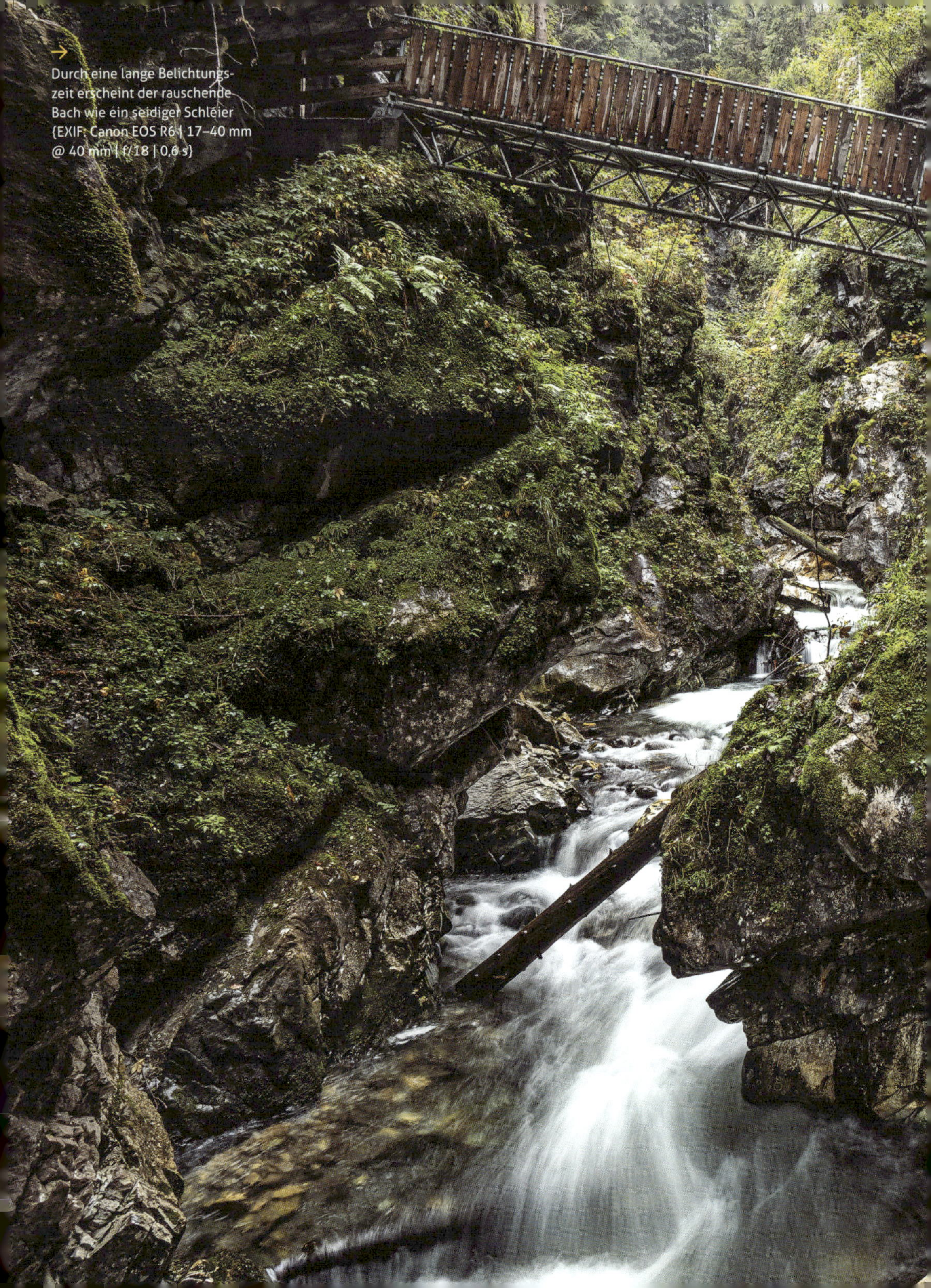

Durch eine lange Belichtungszeit erscheint der rauschende Bach wie ein seidiger Schleier {EXIF: Canon EOS R6 | 17–40 mm @ 40 mm | f/18 | 0,6 s}

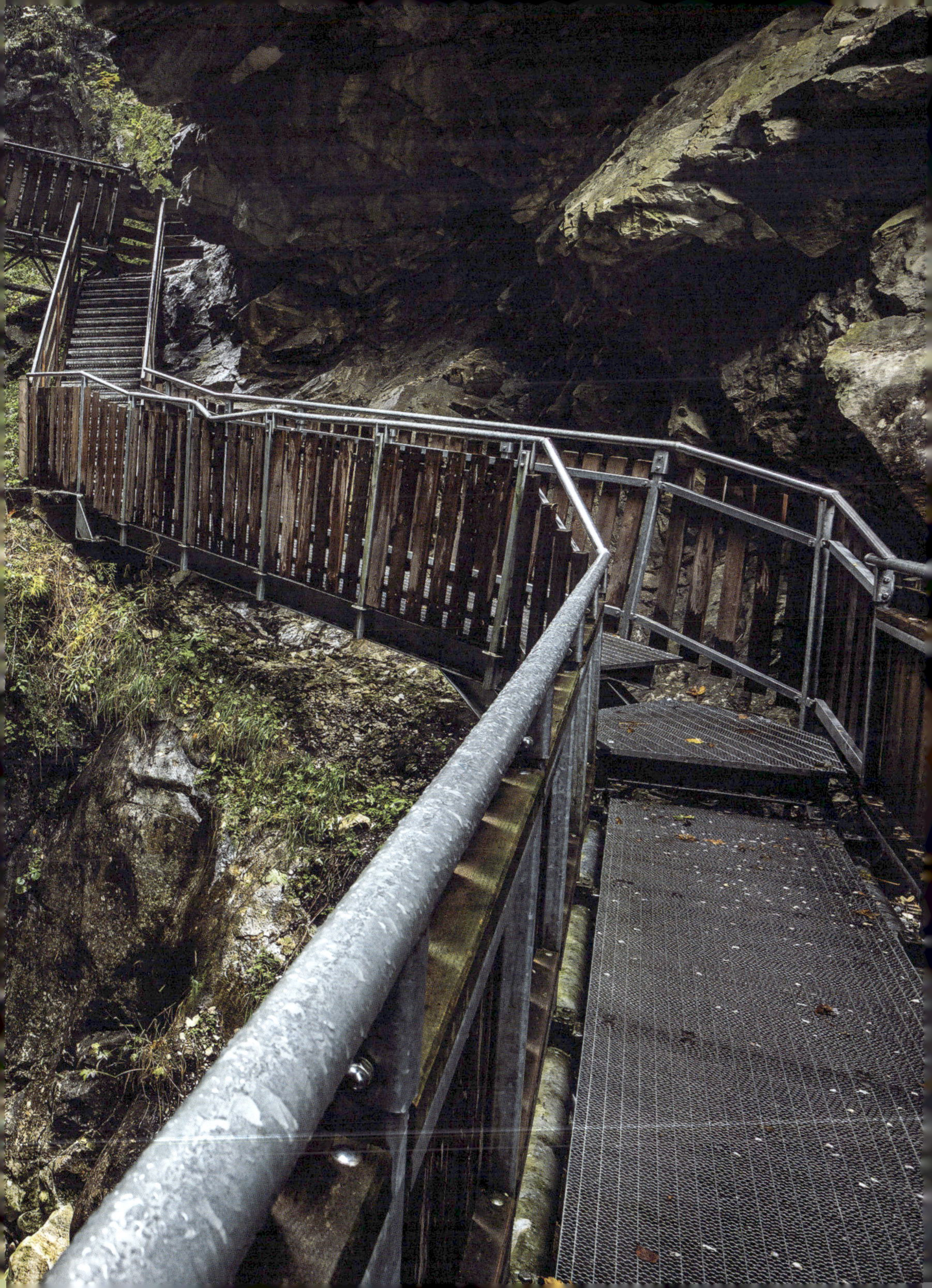

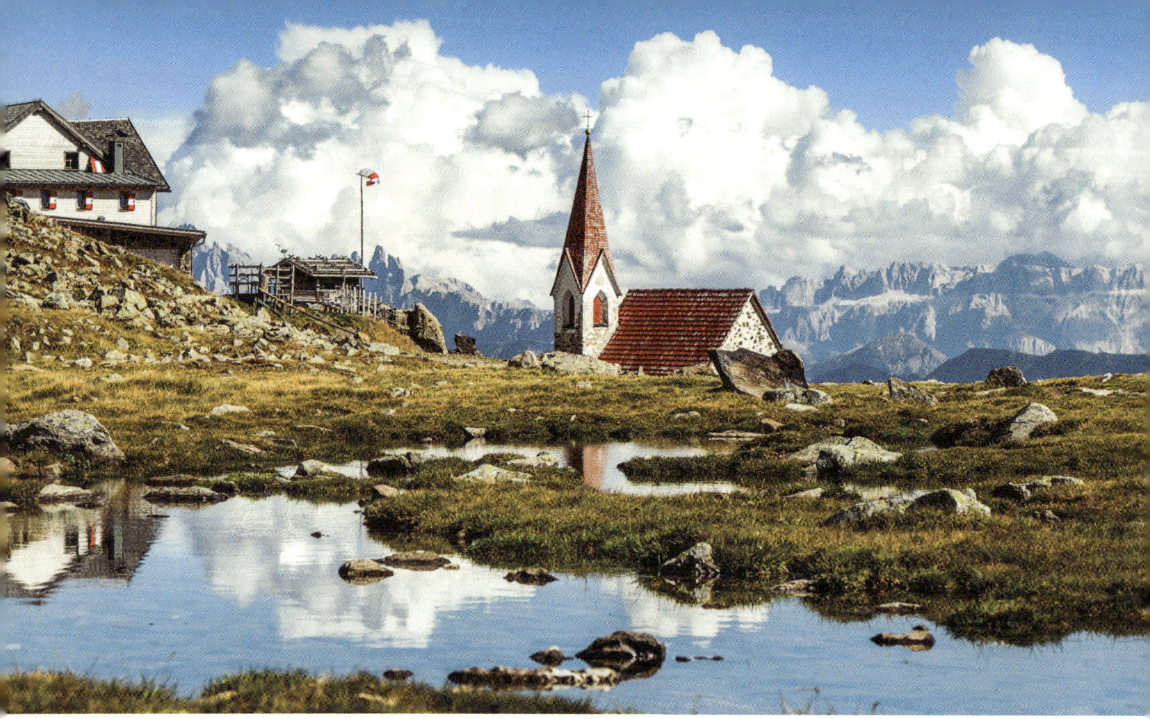

28 Zum Latzfonser Kreuz

Südtirols höchstgelegene Wallfahrtskirche

Diese aussichtsreiche Wanderung führt zu Südtirols höchster Wallfahrtskirche. Bergerlebnis und Aussicht lassen sich noch steigern, wenn man die drei dahinterliegenden Gipfel auch noch ins Programm aufnimmt.

Schon bei der Anfahrt lässt sich erahnen, welches Panorama einen bei dieser Wanderung erwartet. Beim Ausgangspunkt, dem Parkplatz Kasereck (1.960 m), ist davon allerdings noch nicht viel zu sehen. In leichter Steigung geht es über den Weg Nr. 15 auf einem schmalen Pfad durch einen lichten Wald, bevor man einer breiten Schotterstraße über die weiten Almwiesen folgt. So geht es gemütlich dahin, bis man nach ca. 1:10 Stunden das Wegkreuz beim Kesselbild erreicht, wo eine Bank zum Verweilen einlädt. Die kleine Kapelle am Latzfonser Kreuz bereits im Blick, führt der Weg nun leicht abwärts und dann wieder entlang der Markierung Nr. 1 ansteigend in etwa 20 Minuten ans Ziel. In traumhafter Lage auf 2.300 m steht Südtirols höchste Wallfahrtskirche, gleich daneben befindet sich das Schutzhaus Latzfonser Kreuz.
War die Wanderung bis hierhin sehr einfach, sind auf den abschüssigen Pfaden zu den drei Gipfeln Trittsicherheit und Schwindel-

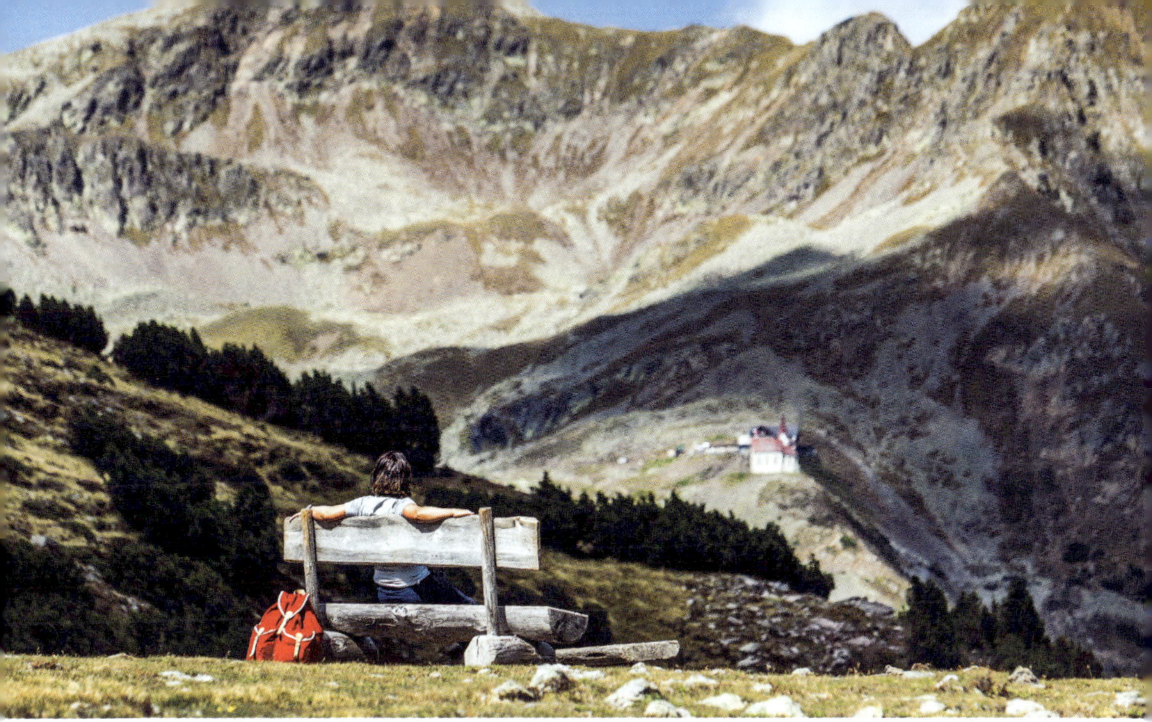

←
Nicht vergessen, der Horizont sollte gerade ausgerichtet werden, andernfalls kann es für den Betrachter sehr störend wirken.
{EXIF: Canon EOS 5D Mark II | 70–200 mm @ 100 mm | f/8 | 1/500 s}
{GPS: 46.702490, 11.497844}

↑
Die Kirche beim Latzfonser Kreuz bereits im Blick, ist es nicht mehr weit

freiheit gefragt. Ein großes Holzschild unweit der Hütte weist den Weg zur Kassianspitze. Man folgt der Markierung Nr. 17 über ein steiles Geröllfeld hinauf zum kleinen Kassiansee (2.470 m) und weiter bis zur Scharte, die man nach knapp 35 Minuten ab dem Schutzhaus erreicht. Die Kassianspitze muss noch etwas warten, denn zunächst geht es auf die Samspitze (2.563 m). Dazu zweigt man links ab und geht über einen kleinen Steig zum nur wenige Minuten entfernten Gipfelkreuz. Nachdem man das 360°-Panorama genossen hat, kehrt man zurück zur Scharte und steht 5 Minuten später auf der Kassianspitze (2.581 m). Über den Kamm wandert man weiter in Richtung Ritzlarspitze, wobei es ein kurzes Stück recht steil und etwas anspruchsvoll abwärts geht. Danach steigt man unschwierig hinauf auf den dritten Gipfel. Von der Ritzlarspitze (2.528 m) führt der Kamm in rund 20 Minuten schließlich wieder hinab zum Schutzhaus Latzfonser Kreuz, wobei einige Passagen mit einem Drahtseil gesichert sind. Für die Runde auf die drei Spitzen benötigt man zusätzlich etwa 1:30 Stunden. Danach geht es wieder über den Hinweg zurück zum Ausgangspunkt.

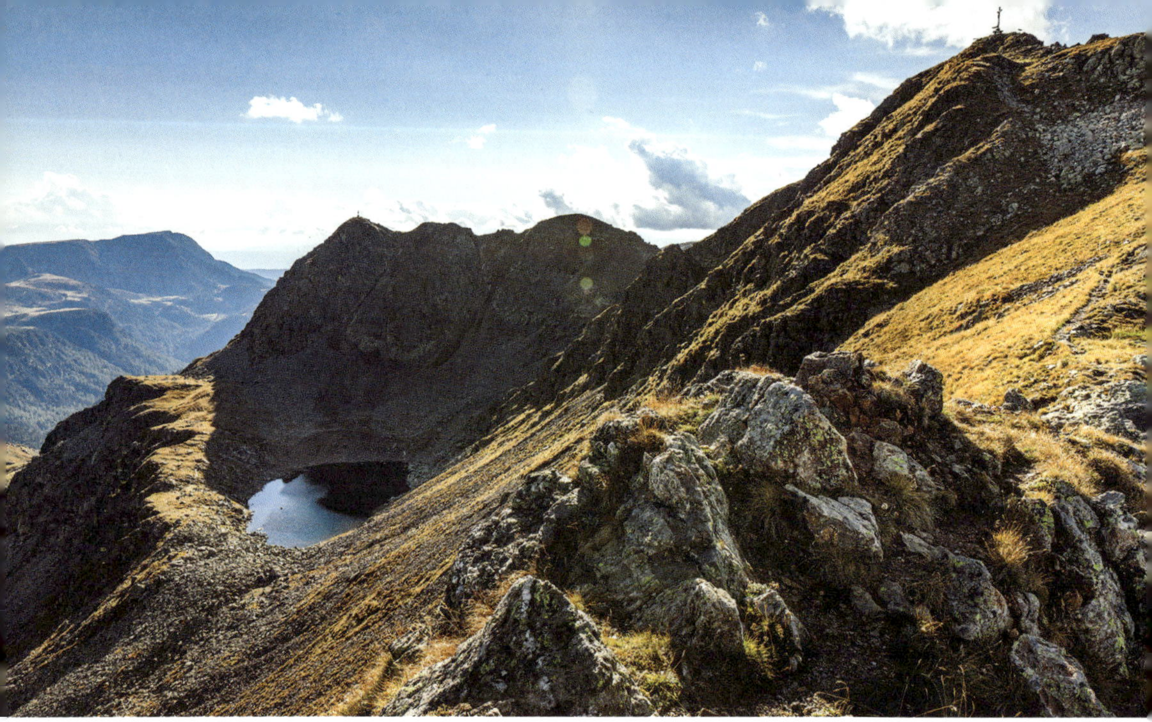

↑ Links Samspitze, darunter Kassiansee und rechts Kassianspitze {EXIF: Canon EOS 5D Mark II | 24–70 mm @ 24 mm | f/8 | 1/250 s}

↓ Hinter der Ziege sieht man den Lang- und Plattkofel. {EXIF: Canon EOS 5D Mark II | 70–200 mm @ 115 mm | f/8 | 1/800 s}

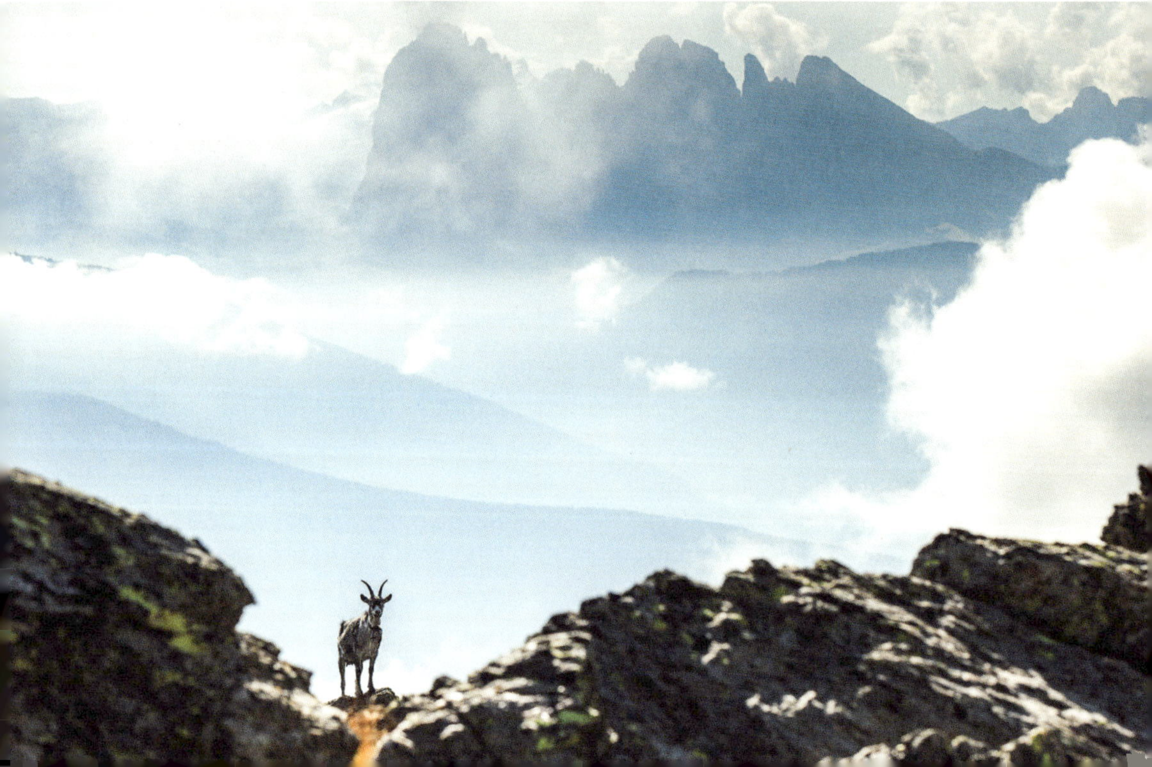

Der erste Teil bis zum Latzfonser Kreuz ist für die ganze Familie geeignet. Danach geht es auf drei Gipfel, da sollte man trittsicher und schwindelfrei sein.

Nach Klausen in Richtung Brixen und links hinauf nach Latzfons abzweigen. Immer weiter der Straße folgen, bis nach einer Kehre auf der linken Seite eine Bushaltestelle steht. Danach rechts zum Parkplatz Kasereck abzweigen. Von dort immer der Beschilderung folgen.

(mittel)

- Gebiet: Eisacktal und Wipptal, Südtirol
- Tal: Eisacktal
- Start: Parkplatz Kasereck, Latzfons
- Ziel: Parkplatz Kasereck, Latzfons
- Dauer: 4:15 Std.
- Strecke: 10,3 km
- Aufstieg: 830 Hm
- Abstieg: 830 Hm
- Wann: Frühling, Sommer, Herbst

Landschaft: ●●●●●
Abwechslung: ●●●●●
Kondition: ●●●●○
Technik: ●●●●○

ja

Parkplatz Kasereck (1.960 m) → Weg Nr. 15 → Weg Nr. 1 zum Latzfonser Kreuz (2.300 m) → Weg Nr. 17 → Kassiansee (2.470 m) → Samspitze (2.563 m) → Kassianspitze (2.581 m) → Ritzlarspitze (2.528 m) → Latzfonser Kreuz → Rückweg wie Hinweg

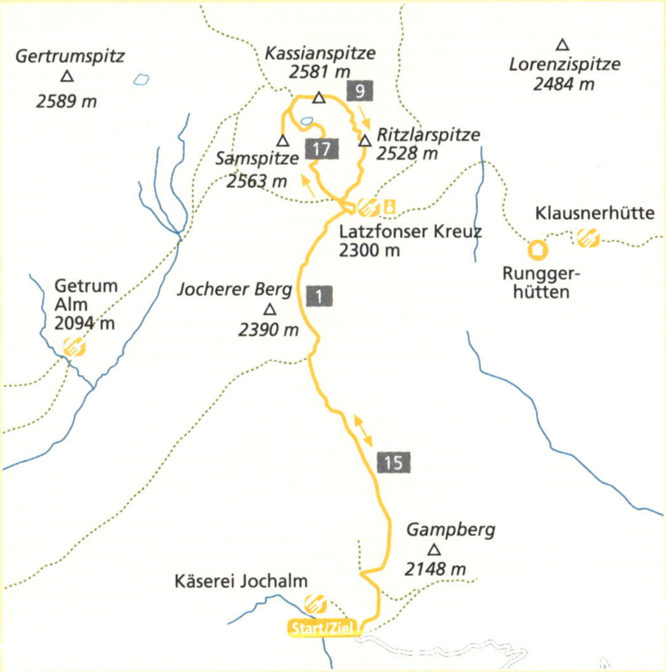

TOP FOTOSPOT

Latzfonser Kreuz, Eisacktal

Das Kirchlein am Latzfonser Kreuz ist die höchstgelegene Wallfahrtskirche Südtirols und ein beliebtes und oft fotografiertes Motiv in den Sarntaler Alpen. Sein einmaliger Standort in dieser kargen Landschaft und die majestätischen Dolomiten im Hintergrund ergeben ein stimmiges Zusammenspiel. Am schönsten ist es dort am Abend, wenn die in der Ferne liegenden Berge noch einmal aufleuchten. Auch ein Blick in das Innere der Kirche ist auf jeden Fall zu empfehlen, darin befindet sich nämlich während der Sommermonate ein schwarzer Herrgott.

Koordinaten: 46.701953, 11.498017
Wie kommt man hin: Über eine einfache und sehr lohnenswerte Wanderung gelangt man in etwa 1:30 Stunden zum Latzfonser Kreuz (siehe Seite 166).
Exif-Daten: Canon EOS 5D Mark II | 70–200 mm @ 110 mm | f/5,6 | 1/500 s
Aufnahmedatum: 08.09. – 19:05 Uhr

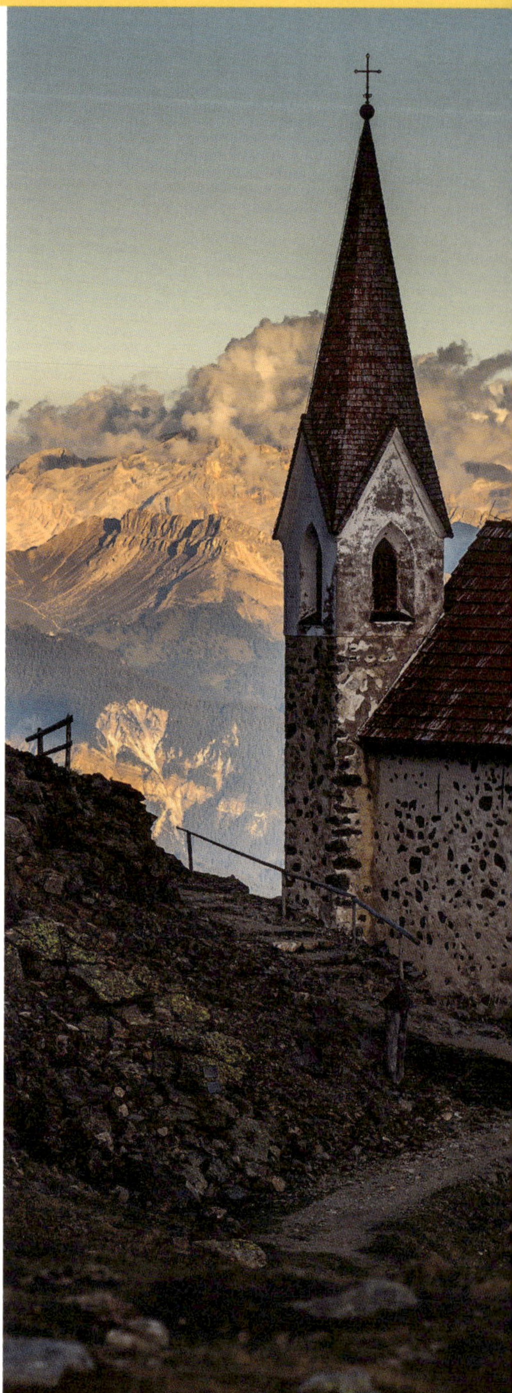

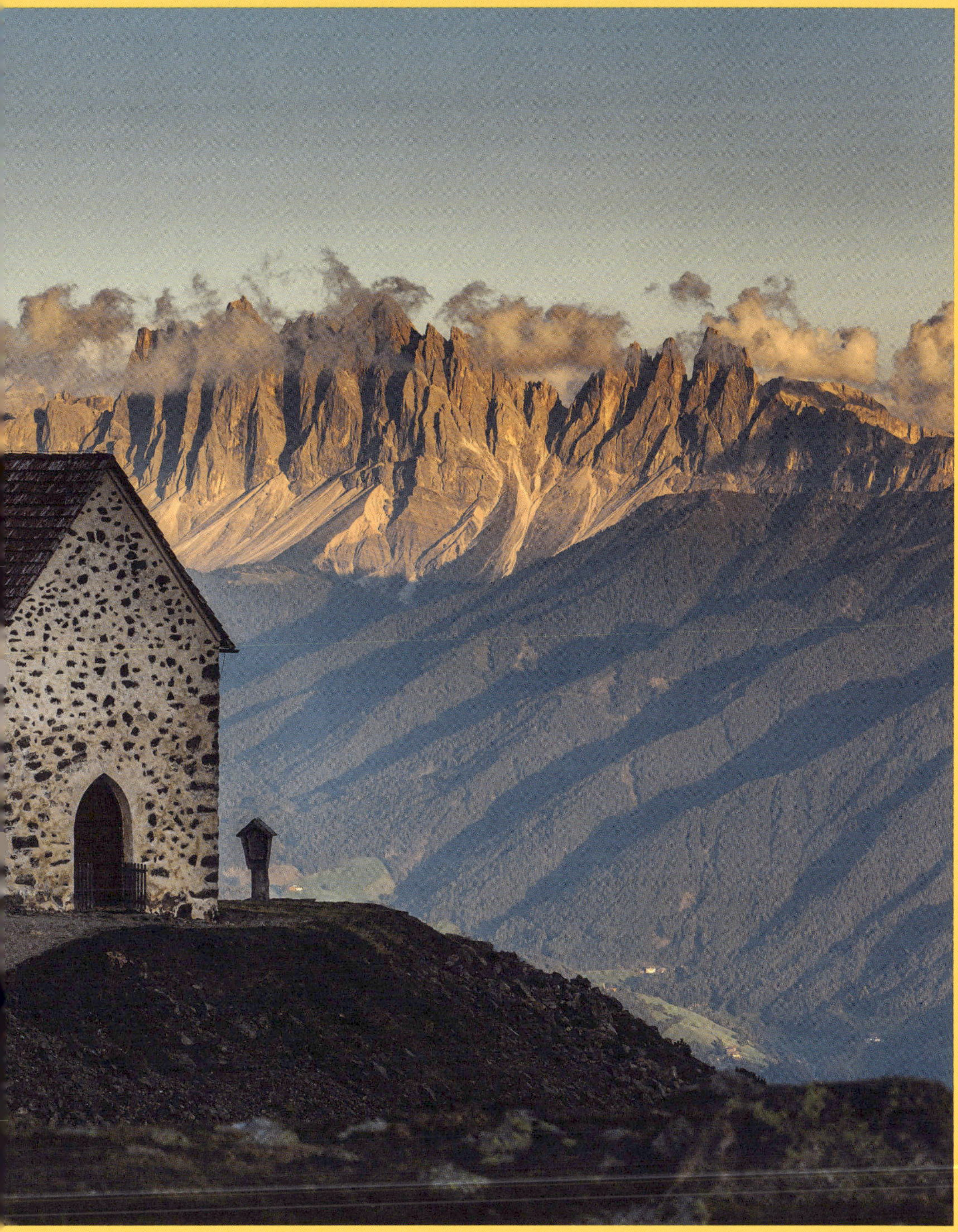

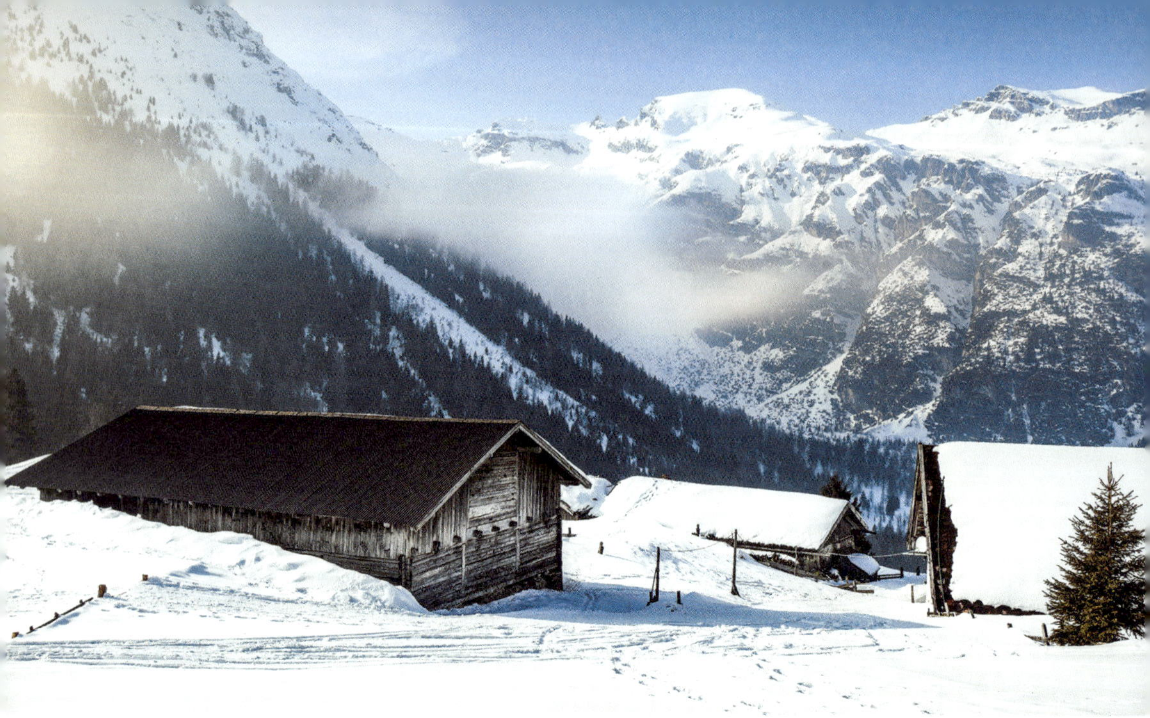

29 Rund um den Obernberger See

Schneeschuhwanderung im Wipptal

Eine besonders reizvolles Ziel für Schneeschuhwanderer bietet sich im Obernberger Tal in Tirol. In dem ruhigen Wipptaler Seitental, zwischen den Stubaier Alpen, liegt der Obernberger See, ein wahres Naturjuwel. Die Rundwanderung führt durch eine märchenhafte Winterlandschaft und einmal um den See herum.

Ausgangspunkt dieser Schneeschuhwanderung im Landschaftsschutzgebiet Nößlachjoch – Obernberger See – Tribulaune ist der Parkplatz Waldesruh (1.445 m) am Talschluss in Obernberg. Von dort geht es zuerst rechts ein Stück die asphaltierte Straße entlang, bis man auf den präparierten Winterwanderweg trifft. An der nächsten Gabelung folgt man der Markierung Nr. 92 (Seesteig – Obernberger See) ein Stück weit taleinwärts. Da dieser Steig wegen Lawinengefahr im Winter nicht immer passierbar ist, quert man einfach an einer passenden Stelle den Bach. Auf der anderen Uferseite geht es dann im lichten Wald zwischen Bach und Hang in entgegengesetzter Richtung weiter. Man kreuzt die Langlaufloipe und trifft kurz darauf auf den breiten Forstweg. Vorbei an der Unterreinsalm geht es über die verschneite Straße, die im Winter

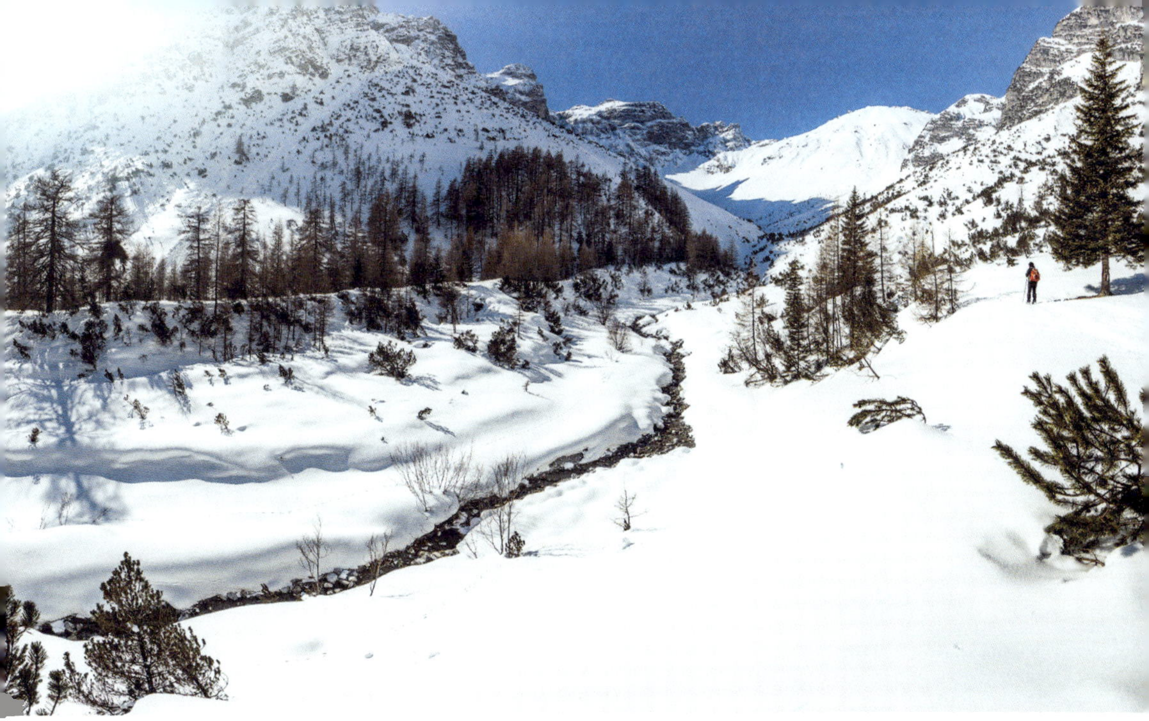

←
Die Oberreinsalm – schnelle Temperaturwechsel können der Kamera schaden, am besten man packt sie in den kalten Rucksack, bevor man in eine warme Stube tritt. {EXIF: Canon EOS 5D Mark II | 17–40 mm @ 25 mm | f/9 | 1/250 s}

↑
Bei einer Winterwanderung die Sonnenbrille nicht vergessen, um die Augen vor der starken Reflexion des Schnees zu schützen.

als Rodelbahn genutzt werden kann, in leichter Steigung hinauf zum Gasthaus am See (1.590 m).
Beim ehemaligen Wirtshaus angekommen, hat man nach ca. 1:30 Stunden gut die Hälfte der Tour geschafft. Man schlägt nun den Pfad auf der rechten Uferseite ein und geht so über den gemütlichen Seerundweg Nr. 91 einmal um den zugefrorenen und verschneiten Obernberger See herum. Etwa eine Stunde benötigt man dafür und inmitten dieser wundervollen Bergkulisse verfliegt die Zeit beim Wandern durch den Tiefschnee im Nu.
Wieder beim Gasthaus angekommen, zweigt man rechts auf die Markierung Nr. 128 ab. Diese führt an der Oberreinsalm (1.560 m) und an der Unterreinsalm (1.490 m) vorbei, bevor man auf die Forststraße trifft und nach knapp 30 Minuten (ab Gasthaus am See) zum Ausgangspunkt zurückkehrt.

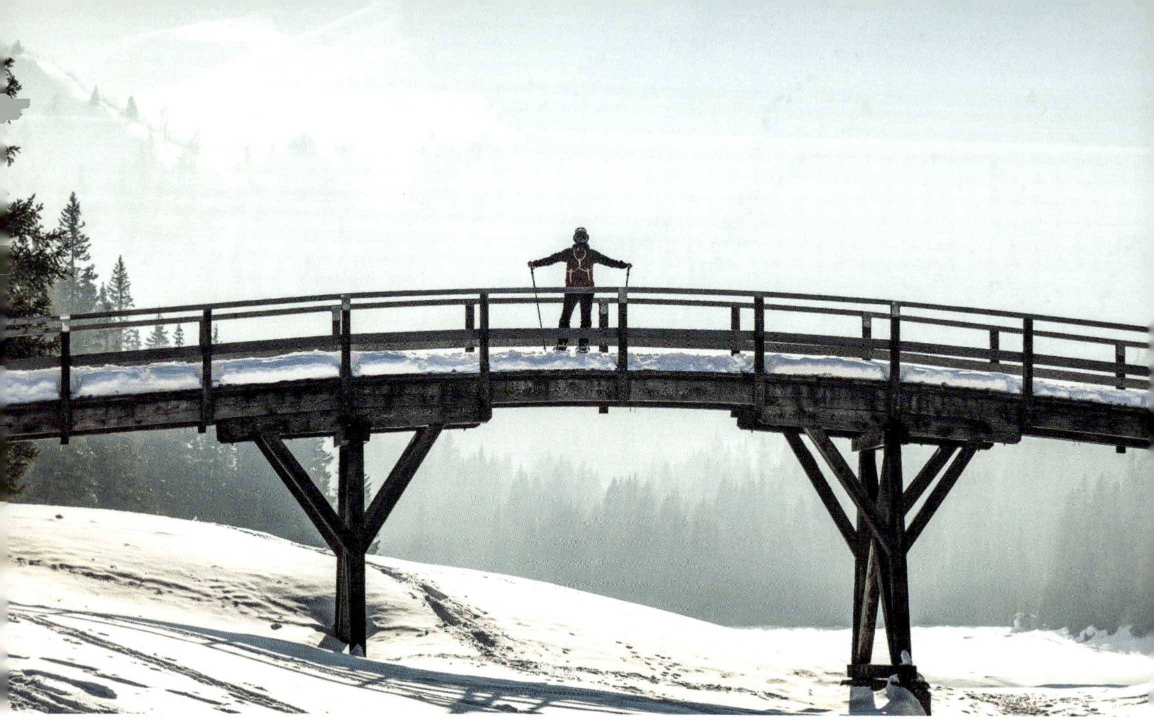

↑ Nochmals ein Blick auf den See {EXIF: Canon EOS 5D Mark II | 70–200 mm @ 105 mm | f/8 | 1/1600 s} {GPS: 46.993406, 11.406904}

↓ Der Nebel lässt den Wald stimmungsvoll wirken {EXIF: Canon EOS 5D Mark II | 70–200 mm @ 100 mm | f/8 | 1/640 s}

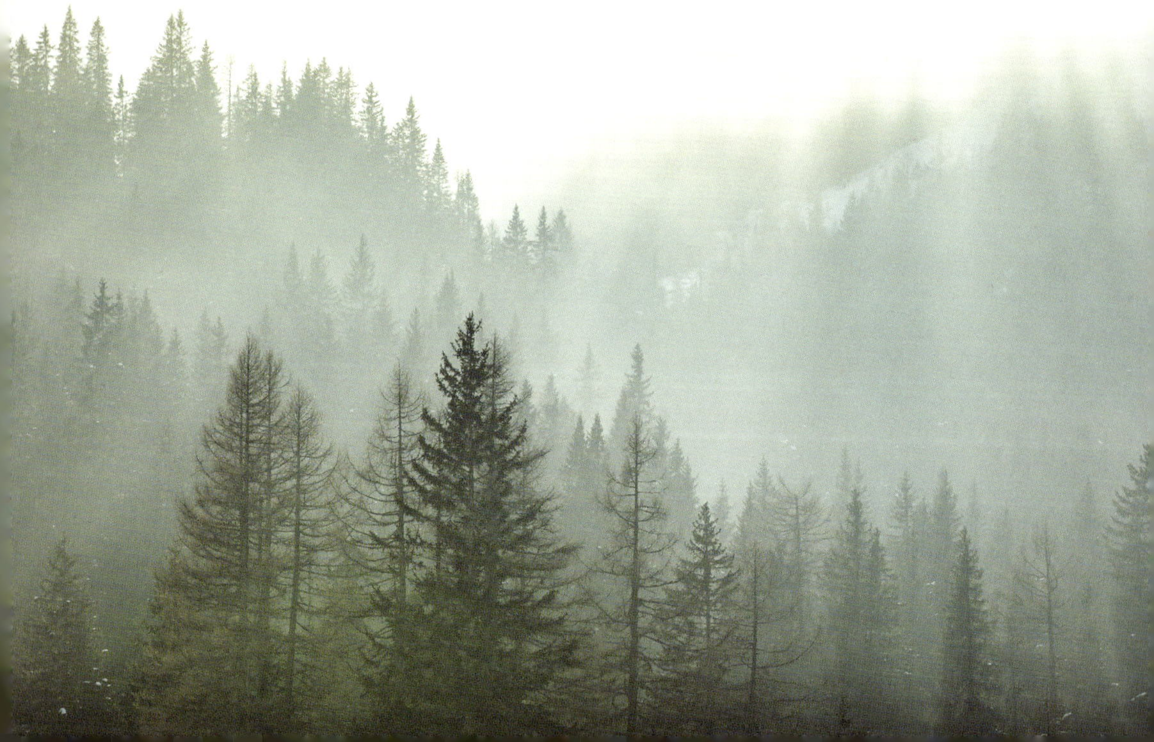

Eine einfache Schneeschuhwanderung in traumhafter Winterlandschaft mit Umrundung des Obernberger Sees in den Stubaier Alpen.

Vom Brenner kommend der Staatsstraße bis nach Gries am Brenner folgen. Dort links abzweigen nach Obernberg am Brenner und weiterfahren bis zum Parkplatz Waldesruh am Talschluss.

(leicht)

- Gebiet: Eisacktal/Wipptal, Nordtirol
- Tal: Obernberger Tal
- Start: Parkplatz Waldesruh, Talschluss in Obernberg (gebührenpflichtig)
- Ziel: Parkplatz Waldesruh, Talschluss in Obernberg
- Dauer: 3:15 Std.
- Strecke: 8 km
- Aufstieg: 255 Hm
- Abstieg: 255 Hm
- Wann: Frühling, Sommer, Herbst, Winter

Landschaft: ●●●●○
Abwechslung: ●●●●○
Kondition: ●●○○○
Technik: ●●○○○

nein

Parkplatz Waldesruh (1.445 m) → rechts die asphaltierte Straße entlang → Weg Nr. 92 (Seesteig – Obernberger See) → ein Stück taleinwärts und an passender Stelle den Bach überqueren → in entgegengesetzter Richtung durch den Wald → vorbei an der Unterreinsalm → auf der Forststraße hinauf zum See → Seerundweg Nr. 91 → Weg Nr. 128 zurück zum Ausgangspunkt

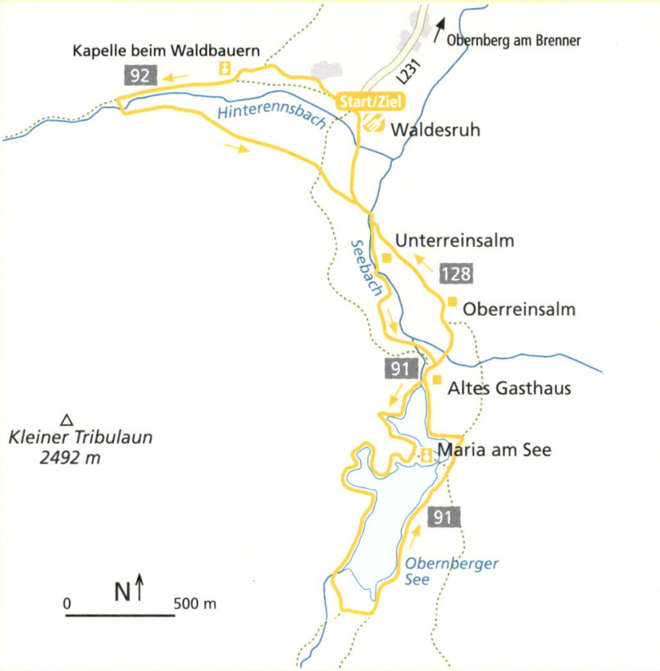

TOP FOTOSPOT

St.-Nikolaus-Kirche in Obernberg am Brenner, Wipptal

Vor einer eindrucksvollen Bergkulisse präsentiert sich die Pfarrkirche zum hl. Nikolaus in Obernberg am Brenner. Einsam steht sie auf einem Hügel, und dahinter ragt eindrucksvoll der Tribulaun empor. Bereits 1339 wurde erstmals an dieser Stelle eine Kapelle erwähnt, bei ihrem Umbau 1760 und 1761 erlangte sie ihren spätbarocken Stil.
Unbedingt noch bis zum Talschluss fahren und die Wanderung zum Obernberger See unternehmen (siehe Seite 172).

Koordinaten: 47.015830, 11.421288
Wie kommt man hin: Vom Brenner der Staatsstraße folgend bis nach Gries am Brenner. Dort links abzweigen nach Obernberg am Brenner. Die Kirche befindet sich direkt in der kleinen Ortschaft.
Exif-Daten: Canon EOS 5D Mark II | 70–200 mm @ 70 mm | f/8 | 1/800 s
Aufnahmedatum: 24.02. – 10:24 Uhr

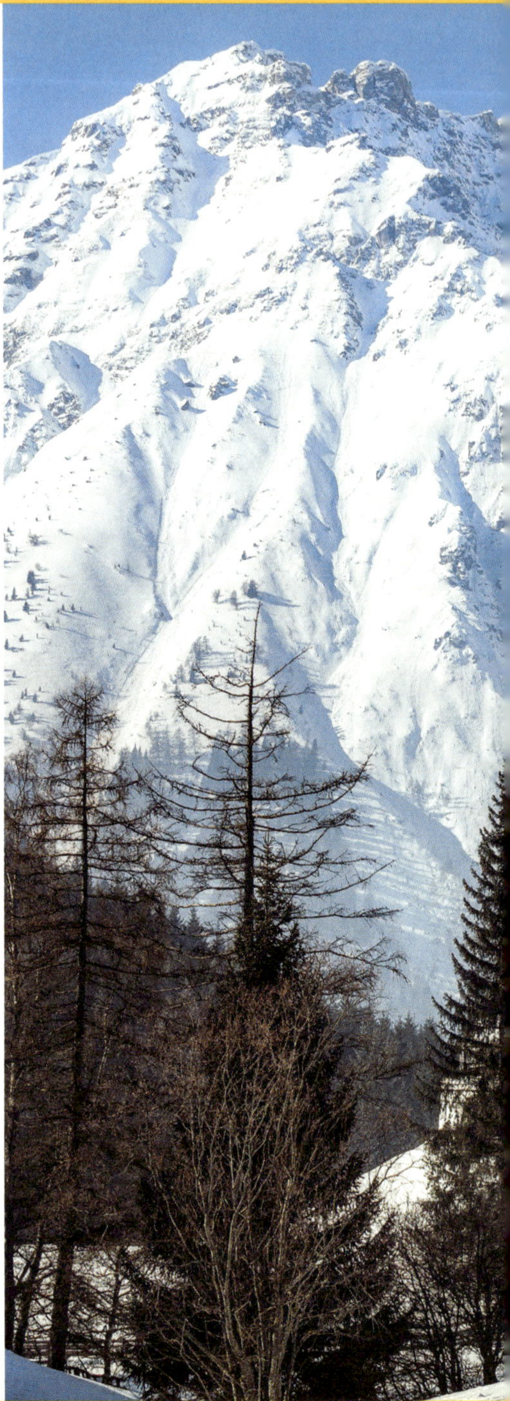

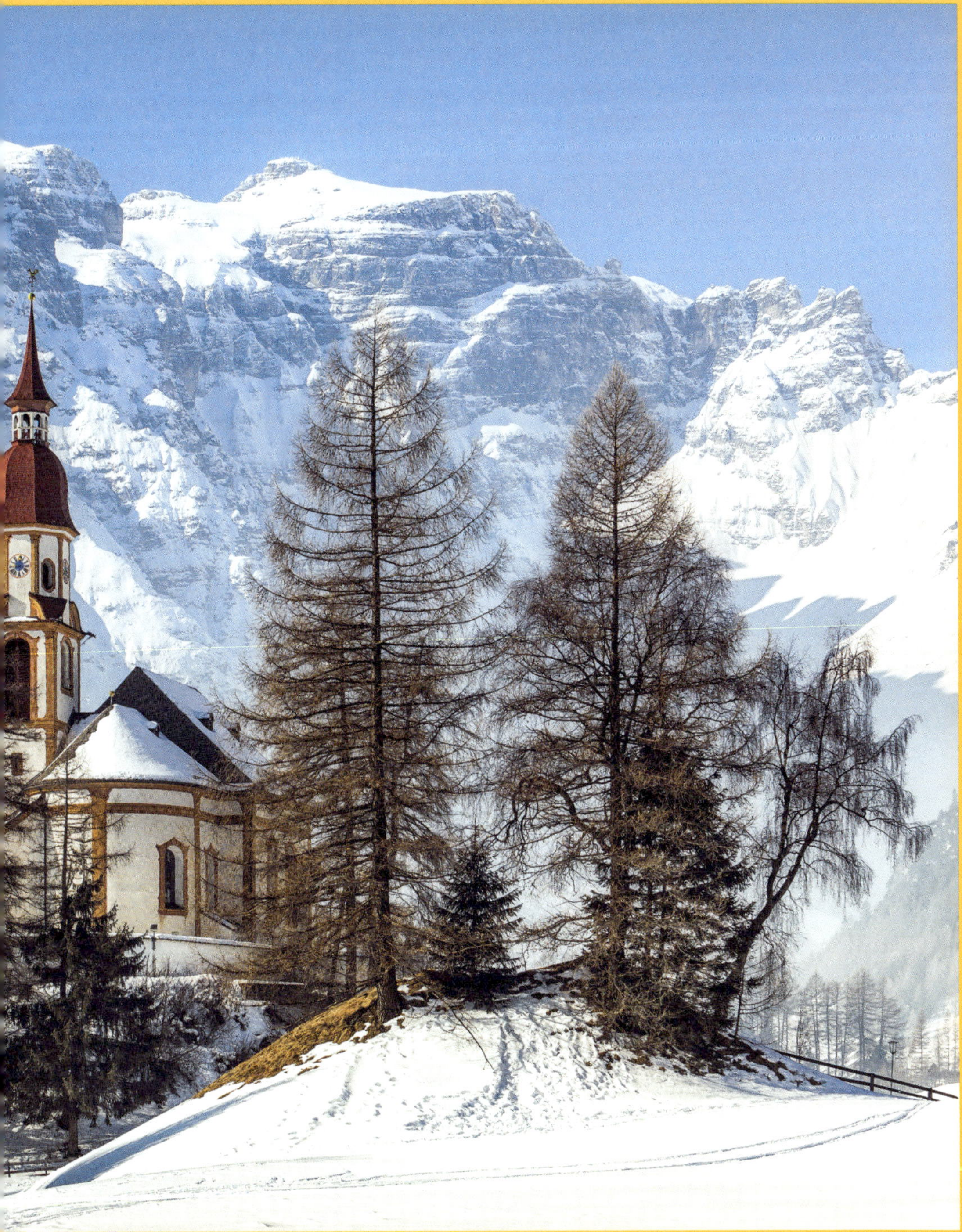

→
Die Dreizinnenhütte und der Paternkofel bei Sonnenuntergang {EXIF: Canon EOS 5D Mark II | 24–70 mm @ 24 mm | f/6,3 | 1/160 s} {GPS: 46.638157, 12.309714}

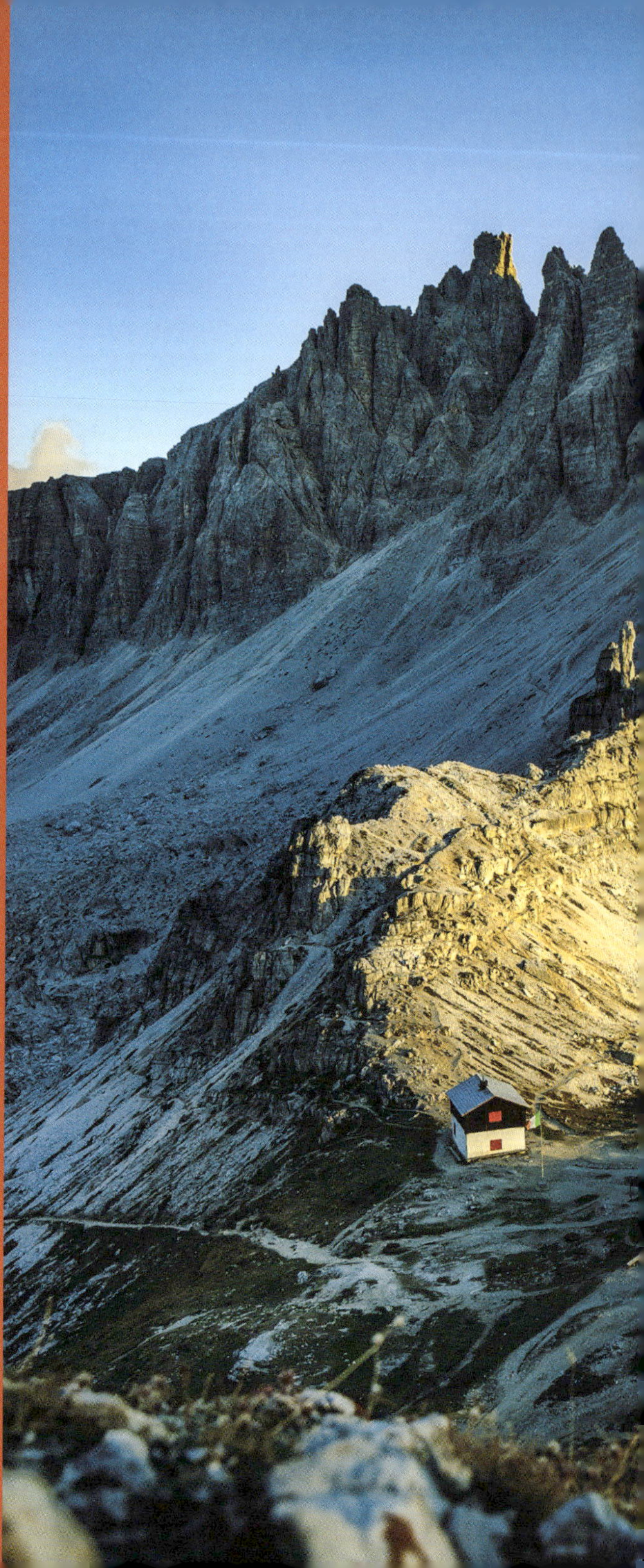

PUSTERTAL SEXTNER DOLOMITEN ALTA BADIA

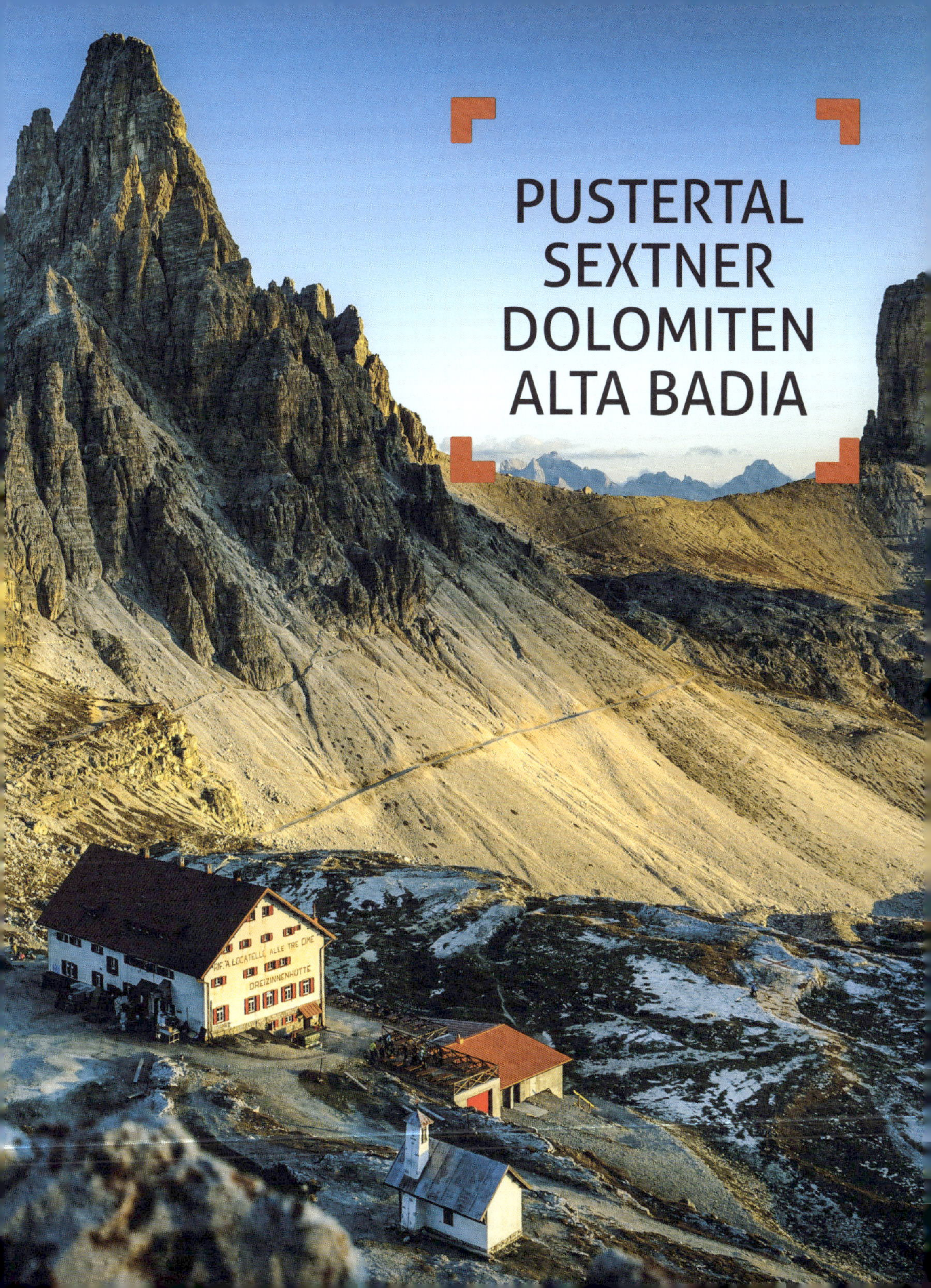

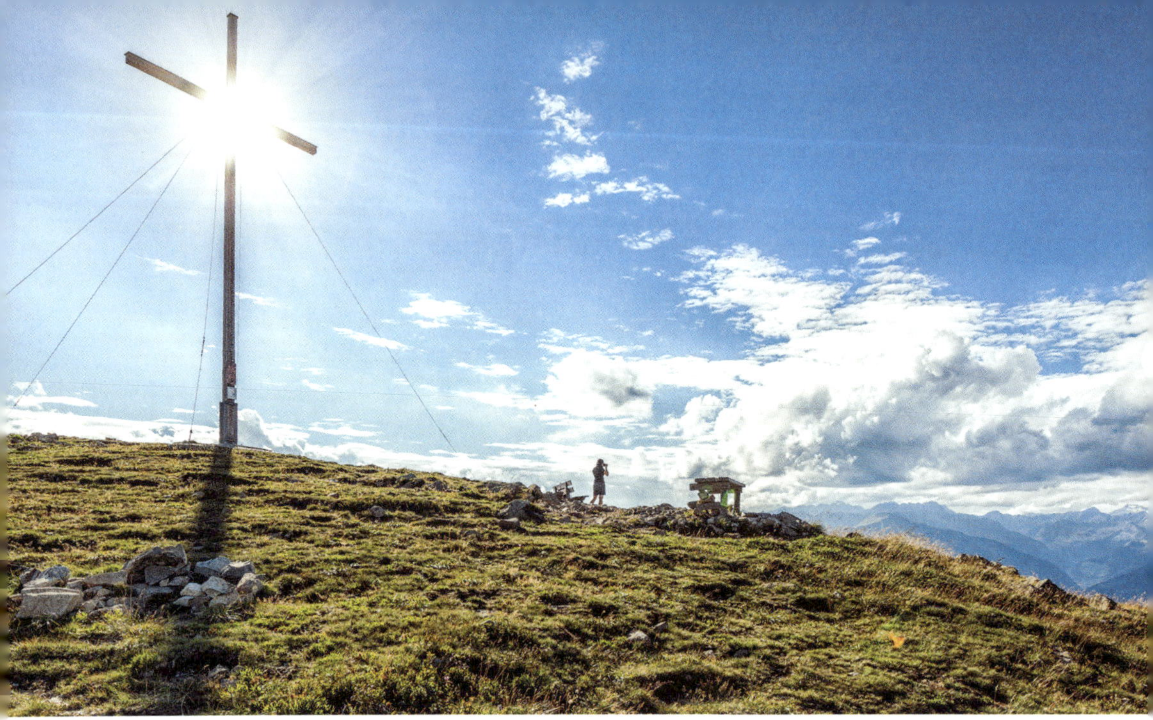

30 Auf das Astjoch

Eines der größten Hochplateaus Europas

Das Astjoch ist wahrlich kein besonders herausragender Gipfel, aber durch seine Lage ein hervorragender Aussichtsberg. Wer die relativ einfache Wanderung frühmorgens oder am späten Nachmittag unternimmt und daraus eine Sonnenauf- bzw Sonnenuntergangstour macht, bekommt ein 360°-Bergpanorama im schönsten Licht.

Die Wanderung beginnt am Parkplatz (1.560 m) beim Kreuznerhof in Ellen oberhalb von St. Lorenzen. Von dort führt der Weg Nr. 67 stetig bergauf zum Astjoch (auch Burgstall genannt). Über den gut ausgebauten Pfad geht es durch einen schattigen Wald und vorbei an der urigen Walder Alm (1.912 m), die man nach etwa einer Stunde erreicht. Etwas mehr als die Hälfte des Aufstieges hat man nun zwar hinter sich, in immer gleicher Steigung steht der Rest aber noch bevor. Kurz nachdem man auf eine Forststraße getroffen ist, lichtet sich der Wald und es geht über die weiten Wiesen der Lüsner Alm weiter. Ein unmarkierter schmaler Pfad zweigt rechts den Berg hoch ab und führt direkt hinauf zum Gipfelkreuz am Astjoch (2.194 m, 1:35 Stunden ab Start). Völlig unverstellt lässt sich hier der 360°-Panorama-

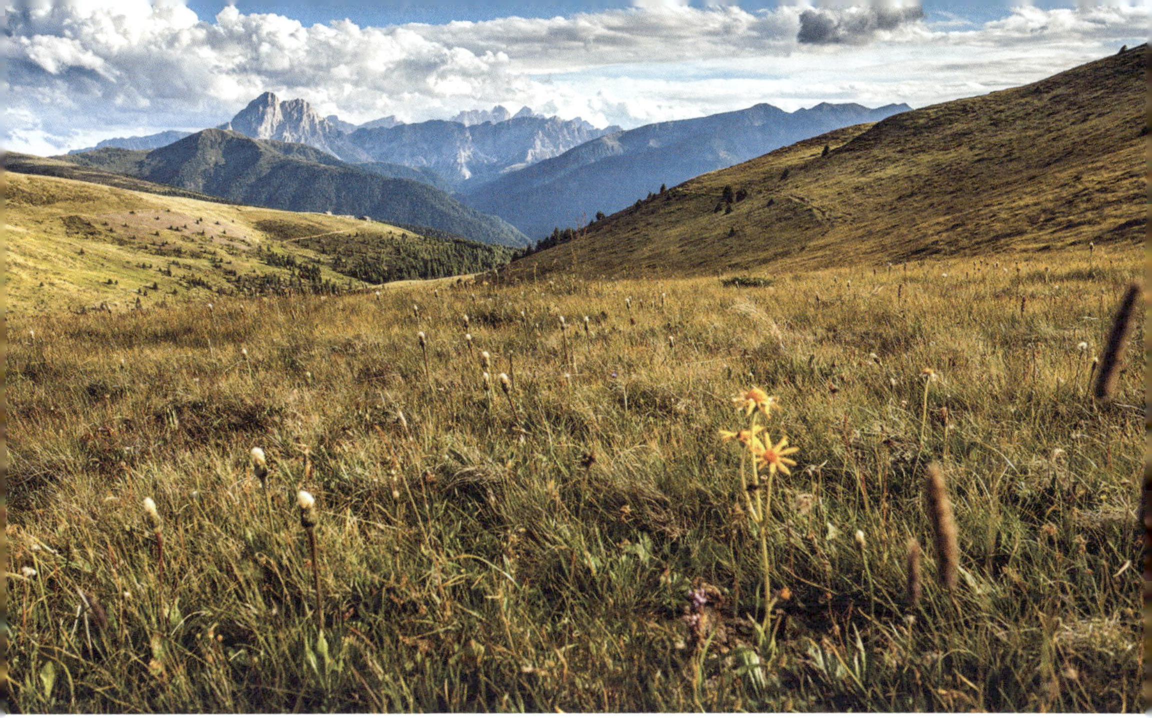

←
Angekommen auf dem Astjoch/Burgstall {EXIF: Canon EOS 5D Mark II | 17–40 mm @ 19 mm | f/10 | 1/160 s}

↑
Mit einem Weitwinkelobjektiv erzeugt man bei Landschaftsaufnahmen den Eindruck von Weite {EXIF: Canon EOS 5D Mark II | 17–40 mm @ 26 mm | f/8 | 1/800 s}

blick auf Peitlerkofel, Geislerspitzen, Ötztaler Alpen, Zillertaler Alpen und auf eines der größten Hochplateaus Europas, die Lüsner und Rodenecker Alm, genießen.
Den Kronplatz im Blick, geht es nach dieser aussichtsreichen Rast auf dem fast ebenen Weg Nr. 12B über den Höhenrücken zum nahe gelegenen Ellener Kreuz (2.122 m). Von hier aus sind es nur mehr 30 Minuten und eine leichte Steigung, bis man am Campillberg (2.190 m) steht, wo man sich noch einmal an der tollen Aussicht auf die Dolomiten erfreuen kann. Dabei ist vor allem der Blick auf das Massiv der Kreuzkofelgruppe besonders eindrucksvoll. Der Rückweg erfolgt wieder auf der Markierung Nr. 12B bis zur Einhäuserer Alm (2.110 m), von dort kehrt man über den Weg Nr. 65 zum Parkplatz zurück.

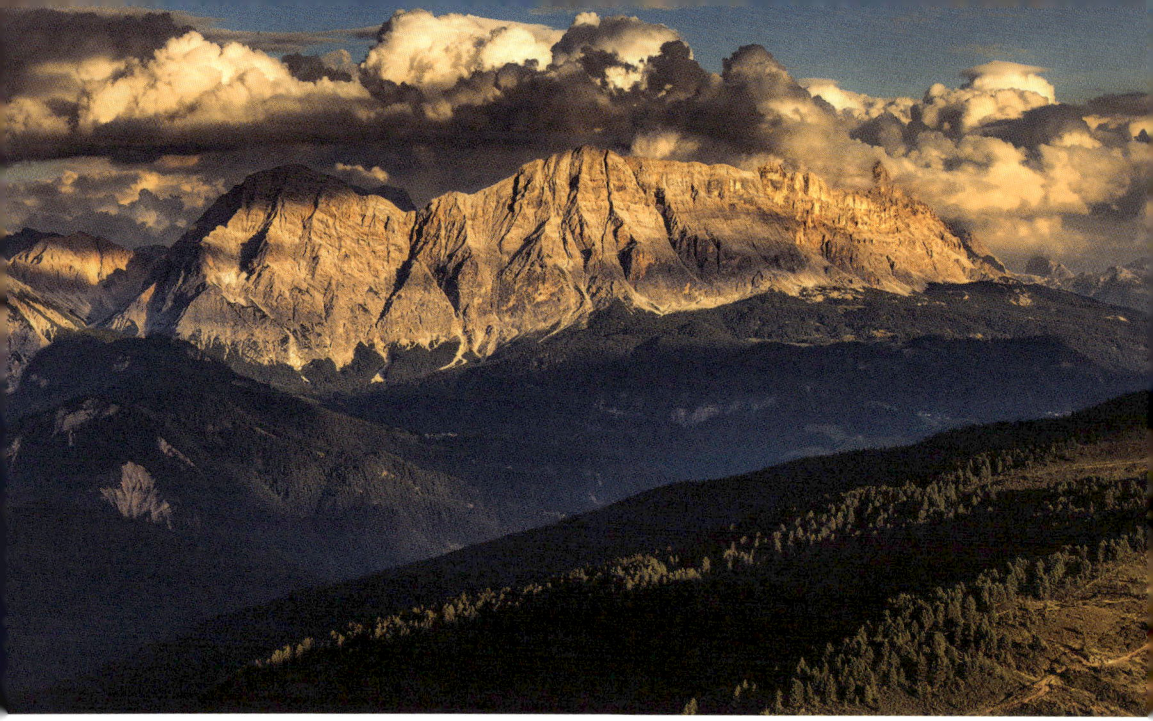

↑ Die Kreuzkofelgruppe ist am Abend ein wunderbares Fotomotiv. {EXIF: Canon EOS 5D Mark II | 70–200 mm @ 85 mm | f/8 | 1/640 s}

↓ Abwarten und ruhig sein zahlt sich oft aus. {EXIF: Canon EOS 5D Mark II | 70–200 mm @ 200 mm | f/8 | 1/320 s}

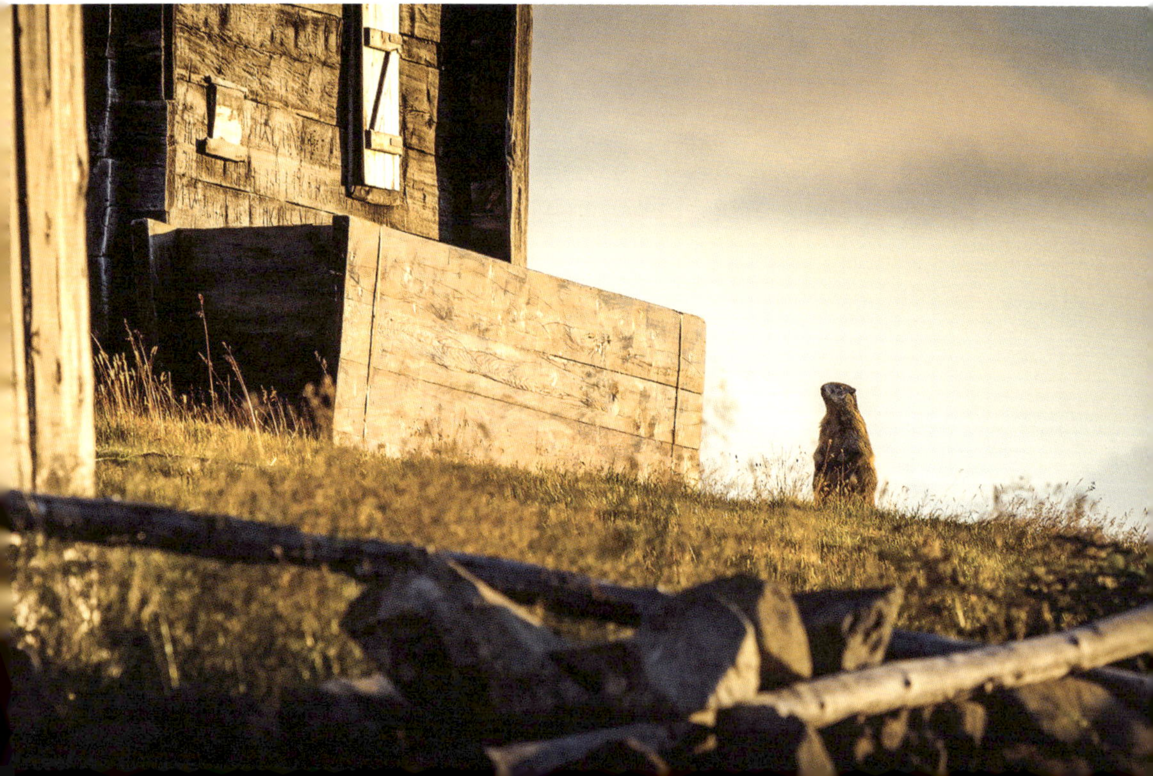

Eine einfache und schöne Wanderung oberhalb von Bruneck mit Rundumblick.

Von Bruneck nach St. Lorenzen und hinein in Richtung Gadertal. Rechts nach Montal abzweigen und von da weiter nach Ellen. Dort der Beschilderung hinauf zum Astjoch folgen bis zum gebührenpflichtigen Parkplatz beim Kreuznerhof.

(leicht)

- Gebiet: Pustertal, Südtirol
- Tal: Pustertal
- Start: Parkplatz Kreuznerhof (gebührenpflichtig)
- Ziel: Parkplatz Kreuznerhof
- Dauer: 3:45 Std.
- Strecke: 9,2 km
- Aufstieg: 785 Hm
- Abstieg: 785 Hm
- Wann: Frühling, Sommer, Herbst, Winter

Landschaft: ●●●●○
Abwechslung: ●●●●○
Kondition: ●●●●○
Technik: ●●○○○

ja

Parkplatz Kreuznerhof (1.560 m) → Weg Nr. 67 → vorbei an der Walder Alm (1.912 m) → bis zur Forststraße → rechts auf einen kleinen Steig abzweigen → Astjoch (2.194 m) → Weg Nr. 12B → Ellener Kreuz (2.122 m) → Campillberg (2.190 m) → Weg Nr. 12B zurück zur Einhäuserer Alm (2.110 m) → Weg Nr. 67 hinab zum Ausgangspunkt

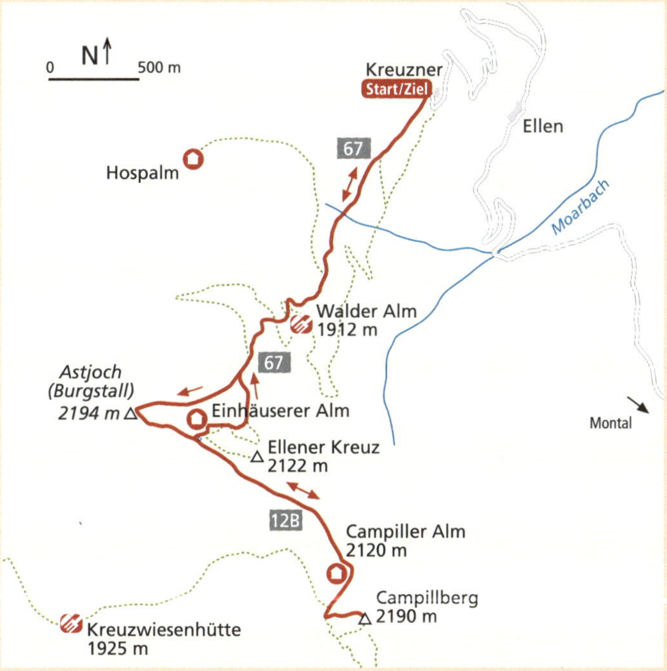

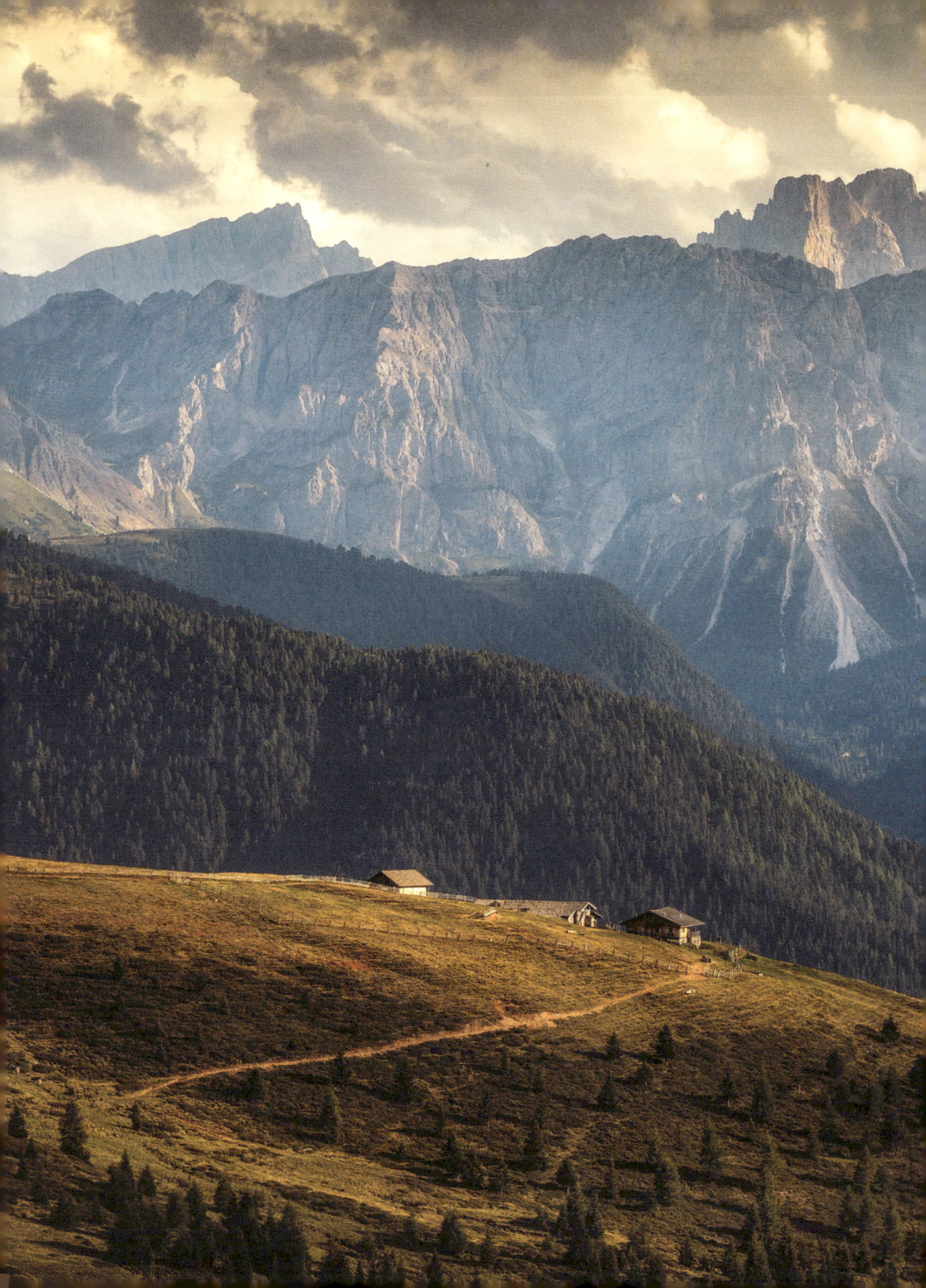

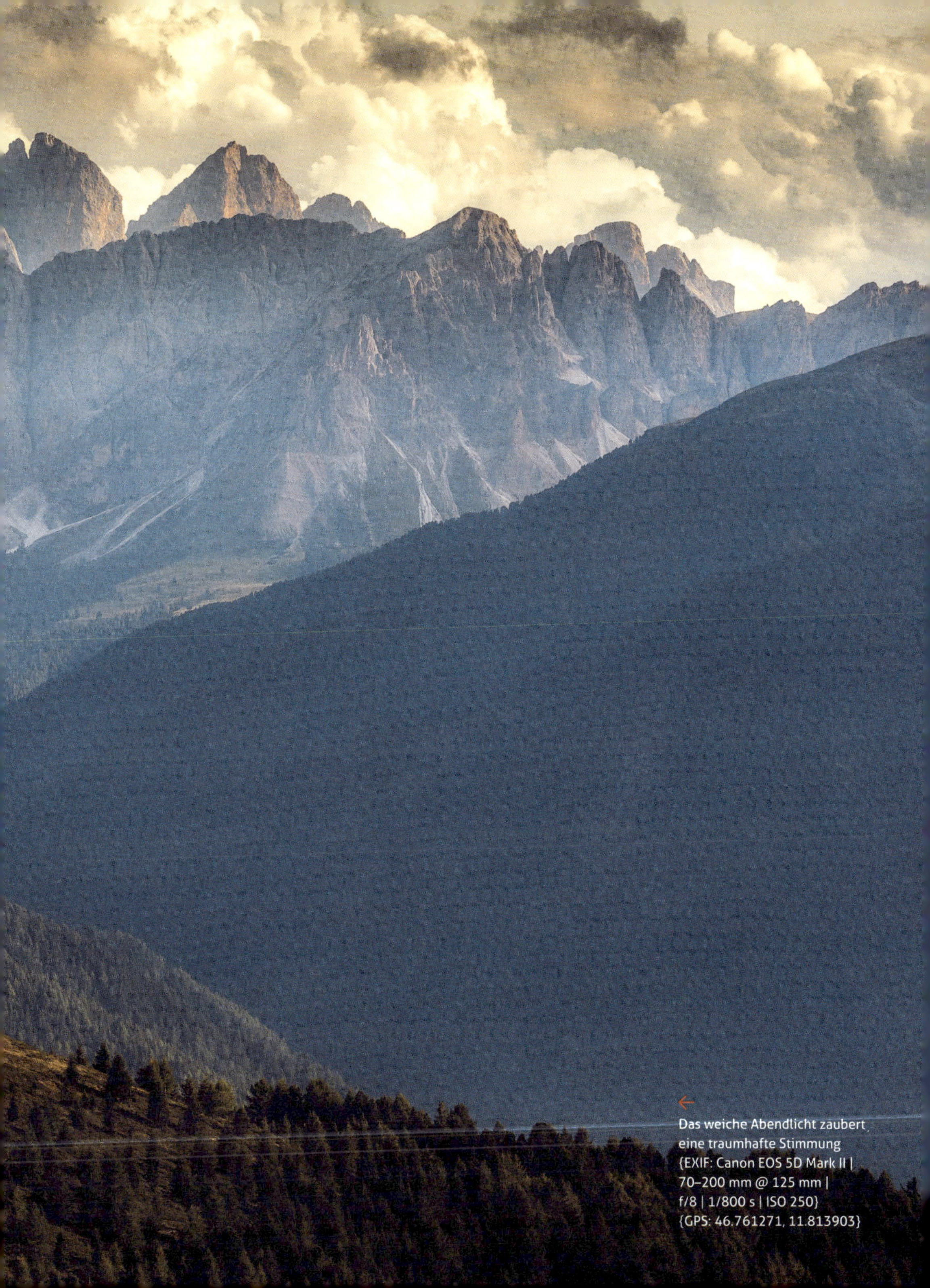

←
Das weiche Abendlicht zaubert eine traumhafte Stimmung
{EXIF: Canon EOS 5D Mark II | 70–200 mm @ 125 mm | f/8 | 1/800 s | ISO 250}
{GPS: 46.761271, 11.813903}

TOP FOTOSPOT

Erdpyramiden von Platten, Percha im Pustertal

Nach einem Erdrutsch vor einigen hundert Jahren und vielen weiteren Abschwemmungen und Auswaschungen durch spätere Unwetter blieben diese bizarren Lehmsäulen im Schutz der oben aufliegenden Steine stehen. Besonders mystisch sehen sie aus, wenn das Wetter einmal nicht so gut ist und die Nebel tief hängen. Ein Anblick wie von einem anderen Planeten.

Koordinaten: 46.804686, 12.018311
Wie kommt man hin: Von Bruneck nach Percha und dort links hinauf nach Oberwielenbach abzweigen. Nach der Dorfausfahrt von Oberwielenbach fährt man am ersten Parkplatz vorbei und weiter bis zum nächsten (gebührenpflichtig). Von dort führt ein gemütlicher Waldspaziergang leicht aufwärts bis zu den 30 Minuten entfernten Erdpyramiden.
Exif-Daten: Canon EOS 5D Mark II | 17–40 mm @ 17 mm | f/11 | 25 s | ND-Filter
Aufnahmedatum: 21.07. – 11:16 Uhr

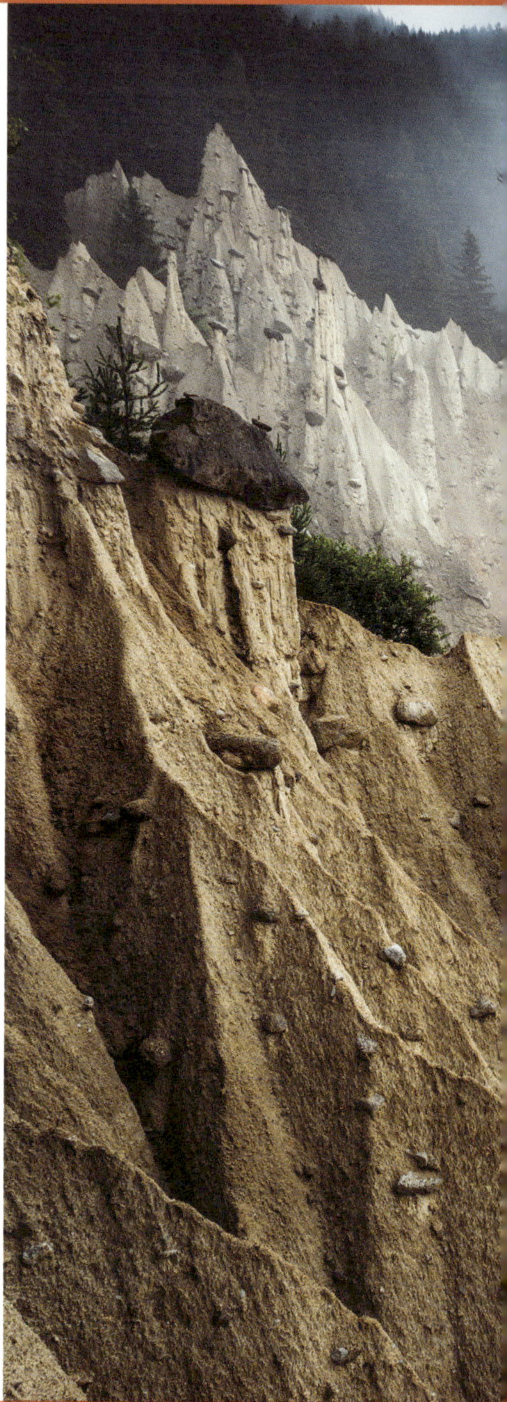

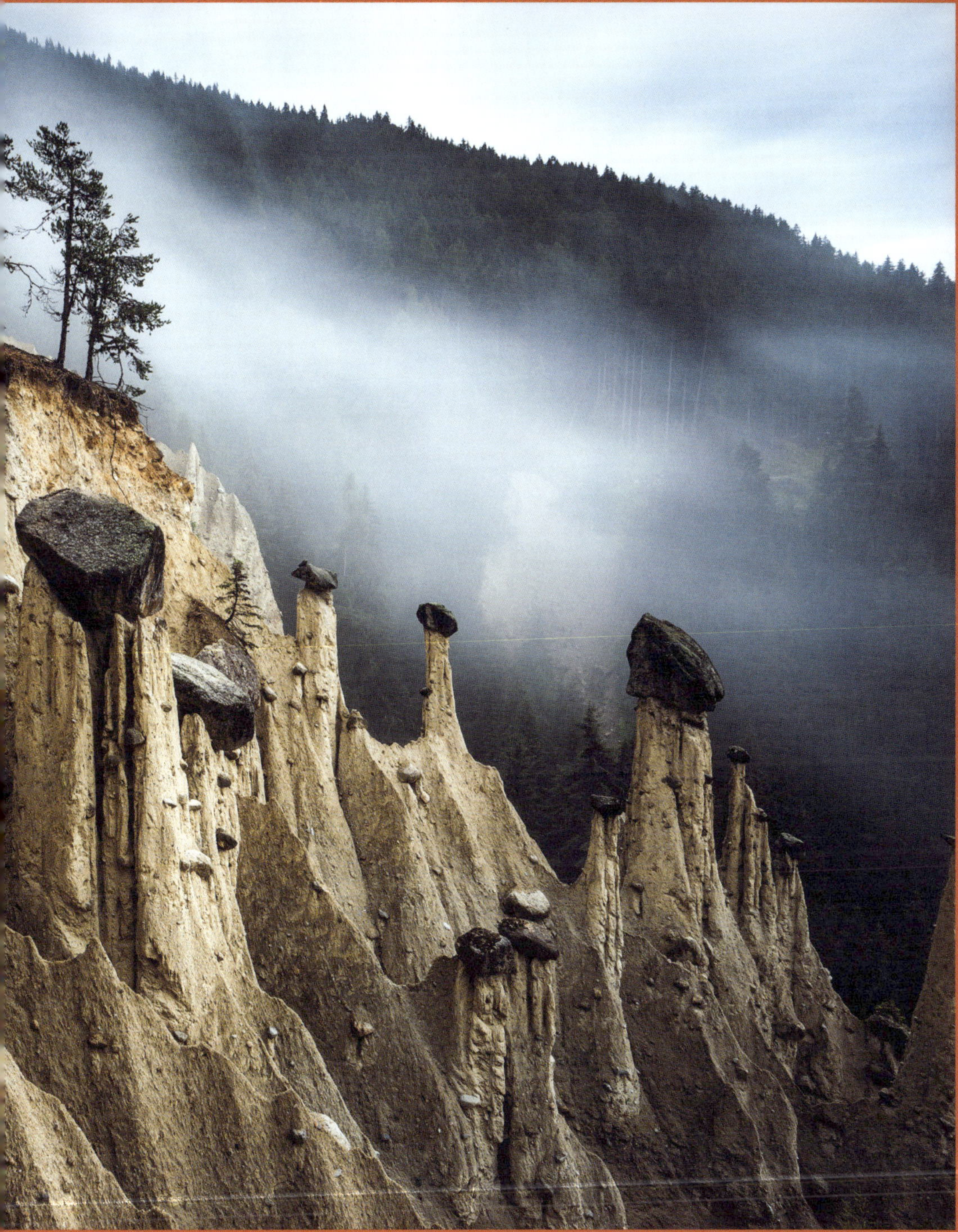

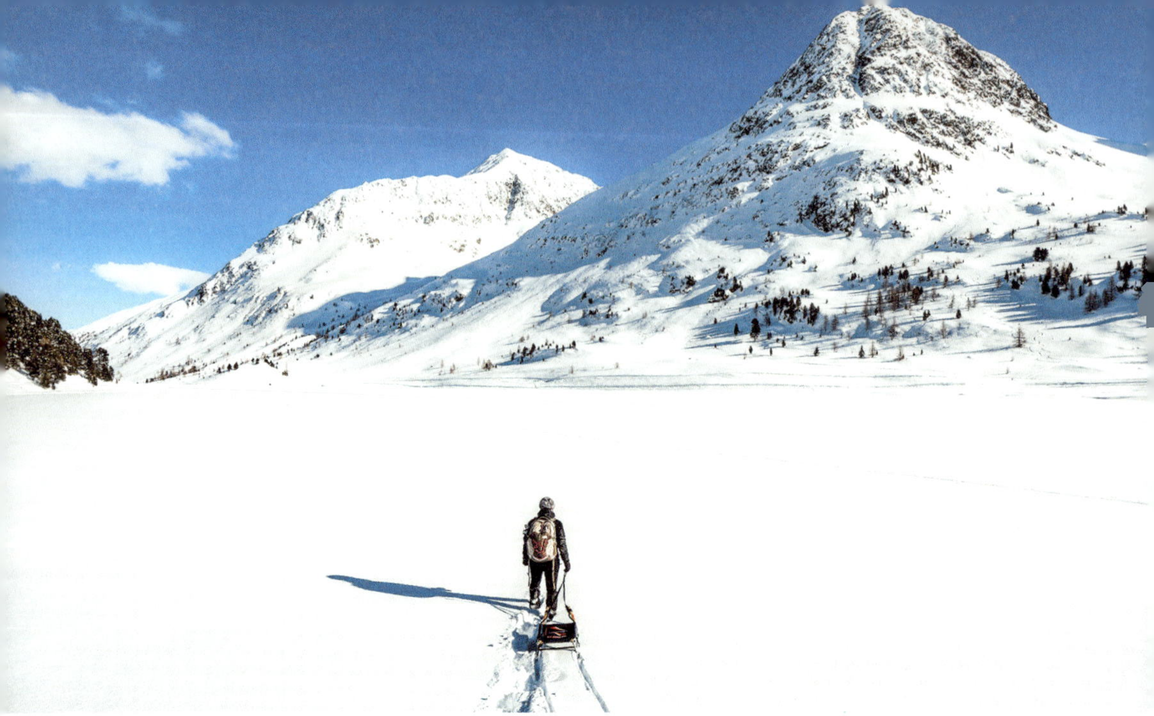

31 Zum Staller Sattel

Winterwanderung mit Rodelpartie

Umrahmt von einer malerischen Bergkulisse befindet sich am Ende des Antholzer Tales der drittgrößte Bergsee Südtirols, der Antholzer See. Im Winter, wenn die Straße auf den Staller Sattel für den Verkehr gesperrt ist, kann man die Wanderung auf den Pass mit einer anschließenden Rodelfahrt verbinden.

Beginn dieser herrlichen Tour ist der Parkplatz beim Biathloncenter Antholz (1.631 m). Von dort folgt man der Straße taleinwärts bis zum Antholzer See, wo ein gespurter Weg für Fußgänger am Ufer entlangführt. Begleitet vom prächtigen Bergpanorama des Naturparks Rieserferner-Ahrn geht es bis an das obere Ende des Sees. Beim Restaurant Platzl am See angekommen, folgt man nun der verschneiten Passstraße in leichter Steigung und über mehrere Kehren bis ganz nach oben. Wer Schneeschuhe dabei hat, der stapft am besten rechts neben der Fahrbahn auf dem Weg Nr. 11 durch den Tiefschnee im Wald. Der Pfad kürzt immer wieder Teile der Straße ab, dafür geht es an manchen Stellen etwas steiler hinauf. Egal für welche Variante man sich entscheidet, die Ausblicke im jüngsten der sieben Südtiroler Naturparks sind einfach

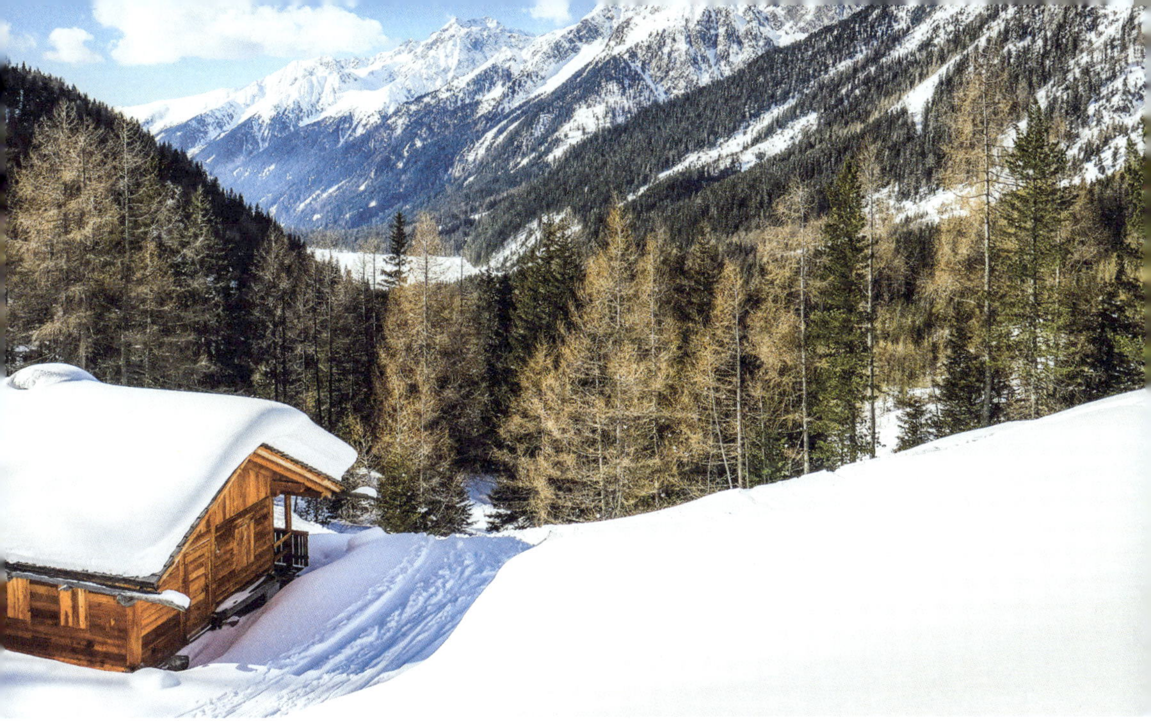

←
Über den gefrorenen Obersee geht es zurück auf die Passstraße

↑
Über den Steig Nr. 11 geht es vorbei an verschneiten Hütten und mit Blick hinab ins Tal {EXIF: Panasonic LUMIX G70 | 14–42 mm @ 14 mm | f/8 | 1/640 s}

fantastisch. Nach etwa 2 Stunden hat man die Passhöhe auf 2.052 m erreicht, wo das Antholzer Tal auf das Defereggental in Osttirol trifft. Weiter der Markierung Nr. 11 folgend, geht es noch zum 15 Minuten entfernten Alpengasthaus Obersee, das eingebettet in einer reizenden Winterlandschaft am zugefrorenen Obersee liegt. Dort kann man sich eine Rodel ausleihen, um über die ca. 4,5 km lange Passstraße in knapp 30 Minuten wieder hinunter Richtung Antholzer See zu fahren. Unten angelangt wird die Rodel einfach vor der Enzianhütte (1.655 m) abgestellt. Danach geht es entlang der linken Uferseite wieder zurück zum Ausgangspunkt. Ist das Eis noch dick genug, dann besteht auch die Möglichkeit, den Weg direkt über den See fortzusetzen.

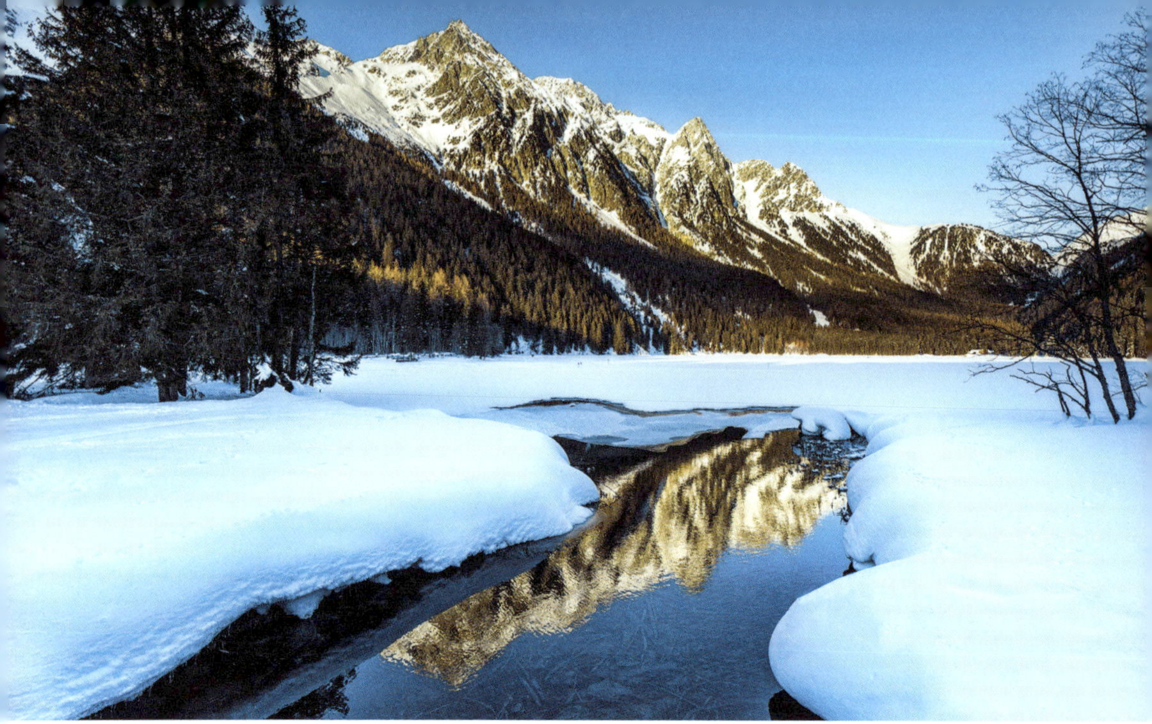

↑
Abenddämmerung am Antholzer See – dort, wo es noch keine Eisdecke gibt, spiegeln sich die Bergspitzen im Wasser. {EXIF: Canon EOS 5D Mark II | 17–40 mm @ 17 mm | f/9 | 1/160 s} {GPS: 46.884145, 12.159558}

FOTOTIPP

Es muss nicht immer schönes Wetter sein
Schlechtwetter ist kein Grund, die Kamera zu Hause zu lassen, denn der Reiz mancher Orte kommt bei Wolken, Regen und Wind erst so richtig zur Geltung. Besonders an solchen Tagen zeigen sich die Naturgewalten am besten und es bieten sich spannende Motive (siehe Seite 187). Trotzdem sollte man den Wetterbericht immer im Auge behalten und die Gefahren richtig abschätzen, denn ein Gewitter mit Blitzen kann im Gebirge auch zum Risiko werden.

Einfache Wanderung auf den im Winter gesperrten Staller Sattel inmitten einer beeindruckenden Berglandschaft. Vom Pass geht es mit einer Leihrodel wieder hinunter ins Tal.

Von Bruneck nach Rasen und dort hinein in das Antholzer Tal bis zum Parkplatz beim Biathloncenter (im Sommer gebührenpflichtig).

(leicht)

- Gebiet: Pustertal, Südtirol
- Tal: Antholzer Tal
- Start: Biathloncenter Antholz
- Ziel: Biathloncenter Antholz
- Dauer: 3:15 Std. (wenn man nur zu Fuß geht, 4:00 Std.)
- Strecke: 12,9 km
- Aufstieg: 465 Hm
- Abstieg: 465 Hm
- Wann: Frühling, Sommer, Herbst, Winter

Landschaft: ●●●●○
Abwechslung: ●●●●○
Kondition: ●●●○○
Technik: ●●○○○

ja

Biathloncenter Antholz (1.631 m) → Straße taleinwärts bis zum Antholzer See → am oberen Ende des Sees die Passstraße hinauf → alternativ mit Schneeschuhen Weg Nr. 11 → Passhöhe auf 2.052 m → Weg Nr. 11 zum Obersee → mit der Rodel die Passstraße wieder hinunter zum Antholzer See → zurück zum Ausgangspunkt

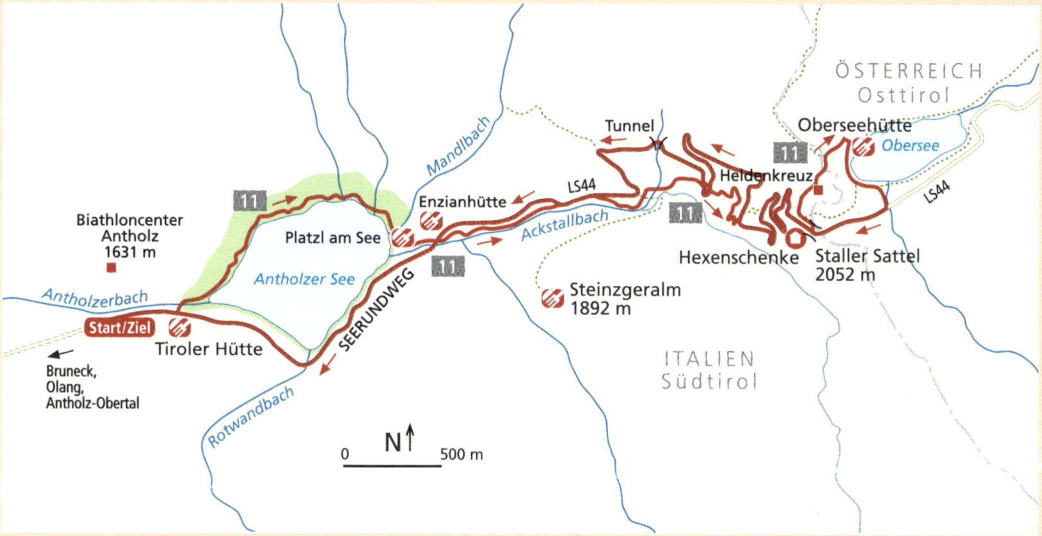

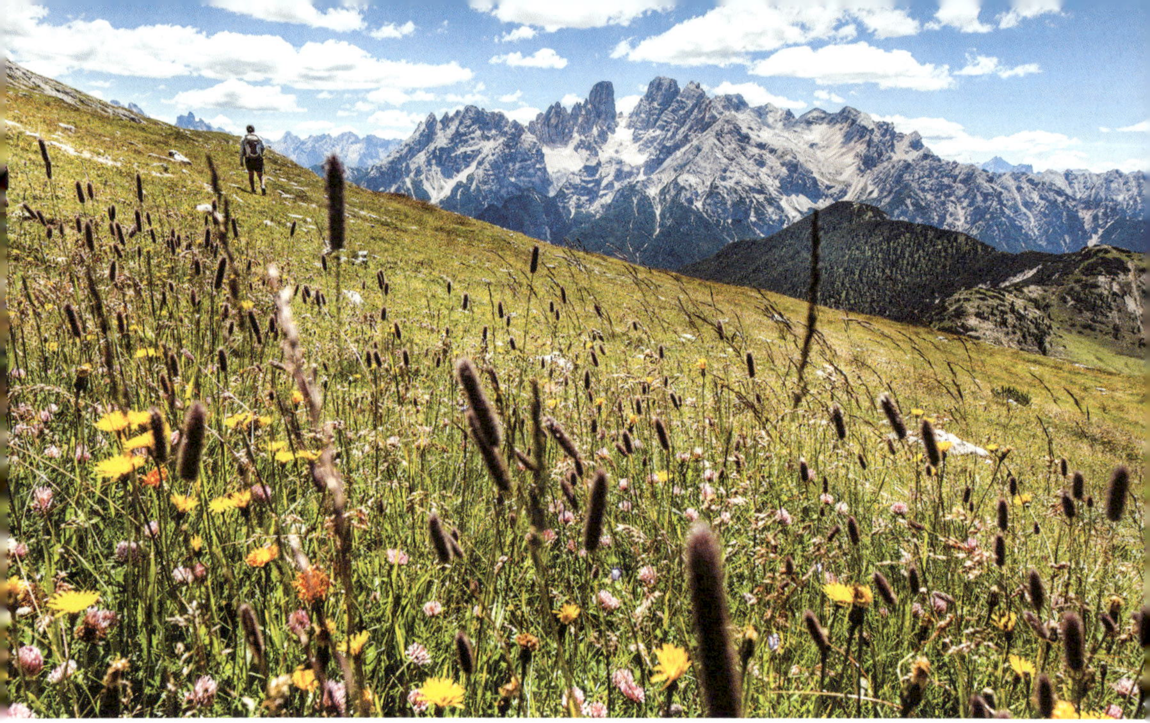

32 Die Hochalm Plätzwiese

Wunderschöner Aussichtsberg in den Dolomiten

Unweit vom malerischen Pragser Wildsee liegt auf 2.000 m Höhe die beliebte Hochalm Plätzwiese. Der Ausblick auf die umliegende Bergwelt der Pragser Dolomiten bis hin zu den berühmten Drei Zinnen ist beeindruckend. Die Tour führt auf den Dürrenstein, einen fantastischen Aussichtsberg.

Start dieser Wanderung ist der Parkplatz (1.970 m) bei der Plätzwiese im Pragser Tal. Auf der gut ausgebauten Schotterstraße geht es zunächst zum Berggasthof Plätzwiese (1.990 m), wo auf der rechten Seite neben dem kleinen Kirchlein der Wanderweg Nr. 40 auf den Dürrenstein beginnt. In angenehmer Steigung folgt man dem Pfad bergauf, bis man nach ca. 1:15 Stunden an einem Brunnen vorbeikommt. Ab hier wird der Weg nun noch etwas steiler und anstrengender, dafür erhält man mit jedem zurückgelegten Höhenmeter einen besseren Ausblick auf die traumhafte Bergkulisse. Unweit des Gipfels endet die Almwiese abrupt, die rauen Felswände fallen fast senkrecht in die Tiefe und in der Ferne lassen sich die wohl bekanntesten Gipfel der Dolomiten ausmachen, die Drei Zinnen. Wenig später gilt es noch eine kurze ausgesetzte Passage, die mit Ketten gesichert

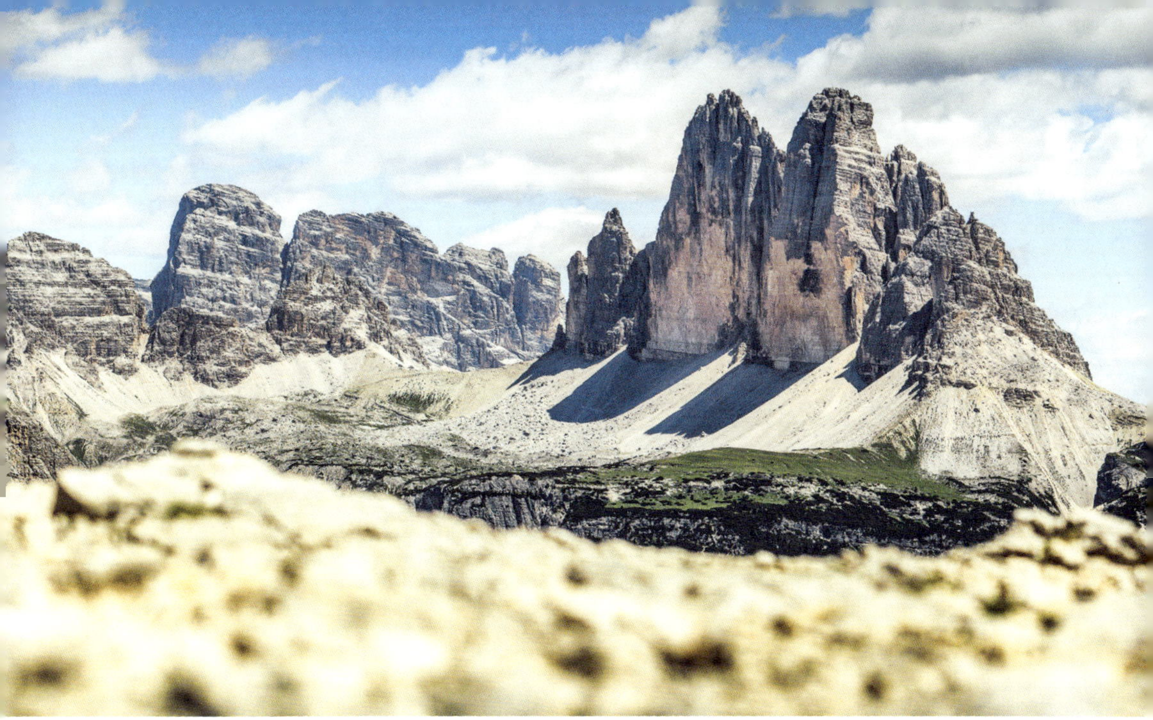

←
Nur wenige Wanderer finden den Frontsteig und so geht es fast alleine zum Strudelkopf. {EXIF: Canon EOS 5D Mark II | 17–40 mm @ 17 mm | f/9 | 1/500 s}

↑
Beim Strudelkopf – mit einem Teleobjektiv holt man sich die Drei Zinnen näher ran. {EXIF: Canon EOS 5D Mark II | 70–200 mm @ 105 mm | f/4,5 | 1/2000 s}

ist, zu überwinden, ehe man nach knapp 2:30 Stunden am Gipfelkreuz steht. Wer trittsicher und schwindelfrei ist, sollte damit allerdings keine Probleme haben. Auf dem Dürrenstein (2.839 m) wird man dann mit einem Rundumblick auf die Sextner Dolomiten, die Fanesgruppe, die Cristallogruppe und darüber hinaus belohnt.
Der Rückweg erfolgt zunächst auf derselben Route. Sobald man wieder den Brunnen passiert, geht man noch etwa 400 m geradeaus weiter, bis ein schmaler und kaum sichtbarer Pfad in die Wiese abzweigt.
Über den Frontsteig geht es nun gemütlich und mit ständigem Panoramablick bis zum Strudelkopf bzw. Heimkehrerkreuz (2.307 m), das nach gut 2 Stunden ab dem Gipfel des Dürrensteins zu erreichen ist. Dort hat man noch einmal einen überwältigenden Blick auf die Drei Zinnen, den Monte Cristallo, die Cadini-Gruppe, die Tofana, die Marmolata und zahlreiche andere Gipfel.
Bergab nimmt man den Dürrensteinhütte-Steig, der direkt zur 35 Minuten entfernten Dürrensteinhütte (2.040 m) führt. Auf der breiten Schotterstraße geht es schlussendlich über die Plätzwiese in einer halben Stunde wieder zurück zum Parkplatz.

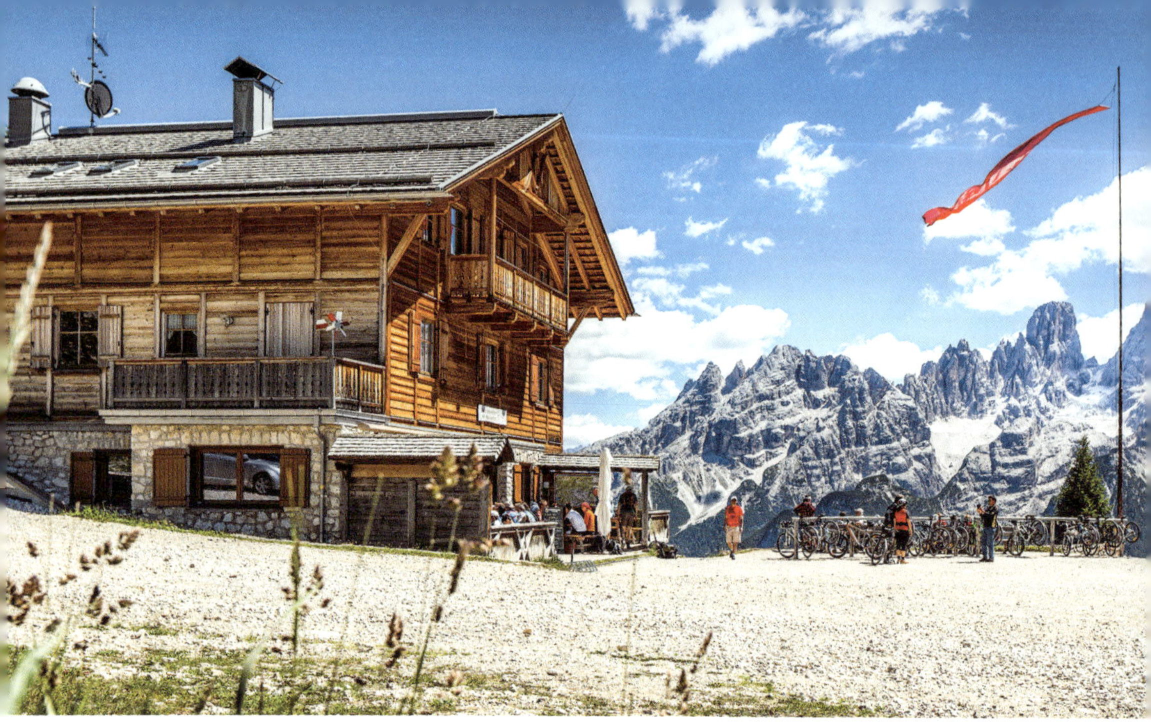

↑
Die Dürrensteinhütte – von hier führt eine breite Schotterstraße wieder zurück zum Ausgangspunkt.

FOTOTIPP

Details am Wegesrand
Wer in die Berge geht, der freut sich vor allem darauf, das herrliche Panorama zu genießen und seinen Blick in die Ferne schweifen zu lassen. Dabei gibt es aber auch manch schöne Dinge direkt am Wegesrand zu entdecken. Das kann ein Schmetterling sein, der sich auf einer Blüte sonnt, ein Regentropfen, der kurz vor dem Abperlen ist, oder einfach eine schöne Alpenblume. Also Augen offen halten, es lohnt sich, auch die kleinen Dinge in den Fokus zu rücken.

Eine ausgedehnte Tagestour auf einen der schönsten Aussichtsberge der Dolomiten, bei der Trittsicherheit, Schwindelfreiheit und etwas Kondition vonnöten sind.

Von Bruneck in Richtung Toblach, nach Welsberg rechts ins Pragser Tal abzweigen. Dort der Beschilderung zur Plätzwiese folgen. Zum Parkplatz Plätzwiese kommt man über eine mautpflichtige Straße, die bei Brückele startet. Die Auffahrt ist kontingentiert und nur zu gewissen Uhrzeiten möglich. Aktuelle Informationen online kontrollieren. Während der Sperre kann man mit dem Bus von Brückele (gebührenpflichtiger Parkplatz) hochfahren.

(mittel)

- Gebiet: Pustertal, Südtirol
- Tal: Pragser Tal
- Start: Parkplatz Plätzwiese (mautpflichtige Straße)
- Ziel: Parkplatz Plätzwiese
- Dauer: 5:30 Std.
- Strecke: 14,4 km
- Aufstieg: 985 Hm
- Abstieg: 985 Hm
- Wann: Frühling, Sommer, Herbst, Winter

Landschaft: ●●●●●
Abwechslung: ●●●●●
Kondition: ●●●●○
Technik: ●●●○○

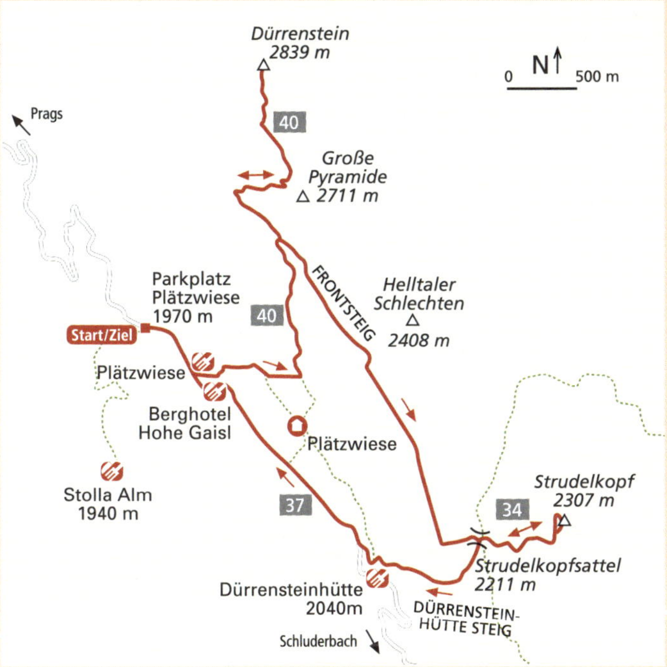

ja

Parkplatz Plätzwiese (1.970 m) → Berggasthof Plätzwiese (1.990 m) → Weg Nr. 40 zum Dürrenstein (2.839 m) → Rückweg zunächst auf derselben Route → vorbei an einem Brunnen, auf einen Pfad in die Wiese abzweigen → über den Frontsteig zum Strudelkopf/Heimkehrerkreuz (2.307 m) → Dürrensteinhütte-Steig zur Dürrensteinhütte (2.040 m) → auf der breiten Schotterstraße zurück zum Parkplatz

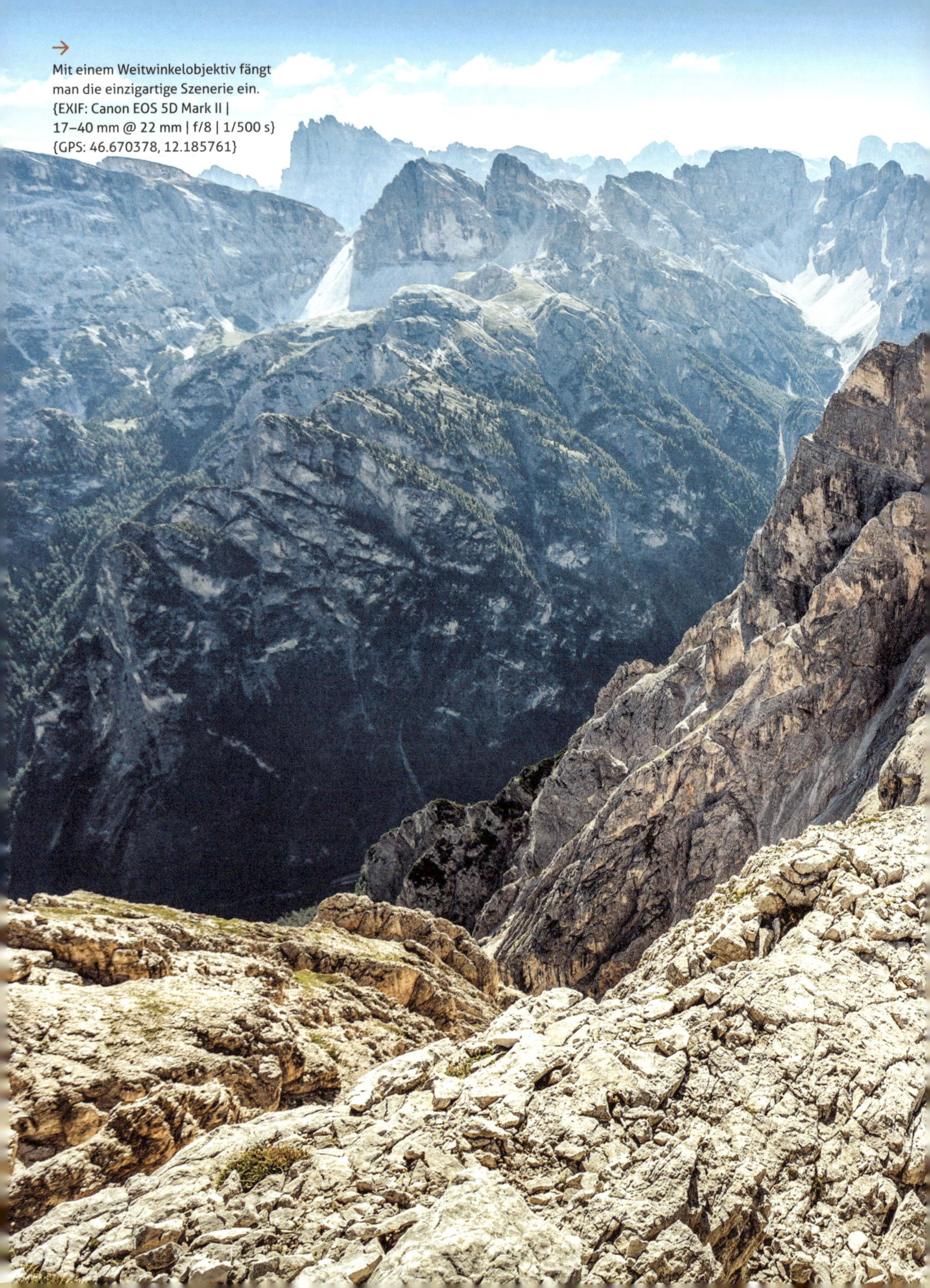

→
Mit einem Weitwinkelobjektiv fängt man die einzigartige Szenerie ein.
{EXIF: Canon EOS 5D Mark II | 17–40 mm @ 22 mm | f/8 | 1/500 s}
{GPS: 46.670378, 12.185761}

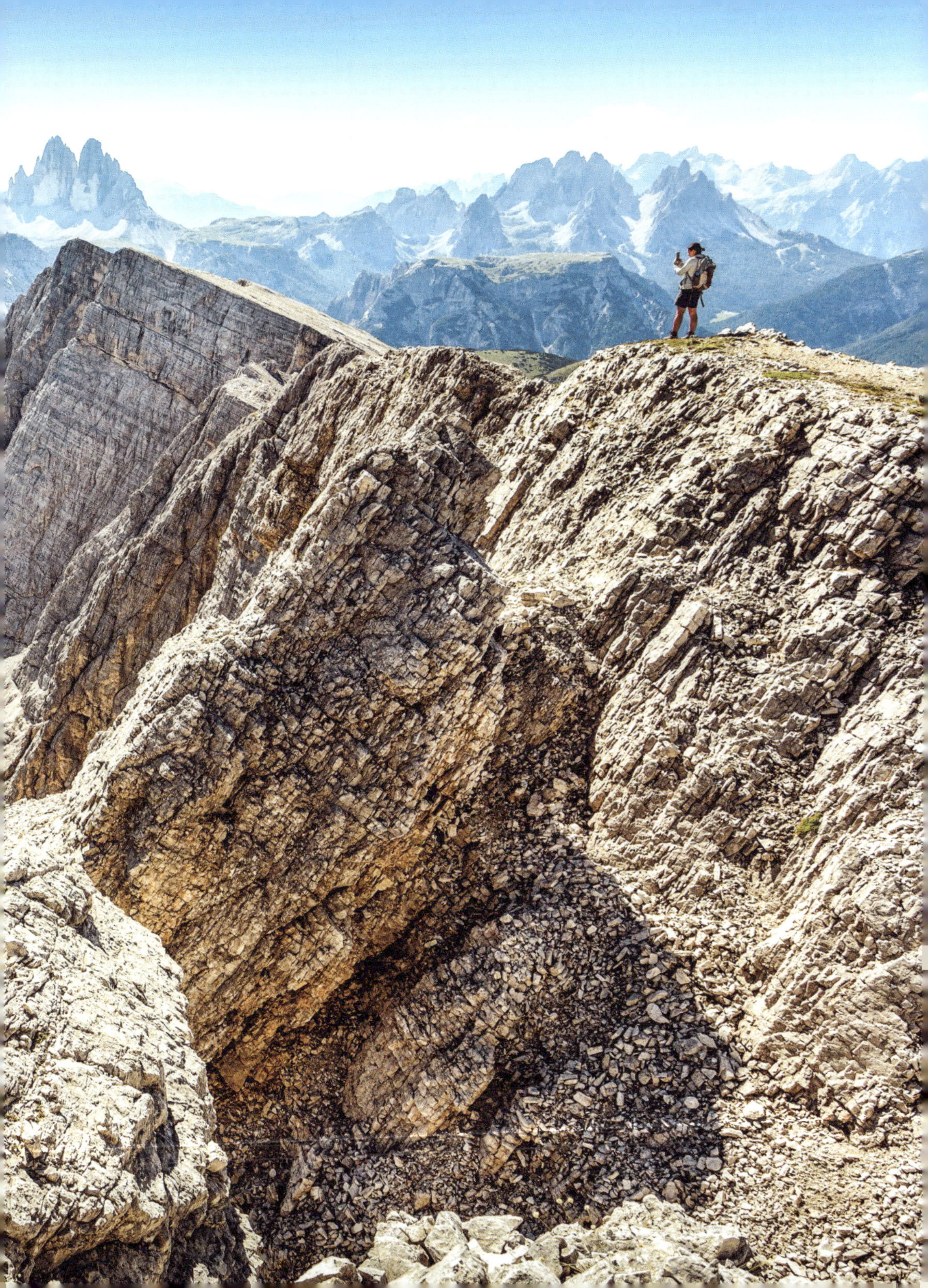

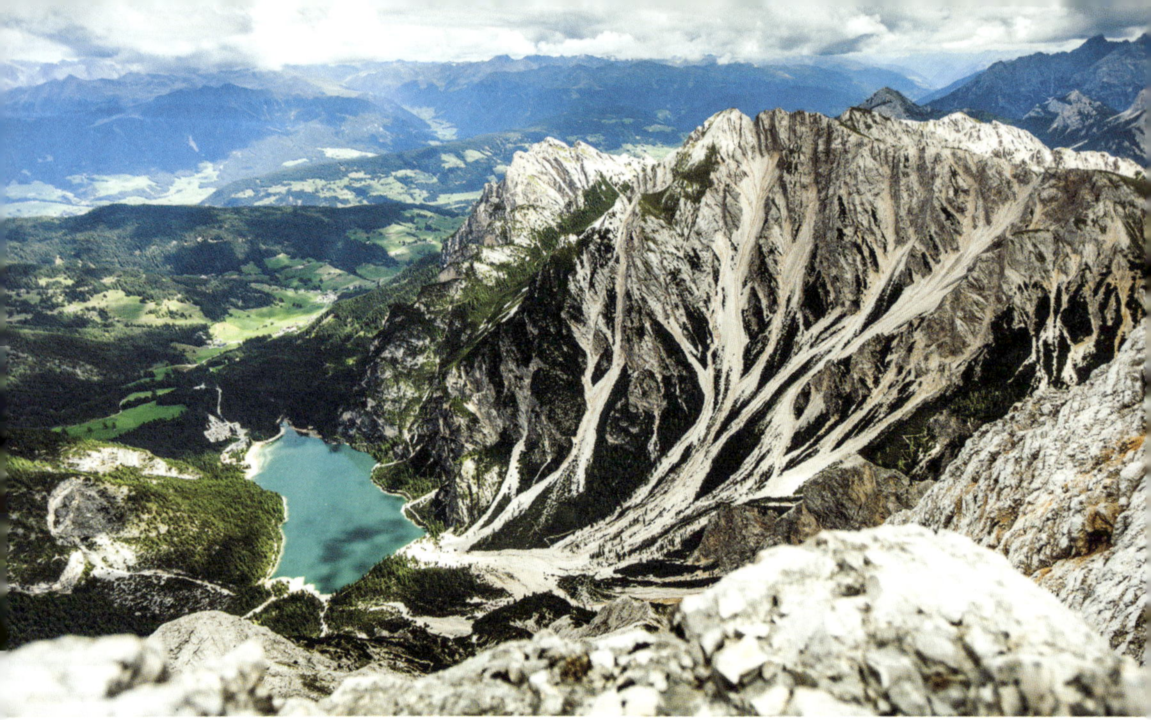

33 Auf den Seekofel

Der Pragser Wildsee aus der Vogelperspektive

Diese lohnenswerte Bergwanderung auf den Seekofel erfordert einiges an Kondition und Bergerfahrung. Dabei lässt bereits zu Beginn der türkis schimmernde Pragser Wildsee das Herz eines jeden Wanderers höher schlagen. Nach dem steilen Aufstieg eröffnen sich am 2.810 m hohen Gipfel ein 360°-Bergpanorama und der atemberaubende Blick hinab auf den See.

Vom Hotel am Pragser Wildsee (1.495 m) geht es auf der rechten Uferseite den flachen Weg entlang bis an das Südende des Sees. Hier folgt man nun der Beschilderung Nr. 1 zur Seekofelhütte. Über einen gut angelegten, jedoch steilen Pfad geht es zuerst über ein Geröllfeld und anschließend durch den Wald in das sogenannte Nabige Loch. In einem Flachstück gilt es noch eine einfache, mit Drahtseil gesicherte Stelle zu überwinden, bevor es wieder bergauf geht. An der nächsten Gabelung hält man sich rechts, weiter der Markierung Nr. 1 folgend, bis sich der Wald lichtet. Über eine drahtseilgesicherte Serpentine schraubt sich der Weg den Fels hinauf und führt nach insgesamt etwa 3 Stunden durch das Ofental zur Ofenscharte (2.380 m) mit dem Marien-Bildstock.

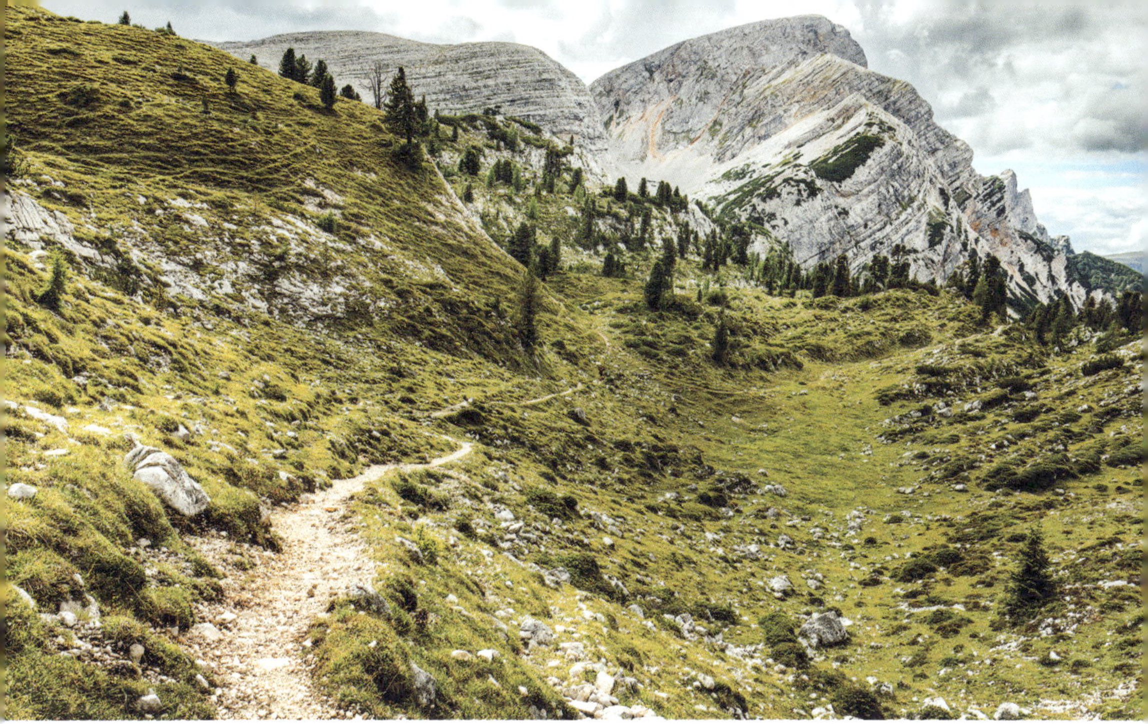

←
Das klassische Foto vom Pragser Wildsee dürfte mittlerweile jeder kennen, weniger bekannt, aber kein Stück unspektakulärer ist der Blick aus der Vogelperspektive vom Seekofel. {EXIF: Canon EOS 5D Mark II | 17–40 mm @ 17 mm | f/4 | 1/1000 s} {GPS: 46.674854, 12.073423}

↑
Über den Pfad Nr. 4 geht es zurück ins Nabige Loch.

Nur 5 Minuten darunter befindet sich die Seekofelhütte, die man zunächst links liegen lässt. Denn vor der dortigen Einkehr folgt ein weiteres anstrengendes Stück. Über den Südostrücken geht es noch etwa 50 Minuten zum Gipfel hoch. Der Aufstieg ist anfangs relativ anspruchsvoll, weil sich der schmale Steig über felsigen Boden steil emporwindet. Teilweise ist der Abschnitt mit einer Kette gesichert, an deren Ende das Gelände flacher wird und das letzte Wegstück bis zum Gipfelkreuz (2.810 m) recht mühelos zu bewältigen ist. Belohnung für die Mühe ist dann die schwindelerregende Aussicht auf den Pragser Wildsee hinab. Nach einer kurzen Rast geht es auf demselben Weg wieder zurück und hinunter zur Seekofelhütte (2.327 m).
Von dort nimmt man den Steig Nr. 28, der relativ flach über den Kamm zur Forcella Cocodain und weiter in Richtung Gamsscharte führt. Nach etwa einer Stunde zweigt man auf die Markierung Nr. 4 ab, über die man hinunter ins Nabige Loch kommt (40 Minuten) und von dort weiter auf den bereits bekannten Pfad Nr. 1 zum Pragser Wildsee. Über das etwas längere und stufenreichere Ostufer geht es schließlich zurück zum Ausgangspunkt.

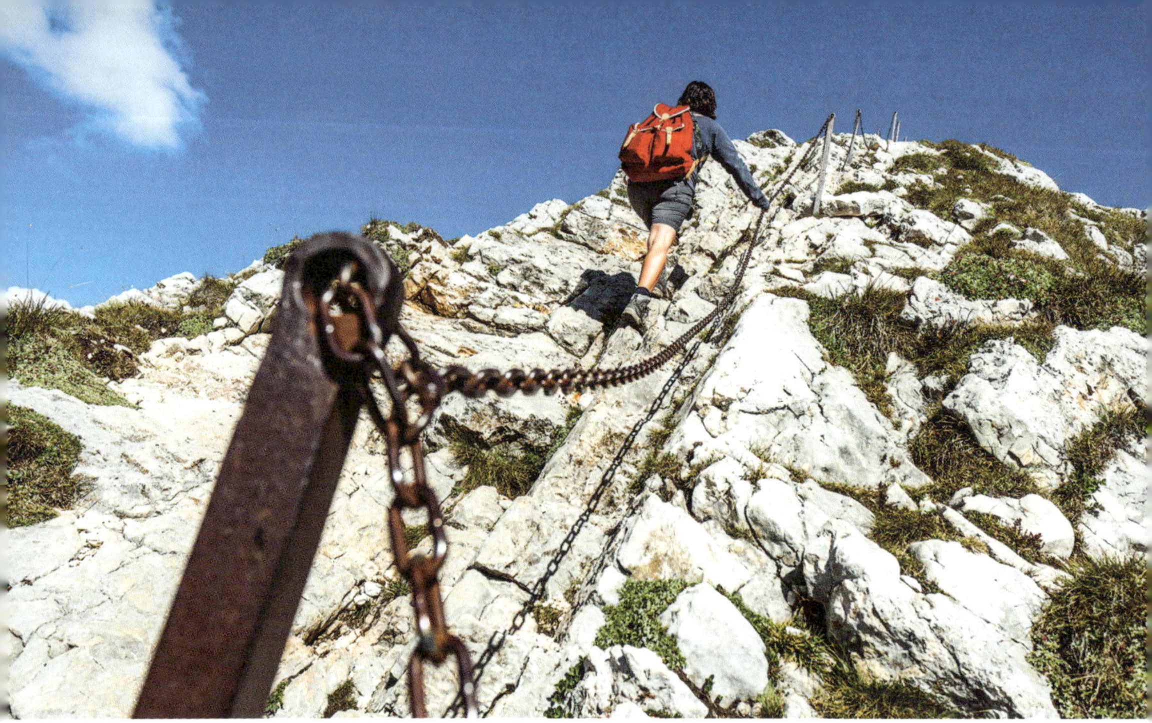

↑ Auch einmal die Wanderin in Aktion festhalten. {EXIF: Canon EOS 5D Mark II | 17–40 mm @ 23 mm | f/7,1 | 1/1250 s}

↓ Entlang des stufenreichen Ostufers erreicht man schließlich wieder den Ausgangspunkt.

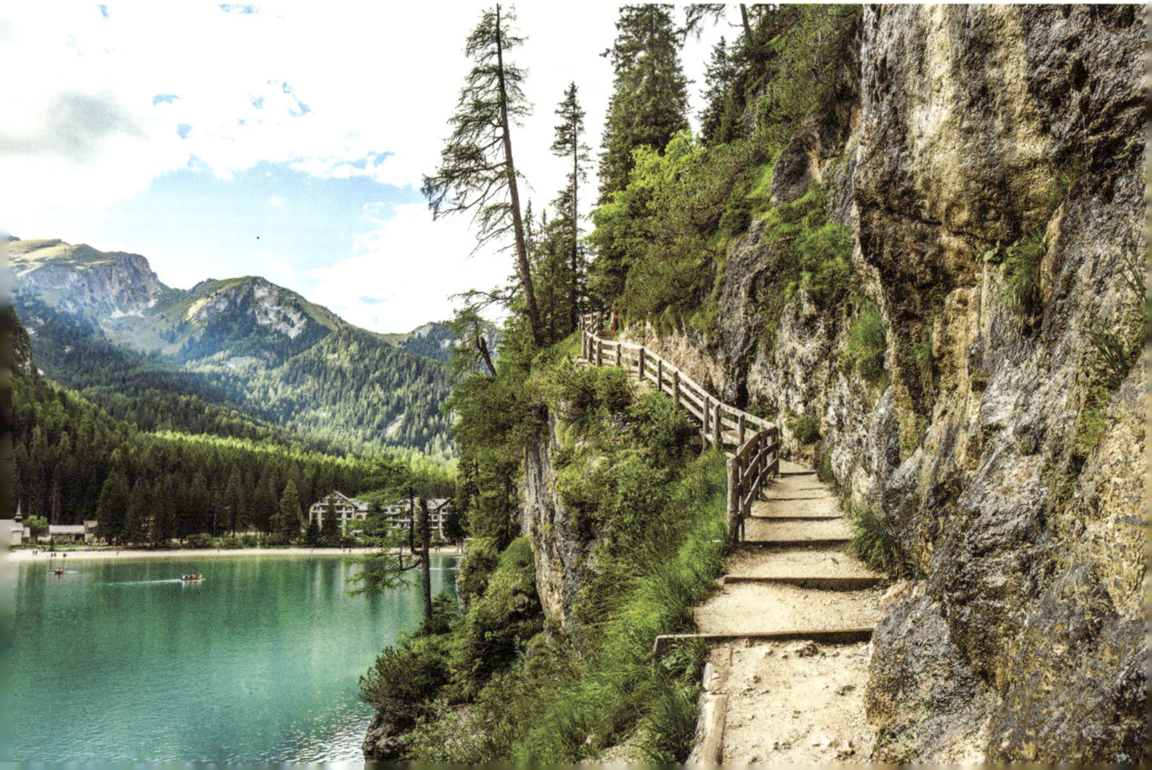

Diese lange Bergtour erfordert einiges an Kondition, Trittsicherheit und Schwindelfreiheit, dafür wird man mit traumhaften Aussichtspunkten entlang des Weges belohnt.

Von Bruneck in Richtung Toblach, kurz nach Welsberg rechts ins Pragser Tal abbiegen und bis an das Talende fahren. Vorher online informieren wegen Zufahrtsbeschränkung.

(schwer)

- Gebiet: Pustertal, Südtirol
- Tal: Pragser Tal
- Start: Parkplatz Pragser Wildsee (gebührenpflichtig)
- Ziel: Parkplatz Pragser Wildsee
- Dauer: 7:30 Std.
- Strecke: 18,1 km
- Aufstieg: 1.445 Hm
- Abstieg: 1.445 Hm
- Wann: Sommer, Herbst

Landschaft: ●●●●●
Abwechslung: ●●●●●
Kondition: ●●●●●
Technik: ●●●●○

ja

Parkplatz Pragser Wildsee (1.495 m) → das Westufer entlang bis an das Südende des Sees → Weg Nr. 1 → Ofenscharte (2.380 m) → über den Südostrücken zum Gipfelkreuz (2.810 m) → zurück zur Ofenscharte → vorbei an der Seekofelhütte (2.327 m) auf den Steig Nr. 28 → Weg Nr. 4 → Weg Nr. 1 zum Pragser Wildsee → über das Ostufer zurück zum Ausgangspunkt

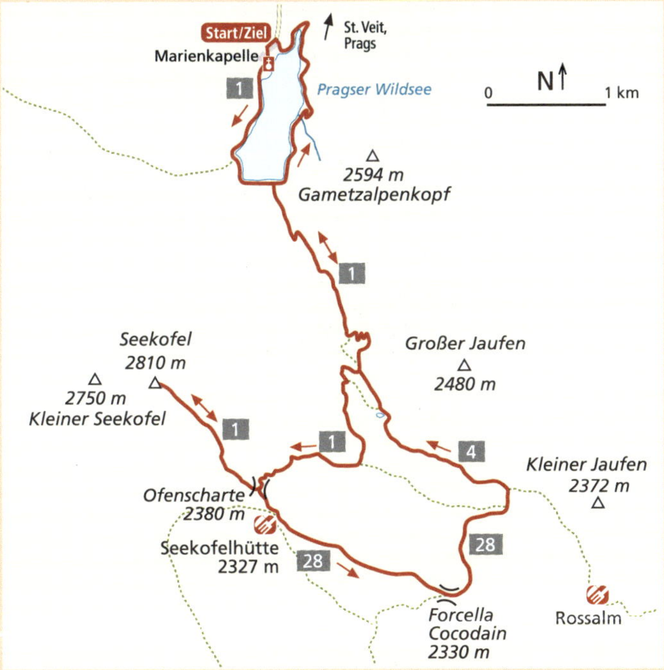

TOP FOTOSPOT

Pragser Wildsee, Pragser Tal

Umrahmt von einer traumhaften Bergkulisse, liegt der Pragser Wildsee inmitten der Dolomiten. Das kleine, auf Pfählen gebaute Bootshaus, sein smaragdgrünes Wasser und der im Hintergrund imposant aufragende Seekofel lassen jedes Fotografenherz höher schlagen. Hier wurde die italienische Fernsehserie „Un passo dal cielo" gedreht und das hat zur Folge, dass der Pragser Wildsee vor allem in den Sommermonaten Juli und August regelrecht überrannt wird. Daher sollte man immer so früh wie möglich dort sein.

Koordinaten: 46.698684, 12.086018
Wie kommt man hin: Von Bruneck in Richtung Toblach, kurz nach Welsberg rechts ins Pragser Tal abbiegen und bis an das Talende fahren. Das Bootshaus befindet sich unweit des dortigen Parkplatzes (vorher online informieren).
Exif-Daten: Canon EOS 5D Mark II | 17–40 mm @ 20 mm | f/9 | 1/8 s
Aufnahmedatum: 15.08. – 06:24 Uhr

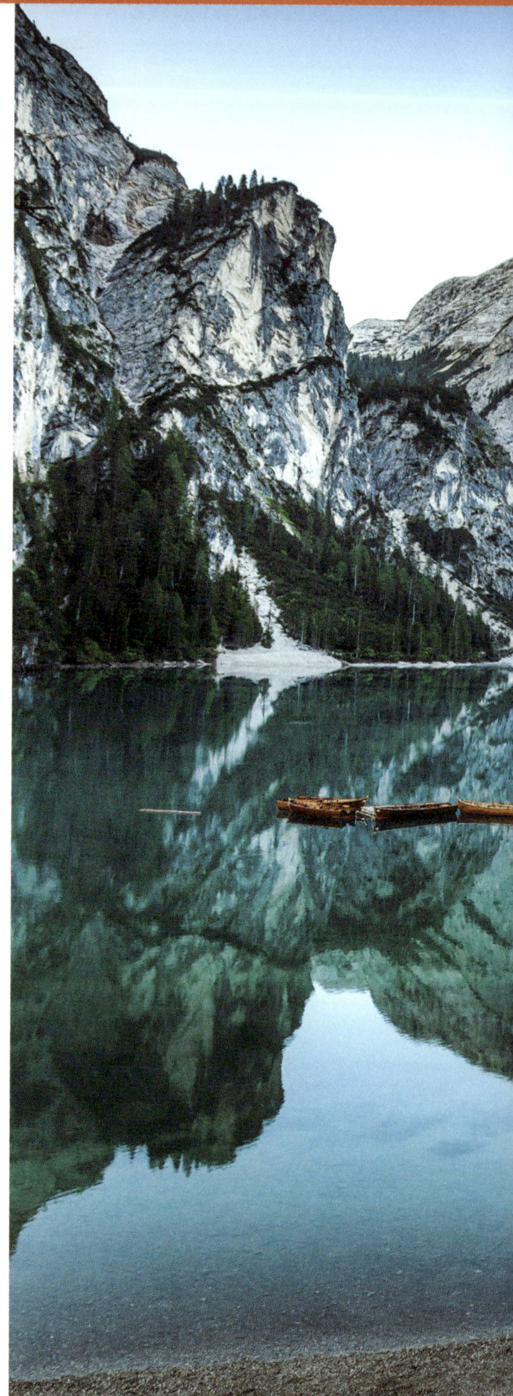

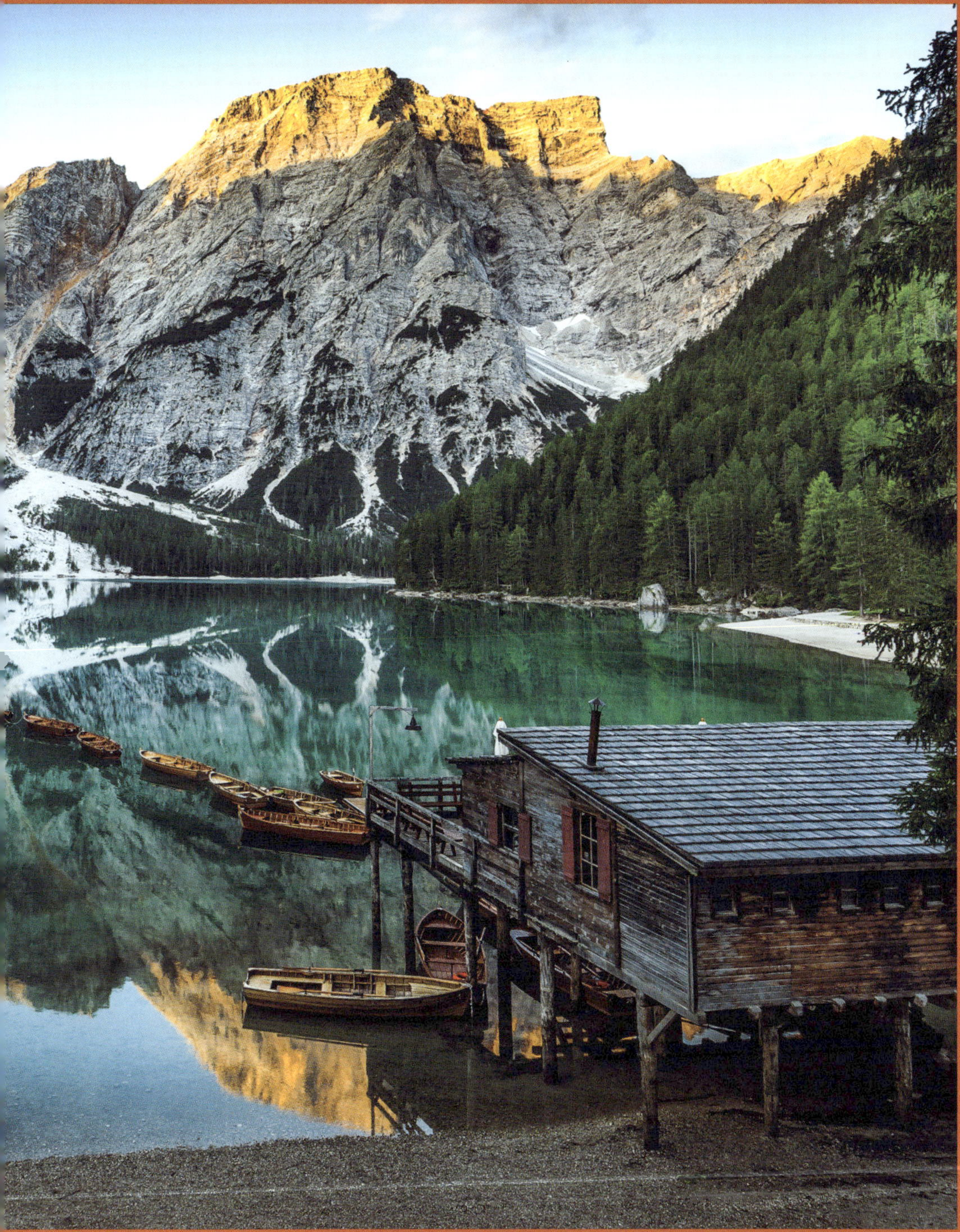

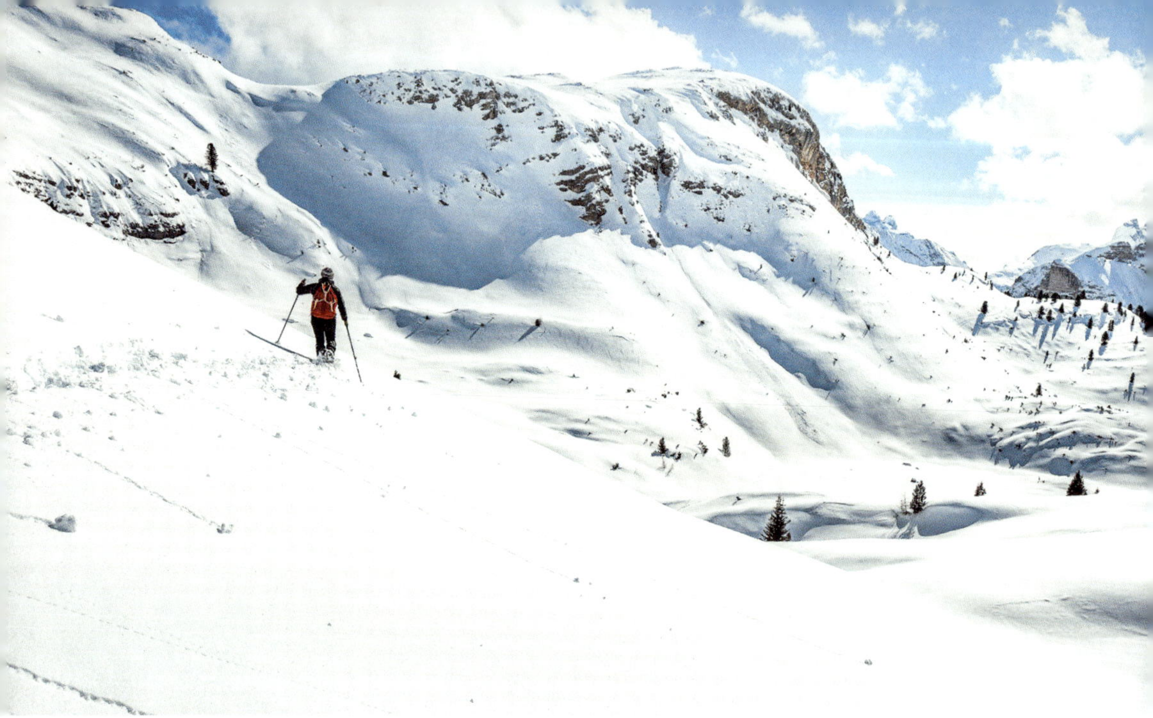

34 Zur Hütte Munt de Sennes

Durch den Naturpark Fanes-Sennes-Prags

Tief verschneite Wälder, kalte klare Bergluft und eine malerische Winterlandschaft erwarten einen bei einer Schneeschuhwanderung im Naturpark Fanes-Sennes-Prags. Seine zahlreichen Wanderwege machen ihn das ganze Jahr über zu einem sehr beliebten Ausflugsziel in den Dolomiten.

Ausgangspunkt dieser Winterwanderung ist das Berggasthaus Pederü (1.548 m) am Ende des Rautals. Von hier folgt man der Markierung Nr. 7 in Richtung Senneshütte. Gleich zu Beginn geht es über eine bestens präparierte, aber steile Serpentinenstraße aus dem Ersten Weltkrieg bergauf. Sobald sie flacher wird, kommt man an eine Gabelung, bei der man links auf den Pfad Nr. 7A abzweigt. Wenig später und nach einer weiteren kurzen Steigung trifft man wieder auf den breit gespurten Weg, über den man nach insgesamt 2 Stunden die Senneshütte (2.126 m) und die danebenliegende kleine Ansiedlung von Almhütten erreicht. Ringsum hat man ein tolles Bergpanorama in einer Landschaft, die von einer weißen Schneedecke verhüllt ist.
Von hier aus tritt man wieder den Rückweg an, bleibt dabei aber auf dem breiten Weg Nr. 7 und kommt am Almdorf Fodara Vedla

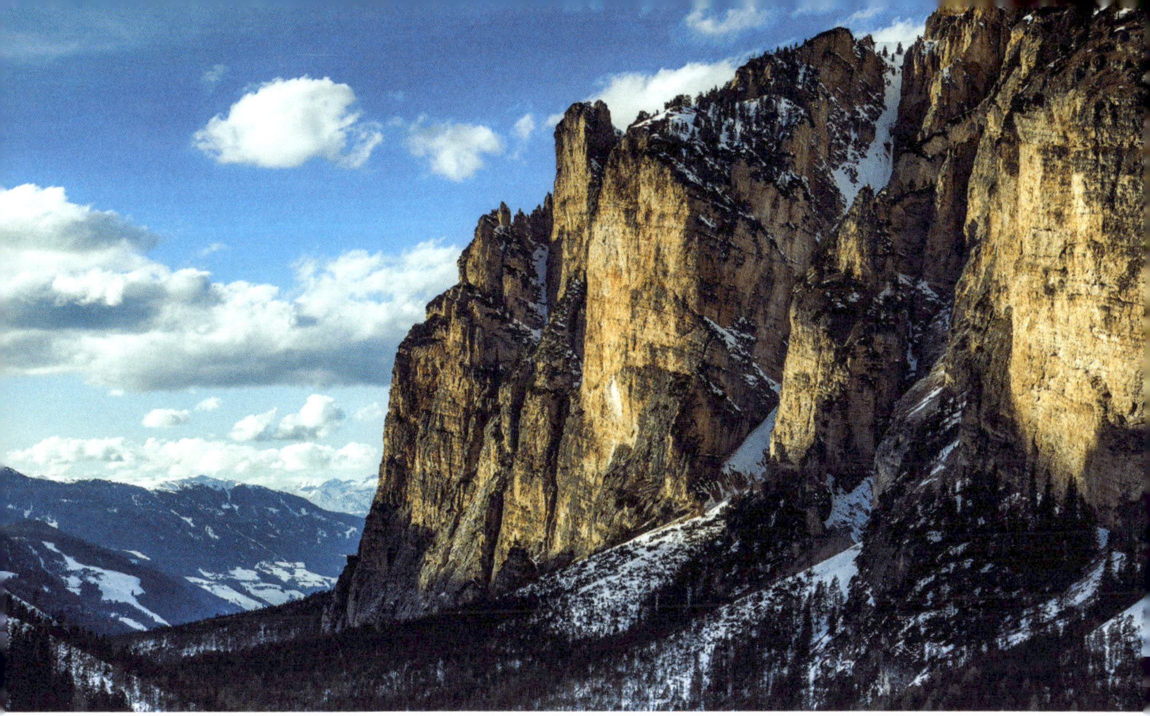

←
Über einen unmarkierten Steig geht es ab der Hütte Munt de Sennes im Tiefschnee weiter

↑
Die letzten Sonnenstrahlen lassen die Berge leuchten {EXIF: Canon EOS 5D Mark II | 70–200 mm @ 73 mm | f/8 | 1/400 s}

(1.965 m) vorbei. Die Runde eignet sich auch für Wanderungen ohne Schneeschuhe, der Weg zur Senneshütte ist bestens präpariert.

Mit Schneeschuhen und einer Orientierungshilfe besteht die Möglichkeit, die Tour zu einer Rundwanderung auszudehnen:
Ab der Senneshütte geht es auf dem ebenfalls präparierten Weg Nr. 27 noch ca. 30 Minuten weiter bis zur Hütte Munt de Sennes (im Winter geschlossen). Kurz nach der Hütte, an der Wegbeschilderung, zweigt ein unmarkierter Pfad links ab. Im Sommer ein kleiner Steig, ist er im Winter unter der Schneedecke nicht mehr zu erkennen. Nur wer ortskundig ist oder eine Orientierungshilfe dabeihat, sollte sich für diesen Weg entscheiden. Dafür stapft man nun, einsam und alleine, durch eine verträumte Winterlandschaft am Fuße des Col de Lasta abwärts. Ist man unten angekommen, geht es auf der anderen Seite wieder steil und anstrengend hoch. Man hält sich links, läuft durch den Wald stetig abwärts, bis man nach etwas mehr als einer Stunde wieder auf den Pfad Nr. 7A trifft. Ab hier geht es zurück zum noch 50 Minuten entfernten Ausgangspunkt.

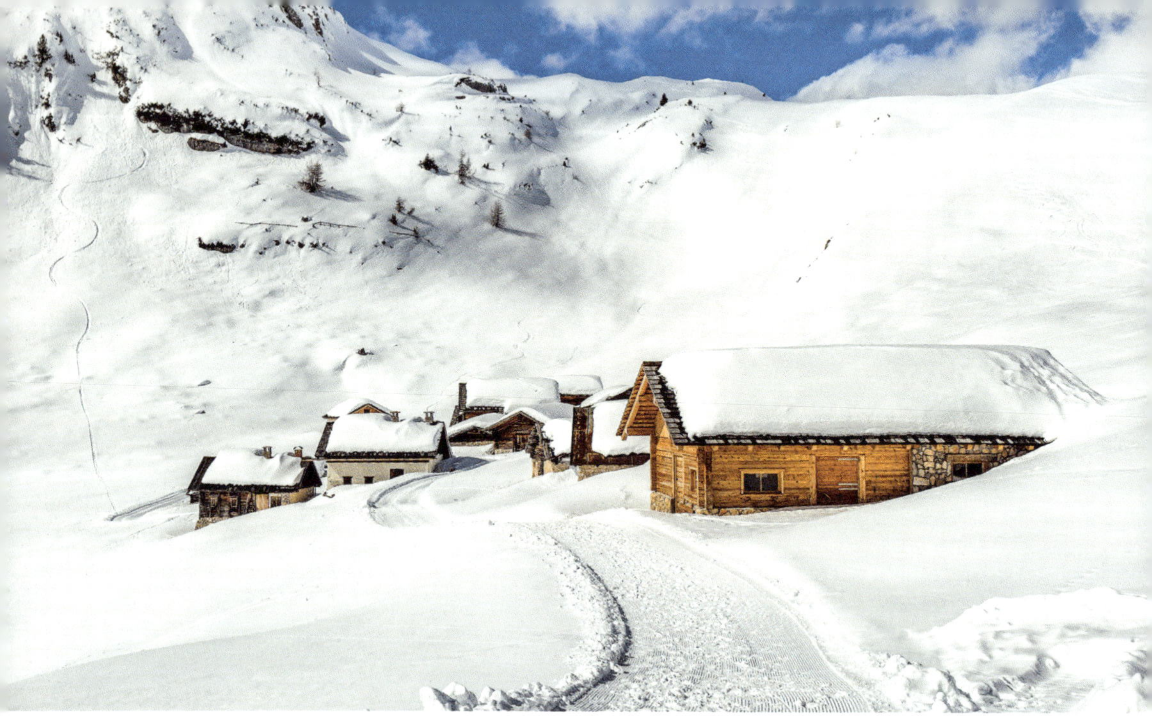

↑
Die kleine Almhütten-Ansiedlung bei der Senneshütte {EXIF: Canon EOS 5D Mark II | 17–40 mm @ 33 mm | f/9 | 1/1600 s} {GPS: 46.653272, 12.059462}

FOTOTIPP

Goldene Stunde
Der Zeitraum kurz nach Sonnenaufgang und vor Sonnenuntergang wird als goldene Stunde bezeichnet. Denn während die hoch stehende Mittagssonne starke Kontraste verursacht und Aufnahmen oft kalt und blass erscheinen lässt, taucht die tief stehende Sonne die Landschaft in ein wunderschönes rötlich-warmes Licht. Die Schatten werden länger, was wiederum Struktur und Tiefe in das Bild bringt und beste Bedingungen zum Fotografieren bietet (siehe Seite 229).

Eine gemütliche Winterwanderung in einzigartiger Dolomitenlandschaft, die man mit Schneeschuhen und Ortskenntnis zu einer Rundwanderung abseits der gespurten Wege ausdehnen kann, was den Schwierigkeitsgrad allerdings erhöht.

Von Bruneck nach St. Lorenzen und weiter bis nach Zwischenwasser. Dort links abzweigen über St. Vigil in Enneberg bis ans Talende zum Berggasthaus Pederü.

(mittel)

- Gebiet: Pustertal, Südtirol
- Tal: Gadertal
- Start: Berggasthaus Pederü (Parkplatz gebührenpflichtig)
- Ziel: Berggasthaus Pederü
- Dauer: 4:45 Std.
- Strecke: 11,7 km
- Aufstieg: 745 Hm
- Abstieg: 745 Hm
- Wann: Frühling, Sommer, Herbst, Winter

Landschaft: ●●●●●
Abwechslung: ●●●●○
Kondition: ●●●●○
Technik: ●●○○○

ja

Berggasthaus Pederü (1.548 m) → Weg Nr. 7 → Pfad Nr. 7A → Weg Nr. 7 → Senneshütte (2.126 m) → Rückweg wie Hinweg
Alternative nur mit Schneeschuhen und einer Orientierungshilfe zu empfehlen: Senneshütte → Weg Nr. 27 zur Hütte Munt de Sennes (2.200 m) → kurz nach der Hütte über den unmarkierten Weg links hinab → dann wieder den Hang hinauf → durch den Wald → Pfad Nr. 7A → Weg Nr. 7 zurück zum Ausgangspunkt

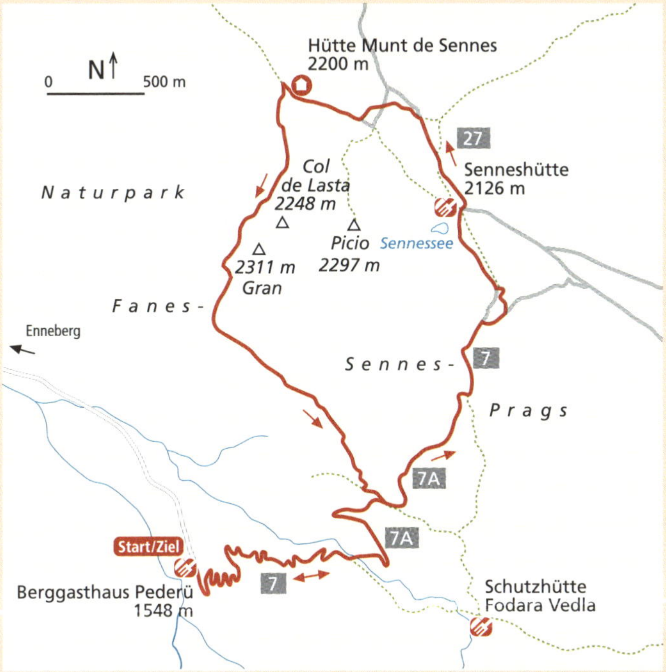

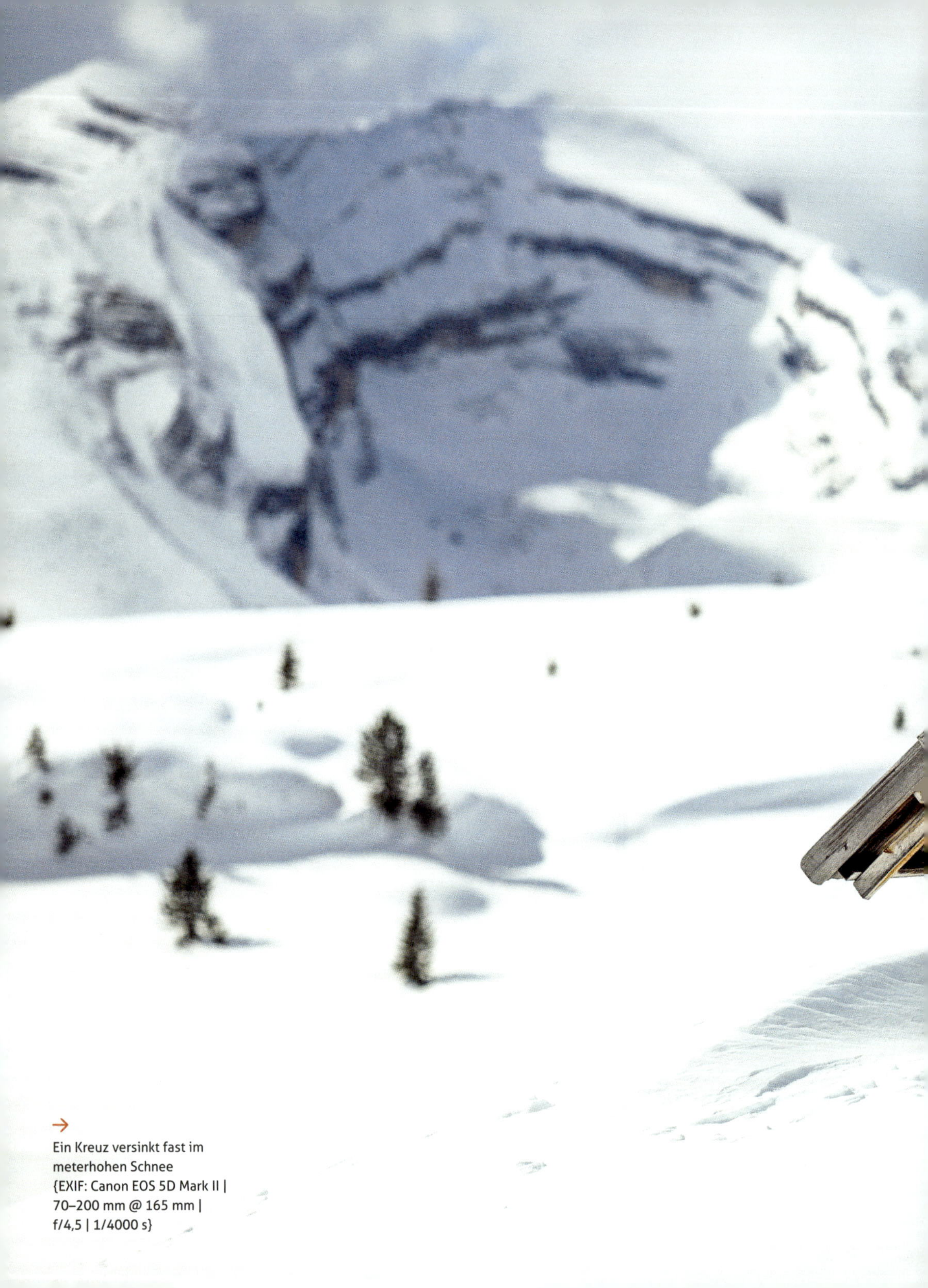

→
Ein Kreuz versinkt fast im meterhohen Schnee
{EXIF: Canon EOS 5D Mark II | 70–200 mm @ 165 mm | f/4,5 | 1/4000 s}

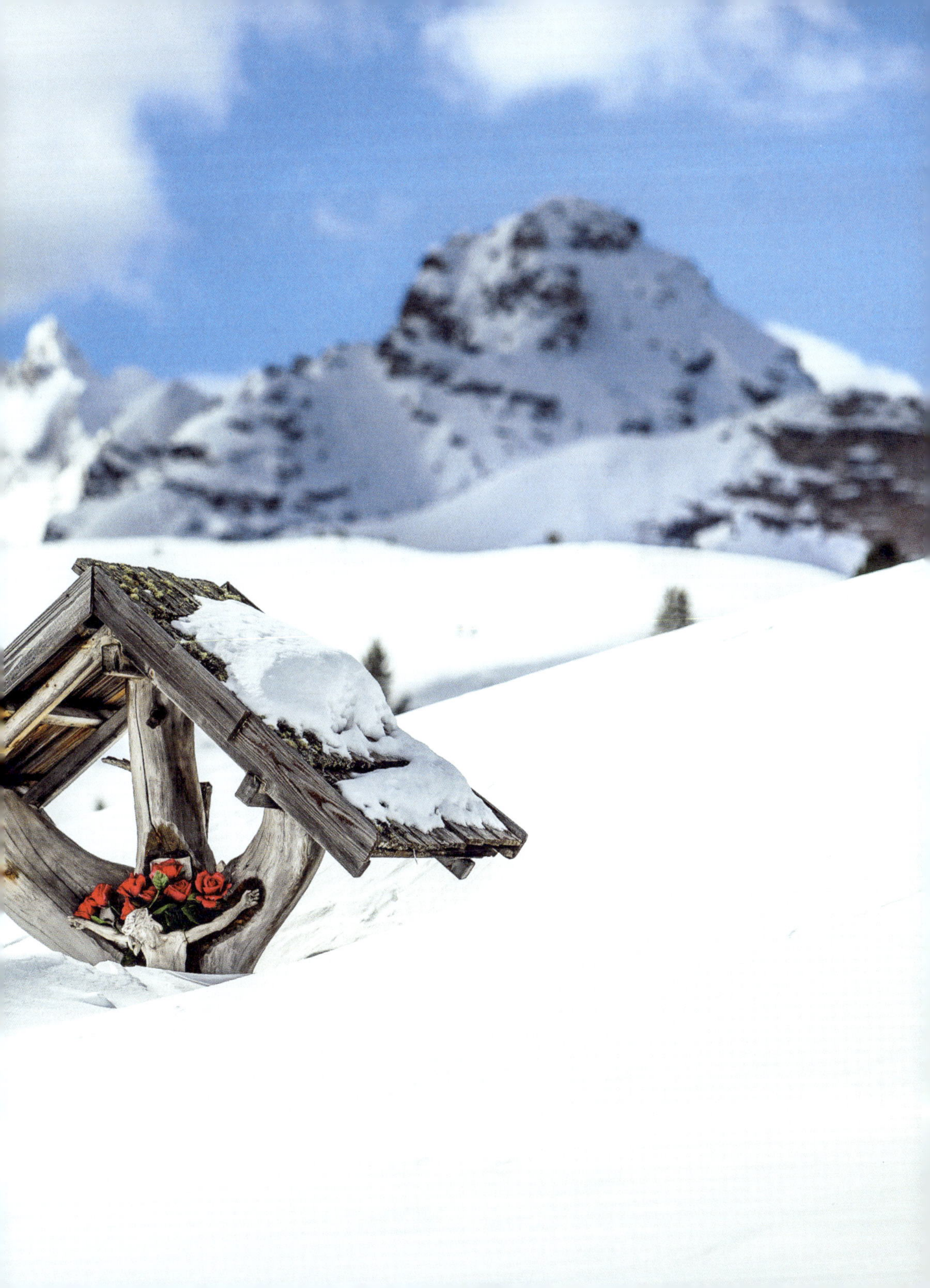

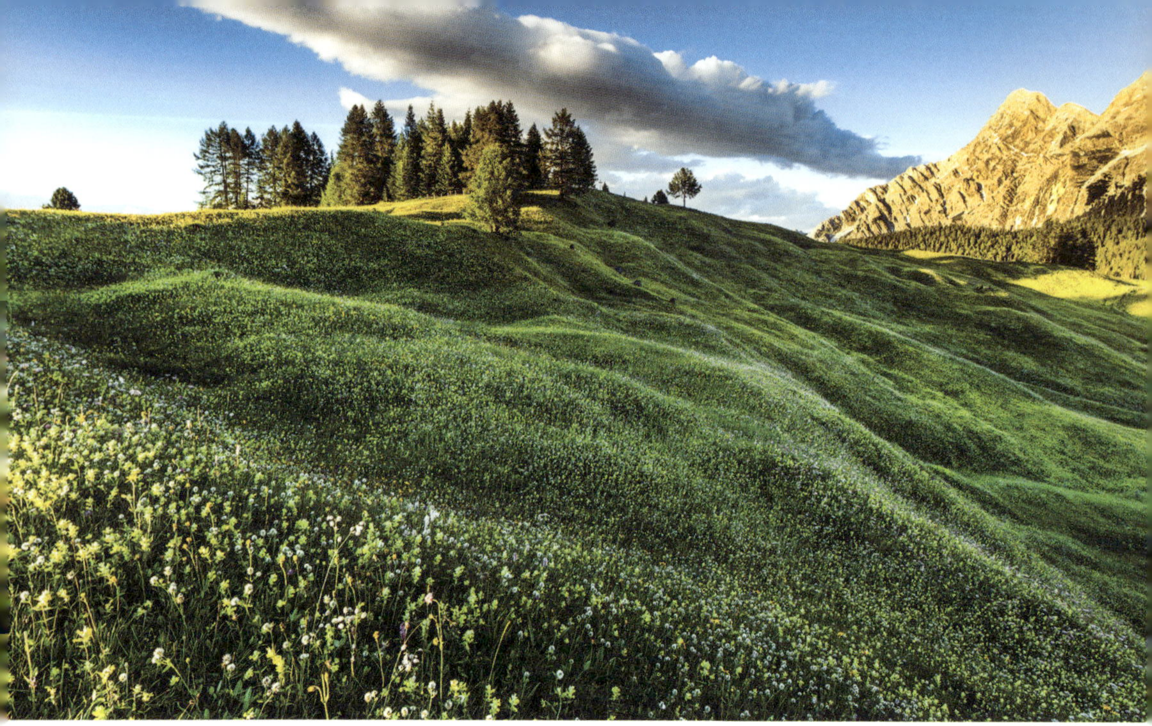

35 Über die Armentara-Wiesen

Eine unglaubliche Blumenpracht

Oberhalb der ladinischen Gemeinde Badia/ Abtei im Gadertal befinden sich die wohl schönsten Blumenwiesen des Landes. Am Fuße des mächtigen Heiligkreuzkofels gedeiht von Mai bis August eine schier unglaubliche Anzahl verschiedener Blütenpflanzen, an deren Pracht man sich kaum sattsehen kann.

Die Wanderung beginnt an der Talstation des Sessellifts Santa Croce (1.344 m), der einen in wenigen Minuten bis zur Nagler- und Leehütte (1.850 m) hinaufbefördert. Dort steigt man auf den nächsten Lift nach La Crusc (2.015 m) um, mit dem man ohne Anstrengung auch die letzten Höhenmeter überwindet. Oben angekommen geht es vorbei an der malerisch gelegenen Heilig-Kreuz-Kirche (2.045 m), die erstmals im Jahre 1484 urkundlich erwähnt wird.

Von hier folgt man unterhalb der steil aufragenden Wände des Heiligkreuzkofels dem gemütlichen Weg Nr. 15B in Richtung Wengen. Nach etwa 35 Minuten Fußmarsch gelangt man an ein größeres Geröllfeld, an dem es eines der Highlights dieser Wanderung zu entdecken gibt. War der Winter schneereich, bleiben im Sommer an schattigen Plätzen

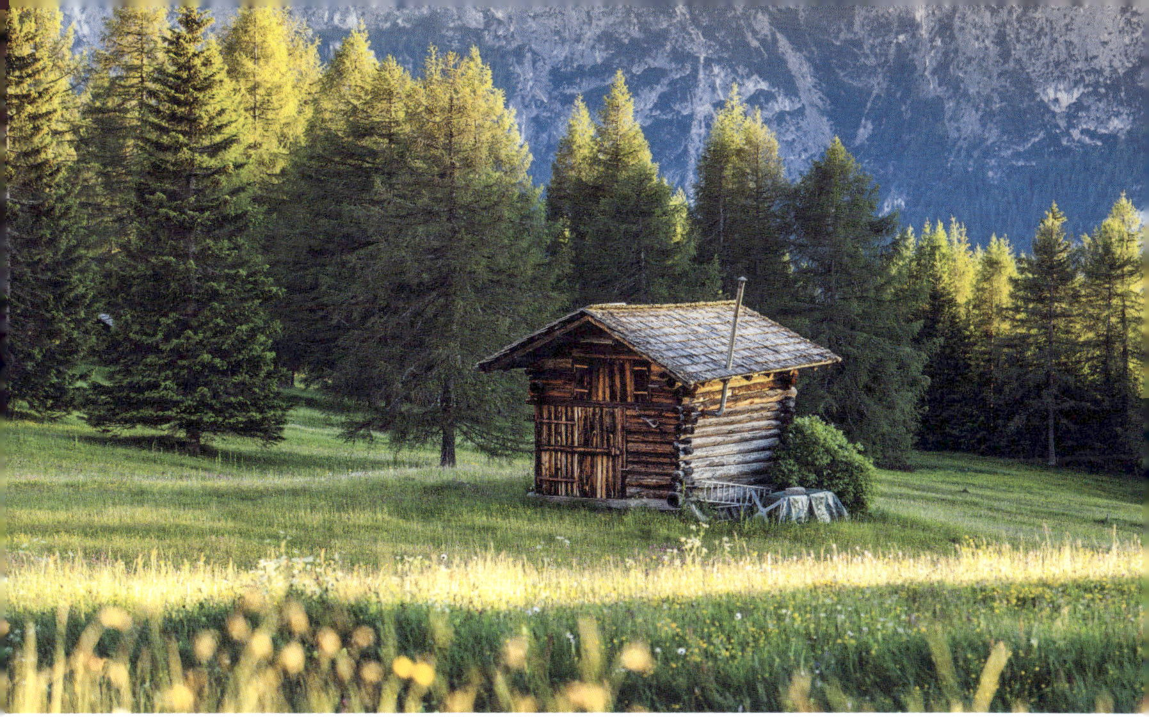

←
Während der goldenen Stunde leuchten die Blumenwiesen besonders prachtvoll {EXIF: Canon EOS 5D Mark II | 17–40 mm @ 17 mm | f/5,6 | 1/80 s} {GPS: 46.630348, 11.922146}

↑
Kleine Holzhütten vervollständigen die Idylle {EXIF: Canon EOS 5D Mark II | 70–200 mm @ 95 mm | f/3,5 | 1/320 s | ISO 400}

noch Schneeansammlungen liegen, hinter denen sich Eishöhlen bilden können. Am besten geht man bis an die Felswände heran und erkundet dann, ob es einen Eingang gibt. Ein tolles Erlebnis, zwischen Fels und Eiswand zu stehen.
Nach dieser Höhlenexkursion geht es auf dem Weg Nr. 15B weiter, bis man kurz darauf auf die Markierung Nr. 18 trifft und der breiten Forststraße durch den Wald folgt. Nach ca. 30 Minuten lichtet sich dieser und macht Platz für die wunderschönen Blumen der Armentara-Wiesen. Die nächsten 5 km verlaufen leicht abwärts, vorbei an kleinen urigen Holzhütten und über allem thront der Heiligkreuzkofel.
Von der Markierung Nr. 18 biegt man dann rechts auf die Nr. 15A ab, um wenig später an der nächsten Gabelung links abzuzweigen. Es geht vorbei an der Ranchhütte (1.855 m), die man nach insgesamt 1:50 Stunden ab Start erreicht. Zwischen den sanften Hügeln wandert man hinab bis zum Cialarunshof, wo die Blumenpracht wieder in einen Wald übergeht. Nun hat man noch weitere 40 Minuten vor sich, ehe man wieder beim Ausgangspunkt anlangt.

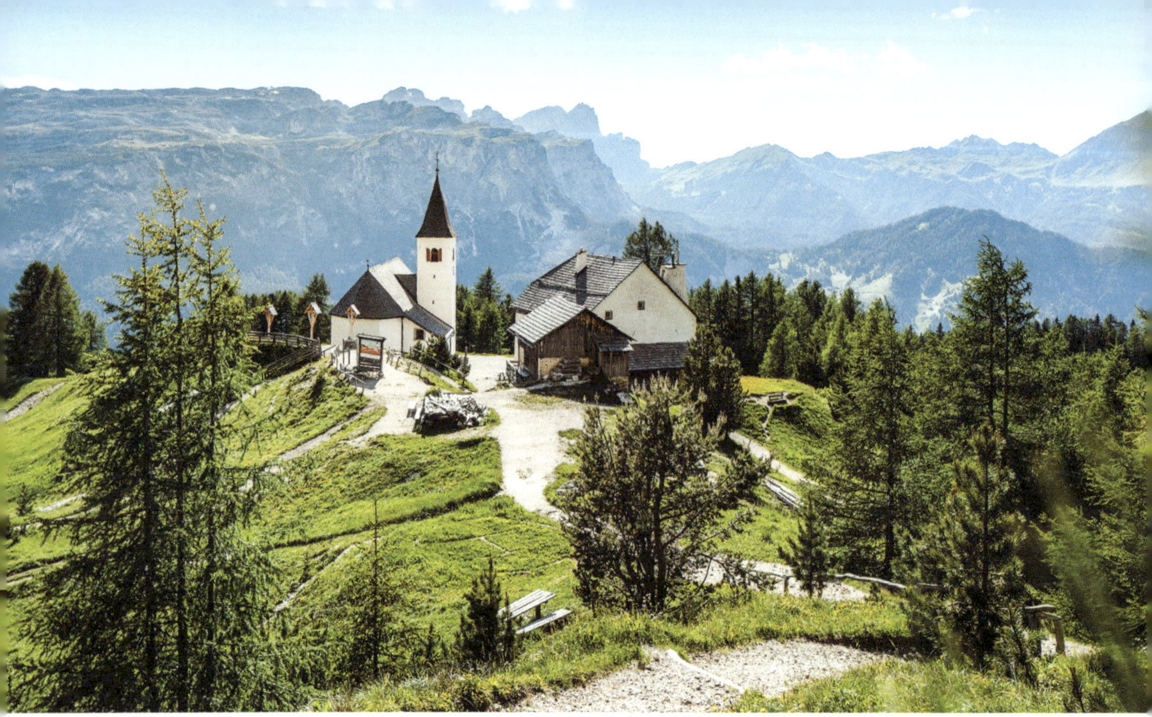

↑ Die Heilig-Kreuz-Kirche mit dem danebenliegenden Heilig-Kreuz-Hospiz, heute ein Gast- und Schutzhaus

↓ Vorsicht bei den Eishöhlen {EXIF: Canon EOS 5D Mark II | 17–40 mm @ 17 mm | f/4 | 1/60 s} {GPS: 46.623132, 11.950284}

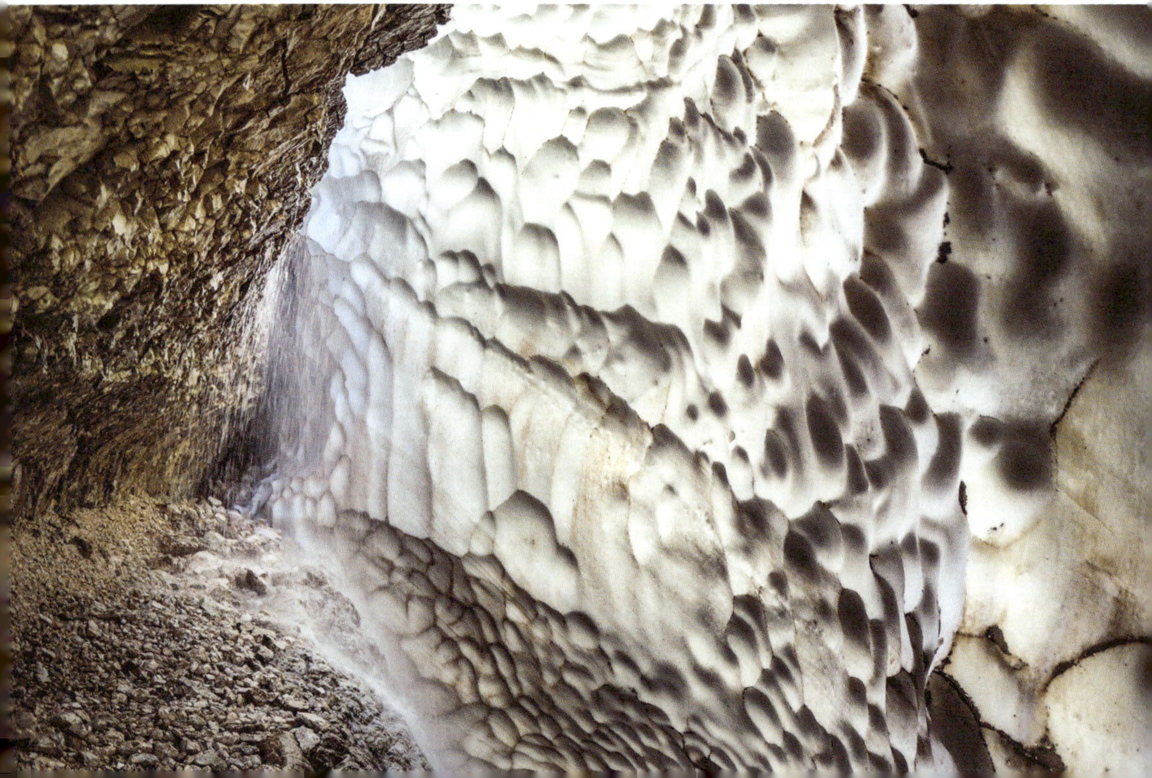

Eine einfache Wanderung in einer wundervollen Landschaft, bei der man in eine Eishöhle gelangt und wenig später wieder artenreiche Blumenwiesen durchquert.

Von Bruneck nach St. Lorenzen und dort hinein ins Gadertal bis nach Badia/Abtei. Im Dorf bei der Bushaltestelle links abzweigen und der Beschilderung zum Lift Santa Croce folgen.

(leicht)

- Gebiet: Pustertal, Südtirol
- Tal: Gadertal
- Start: Parkplatz Seilbahn La Crusc, Badia
- Ziel: Parkplatz Seilbahn La Crusc, Badia
- Dauer: 3:30 Std.
- Strecke: 11,3 km
- Aufstieg: 210 Hm
- Abstieg: 890 Hm
- Wann: Frühling, Sommer, Herbst, Winter

Landschaft: ●●●●●
Abwechslung: ●●●●●
Kondition: ●●●○○
Technik: ●●○○○

ja

Talstation des Sessellifts Santa Croce (1.344 m) → Nagler- und Leehütte (1.850 m) → nächster Lift nach La Crusc (2.015 m) → Heilig-Kreuz-Kirche (2.045 m) → Weg Nr. 15B → Weg Nr. 18 → rechts abzweigen auf Weg Nr. 15A → an der nächsten Gabelung links abzweigen → vorbei an der Ranchhütte (1.855 m) → vorbei am Cialaruns-Hof zurück zum Ausgangspunkt

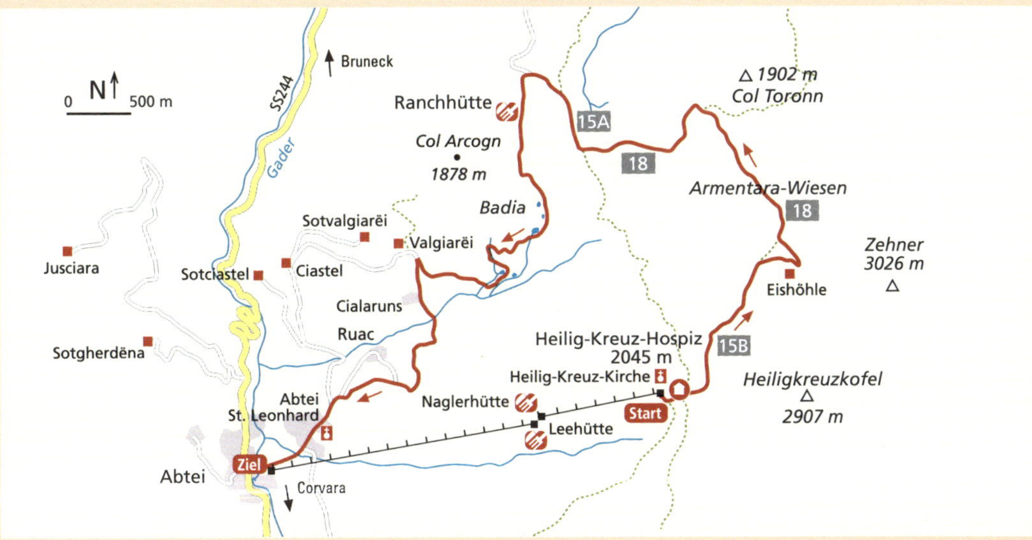

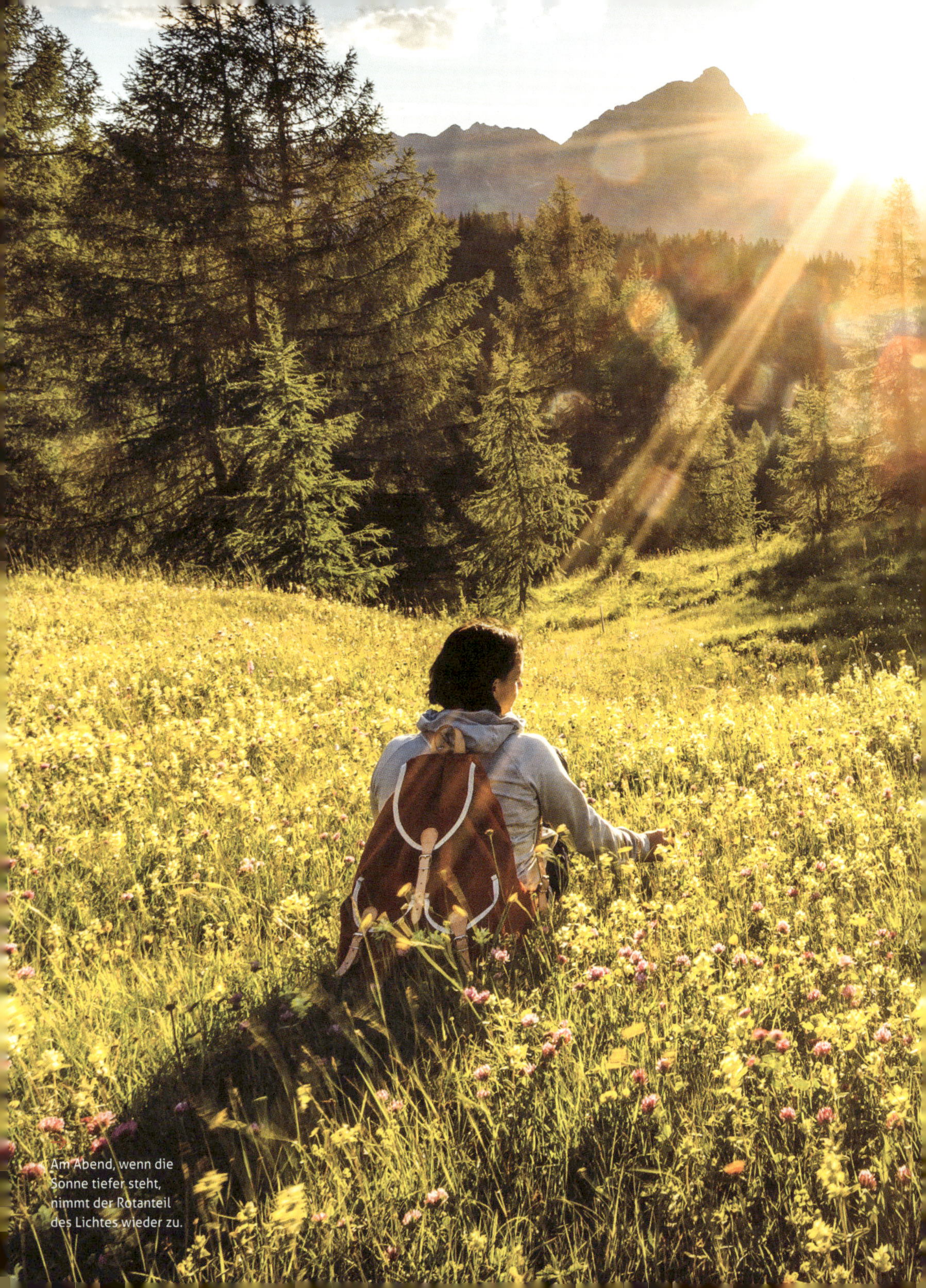

Am Abend, wenn die Sonne tiefer steht, nimmt der Rotanteil des Lichtes wieder zu.

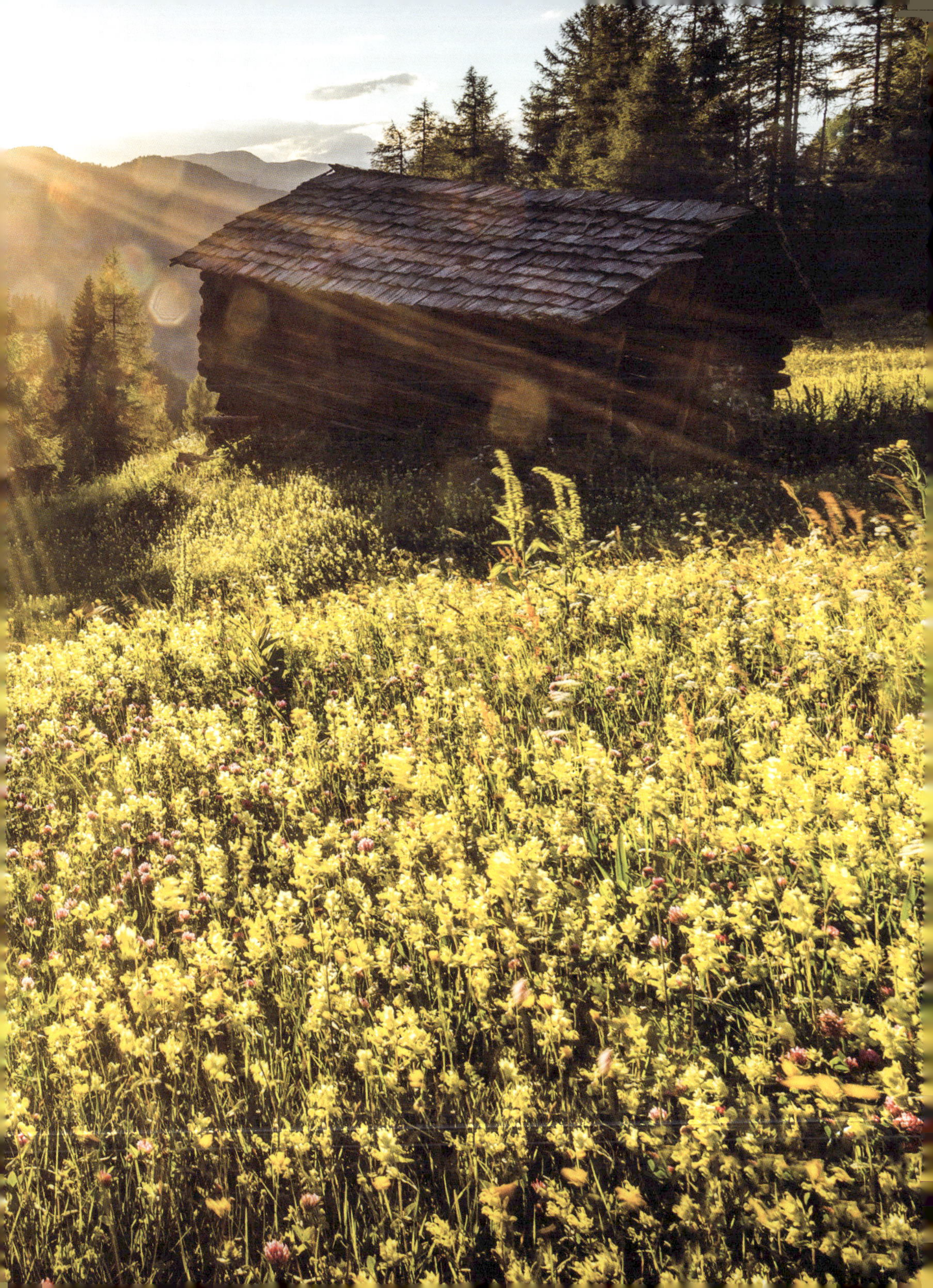

TOP FOTOSPOT

St.-Barbara-Kapelle in La Val/Wengen, Gadertal

Die Kirche zur hl. Barbara in La Val ist das Wahrzeichen von Wengen. Ihre Panoramalage etwas oberhalb des Dorfes und mit den Dolomiten im Hintergrund macht sie zu einem reizvollen Fotomotiv. Blickt man nach Westen, sieht man den Peitlerkofel und die Puezgruppe, in Richtung Süden erheben sich mächtig der Heiligkreuzkofel, die Zehner- und Neuner Spitze.

Koordinaten: 46.660152, 11.933243
Wie kommt man hin: Von Bruneck nach St. Lorenzen, dort ins Gadertal abzweigen weiter nach La Val/Wengen. Kurz nach der Kirche im Dorf rechts abzweigen in Richtung Miribun. Nach ca. 1,8 km befindet sich auf der rechten Straßenseite ein kleiner Parkplatz und gegenüber eine Hofsiedlung. Von hier sind es noch 5 Minuten zu Fuß zur Kirche.
Exif-Daten: Canon EOS 5D Mark II | 70–200 mm @ 110 mm | f/8 | 1/250 s
Aufnahmedatum: 24.06. – 10:13 Uhr

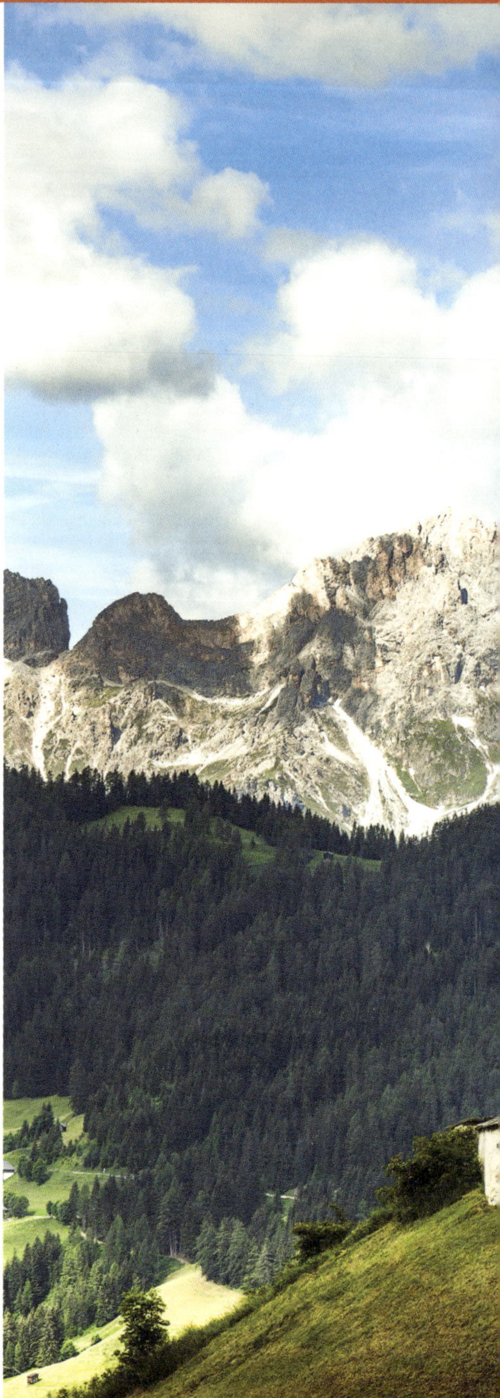

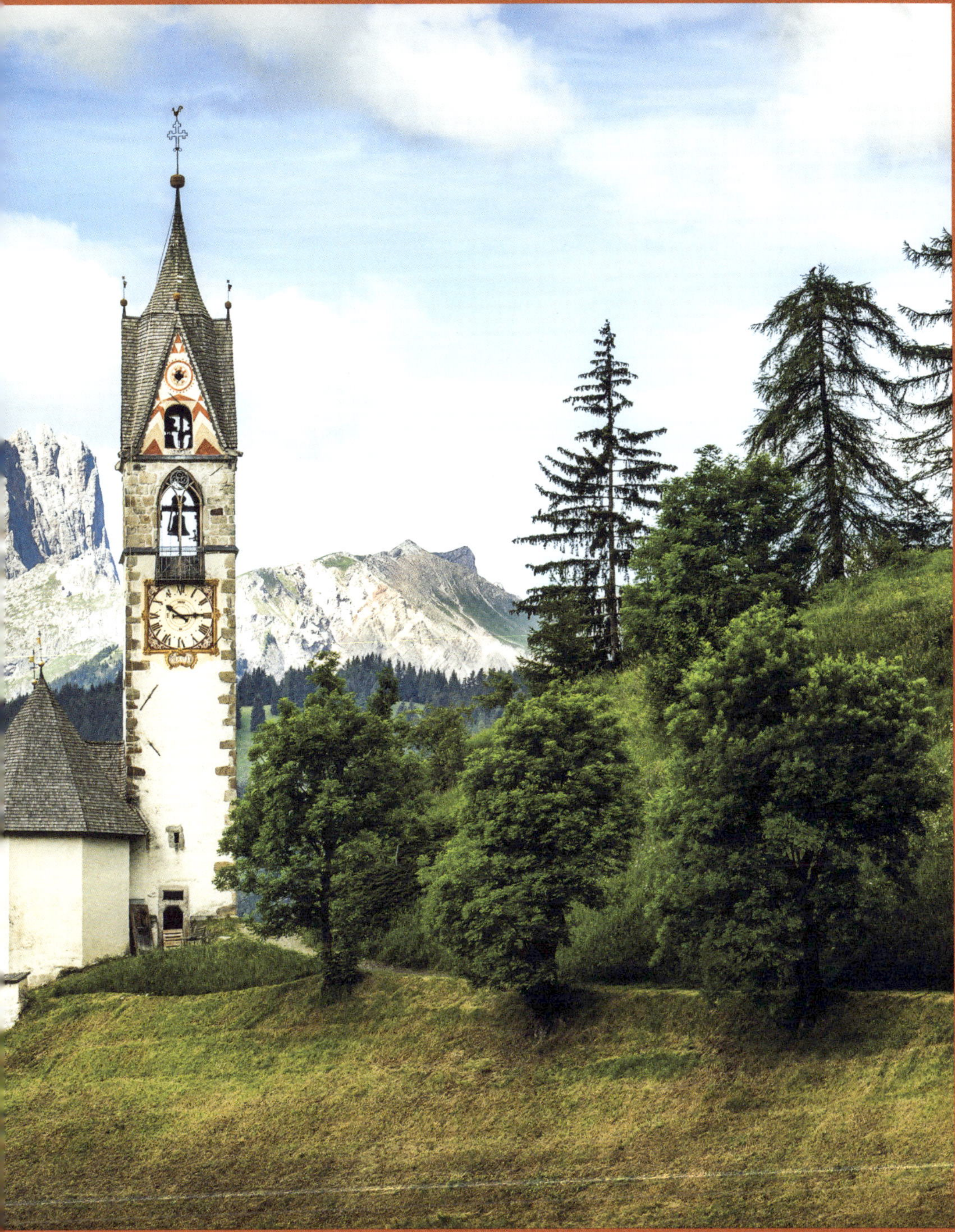

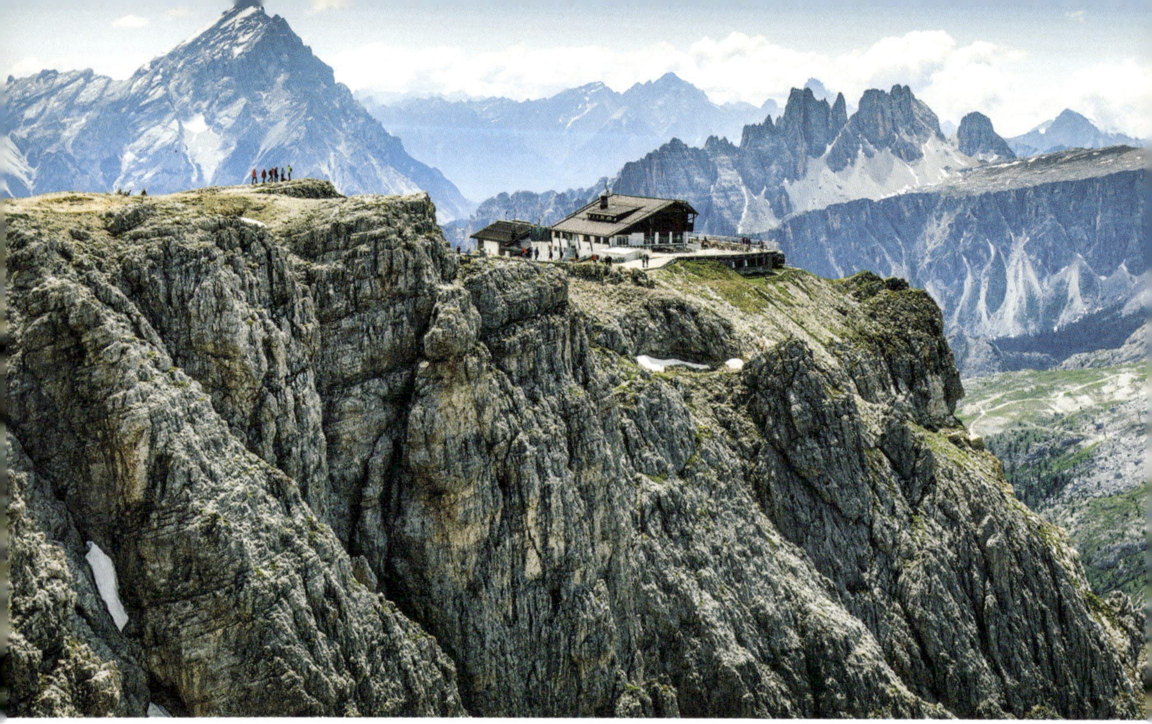

36 Auf den Kleinen Lagazuoi

Alten Kriegspfaden auf der Spur

Dort, wo sich im Ersten Weltkrieg österreichische und italienische Soldaten bekämpften, findet man heute noch Spuren dieser Zeit. Nimmt man bergauf den Weg über den alten Kaiserjägersteig, geht es hinunter durch einen langen Felsenstollen mitten im Berg. Eine aufregende Tour, bei der man Helm und Stirnlampe nicht vergessen sollte.

Vom Parkplatz an der Talstation der Lagazuoi-Bahn (2.105 m) geht es zunächst ein kurzes Stück den breiten Weg Nr. 402 entlang. An der Markierung Kaiserjägersteig zweigt man links ab und gewinnt auf dem Pfad unterhalb der aufragenden Wände des Kleinen Lagazuoi an Höhe. Es geht vorbei an Schützengräben, ehe man im Geröllfeld über einen steiler werdenden Zickzackweg die ersten gesicherten Passagen erreicht. Geübte Bergwanderer werden mit dem weiteren Wegverlauf keine großen Schwierigkeiten haben, wer sich allerdings unsicher fühlt, dem sei die Verwendung eines Klettersteigsets empfohlen. Der abenteuerliche Weg führt gleich zu Beginn über eine Holzbrücke, die eine Schlucht überspannt. Nach einer kurzen Kraxelei gelangt man dann zur ersten Kriegsstellung und kann hier bereits einige Stollen

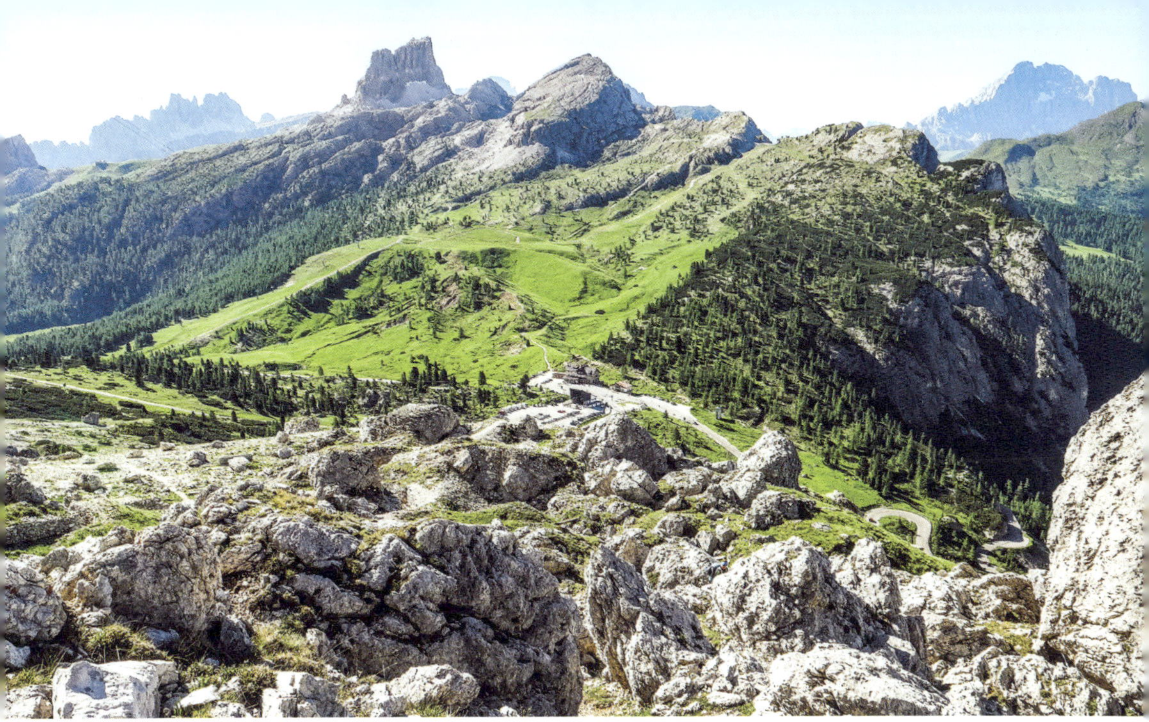

←
Nur wenige Minuten vom Gipfel entfernt befinden sich die Lagazuoihütte und die Bergstation der Seilbahn {EXIF: Canon EOS 5D Mark II | 70–200 mm @ 75 mm | f/8 | 1/320 s}

↑
Am Beginn der Wanderung – der Blick zurück auf die Cinque Torri (links) und den Monte Averau (Mitte) {EXIF: Canon EOS 5D Mark II | 17–40 mm @ 28 mm | f/9 | 1/200 s}

erkunden. Danach führt der Steig wieder steil aufwärts, an den kritischsten Stellen bietet ein Drahtseil Halt. Nach insgesamt etwa 1:30 Stunden hat man schließlich den Gipfel des Kleinen Lagazuoi (2.778 m) erreicht und kann sich an dem Panorama erfreuen. Weiter geht es über einen bestens angelegten Weg zur 15 Minuten entfernten Lagazuoihütte (2.752 m). Daneben liegt die Bergstation der Seilbahn, an deren linker Seite der Abstieg zum Felsentunnel beginnt. Über einen gesicherten Steig erreicht man in knapp 10 Minuten den Stolleneingang. Nun sollte man Helm und Stirnlampe aufsetzen, denn über den ca. 1 km langen italienischen Kriegsstollen geht es im Inneren des Berges etwa 200 Höhenmeter steil hinunter. Unzählige Stufen führen durch die dunklen Felsengänge, auch sie begleitet von einem Drahtseil zur Sicherung. Immer wieder kommt man an Schießscharten vorbei und kann so einen Blick nach draußen werfen. Man bekommt auch Einblick in Räume, sodass man nachvollziehen kann, wie die Soldaten im Berg gelebt und gearbeitet haben. Am Tunnelausgang zweigt man links ab, es geht noch einmal über eine gesicherte Stelle, bevor man über ein Geröllfeld zur Talstation der Seilbahn zurückkehrt.

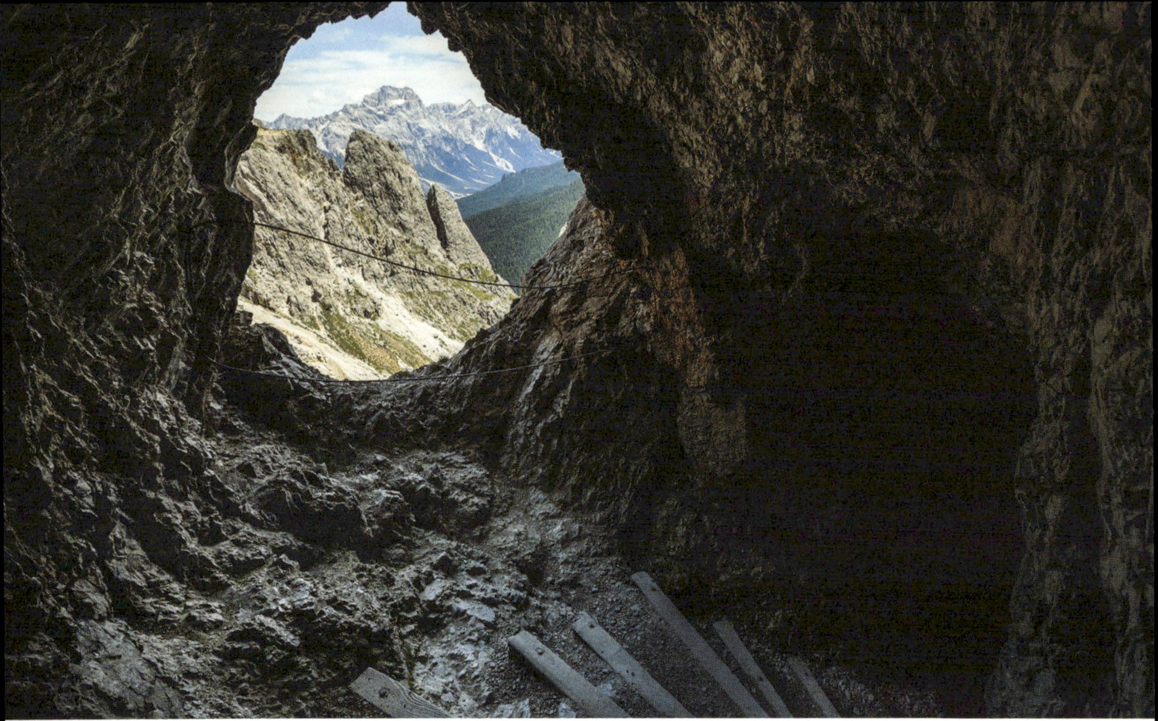

↑

Bergab geht es durch den alten italienischen Kriegsstollen – Helm und Stirnlampe bereithalten! {EXIF: Canon EOS 5D Mark II | 17–40 mm @ 17 mm | f/8 | 1/320 s | ISO 320}

FOTOTIPP

Belichtungszeit

Die Belichtungszeit gibt an, wie lange der Verschluss in der Kamera geöffnet ist und der Sensor belichtet wird. Je länger man belichtet, desto heller wird am Ende das Bild. Dabei sollte man allerdings beachten, dass es bei zu hohen Zeiten zu Verwacklungen kommen kann und man dann besser mit einem Stativ arbeiten sollte.

Um ein Objekt, das sich schnell bewegt, scharf und klar festzuhalten, verwendet man eine kurze Belichtungszeit (1/1.000 s). Möchte man hingegen, etwa bei einem Wasserfall eine fließende Bewegung haben (Seite 164), sodass das Wasser wie ein Schleier aussieht, stellt man eine längere Zeit ein (1 s oder mehr).

Ein geschichtsträchtiges Bergabenteuer mit Klettersteig und einem Felsentunnel mitten durch den Berg. Helm und Stirnlampe sollte man parat haben.

Von Bruneck nach St. Lorenzen, dort ins Gadertal abzweigen und in Stern links in Richtung Cortina d'Ampezzo abbiegen. Über den Valparolapass zum Falzàregopass und zum gebührenpflichtigen Parkplatz der Lagazuoi-Seilbahn.

(mittel)

- Gebiet: Pustertal, Südtirol
- Tal: Gadertal
- Start: Parkplatz Lagazuoi-Seilbahn (gebührenpflichtig), Falzàregopass
- Ziel: Parkplatz Lagazuoi-Seilbahn, Falzàregopass
- Dauer: 3:00 Std.
- Strecke: 5,6 km
- Aufstieg: 760 Hm
- Abstieg: 760 Hm
- Wann: Sommer, Herbst

Landschaft: ●●●●●
Abwechslung: ●●●●●
Kondition: ●●●●○
Technik: ●●●●○

ja

Parkplatz Lagazuoi-Seilbahn (2.105 m) → Weg Nr. 402 → Markierung Kaiserjägersteig → Kleiner Lagazuoi (2.778 m) → Lagazuoihütte (2.752 m) → auf der linken Seite der Seilbahnstation Abstieg zum Felsentunnel → durch den Tunnel bergab → am Tunnelausgang links weiter und zurück zum Ausgangspunkt

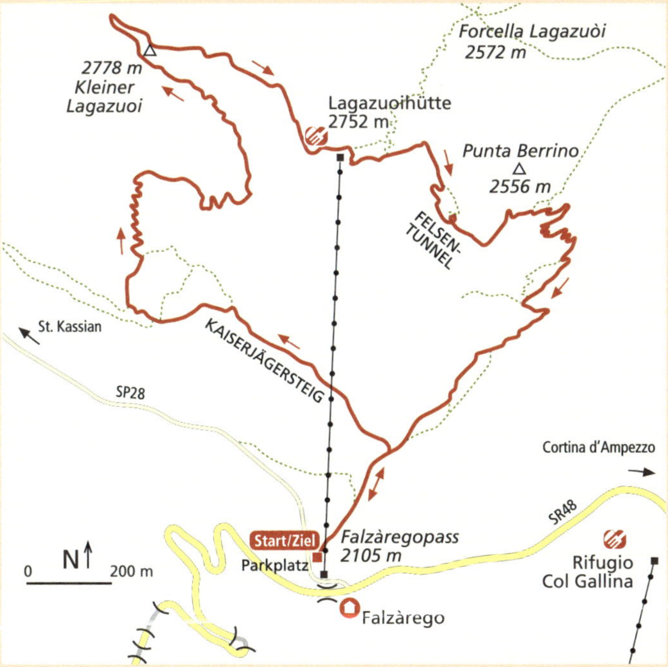

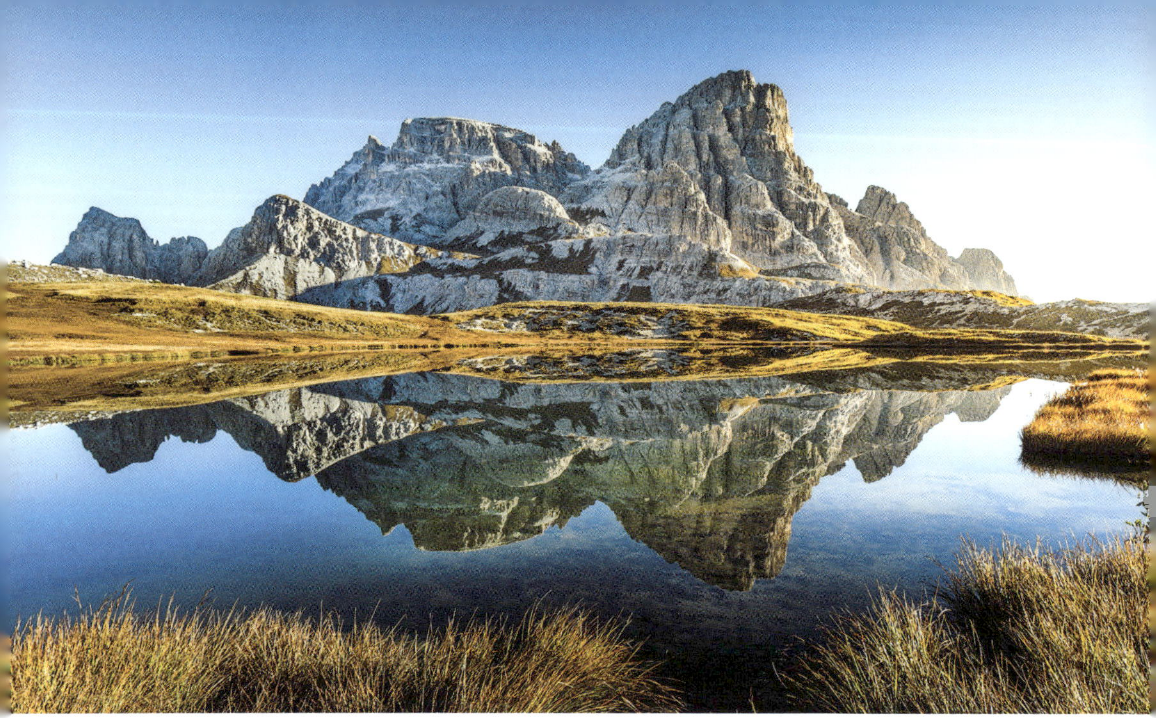

37 Die Drei Zinnen

Einmal um das Wahrzeichen der Dolomiten

Die Umrundung der weltberühmten Drei Zinnen ist ein Südtiroler Wanderklassiker und für jedes Wanderlevel geeignet. Auf der gesamten Strecke hat man die phänomenale Landschaft der Dolomiten vor sich. Durch die leichte Erreichbarkeit ist das Naturdenkmal vor allem in den Sommermonaten aber sehr gut besucht.

Ausgangspunkt der Wanderung ist der Parkplatz am oberen Ende der Mautstraße. Auf dem Schotterweg Nr. 101 geht es zunächst vorbei an der Auronzohütte (2.333 m) und im leichten Auf und Ab zur 35 Minuten entfernten Lavaredohütte (2.344 m). Dabei kommt man an der Cappella degli Alpini vorbei. Weiter über die Markierung Nr. 101 geht es dann hinauf zum Paternsattel (2.454 m), wo man den ersten Blick auf die weithin bekannten Nordwände der Drei Zinnen werfen kann, die sich direkt vor einem auftürmen. Auch die umgebende Landschaft ist einmalig, scheint es doch so, als befände man sich auf einem anderen Stern.
Unterhalb des Paternkofels (2.744 m), der im Ersten Weltkrieg hart umkämpft war, wandert man auf dem breiten und gut angelegten Weg weiter zur noch 40 Minuten entfernten

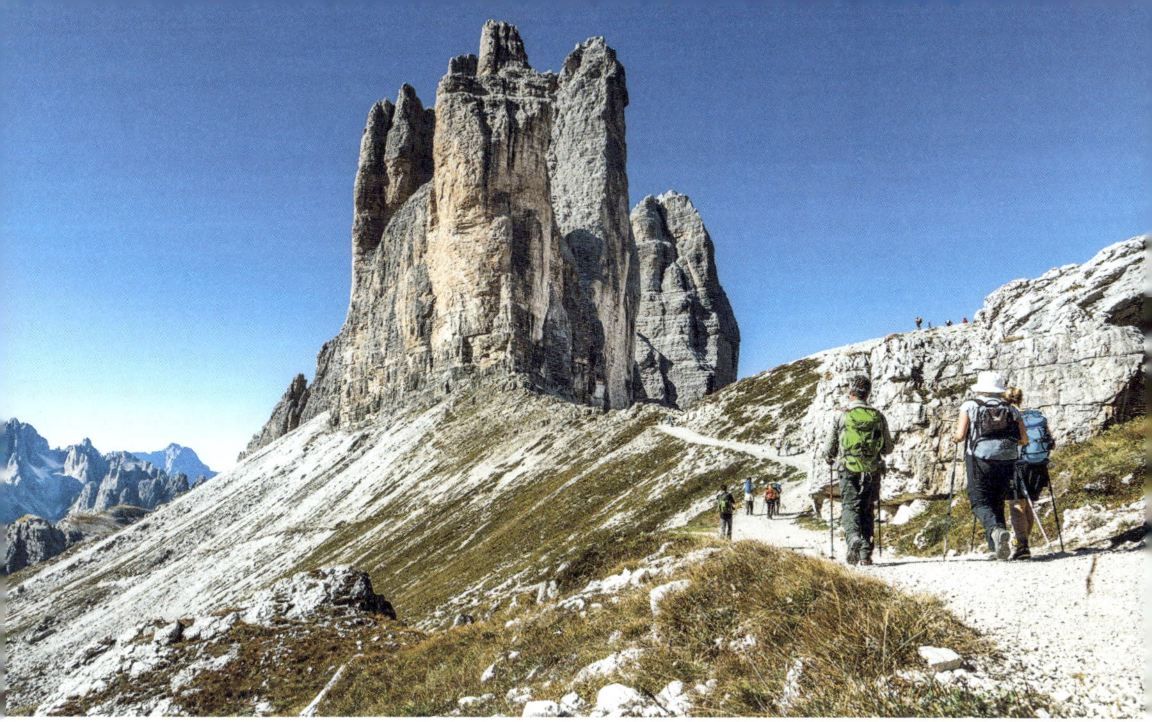

← Die ruhige Wasseroberfläche der Bödenseen unterhalb der Dreizinnenhütte schafft eine perfekte Reflexion der Berge und bringt Symmetrie ins Bild {EXIF: Canon EOS 5D Mark II | 17–40 mm @ 17 mm | f/9 | 1/100 s} {GPS: 46.638230, 12.315031}

↑ Auf dem Weg hoch zum Paternsattel kann man den ersten Blick auf die Nordwände der Drei Zinnen werfen

Dreizinnenhütte (2.438 m). An der nächsten Gabelung zweigt man rechts auf einen Steig ab, der das letzte Stück, teilweise über Stufen, hinauf zum Schutzhaus führt.
Hier finden sich Fotomotive ohne Ende. Hat man sich zur Genüge umgesehen, geht es den Pfad wieder zurück zur Kreuzung und auf dem Weg Nr. 105 hinab zum Rienzboden. Man überquert die Wiesenfläche und nimmt auf der gegenüberliegenden Seite den steilen, aber nicht allzu langen Weg hinauf zum Karstplateau der Langenalpe. Nach 60 Minuten ab der Dreizinnenhütte kommt man an der Langealm (2.232 m) vorbei. Kurz danach befinden sich die drei Zinnenseen (2.250 m), in denen sich die bekannten Bergspitzen wunderschön spiegeln. Nun geht es in angenehmer Steigung rechts am Zinnenkopf vorbei hinauf zur Forcella del Col de Mezzo (2.311 m). Ab hier sind es nur mehr 20 Minuten zurück zum Ausgangspunkt.

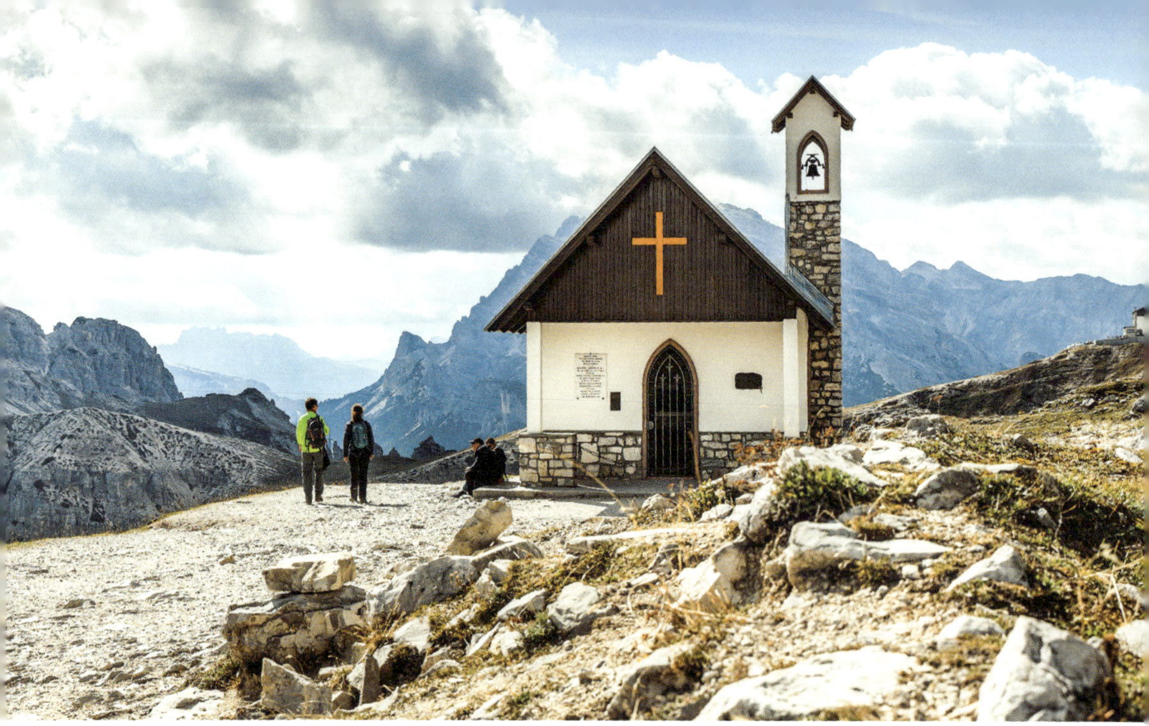

↑ Kurz nach Beginn der Wanderung kommt man an der kleinen Cappella degli Alpini vorbei

↓ Wie auf einem anderen Stern sieht die Landschaft aus {EXIF: Canon EOS 5D Mark II | 17–40 mm @ 37 mm | f/11 | 1/100 s}

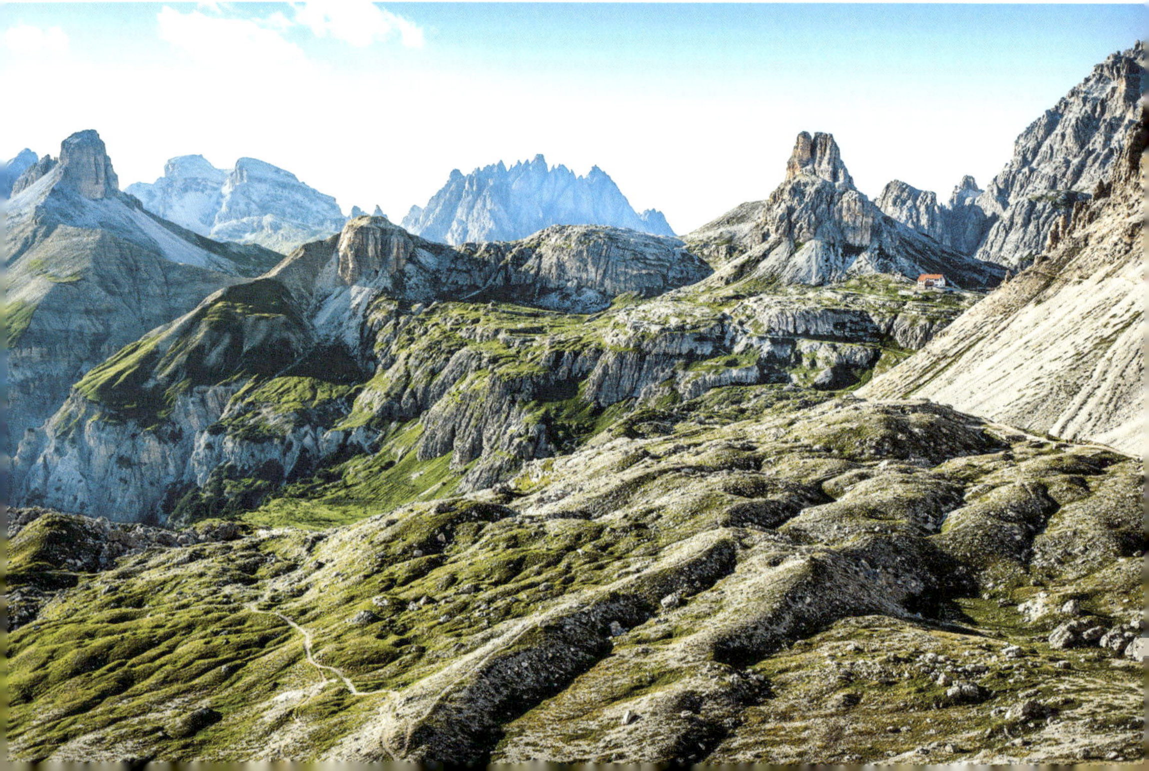

Eine einfache Rundwanderung mit grandiosem Ausblick auf die Drei Zinnen.

Von Bruneck nach Toblach und dort rechts in Richtung Cortina d'Ampezzo abzweigen. In Schluderbach links abbiegen zu den Drei Zinnen. Über die Mautstraße hoch zur Auronzohütte. Für die Auffahrt muss vorher ein Ticket online reserviert werden. Anfahrt mit dem Bus ist möglich.

(leicht)

- Gebiet: Dolomiten, Südtirol
- Tal: Rienztal
- Start: Parkplatz Auronzohütte (mautpflichtige Straße)
- Ziel: Parkplatz Auronzohütte
- Dauer: 3:30 Std.
- Strecke: 9,6 km
- Aufstieg: 390 Hm
- Abstieg: 390 Hm
- Wann: Frühling, Sommer, Herbst

Landschaft: ●●●●●
Abwechslung: ●●●●●
Kondition: ●●●○○
Technik: ●●○○○

ja

Parkplatz Auronzohütte → Schotterweg Nr. 101 → Lavaredohütte (2.344 m) → Paternsattel (2.454 m) → Dreizinnenhütte (2.438 m) → Weg Nr. 105 → Langealm (2.232 m) → Forcella del Col de Mezzo (2.311 m) → zurück zum Ausgangspunkt

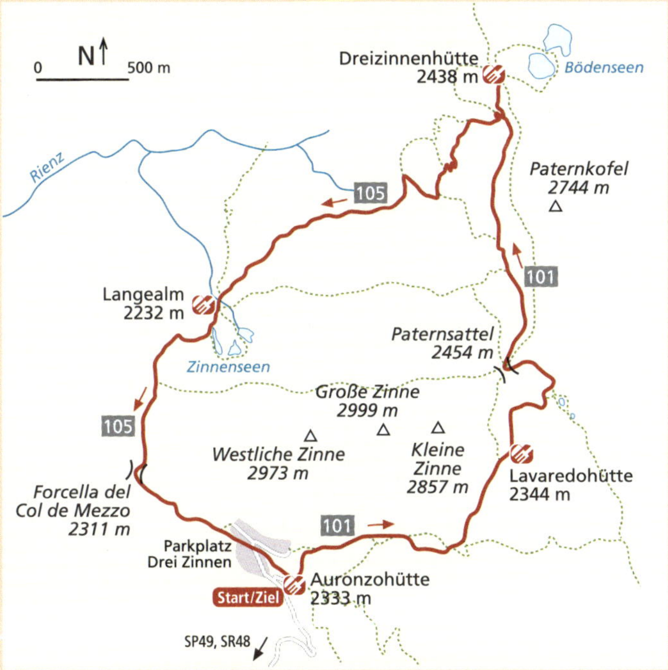

TOP FOTOSPOT

Drei Zinnen

Der markante Gebirgsstock der Drei Zinnen ist das Wahrzeichen der Dolomiten. Den besten Blick darauf hat man bei der Dreizinnenhütte, wo es dann noch einiges mehr zu entdecken gibt, wie etwa die Bödenseen ein wenig unterhalb des Schutzhauses. Aber auch oberhalb der Kapelle hinter der Hütte, auf dem Weg zum Sextner Stein, eröffnen sich beeindruckende Perspektiven.

Koordinaten: 46.637451, 12.309720
Wie kommt man hin: Von Bruneck nach Toblach und dort rechts in Richtung Cortina d'Ampezzo abzweigen. In Schluderbach links abbiegen zu den Drei Zinnen. Über die Mautstraße hoch zur Auronzohütte (2.320 m). Die Auffahrt muss online reserviert werden. Von dort hat man noch einen einfachen Fußmarsch von knapp 1:30 Stunden bis zur Dreizinnenhütte (2.405 m) vor sich.
Exif-Daten: Canon EOS 5D Mark II | 17–40 mm @ 17 mm | f/9 | 1/100 s
Aufnahmedatum: 16.07. – 20:07 Uhr

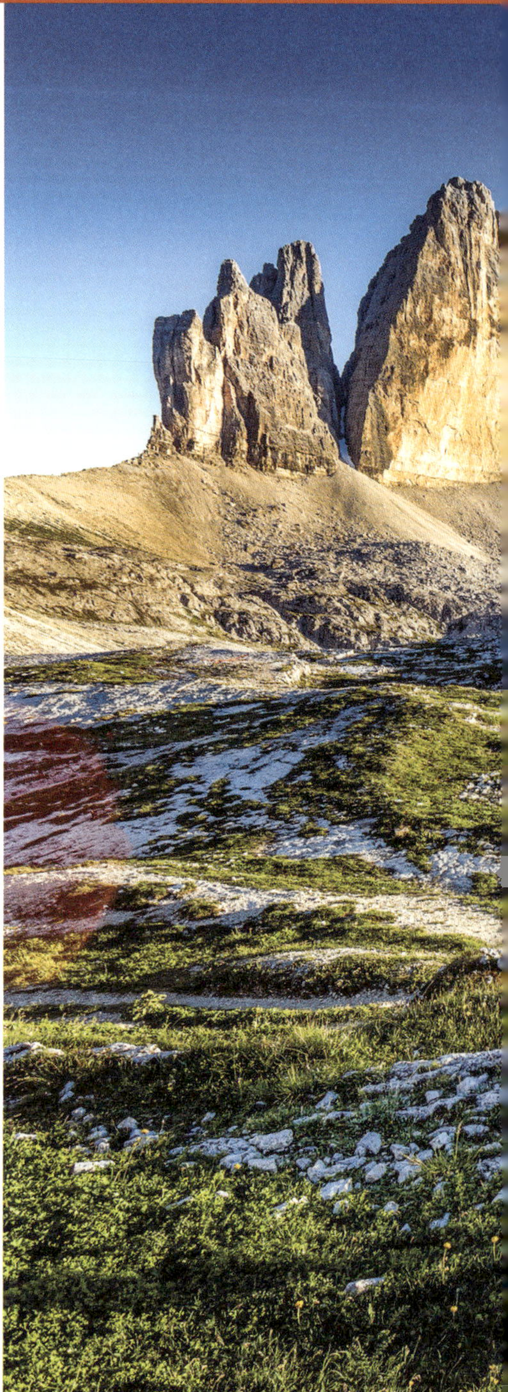

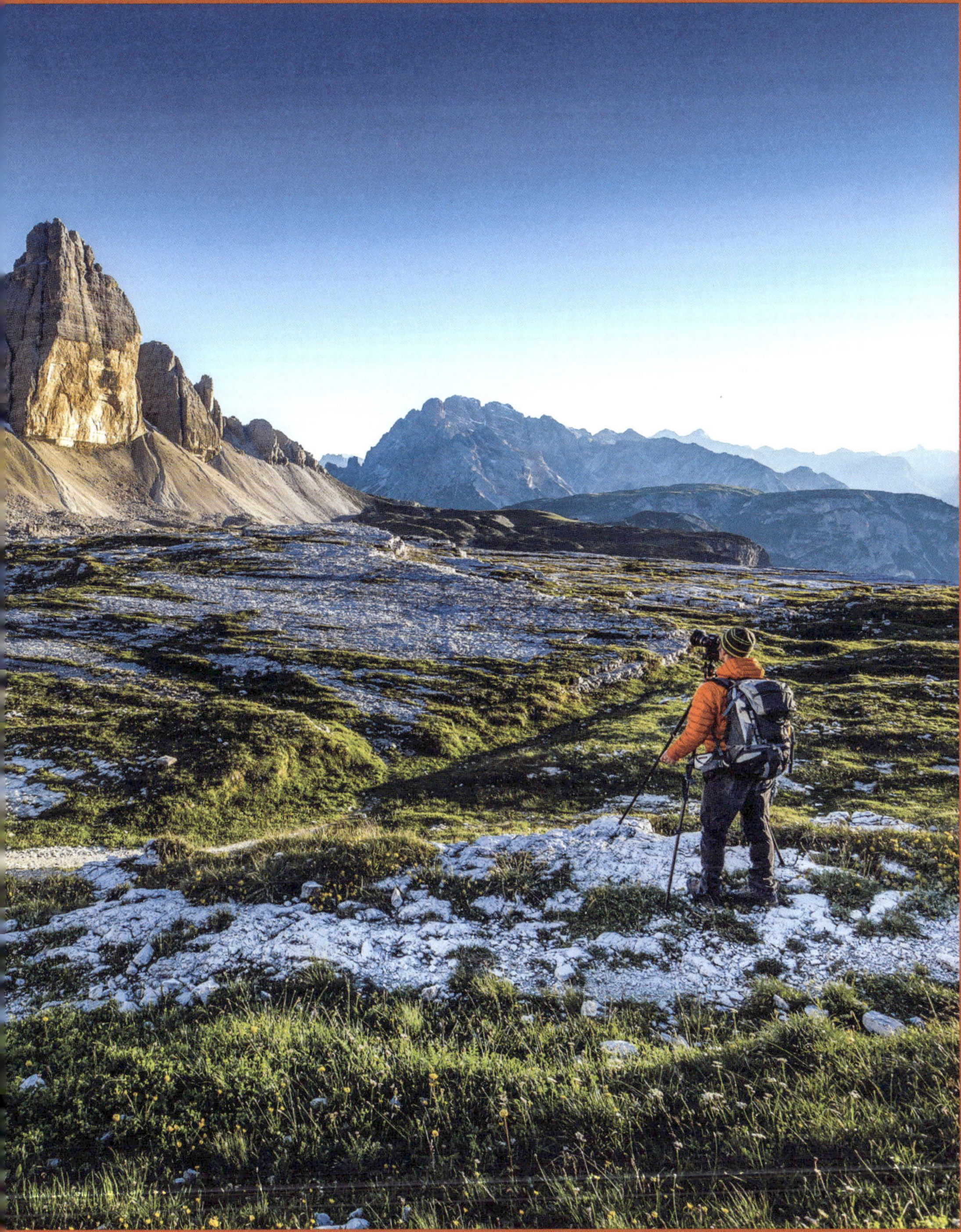

→
Zur goldenen Stunde am Grödner Joch
{EXIF: Canon EOS 5D Mark II |
24–70 mm @ 35 mm | f/5 | 1/120 s}
{GPS: 46.549259, 11.805035}

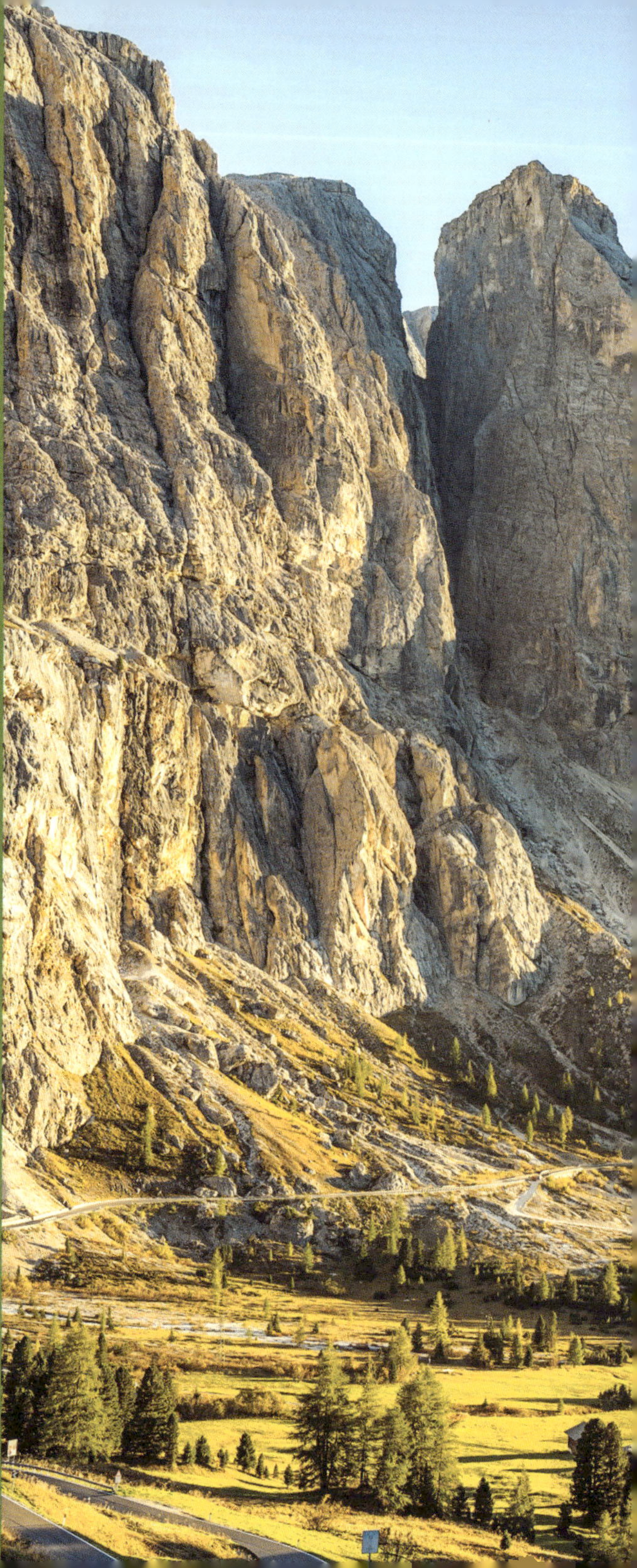

PUEZ SCHLERN ROSENGARTEN LATEMAR

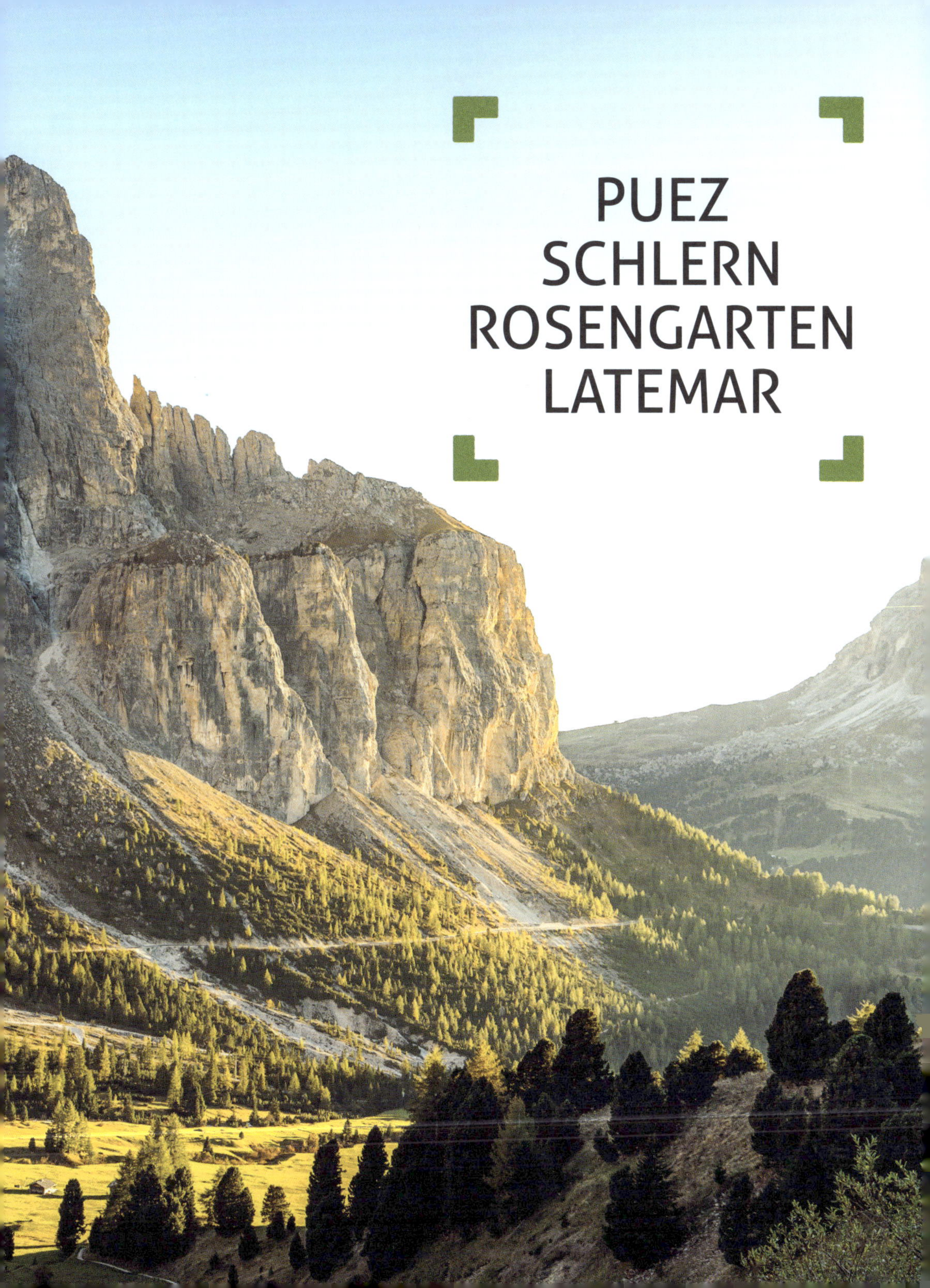

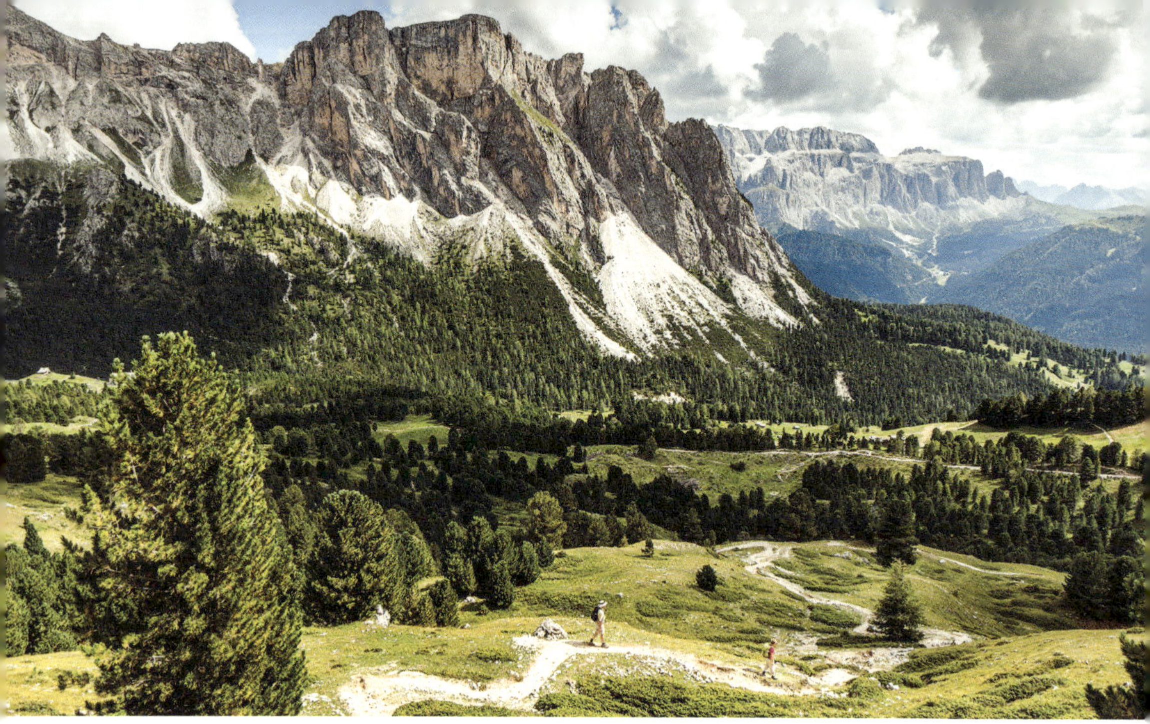

38 Auf die Seceda

Unterwegs im Naturpark Puez-Geisler

Bei dieser Wanderung geht es über die weiten Wiesen der Aschgler Alm hoch zur Seceda im Grödnertal. Dabei sind ein tolles Bergpanorama und ein einzigartiger Ausblick auf die steilen Felstürme der Geislergruppe garantiert. Gemütliche Almhütten laden auf der rund 15 km langen Strecke zur Einkehr und Stärkung ein.

Oberhalb von Wolkenstein, ab Parkplatz Daunëi (1.720 m), folgt man der Asphaltstraße bergauf und biegt dann rechts auf den Waldweg Nr. 3 ab. Dieser führt wenig anstrengend zur Schutzhütte Juac (1.905 m). Es geht daran vorbei und weiter zur Regensburgerhütte (2.040 m), die man nach insgesamt ca. 1:15 Stunden erreicht. Dort nimmt man nun die Markierung Nr. 1, die auf einem gut angelegten Pfad über die Bergwiesen und durch den lichten Wald in moderater Steigung in Richtung Seceda führt. Sobald man den immer spärlicher werdenden Wald hinter sich gelassen hat, geht es über die weiten Wiesen der Aschgler Alm an dem kleinen See Lech da Iman und der Trojerhütte (2.250 m) vorbei und nach 3 Stunden hat man schließlich das Gipfelkreuz der Seceda (2.519 m) vor sich. War die Landschaft

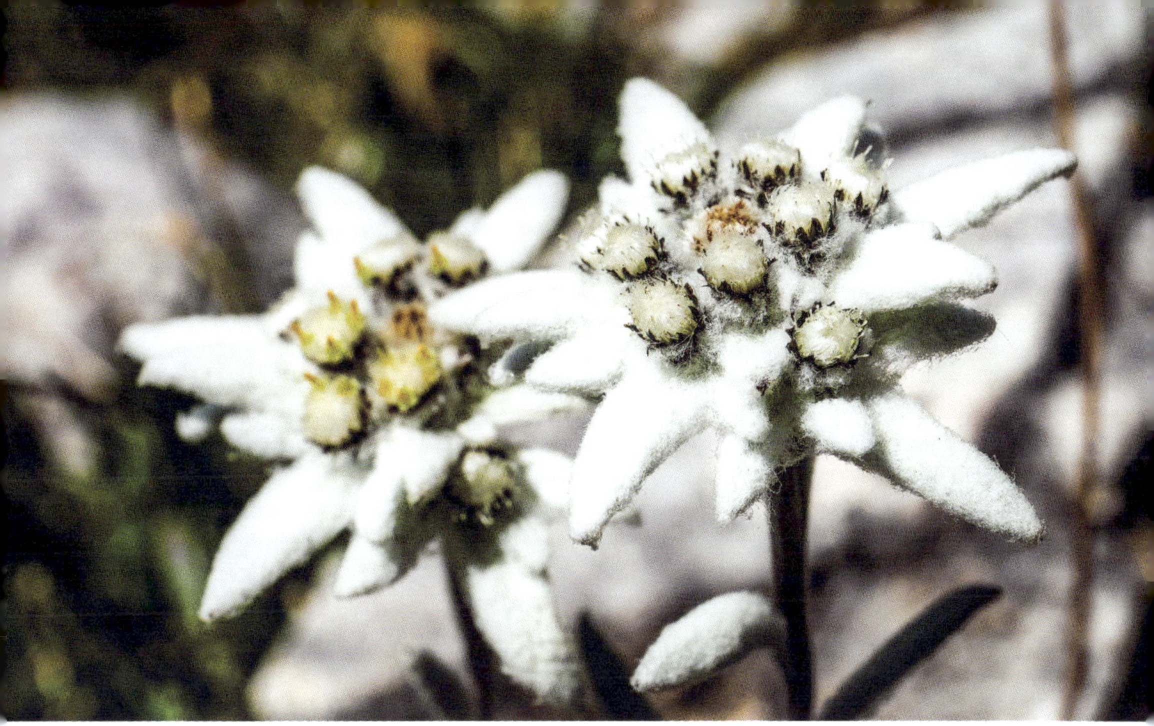

←
Der Weg Nr. 1 verläuft über einen gut angelegten Pfad der Seceda entgegen

↑
Je weiter man die Blende öffnet, umso geringer wird der Schärfebereich im Bild. Das Hauptmotiv lässt sich so vor einem unscharfen Hintergrund freistellen. {EXIF: Panasonic LUMIX G70 | 30 mm | f/5,6 | 1/1000 s}

schon bis hierher traumhaft, genießt man jetzt den atemberaubenden Blick auf die Felswände der Geislerspitzen.
Danach setzt man die Rundwanderung in Richtung der schroffen Felsen fort, indem man zuerst den Weg Nr. 6 hinüber zur Panascharte (2.450 m) und dort dann rechts den Weg Nr. 1 nimmt. An der nächsten Gabelung folgt man der Markierung Nr. 2B und gelangt nach 40 Minuten ab dem Gipfel der Seceda zur Pieralongiahütte (2.290 m). Neben der Hütte befindet sich eine sehenswerte Steinformation, zwei große auseinanderragende Felsen. Daran vorbei geht es bis zur Kreuzung mit der Markierung Nr. 13B, über die man wieder hinunter zur Regensburgerhütte kommt. Danach kehrt man auf dem bereits bekannten Weg Nr. 3 zum Ausgangspunkt zurück.

Alternative: Wer die ersten Höhenmeter sparen möchte, nimmt in St. Christina die Bergbahn Col Raiser. Von der Bergstation führt Weg Nr. 4A zur Abzweigung auf Weg Nr. 1 Richtung Seceda. Beim Rückweg zweigt man bei der Regensburgerhütte rechts ab und gelangt über Markierung Nr. 4 zurück zur Talstation.

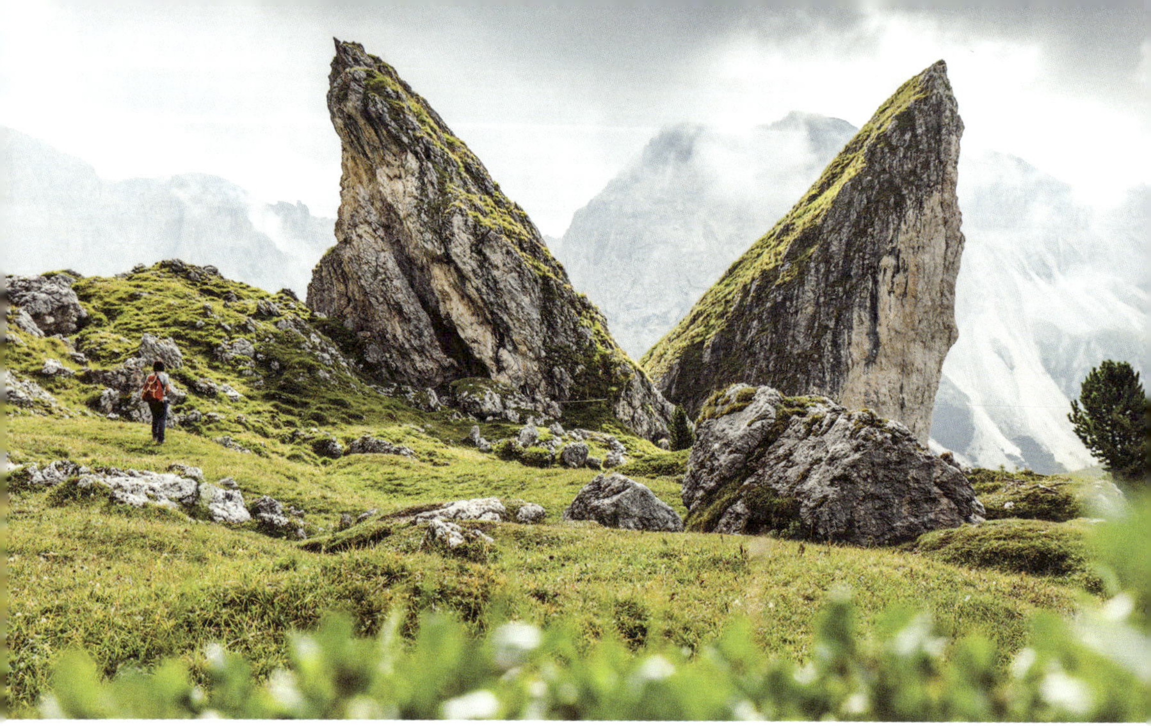

↑ Neben der Pieralongiahütte {EXIF: Canon EOS 5D Mark II | 24–70 mm @ 35 mm | f/5,6 | 1/250 s} {GPS: 46.598137, 11.749019}

↓ Über die weiten Wiesen der Aschgler Alm geht es wieder bergab

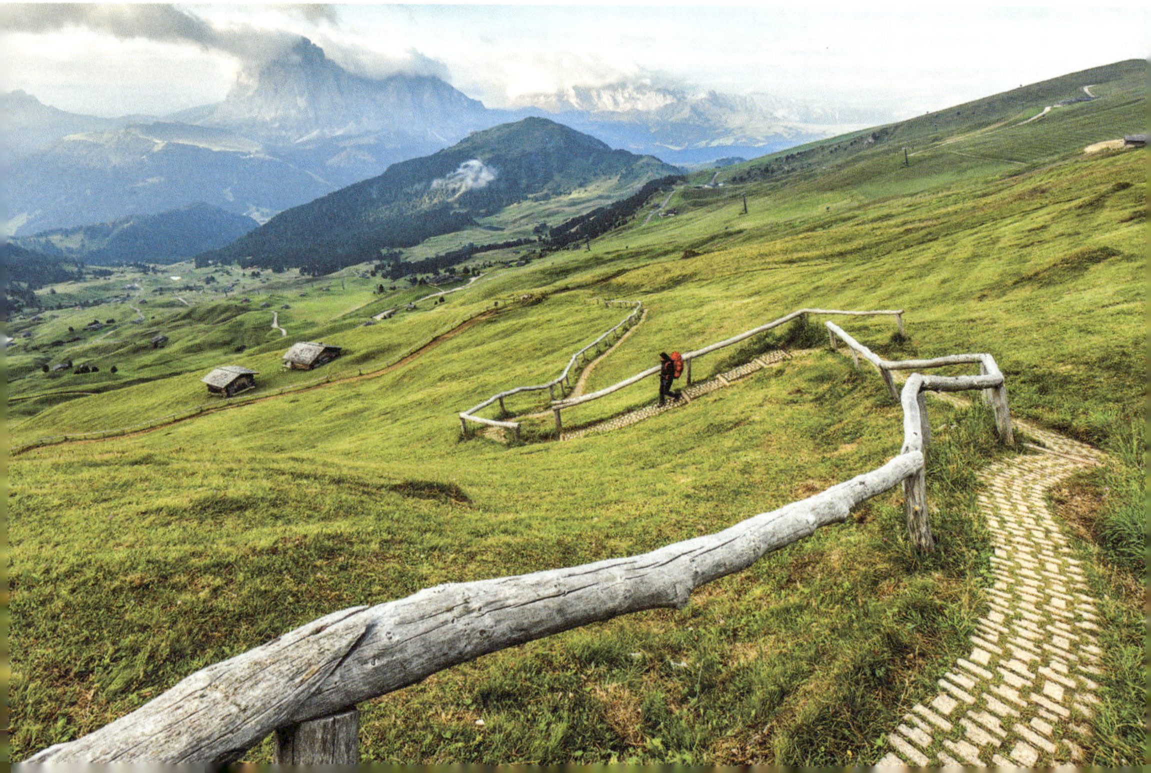

Die einfache Wanderung führt über gut angelegte Wege hinauf auf die Seceda. Der Ausblick auf die Geislerspitzen ist ein zusätzliches Highlight.

Von Bozen ins Eisacktal und bei Waidbruck ins Grödnertal abzweigen. Bei Wolkenstein zunächst der Beschilderung Langental folgen, bevor es links hinauf nach Daunëi geht. In Daunëi dann rechts ab und weiter bis zum gleichnamigen, gebührenpflichtigen Parkplatz.

(mittel)

- Gebiet: Dolomiten, Südtirol
- Tal: Grödnertal
- Start: Parkplatz Daunëi (gebührenpflichtig)
- Ziel: Parkplatz Daunëi
- Dauer: 5:30 Std.
- Strecke: 15 km
- Aufstieg: 870 Hm
- Abstieg: 870 Hm
- Wann: Frühling, Sommer, Herbst, Winter

Landschaft: ●●●●●
Abwechslung: ●●●●●
Kondition: ●●●●○
Technik: ●●○○○

ja

Parkplatz Tublà (1.758 m) → Weg Nr. 3 zur Regensburgerhütte (2.040 m) → Weg Nr. 1 auf die Seceda (2.519 m) → Weg Nr. 6 zur Panascharte (2.450 m) → Weg Nr. 1 bergab → Weg Nr. 2B zur Pieralongiahütte (2.290 m) → Weg Nr. 13B hinab zur Regensburgerhütte → Weg Nr. 3 zurück zum Ausgangspunkt

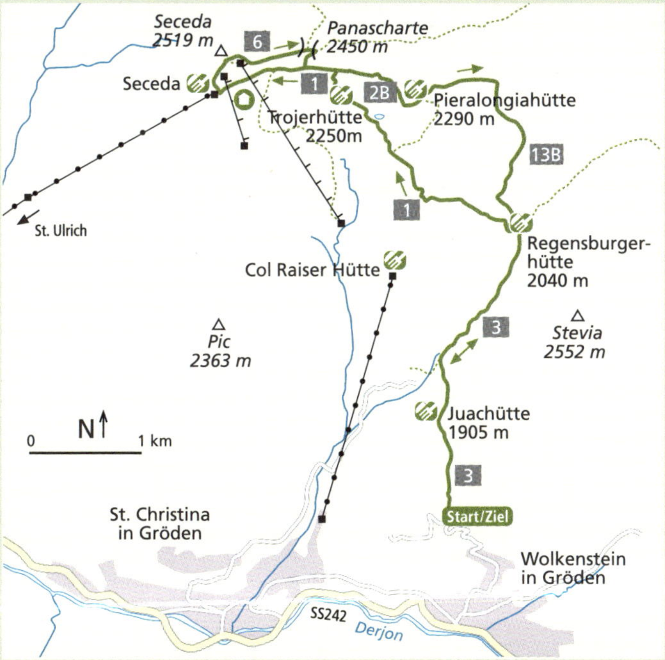

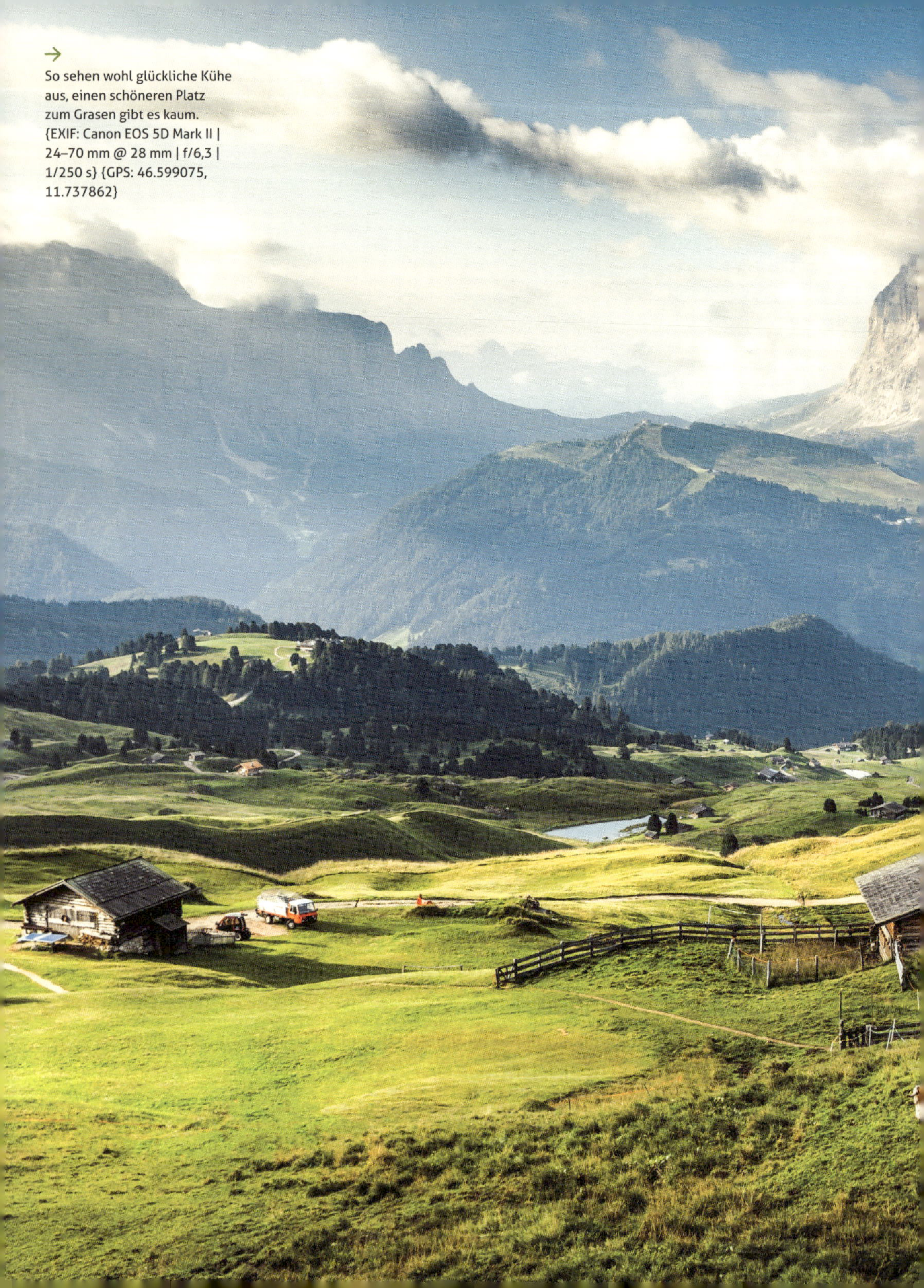

→
So sehen wohl glückliche Kühe aus, einen schöneren Platz zum Grasen gibt es kaum. {EXIF: Canon EOS 5D Mark II | 24–70 mm @ 28 mm | f/6,3 | 1/250 s} {GPS: 46.599075, 11.737862}

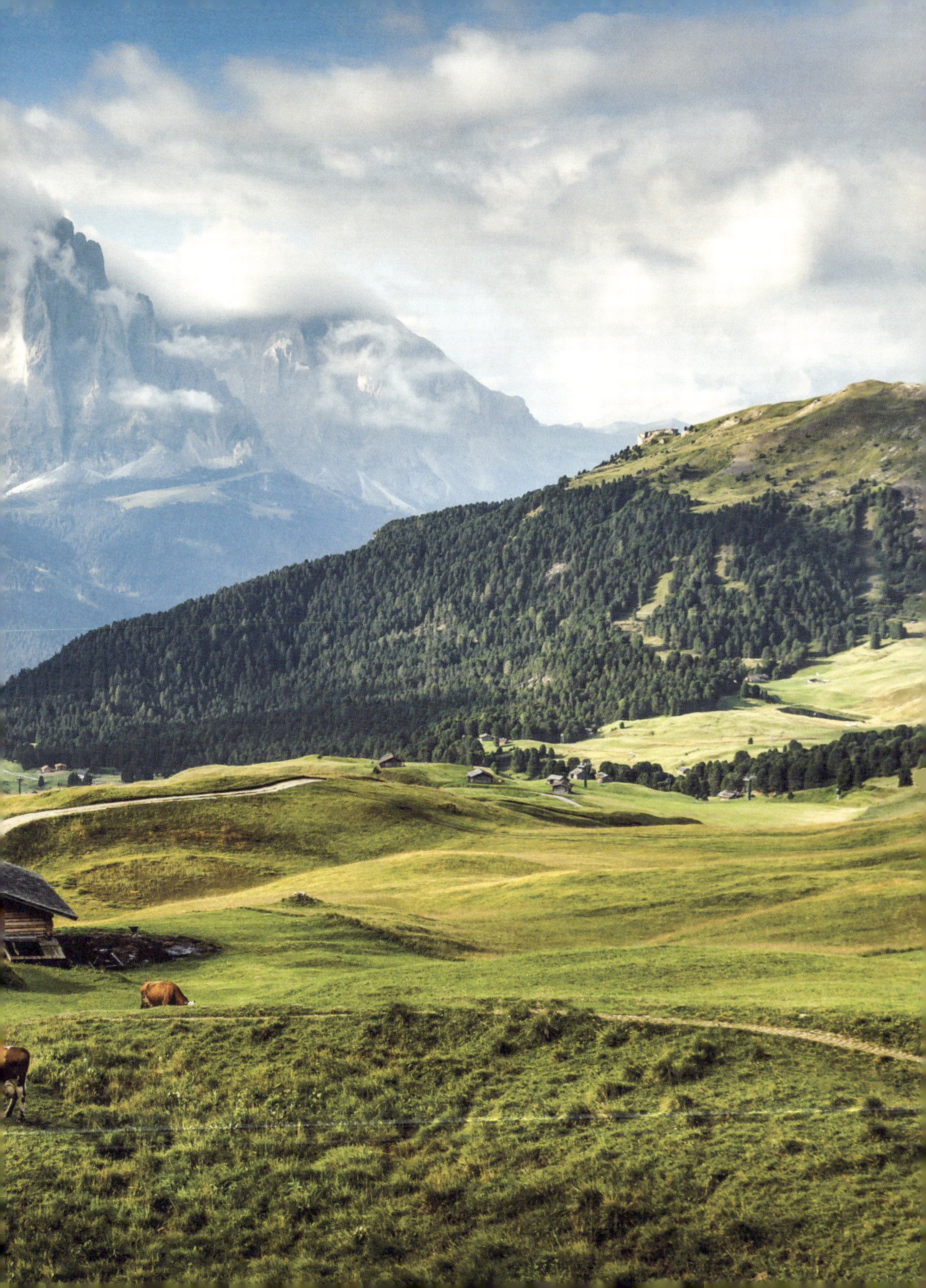

TOP FOTOSPOT

Seceda, St. Ulrich in Gröden

Eine sehr beliebte Fotolocation ist die Seceda im Naturpark Puez-Geisler. Durch seine einzigartige Form, mit der flach ansteigenden Almwiese, der schroffen Abbruchkante und den steil aufragenden Geislerspitzen wird der 2.519 m hohe Berg zu einem erstklassigen Fotomotiv. Macht man sich dann noch die Mühe, frühmorgens oder zum Sonnenuntergang dort zu sein, wird man mit einem einzigartigen Erlebnis belohnt.

Koordinaten: 46.601288, 11.725445
Wie kommt man hin: Am schnellsten gelangt man mit der Seilbahn auf die Seceda. Die Talstation befindet sich in St. Ulrich und die Bergstation ist nur wenige Minuten vom Gipfel entfernt. Wer allerdings mehr von dieser wundervollen Landschaft sehen möchte, der unternimmt am besten die Wanderung auf Seite 230.
Exif-Daten: Canon EOS 5D Mark II | 17–40 mm @ 19 mm | f/5,6 | 1/80 s
Aufnahmedatum: 11.08. – 20:04 Uhr

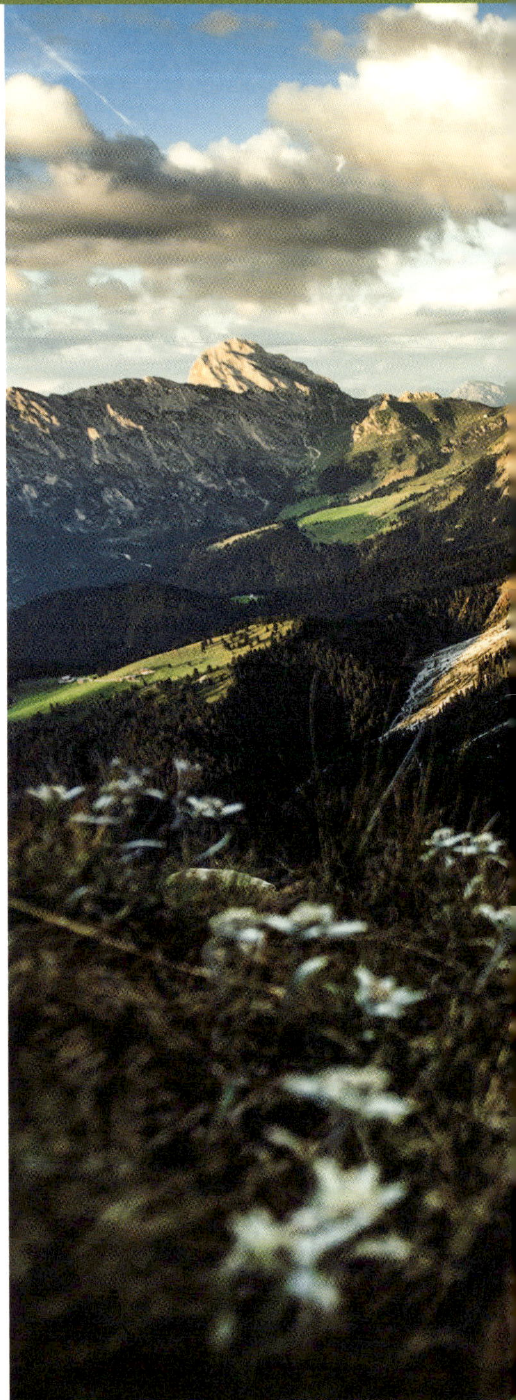

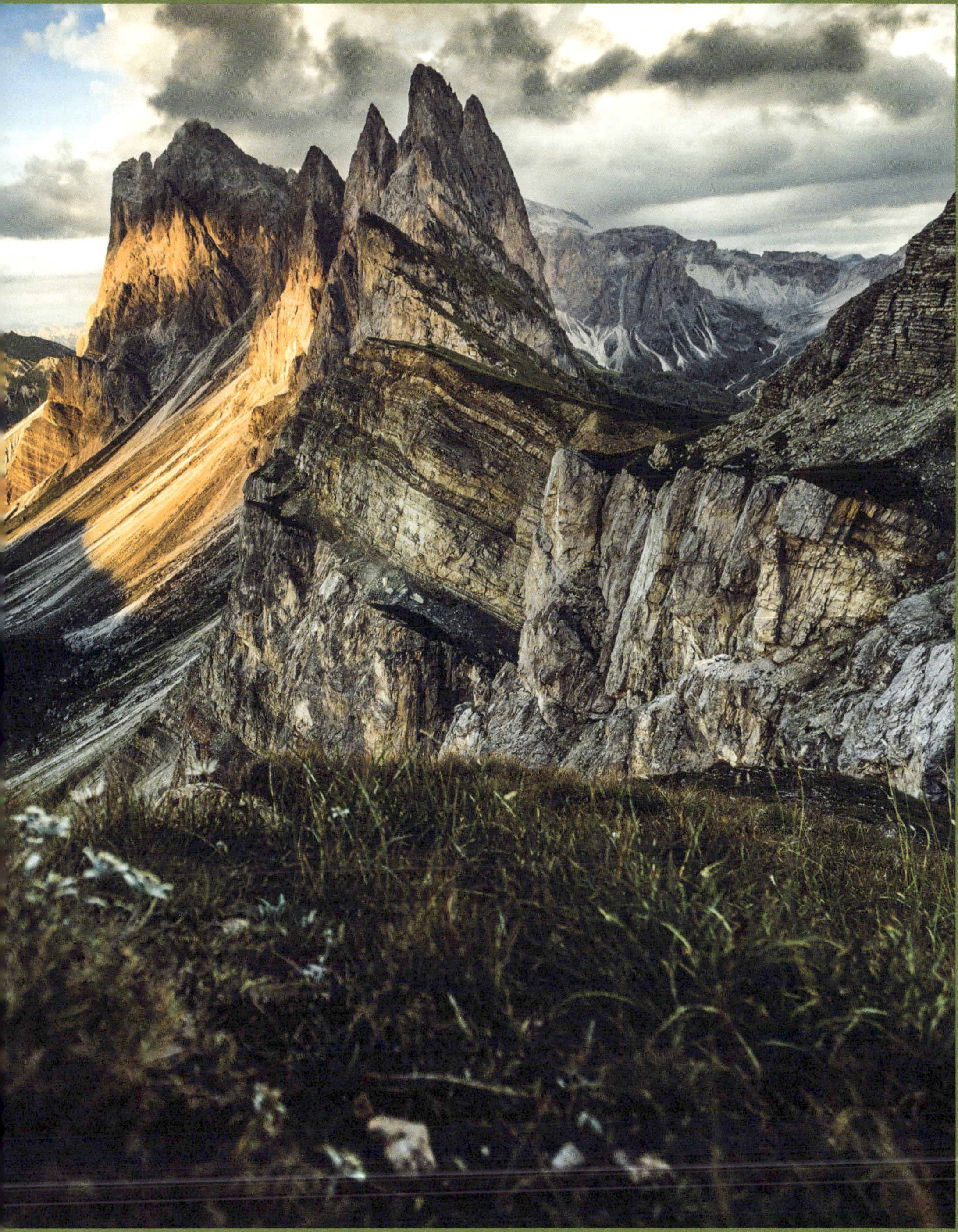

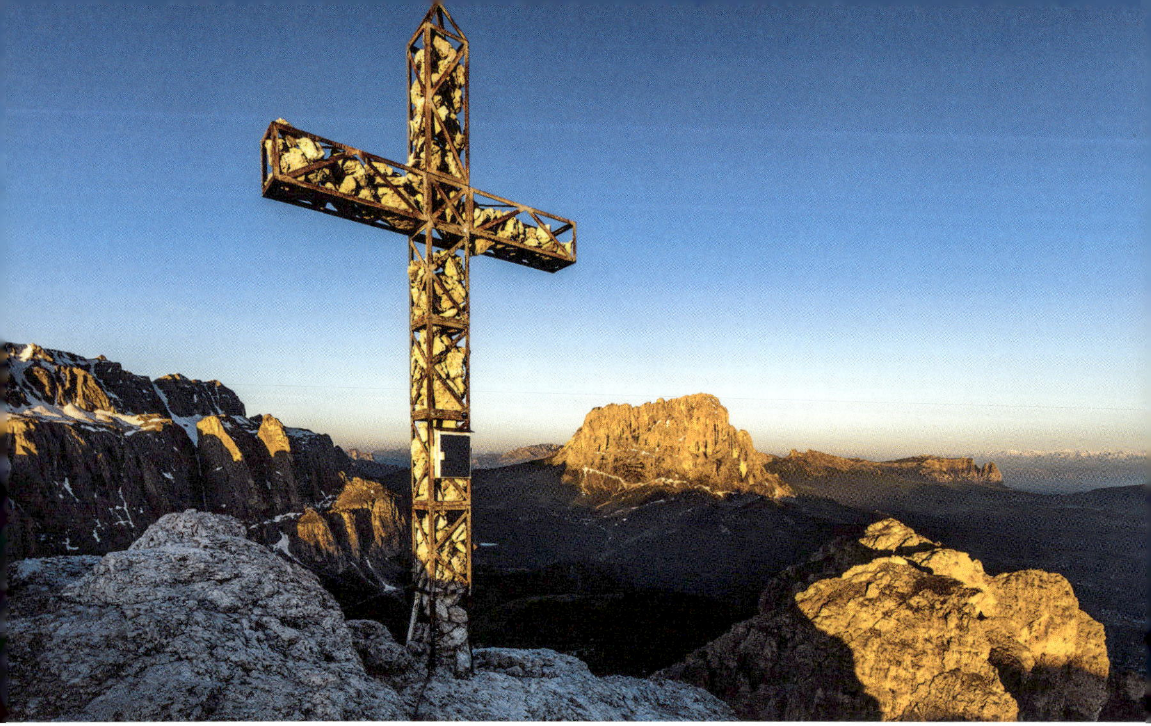

39 Die Große Cirspitze

Sonnenaufgangstour in den Dolomiten

Ein relativ einfacher Sonnenaufgangsgipfel für geübte Berggeher ist die Große Cirspitze auf dem Grödner Joch. Auf trittsicheren Sohlen und ausgerüstet mit Helm und Stirnlampe kann der recht kurze Geröll- und Felsanstieg gut bewältigt werden. Am Gipfelkreuz angelangt, wird man mit einem grandiosen Rundumblick belohnt.

Vom Parkplatz am Grödner Joch (2.121 m) geht es auf der gegenüberliegenden Straßenseite und vorbei am Hotel Cir, der Schotterstraße folgend, über die Wiesen hinauf bis zur Bergstation des Val-Setus-Lifts (2.251 m). Nun folgt man der Markierung Gran Cir hinein in ein Geröllfeld, über das man ein Stück weit hinauf zur ersten, mit einem Drahtseil gesicherten Passage kommt. Für erfahrene und schwindelfreie Berggeher ist dieser ca. 50 m lange und ausgesetzte Abschnitt (Klettersteig Schwierigkeitsgrad A) relativ einfach zu bewältigen. Wer sich allerdings nicht sicher fühlt, für den ist die Mitnahme eines Klettersteigsets ratsam.

Danach führt der Pfad in angenehmer Steigung und im Zickzack weiter hinauf, wobei man immer auf die rot gepunktete Markierung achten sollte, sie weist den besten Weg

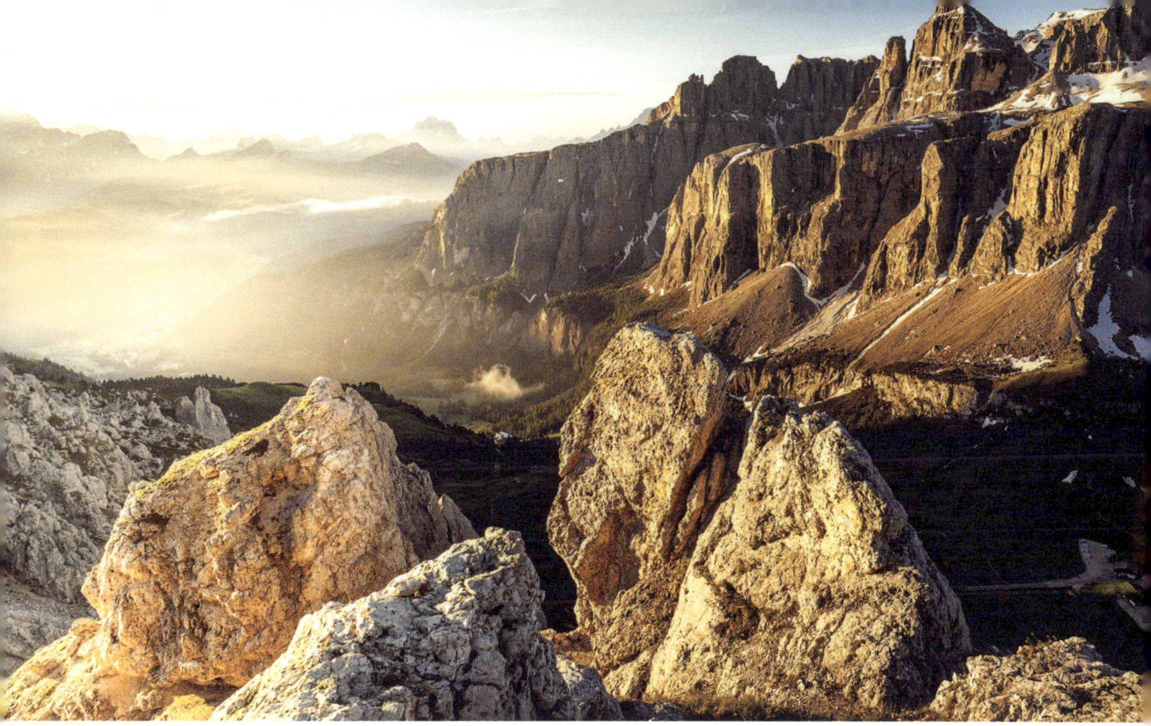

←
Auf der Großen Cirspitze (2.592 m). Während die Berge bereits einige Sonnenstrahlen abbekommen, muss das Tal noch warten. {EXIF: Canon EOS 5D Mark II | 17–40 mm @ 17 mm | f/9 | 1/200 s}

↑
Morgens, wenn die Sonne noch tief steht, taucht sie die Landschaft in ein warmes Licht. Die langen Schatten bringen Tiefe ins Bild. {EXIF: Canon EOS 5D Mark II | 17–40 mm @ 17 mm | f/9 | 1/125 s}

durch den felsigen Aufstieg. Dann kommt man noch einmal an eine gesicherte Stelle, die über glatten Fels führt, aber nicht ausgesetzt ist. Kurz darauf und nach insgesamt etwa 50 Minuten steht man schließlich unter dem Gipfelkreuz der Großen Cirspitze (2.592 m). Zu allen Seiten hat man ein fantastisches Panorama inmitten der Dolomiten. Im Süden erhebt sich der mächtige Sellastock, rechts daneben ragt der Langkofel empor, in der Ferne sieht man den markanten Schlern, wendet man sich nach Norden, kann man die Geislerspitzen erkennen, gen Osten schaut man in Richtung Gadertal und den ersten Sonnenstrahlen entgegen. Der Lohn für das frühe Aufstehen.

Der Abstieg erfolgt auf demselben Weg wie der Aufstieg.

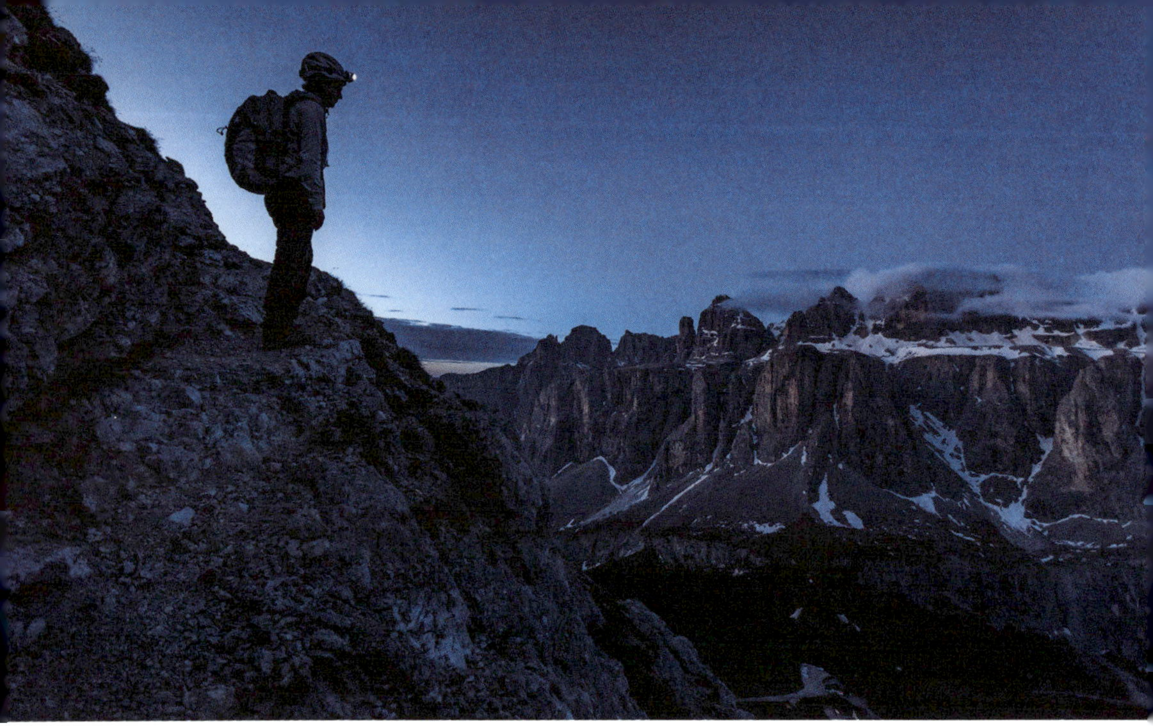

↑ Die blaue Stunde (siehe Fototipp Seite 78) {EXIF: Canon EOS 5D Mark II | 17–40 mm @ 17 mm | f/4 | 1/50 s | ISO 1600}

↓ Ausblick auf die Geislerspitzen {EXIF: Canon EOS 5D Mark II | 70–200 mm @ 140 mm | f/7,1 | 1/1000 s}

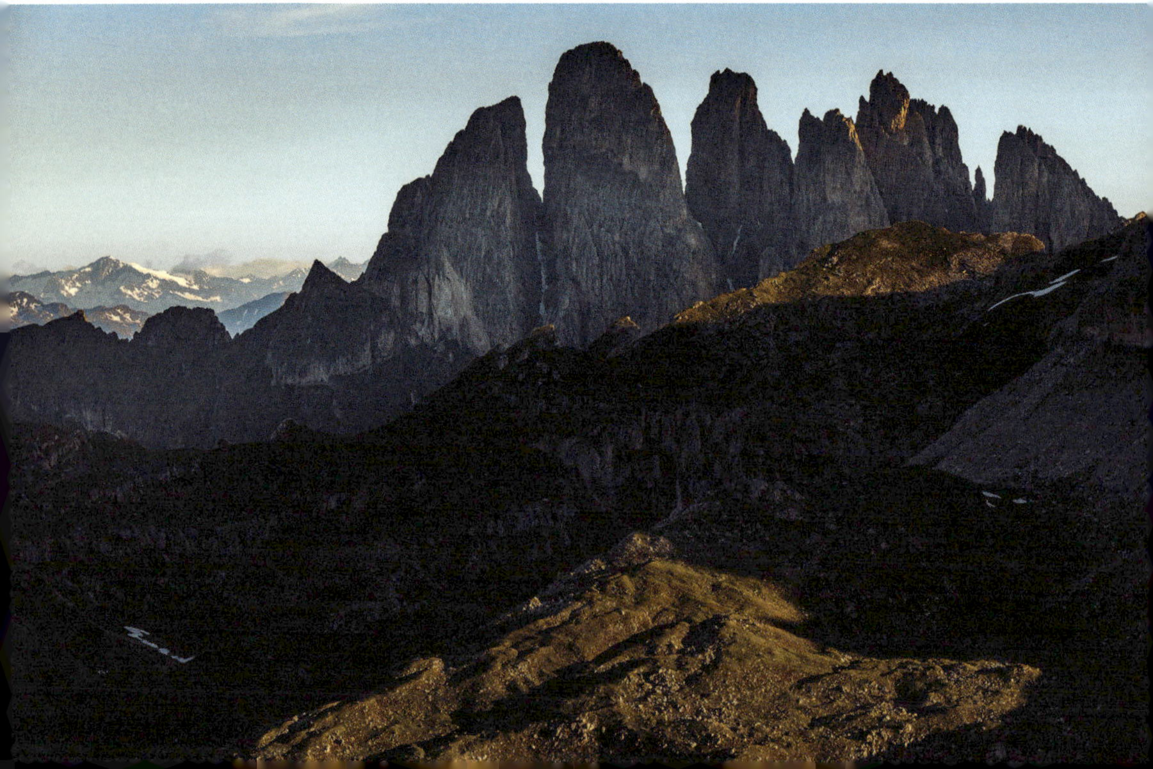

Eine relativ einfache Gipfeltour für erfahrene Berggeher, die wegen ihrer Kürze ideal ist, um den Sonnenaufgang in den Dolomiten mit einem 360°-Panorama zu erleben.

Von Bozen ins Eisacktal, bei Waidbruck ins Grödnertal abzweigen und hinauf auf das Grödner Joch. Am Pass befindet sich ein großer gebührenpflichtiger Parkplatz beim Berghaus Frara.

(mittel)

- Gebiet: Dolomiten, Südtirol
- Tal: Grödnertal
- Start: Parkplatz Grödner Joch (gebührenpflichtig)
- Ziel: Parkplatz Grödner Joch
- Dauer: 1:40 Std.
- Strecke: 3 km
- Aufstieg: 465 Hm
- Abstieg: 465 Hm
- Wann: Sommer, Herbst

Landschaft: ●●●●●
Abwechslung: ●●●●○
Kondition: ●●●○○
Technik: ●●●●○

nein

Parkplatz am Grödner Joch (2.121 m) → Bergstation des Val-Setus-Lifts (2.251 m) → Markierung Gran Cir → Große Cirspitze (2.592 m) → Rückweg wie Hinweg

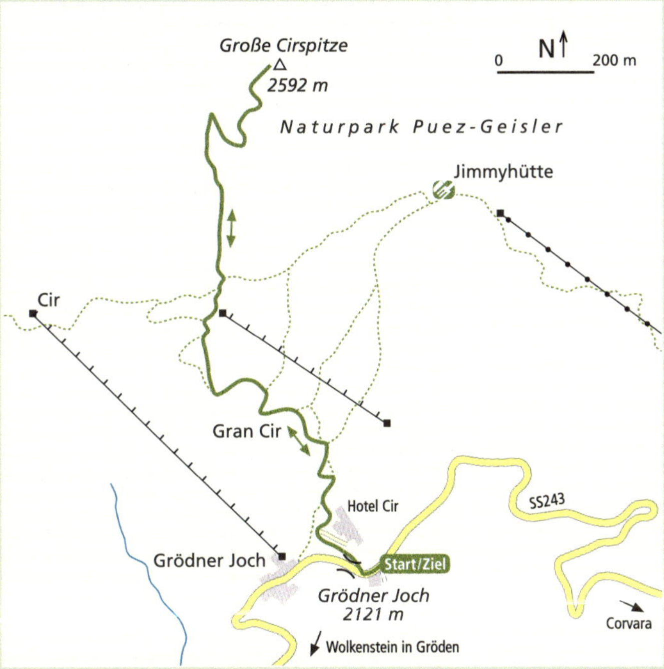

TOP FOTOSPOT

Das Grödner Joch

Der 2.121 m hohe Pass, der das Grödner- mit dem Gadertal verbindet, führt durch eine unvergleichliche Bergwelt. Egal in welche Himmelsrichtung man sich wendet, man kann sich kaum daran sattsehen. Im Süden befindet sich der mächtige Sellastock und im Norden die Cirspitzen im Naturpark Puez-Geisler. Im Westen zieht der 3.181 m hohe Langkofel den Blick auf sich und im Osten schaut man auf die Gipfel der Fanesgruppe im Gadertal. Das Grödner Joch bietet sich aber nicht nur für einen kurzen Fotostopp an, von hier aus kann man auch mehrere Wanderungen unternehmen, wie die Tour auf die Große Cirspitze (siehe Seite 238).

Koordinaten: 46.549168, 11.808705
Wie kommt man hin: Von Bozen ins Eisacktal und bei Waidbruck ins Grödnertal abzweigen. Von dort geht es hinauf auf das Grödner Joch bis zum Parkplatz beim Berghaus Frara.
Exif-Daten: Canon EOS 5D Mark II | 24–70 mm @ 24 mm | f/8 | 1/100 s
Aufnahmedatum: 28.09. – 18:30 Uhr

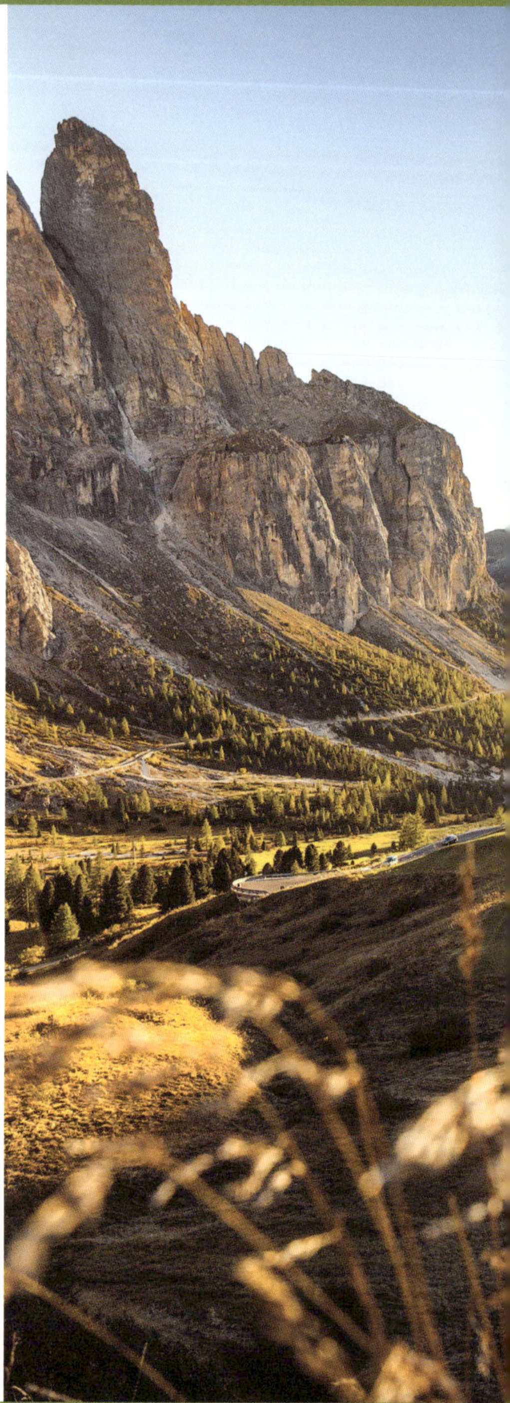

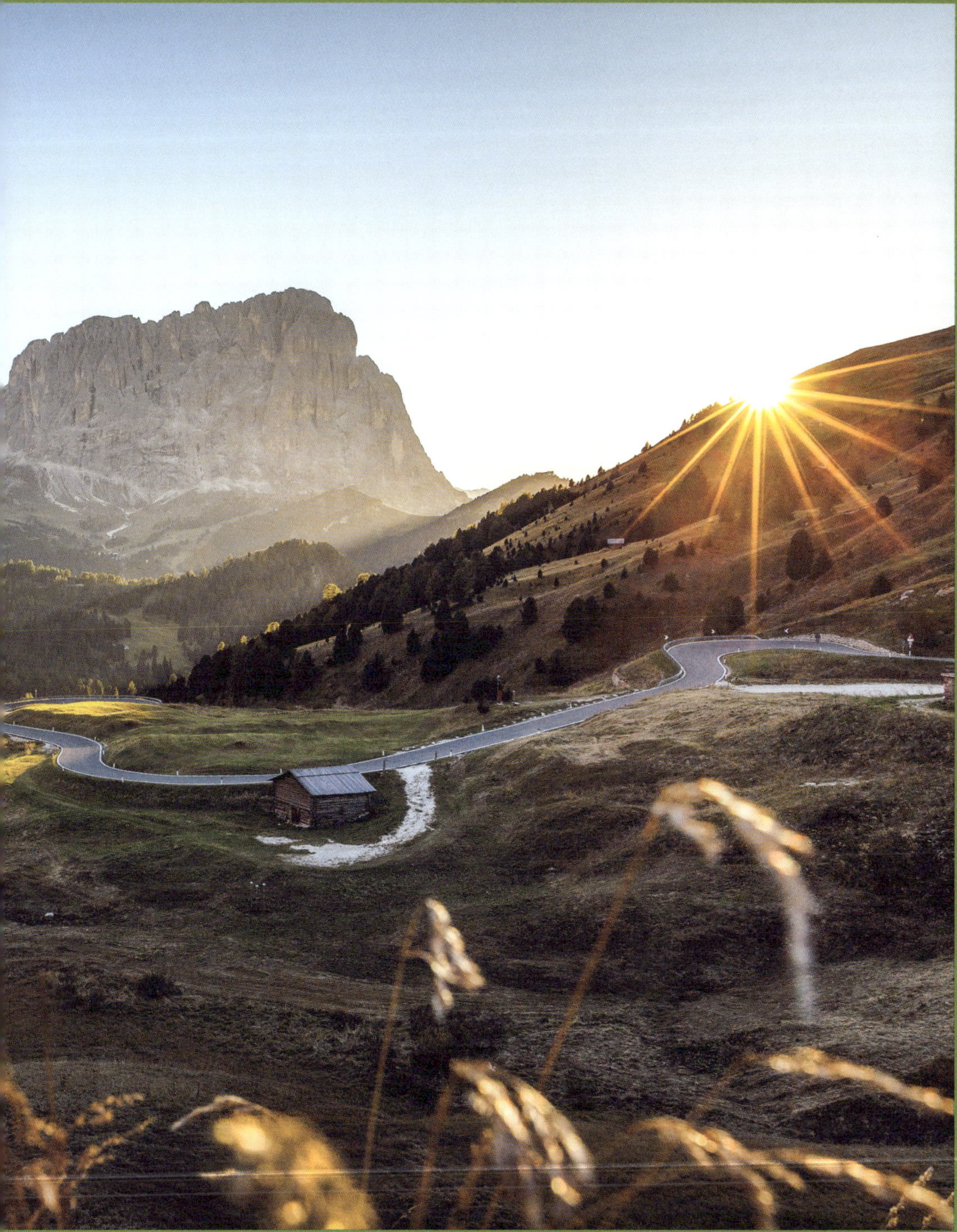

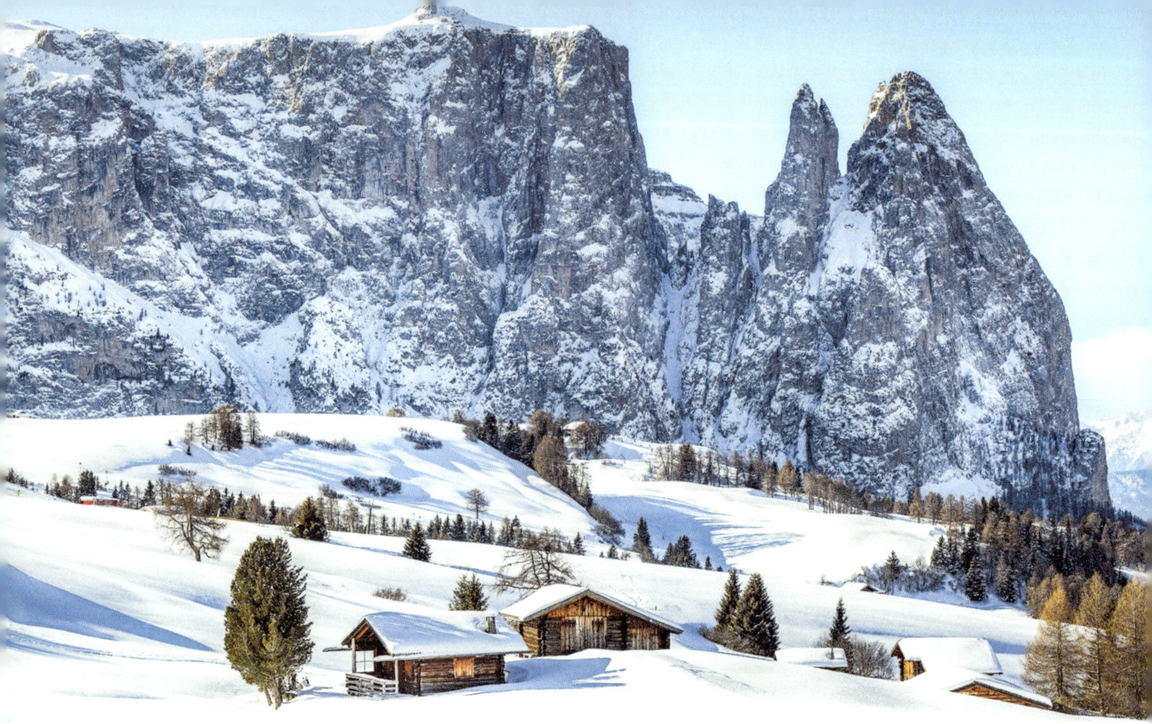

40 Zur Mahlknechthütte

Winterwanderung mit Rodelpartie auf der Seiser Alm

Die Seiser Alm ist im Sommer wie im Winter ein wahres Wander- und Sportparadies. Umgeben von der sagenhaften Bergkulisse der Dolomiten lässt sich diese einfache Winterwanderung von Compatsch bis zur Mahlknechthütte genießen. Eine ideale Tour für die ganze Familie, die man mit einer flotten Rodelabfahrt ausklingen lassen kann.

Die Wanderung liegt im westlichen Teil der Seiser Alm und startet bei der Ortschaft Compatsch (1.850 m) an der Bergstation der Seilbahn. Dort geht es zunächst rechts die Fahrbahn hinunter bis zum Parkplatz an der Hauptstraße. Von hier folgt man nun der Markierung Nr. 7, die in etwa 1:40 Stunden zur Mahlknechthütte führt.

Auf einem breiten und gut präparierten Schneeweg geht es in gemächlicher Steigung und unterhalb des Sessellifts bergauf, wobei man einen wunderbaren Blick auf den Schlern hat. Zusammen mit den kleinen Holzhütten im Vordergrund, die man auf der Seiser Alm auch Schwaigen nennt, ergeben sich tolle Fotomotive. Hat man seine Schneeschuhe dabei, kann man abseits des Weges immer wieder ein Stück weit durch den Tiefschnee stapfen.

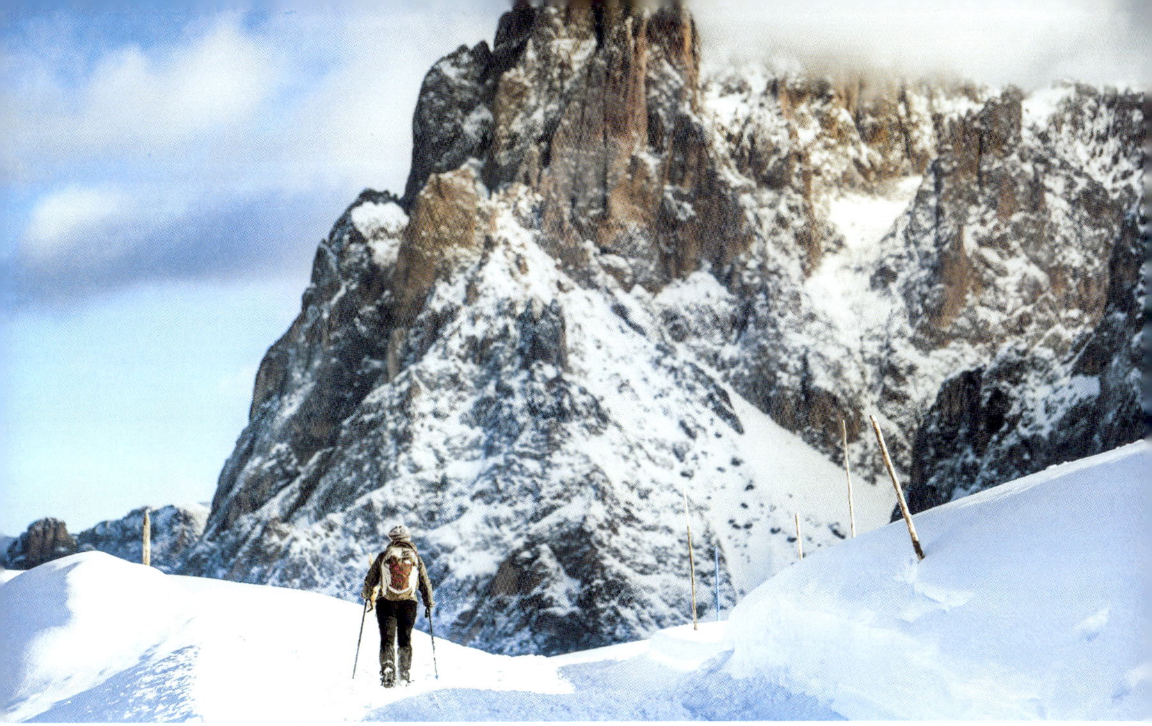

←
Malerisch liegen die kleinen Hütten auf der Seiser Alm, dahinter ragt der Schlern empor. {EXIF: Canon EOS 5D Mark II | 70–200 mm @ 93 mm | f/8 | 1/400 s} {GPS: 46.535725, 11.623462}

↑
Auf dem präparierten Weg Nr. 7 geht es zur Mahlknechthütte {EXIF: Canon EOS 5D Mark II | 70–200 mm @ 150 mm | f/5 | 1/1600 s}

Nach dieser ersten einfachen Steigung kommt man an eine Weggabelung, bei der man sich auch weiterhin an die Markierung Nr. 7 hält. Zuerst flach, dann wieder leicht ansteigend, geht es nun mit herrlichem Blick auf die markante Langkofelgruppe den Winterweg entlang. Man geht abermals unter zwei Liften hindurch und über die Skipiste, ehe man alle Aufstiegsanlagen hinter sich lässt. Gemütlich geht es jetzt noch etwa 1,5 km bis zur Mahlknechthütte (2.054 m) weiter.

Bei der Hütte kann man sich einen Schlitten ausleihen und über den Weg Nr. 8 durch den Wald talabwärts rodeln. Für die ca. 3 km lange Strecke benötigt man ungefähr 15 Minuten, wer hingegen lieber zu Fuß hinuntergeht, der sollte knapp 45 Minuten einplanen. Am Hotel Tirler lässt man den Schlitten stehen und legt den letzten Kilometer nach Saltria (1.680 m) wieder zu Fuß zurück. Dort geht es dann bequem mit dem Linienbus Nr. 11 zurück nach Compatsch.

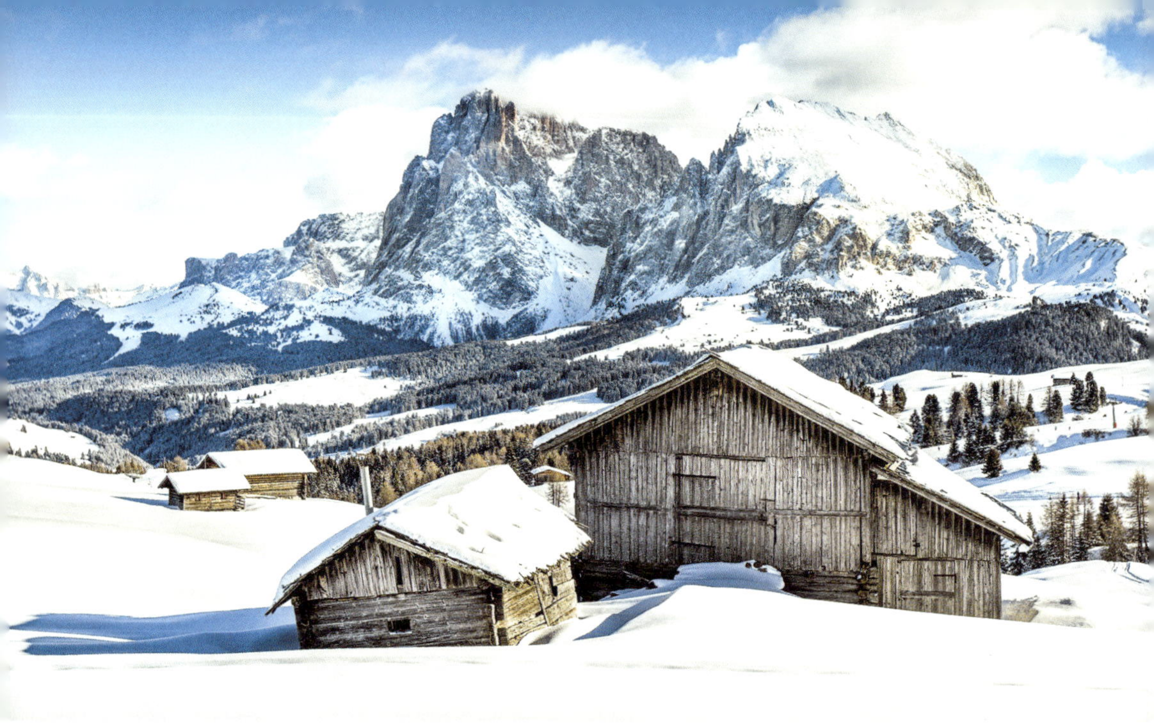

↑ Langkofel und Plattkofel {EXIF: Canon EOS 5D Mark II | 17–40 mm @ 40 mm | f/8 | 1/320 s} {GPS: 46.531435, 11.630928}

↓ Geschwind geht es mit der Rodel die 3 km lange Strecke bergab {EXIF: Canon EOS 5D Mark II | 17–40 mm @ 17 mm | f/5 | 1/160 s}

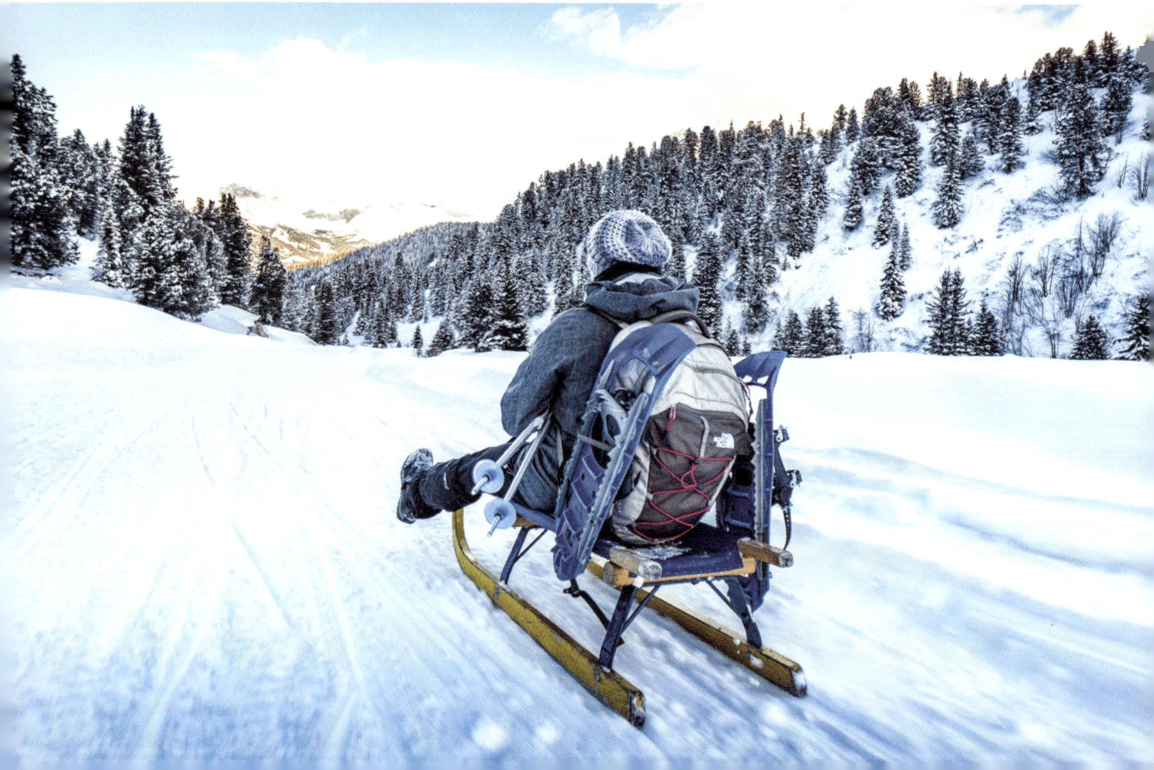

Familienfreundliche Tour in einer atemberaubenden Winterlandschaft mit anschließender Rodelpartie.

Von Bozen nach Blumau und dort im Tunnel links abzweigen zur Seiser Alm bis zur Talstation der Umlaufbahn.

(leicht)

- Gebiet: Dolomiten, Südtirol
- Tal: Schlerngebiet
- Start: Bergstation Seiser Alm Bahn
- Ziel: Bergstation Seiser Alm Bahn
- Dauer: 2:30 Std. (wenn man nur zu Fuß geht, 3:00 Std.)
- Strecke: 10,2 km
- Aufstieg: 300 Hm
- Abstieg: 470 Hm
- Wann: Frühling, Sommer, Herbst, Winter

Landschaft: ●●●●●
Abwechslung: ●●●●○
Kondition: ●●●○○
Technik: ●●○○○

ja

Bergstation Seiser Alm Bahn → Ortschaft Compatsch (1.850 m) → Weg Nr. 7 zur Mahlknechthütte (2.054 m) → Weg Nr. 8 nach Saltria (1.680 m) → Linienbus Nr. 11 zurück nach Compatsch

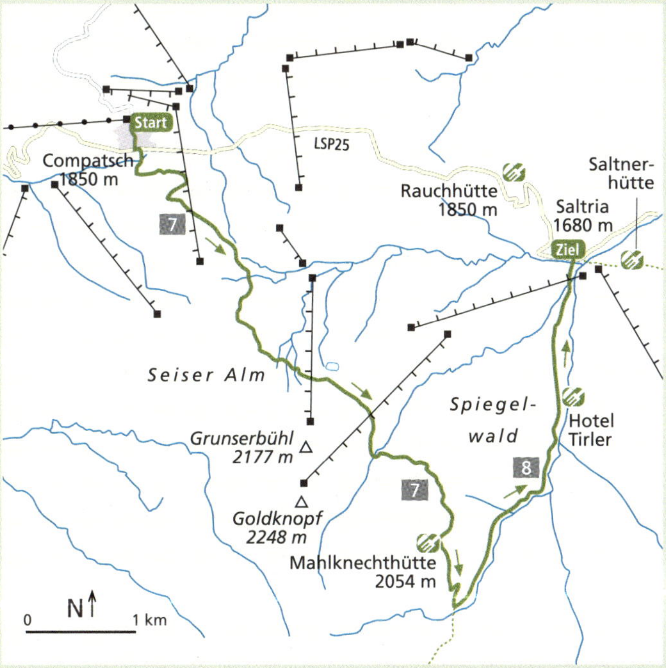

TOP FOTOSPOT

Die Seiser Alm

Die Seiser Alm ist ein wahres Mekka für Fotografen. Die Landschaft auf der größten Hochalm Europas ist zu jeder Jahreszeit unbeschreiblich schön. Die sanften Hügel, die kleinen Holzhütten darauf und der dahinter aufragende Lang- und Plattkofel ergeben ein traumhaftes Fotomotiv.

Koordinaten: 46.551859, 11.654547
Wie kommt man hin: Von Bozen nach Blumau, dort im Tunnel links abzweigen zur Seiser Alm und der kleinen Ortschaft Compatsch. Vom dortigen Parkplatz (gebührenpflichtig) nimmt man die Asphaltstraße in Richtung Adler Mountain Lodge und erreicht nach etwa einer Stunde den Fotospot. Wenn man noch 15 Minuten weitergeht, kommt man an ein Speicherbecken, in dem sich die Langkofelgruppe spiegelt.
Achtung: Die Zufahrt nach Compatsch ist von 09:00–17.00 Uhr für den privaten Verkehr gesperrt.
Exif-Daten: Canon EOS 5D Mark II | 17–40 mm @ 23 mm | f/11 | 0,3 s
Aufnahmedatum: 08.07. – 05:56 Uhr

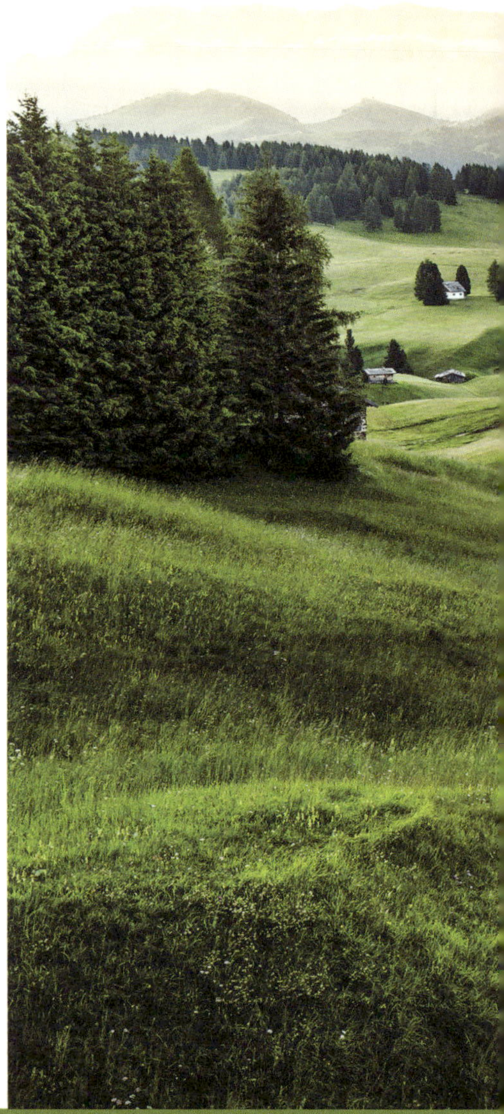

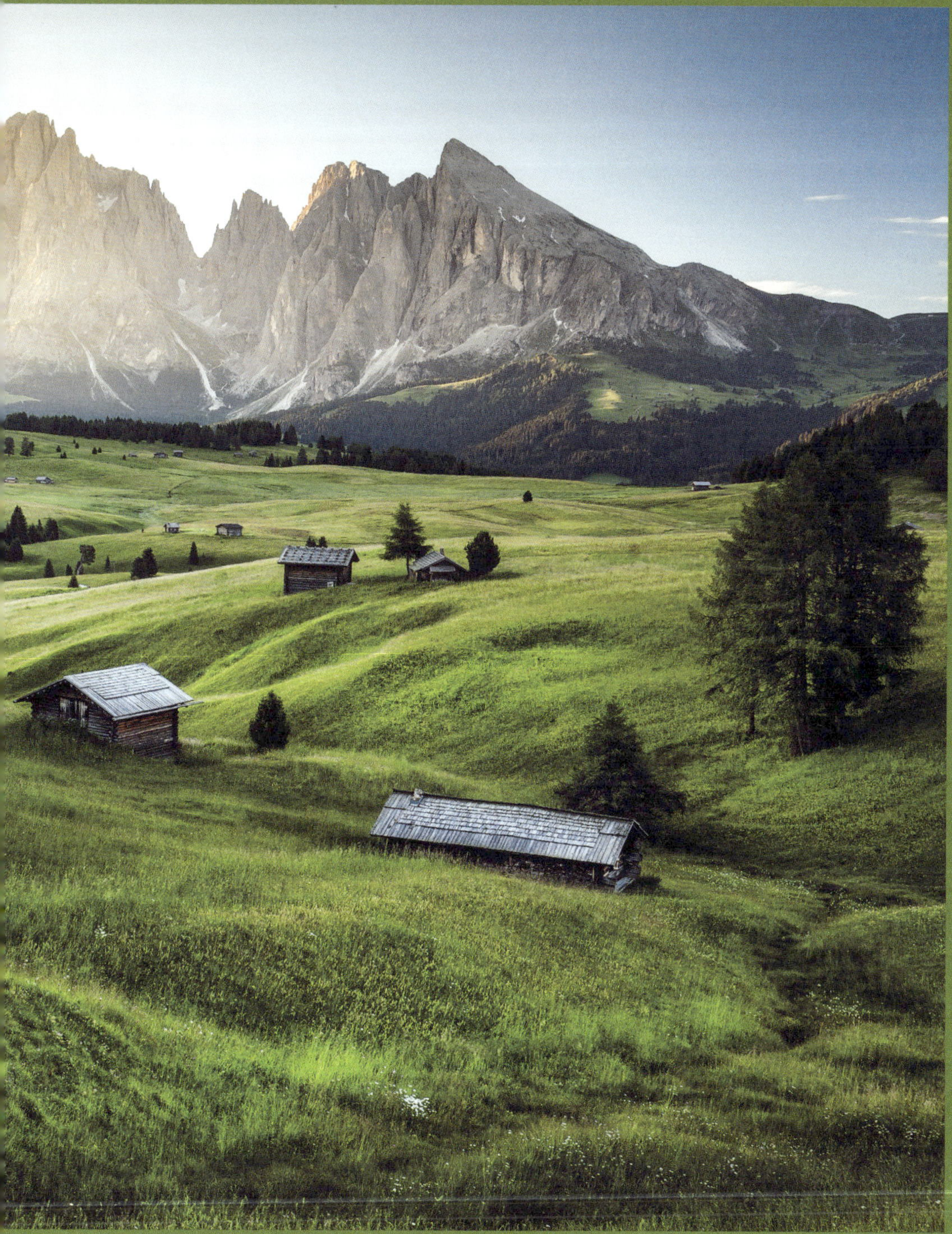

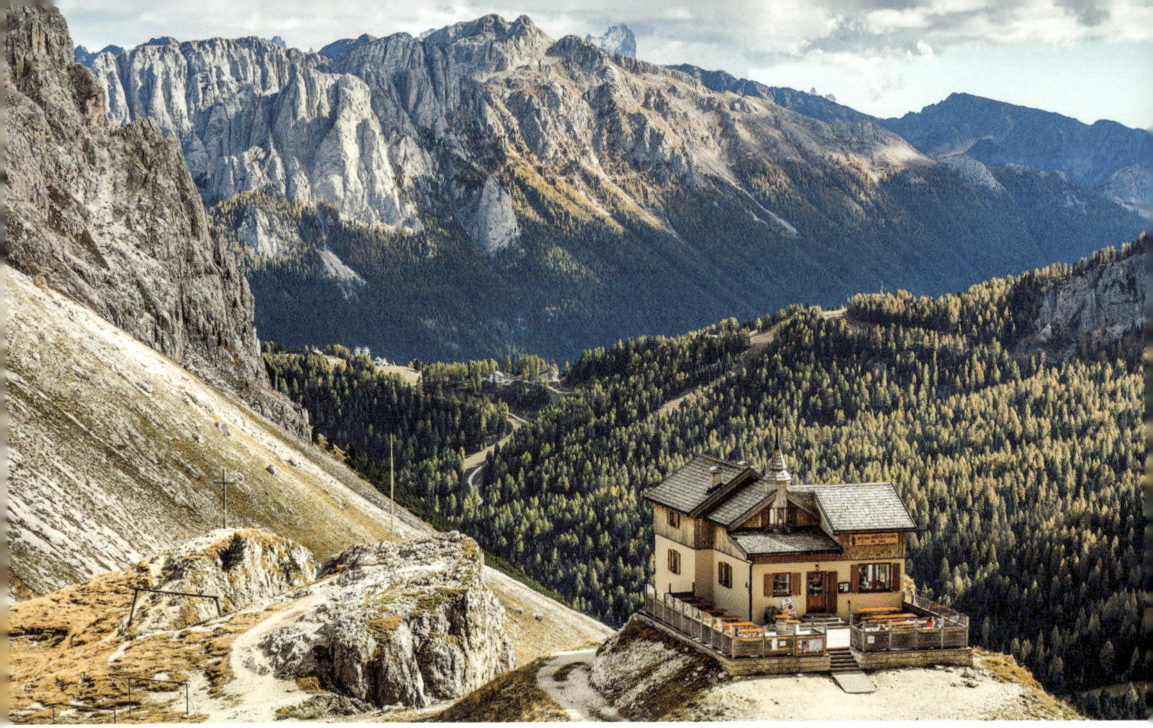

41 Zu den Vajolet-Türmen

Im Herzen der Rosengartengruppe

Die anfangs gemütliche Wanderung führt über einen Wald- und Schotterweg vorbei an der Gardecciahütte zur Vajolet- und Preusshütte. Anschließend gilt es, den mit Drahtseilen gesicherten Aufstieg zu den Vajolet-Türmen zu überwinden. Auf der Hochfläche angekommen, hat man dann die beste Sicht auf diese bizarren Felsformationen der Rosengartengruppe.

Nachdem man die ersten Höhenmeter mit der Seilbahn Vigo–Ciampedie in Vigo di Fassa (1.416 m) zurückgelegt hat, wird man an der Bergstation (1.988 m) bereits mit einem herrlichen Panorama empfangen. Von hier geht es gemütlich über den Weg Nr. 540 durch den Wald bis zur etwa einer Stunde entfernten Gardecciahütte (1.949 m). Umgeben von den schroffen Felswänden der Dolomiten gelangt man nun leicht aufwärts über den Schotterweg Nr. 546 immer weiter ins Vajolet-Tal hinein. In der Ferne erblickt man bereits den Felsvorsprung, auf dem die Preusshütte steht. Das letzte Stück geht es über ein paar Kehren etwas steiler nach oben und so gelangt man nach einer weiteren Stunde zu den beiden Schutzhäusern, der Vajolet- und Preusshütte (2.243 m). Der nun folgende Abschnitt wird

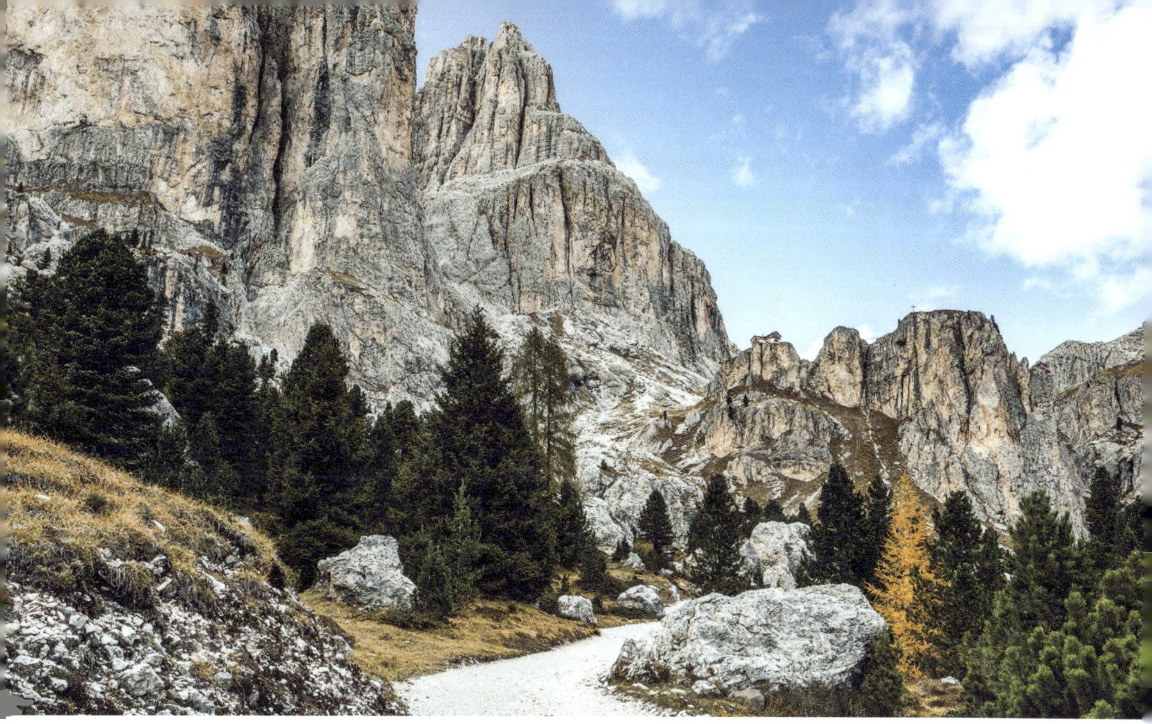

← Die Preusshütte in bester Lage und mit herrlichem Ausblick {EXIF: Canon EOS 5D Mark II | 70–200 mm @ 85 mm | f/8 | 1/640 s} {GPS: 46.459163, 11.631458}

↑ Ein breiter Weg führt zwischen den imposanten Wänden der Dolomiten hindurch

im Gegensatz zum Rest der Wanderung etwas anspruchsvoller. Unweit der Vajolethütte zweigt links der Weg Nr. 542 ab. Über den mit Drahtseilen gesicherten Steig geht es durch die etwa 1 km lange Geröll- und Felsmulde im Zickzack nach oben. Nach ca. 45 Minuten Aufstieg hat man es dann zur Gartlhütte (2.621 m) geschafft und hat die einzigartigen Vajolet-Türme vor sich. Insgesamt sind es sechs Erhebungen, die höchste davon ist 2.821 m hoch. Nach einer kurzen Rast setzt man die Wanderung fort, über einen Schotterweg geht es in einfacher Steigung zum 30 Minuten entfernten Santnerpass (2.734 m) hinauf. Der Rückweg ist derselbe wie der Hinweg.

Alternative: Statt der Seilbahn kann man in Pera di Fassa auch den Shuttlebus bis zur Gardecciahütte nehmen und verkürzt so die Wanderung um insgesamt 2 Stunden.

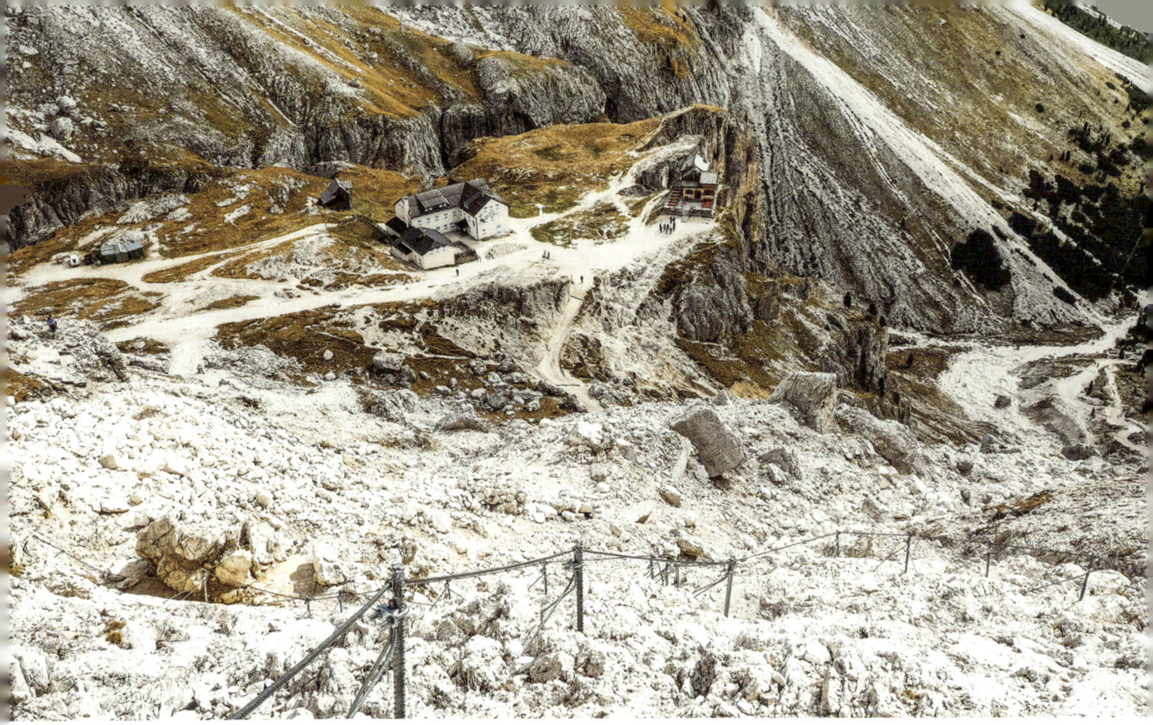

↑
Über einen mit Drahtseilen gesicherten Steig geht es zur Gartlhütte hoch

FOTOTIPP

ISO-Wert

Über den ISO-Wert wird die Lichtempfindlichkeit des Sensors geregelt. Wenn die Verschlusszeiten zu lang werden, die Blende bereits so weit wie möglich geöffnet ist, kann man sich noch mit dieser Einstellung weiterhelfen. Denn eine höhere ISO-Zahl wirkt sich etwa so aus wie eine längere Belichtungszeit, sie macht das Bild heller. Je höher der Wert eingestellt wird, umso schlechter wird jedoch die Qualität der Aufnahme, es kommt zum Bildrauschen. Wie hoch dieser Wert ist, hängt vom jeweiligen Kameramodell ab.

Wunderschöne Wanderung zu den Vajolet-Türmen. Bis zur Vajolet- und Preusshütte sehr einfach, danach zur Gartlhütte hinauf etwas anspruchsvoller. Für geübte und trittsichere Berggeher ohne Probleme zu schaffen.

Von Bozen hinein ins Eggental und über den Karerpass hinab nach Vigo di Fassa.

(mittel)

- Gebiet: Dolomiten, Südtirol / Trentino
- Tal: Fassatal
- Start: Parkplatz Seilbahn Vigo di Fassa
- Ziel: Parkplatz Seilbahn Vigo di Fassa
- Dauer: 6:00 Std.
- Strecke: 13,2 km
- Aufstieg: 825 Hm
- Abstieg: 825 Hm
- Wann: Sommer, Herbst

Landschaft: ●●●●●
Abwechslung: ●●●●●
Kondition: ●●●●○
Technik: ●●●●○

ja

Parkplatz Seilbahn Vigo di Fassa (1.416 m) → Bergstation (1.988 m) → Weg Nr. 540 zur Gardecciahütte (1.949 m) → Weg Nr. 546 zur Vajolet- und Preusshütte (2.243 m) → Weg Nr. 542 zur Gartlhütte (2.621 m) → Santnerpass (2.734 m) → Rückweg wie Hinweg

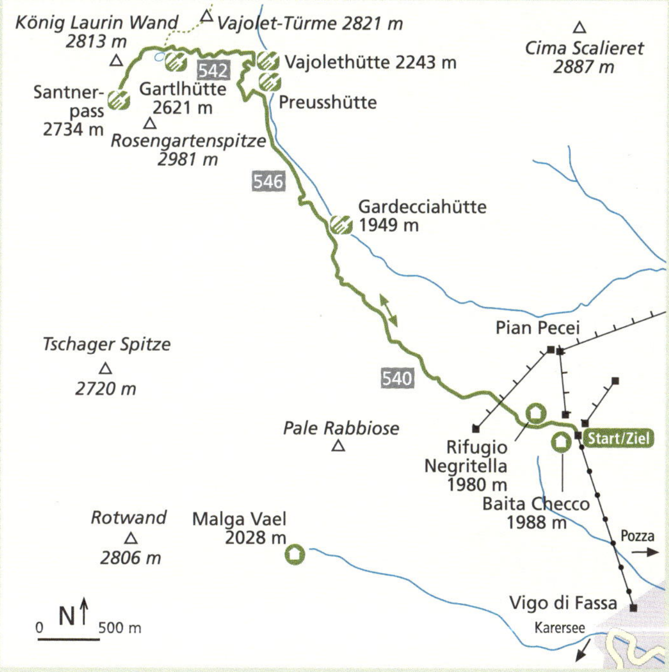

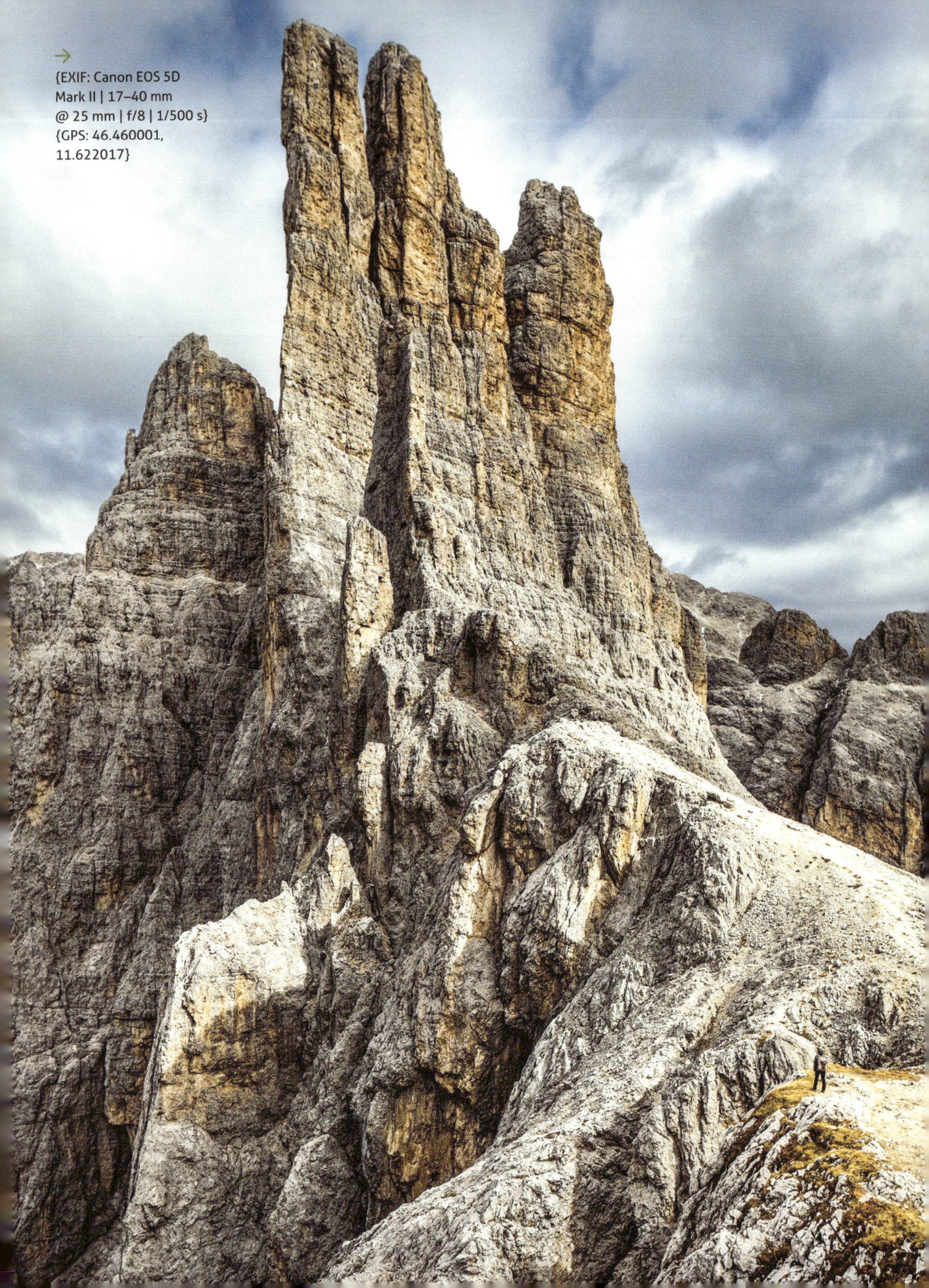

→
{EXIF: Canon EOS 5D Mark II | 17–40 mm @ 25 mm | f/8 | 1/500 s}
{GPS: 46.460001, 11.622017}

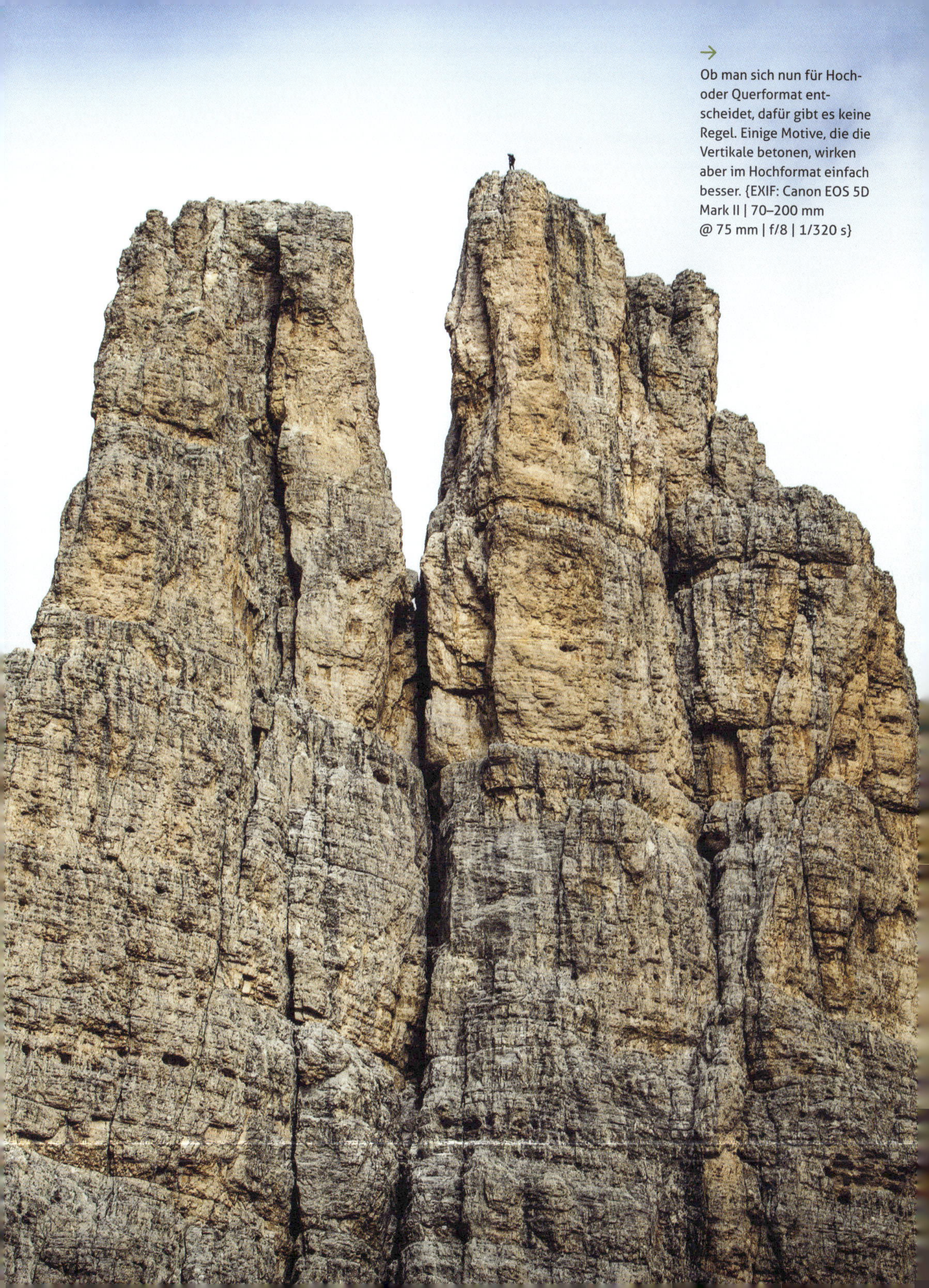

→

Ob man sich nun für Hochoder Querformat entscheidet, dafür gibt es keine Regel. Einige Motive, die die Vertikale betonen, wirken aber im Hochformat einfach besser. {EXIF: Canon EOS 5D Mark II | 70–200 mm @ 75 mm | f/8 | 1/320 s}

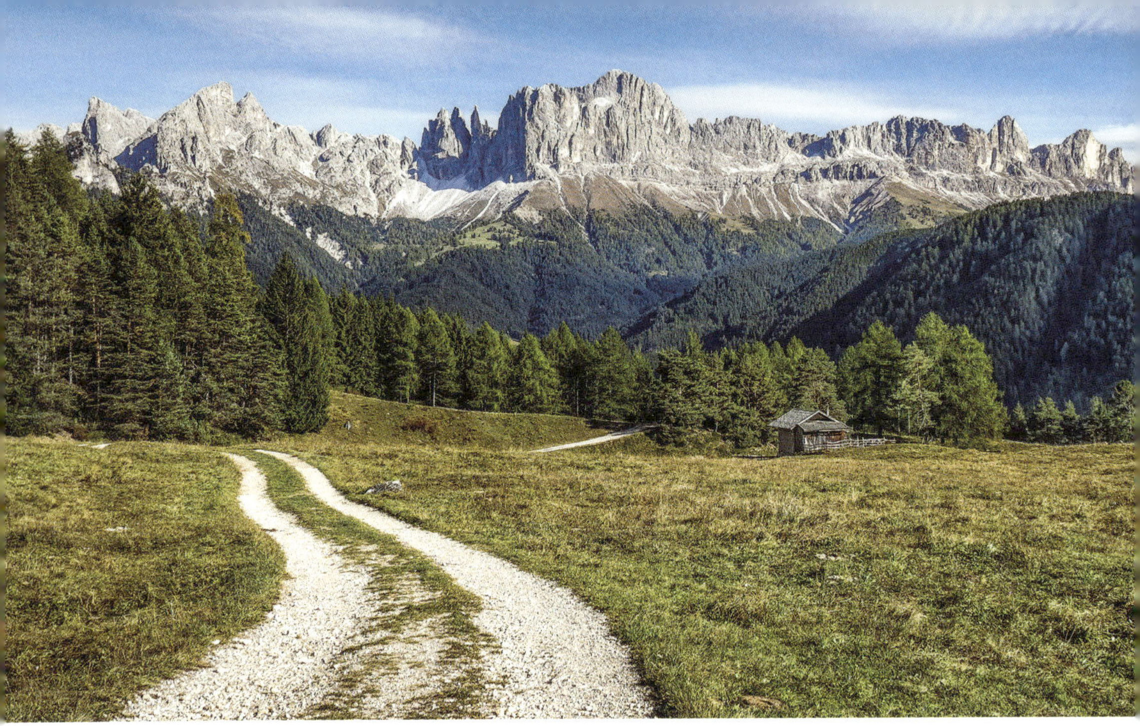

42 Auf die Völseggspitze

Der schönste Blick auf den Rosengarten

Diese Wanderung führt nicht nur auf die Völseggspitze, einen hervorragenden Aussichtsgipfel, sondern bietet auch den wohl schönsten Blick auf den Rosengarten. Wer die Tour erst am Nachmittag startet, der kann sich beim Rückweg gleich doppelt auf die im Abendrot glühenden Berge freuen, wenn sie sich wunderschön in der Oberfläche des kleinen Wuhnleger Weihers spiegeln.

Vom großen Parkplatz in Weißlahnbad (1.197 m) oberhalb von St. Zyprian folgt man der Asphaltstraße in leichter Steigung bergauf. An deren Ende geht es auf dem Forstweg 4A weiter, bis man nach etwa 45 Minuten zum Wuhnleger (1.395 m) gelangt. Mag die Almwiese auf den ersten Blick recht unscheinbar wirken, lässt sich von hier aus aber einer der traumhaftesten Blicke auf den Rosengarten erleben, und zwar dann, wenn sich das Bergmassiv im kleinen Weiher am Ende der Weide widerspiegelt. Da der Rückweg noch einmal an dieser Stelle vorbeiführt, hält man sich hier nur zu einer kurzen Rast auf und zweigt rechts auf die Markierung Nr. 4 ab, die nun merklich steiler hinauf zur Tschafonhütte führt. An der nächsten Weggabelung bleibt

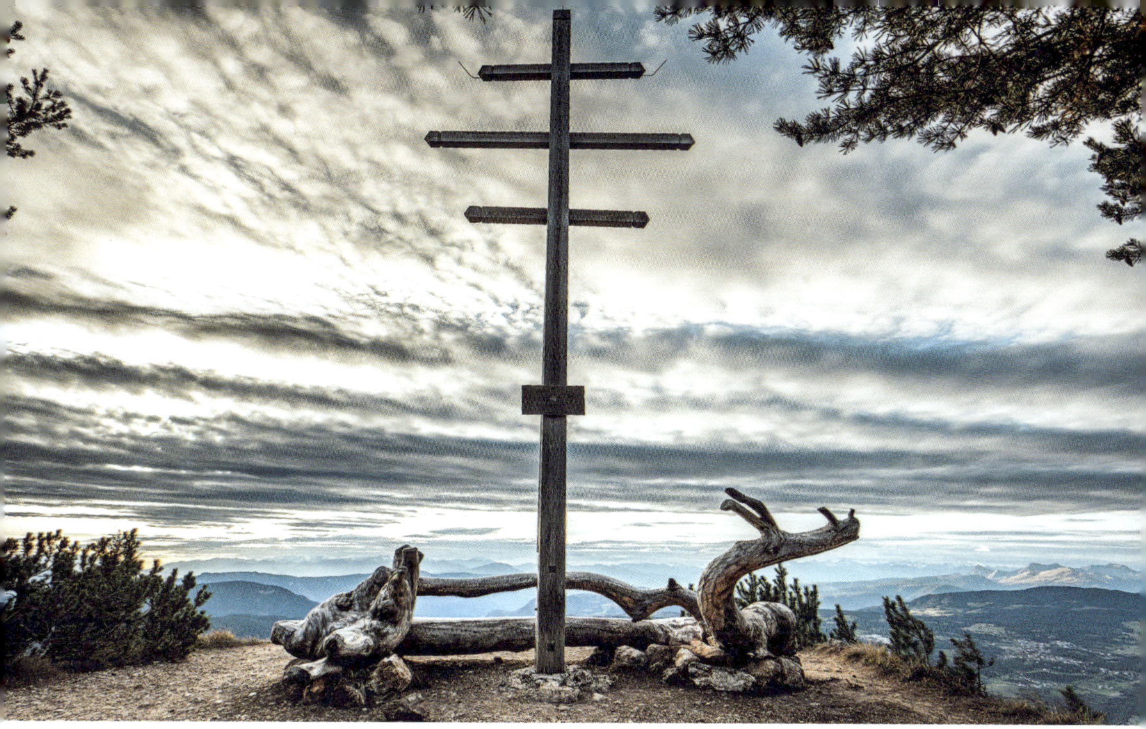

←
Die Schotterstraße auf der Wuhnleger-Almwiese bringt Tiefe ins Bild und führt den Blick des Betrachters hin zum Rosengarten {EXIF: Panasonic LUMIX G70 | 14–42 mm @ 14 mm | f/7,1 | 1/500 s}

↑
Auf der Völseggspitze (1.834 m) kann man den Ausblick auf den Bozner Talkessel genießen.

man dann am besten auf dem Steig Nr. 4 und nimmt nicht die breite und recht anstrengende Schotterstraße. Der Weg ist zwar etwas länger, dafür umso angenehmer zu gehen. Nach insgesamt etwa 1:30 Stunden hat man die Tschafonhütte (1.738 m) erreicht, von wo aus es auf dem Weg Nr. 9 und in angenehmer Steigung in ca. 20 Minuten hinauf auf die bewaldete Völseggspitze (1.834 m) geht. Oben angekommen, kann man auf den Bänken Platz nehmen und den herrlichen Ausblick auf den Bozner Talkessel und die Umgebung genießen. Der Rückweg ist derselbe wie der Hinweg.

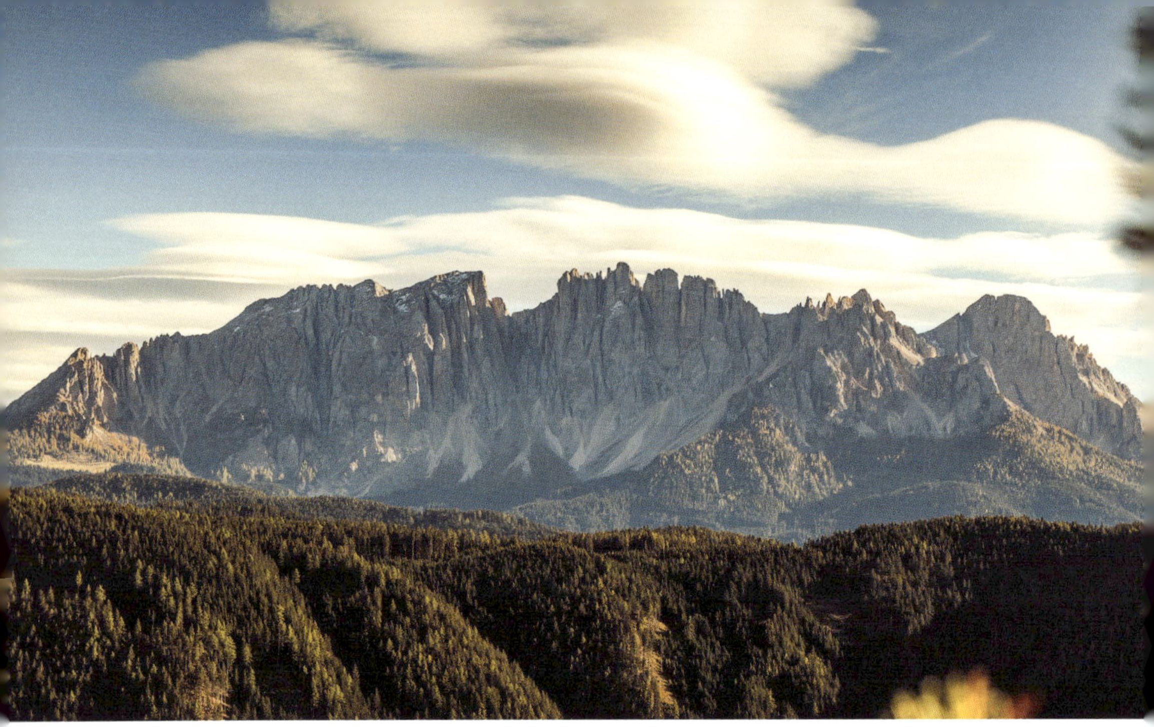

↑ Eine interessante Wolkenformation über dem Latemar {EXIF: Canon EOS 5D Mark II | 70–200 mm @ 70 mm | f/8 | 1/250 s}

↓ Wer die Wanderung erst am späten Nachmittag angeht, wird von angenehm weichem Licht begleitet.

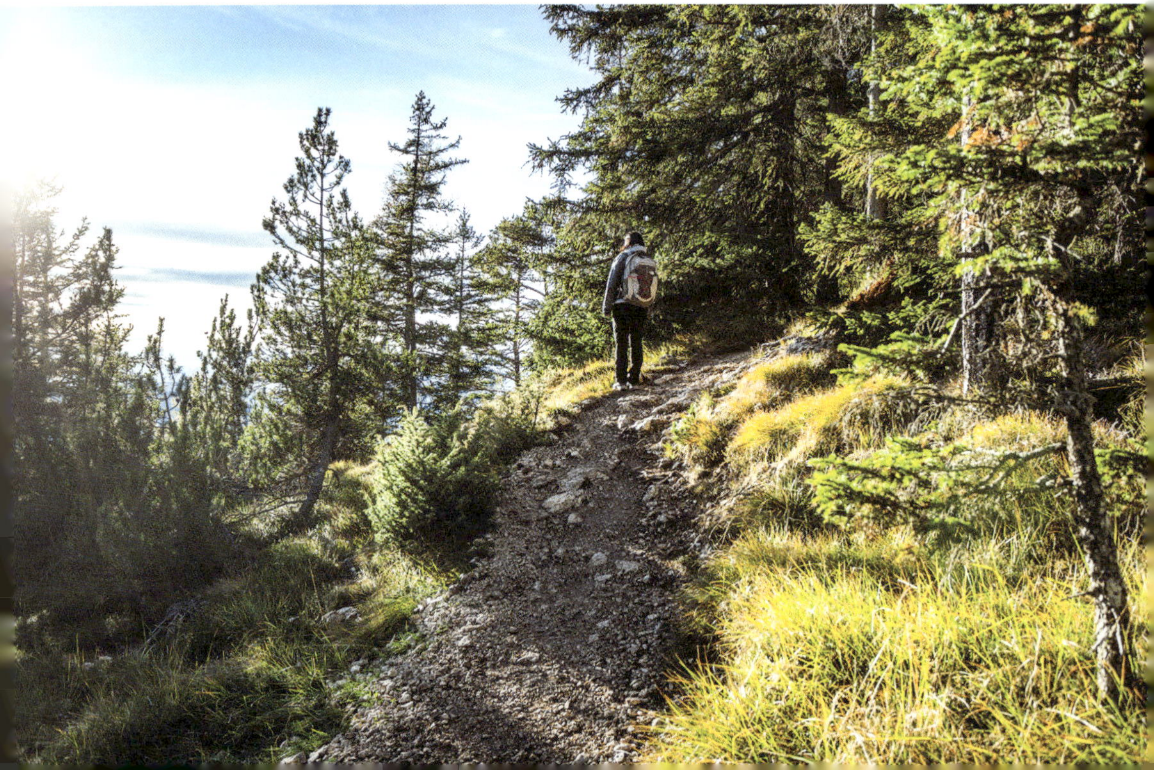

Eine einfache Wanderung auf die Völseggspitze mit tollem Blick auf den Bozner Talkessel. Am Wuhnleger Weiher lässt sich beim Hin- und Rückweg eine einzigartige Aussicht auf den Rosengarten genießen.

Von Bozen nach Blumau und dort im Tunnel links nach Tiers abzweigen. Vorbei an Tiers, weiter bis zur Fraktion St. Zyprian und beim kleinen Kirchlein an der Straße links hinauf abzweigen nach Weisslahnbad.

(leicht)

- Gebiet: Dolomiten, Südtirol
- Tal: Tiersertal
- Start: Parkplatz Weisslahnbad, Tiers
- Ziel: Parkplatz Weisslahnbad, Tiers
- Dauer: 3:30 Std.
- Strecke: 8,6 km
- Aufstieg: 640 Hm
- Abstieg: 640 Hm
- Wann: Frühling, Sommer, Herbst

Landschaft: ●●●●●
Abwechslung: ●●●●○
Kondition: ●●●●○
Technik: ●●○○○

ja

Parkplatz in Weißlahnbad (1.197 m) → ein Stück auf der asphaltierten Straße bergauf → Forstweg 4A → Wuhnleger (1.395 m) → Weg Nr. 4 → Tschafonhütte (1.738 m) → Weg Nr. 9 → Völseggspitze (1.834 m) → Rückweg wie Hinweg

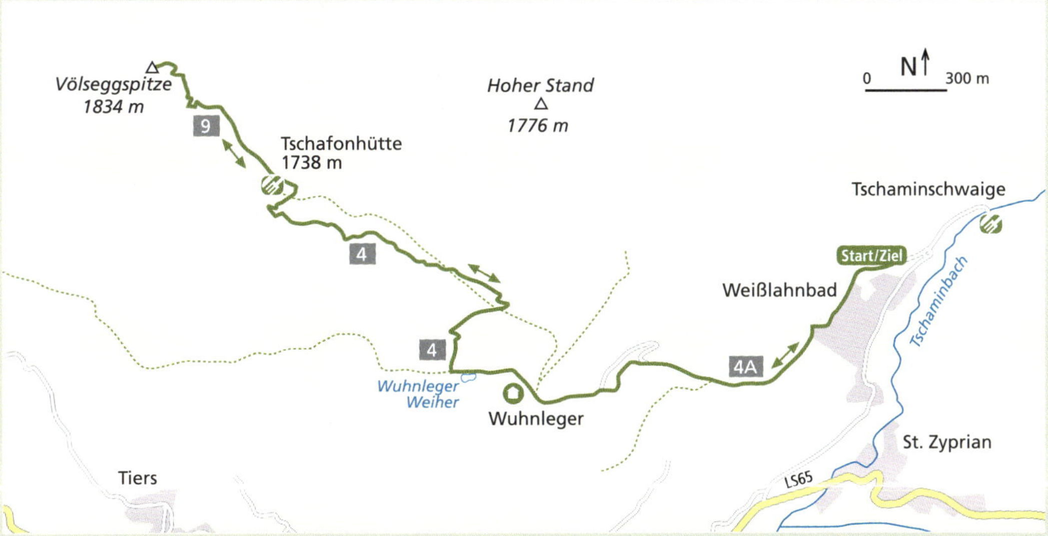

TOP FOTOSPOT

Wuhnleger Weiher, Tiers am Rosengarten

Einer der schönsten Orte, um die Aussicht auf den Rosengarten zu genießen, ist der Weiher am Wuhnleger oberhalb von Tiers. Wenn sich darin die Berge spiegeln und die Sonne langsam untergeht, bietet sich dieser herrliche Anblick gleich doppelt. Wer gerne noch ein Stück weitergeht und einen leichten Gipfel mitnehmen möchte, dem sei die Wanderung auf die Völseggspitze empfohlen (siehe Seite 256).

Koordinaten: 46.474986, 11.538701
Wie kommt man hin: Von Bozen nach Blumau und dort im Tunnel links nach Tiers abzweigen. Durch Tiers weiter bis zur Fraktion St. Zyprian und dort beim kleinen Kirchlein an der Straße links abzweigen nach Weisslahnbad. Dort wandert man auf dem Forstweg 4A weiter, bis man nach etwa 45 Minuten zum Wuhnleger kommt.
Exif-Daten: Canon EOS 5D Mark II | 17–40 mm @ 27 mm | f/9 | 1/25 s
Aufnahmedatum: 07.10. – 18:09 Uhr

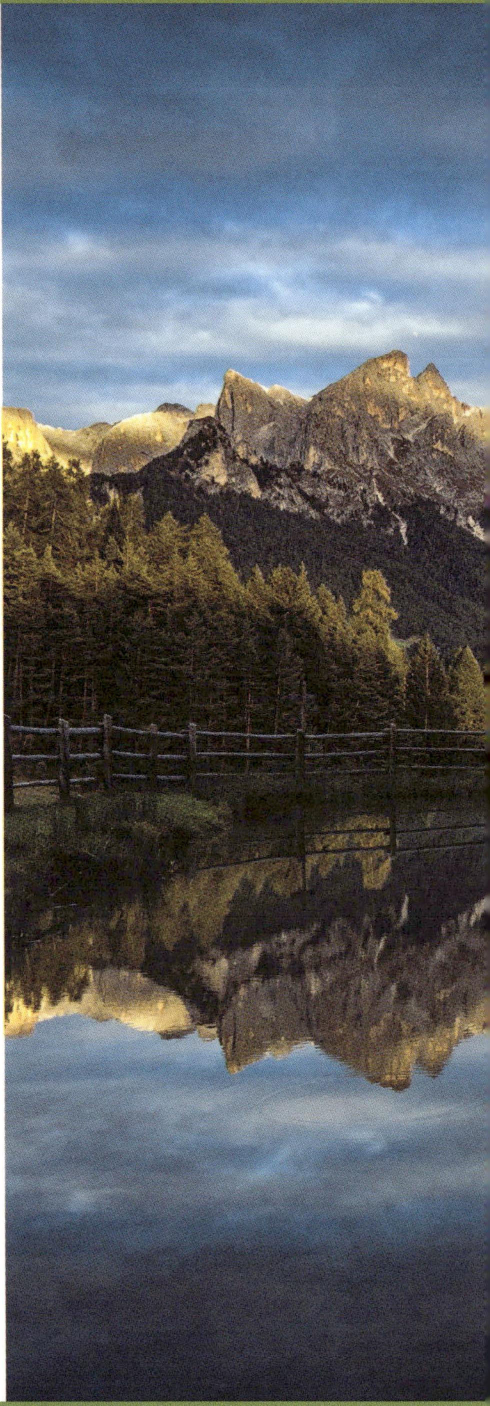

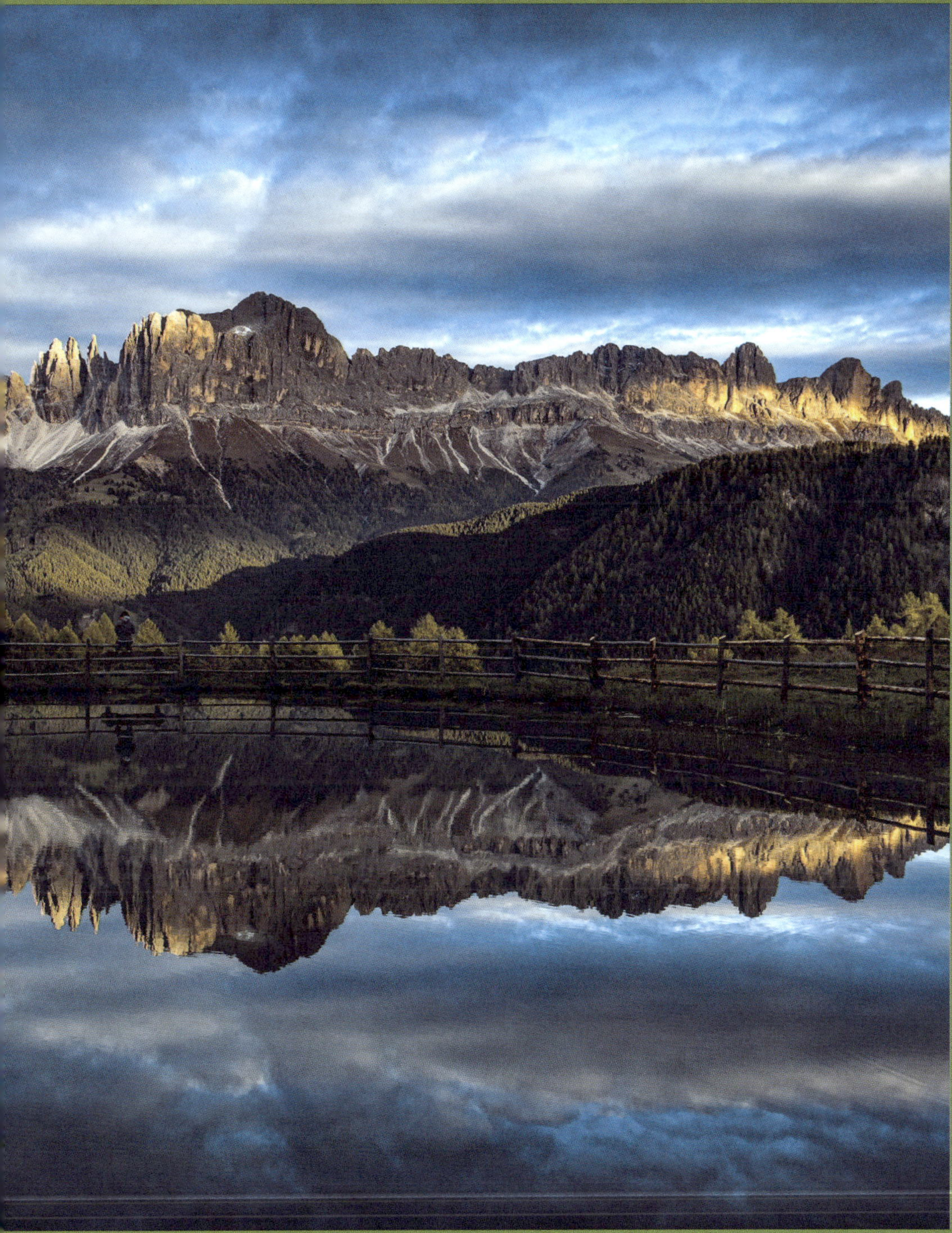

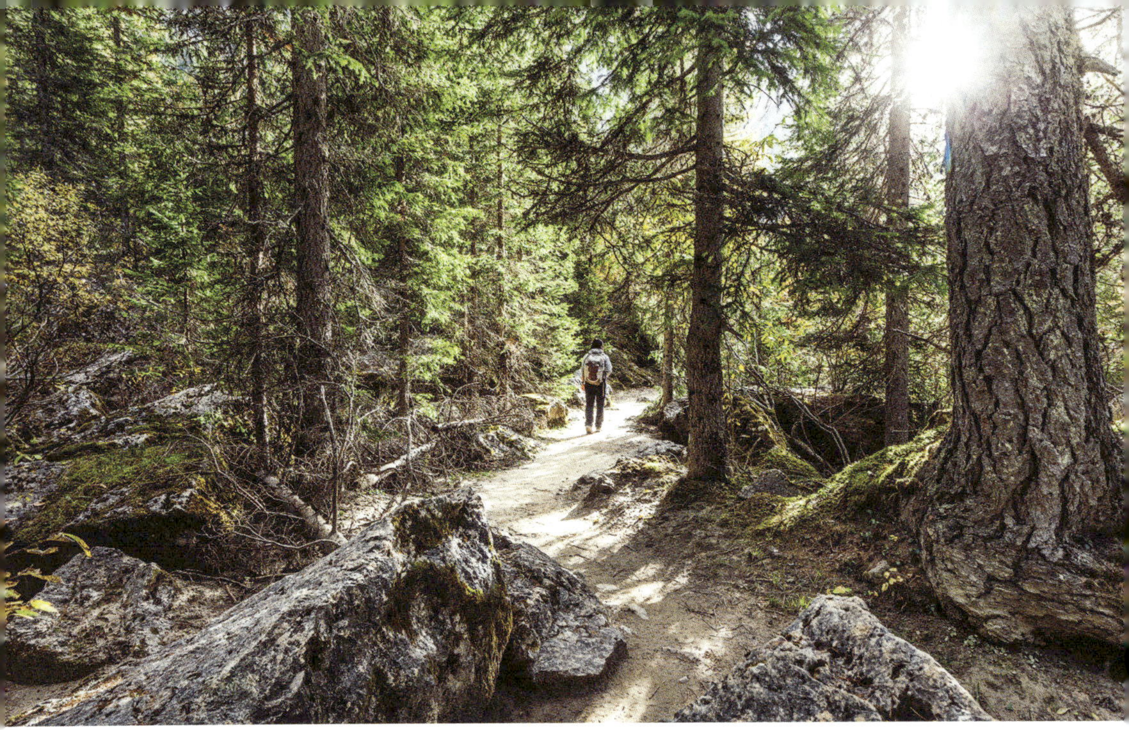

43 Unter dem Latemar

Abenteuerliche Wanderung zum Karersee

Das Felsenlabyrinth am Fuße der Latemargruppe entstand vor Urzeiten durch einen massiven Felssturz. Durch den Wirrwarr an Felsblöcken führt ein fast unscheinbarer Wanderweg. Die Steinriesen werden umgangen, bestiegen oder es geht unter ihnen hindurch. Eine sehr abenteuerliche Wanderung zum traumhaft gelegenen Karersee und mit Blick auf den Rosengarten.

Die Rundwanderung startet am Parkplatz beim Grand Hotel Carezza (1.611 m) in der Ortschaft Karersee. Man überquert die Straße und folgt dem gut ausgebauten Wanderweg Nr. 13 (später Nr. 18) in Richtung Latemarscharte, auf dem man in geringer Steigung nach ca. einer Stunde die Abzweigung zum Felsenlabyrinth erreicht. Hier biegt man rechts auf die Markierung Nr. 20 zum Mitterleger ab. Der Wald lichtet sich und bald findet man sich in einer Art Mondlandschaft wieder. Elegant schlängelt sich der Labyrinthsteig zwischen großen Gesteinsbrocken, überwindet immer wieder Stufen, führt durch enge Durchgänge hindurch und ermöglicht auf der ganzen Strecke einen ausgezeichneten Blick auf den Latemar und Rosengarten. Die rot-weißen Markierungen

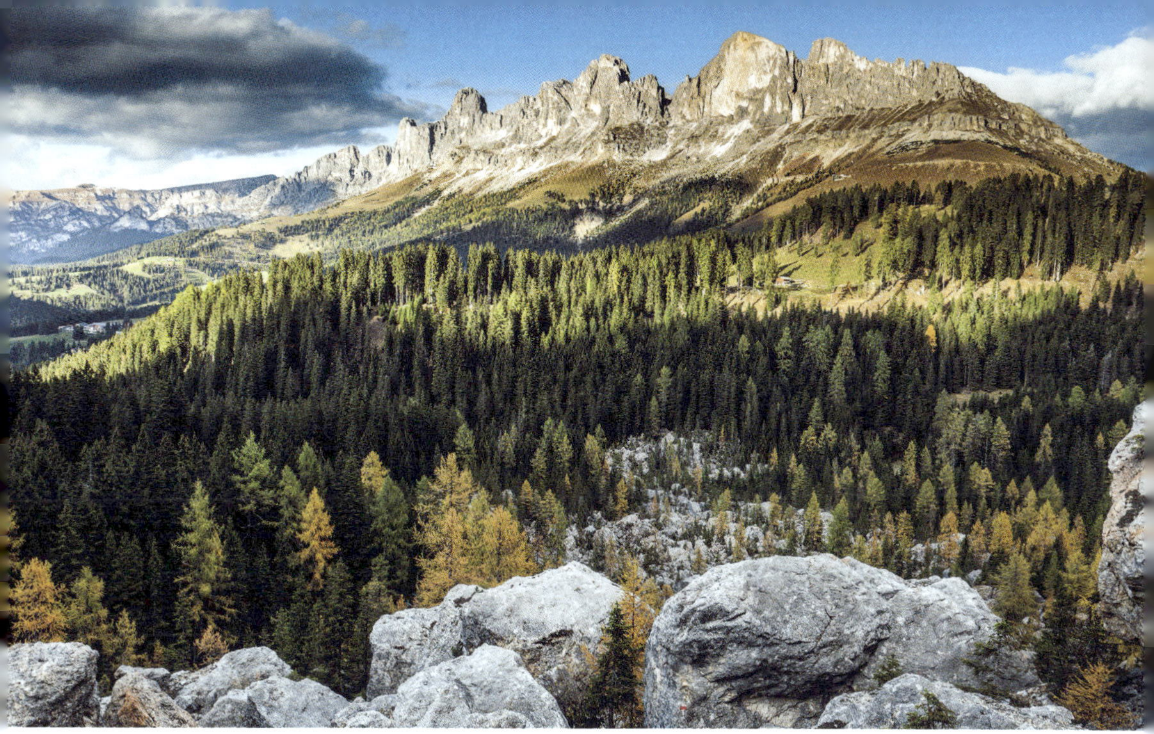

←
Den ersten Teil der Wanderung geht man über einen gut ausgebauten Waldweg {EXIF: Canon EOS 5D Mark II | 17–40 mm @ 17 mm | f/9 | 1/50 s | ISO 320}

↑
Vom Labyrinth aus lässt sich der Rosengarten in all seiner Größe bewundern {EXIF: Canon EOS 5D Mark II | 17–40 mm @ 29 mm | f/9 | 1/50 s} {GPS: 46.391854, 11.582661}

lotsen einen problemlos durch das etwa 1 km lange Geröllgewirr hindurch und so gelangt man nach ungefähr 45 Minuten zum Mitterleger (1.825 m). Auf der Lichtung lädt eine Bank zum kurzen Verweilen ein, bevor es über die Forststraße mit der Markierung Nr. 11 hinunter zum ca. 50 Minuten entfernten Karersee (1.536 m) geht. Wegen seiner beeindruckenden Farbe wird er im Ladinischen auch „Lech de Ergobando", Regenbogensee, genannt. Wenn noch dazu Windstille herrscht, spiegelt sich das Latemarmassiv in dem Naturdenkmal – ein einmaliger Anblick. Der Rückweg erfolgt auf der anderen Straßenseite. Beim Parkplatz überquert man die Hängebrücke und folgt dann der Markierung Nr. 6 nach Karersee (Siedlung). Auf dem Weg dorthin zweigt man bei der Beschilderung Grandhotel Carezza rechts ab und gelangt so an den Ausgangspunkt.

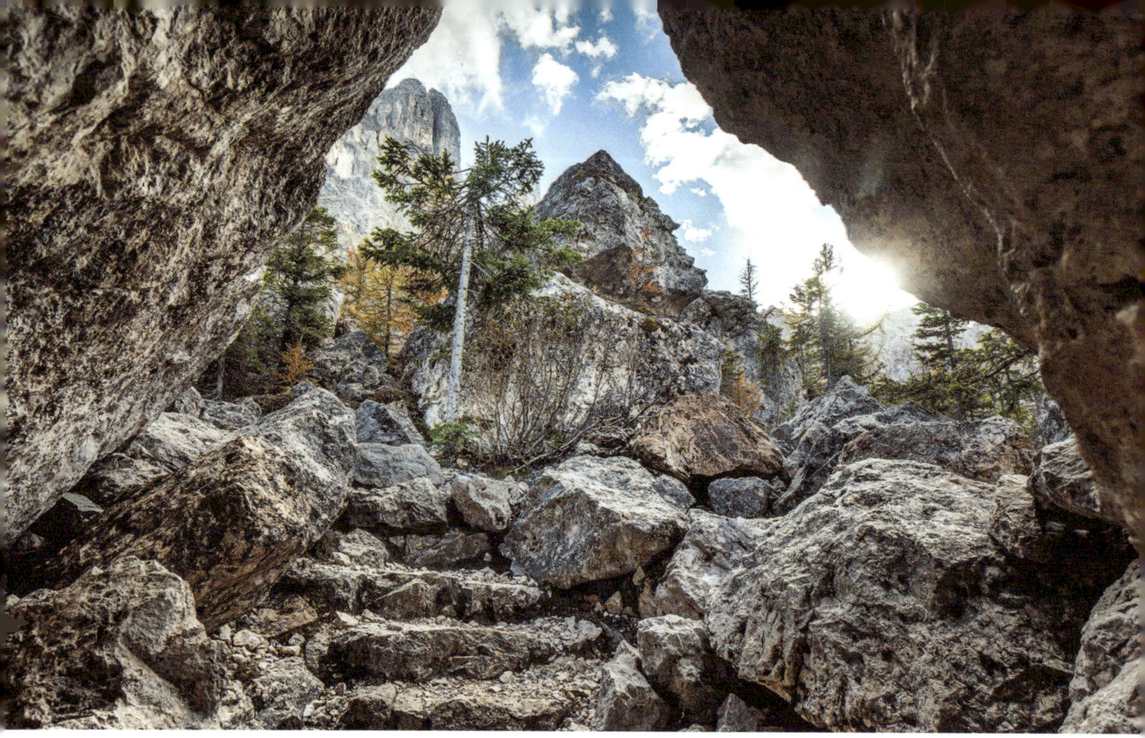

↑ Der abenteuerliche Steig führt bald zwischen und bald unter den großen Felsbrocken hindurch

↓ Gutes Schuhwerk ist für jede Wanderung unabkömmlich, vor allem wenn es auf einem Pfad durch ein Geröllfeld geht.

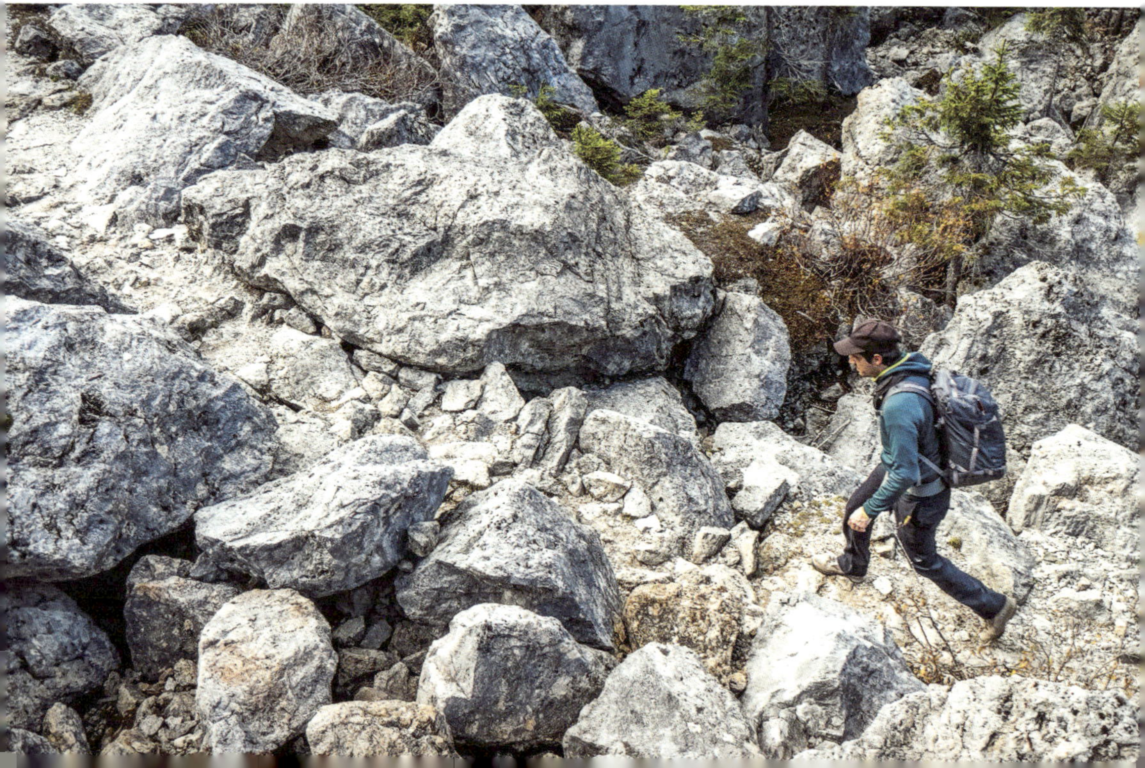

Eine leichte und abenteuerliche Wanderung durch ein Steinlabyrinth am Fuße des Latemar und vorbei am einmalig gelegenen Karersee.

Von Bozen hinein ins Eggental und dort bis zur Ortschaft Karersee. Parkplatz beim Grand Hotel Carezza.

(mittel)

- Gebiet: Dolomiten, Südtirol
- Tal: Eggental
- Start und Ziel: Parkplatz beim Grand Hotel Carezza, Karersee
- Dauer: 3:30 Std.
- Strecke: 10 km
- Aufstieg: 400 Hm
- Abstieg: 400 Hm
- Wann: Frühling, Sommer, Herbst

Landschaft: ●●●●●
Abwechslung: ●●●●●
Kondition: ●●●○○
Technik: ●●●○○

ja

Parkplatz beim Grand Hotel Carezza (1.611 m) → auf der gegenüberliegenden Straßenseite Weg Nr. 13 (später Nr. 18) → Weg Nr. 20 durch das Felsenlabyrinth zum Mitterleger (1.825 m) → Forststraße Nr. 11 zum Karersee → Karersee (1.536 m) – Parkplatz → Hängebrücke überqueren → Weg Nr. 6 nach Karersee (Siedlung) → zurück zum Ausgangspunkt

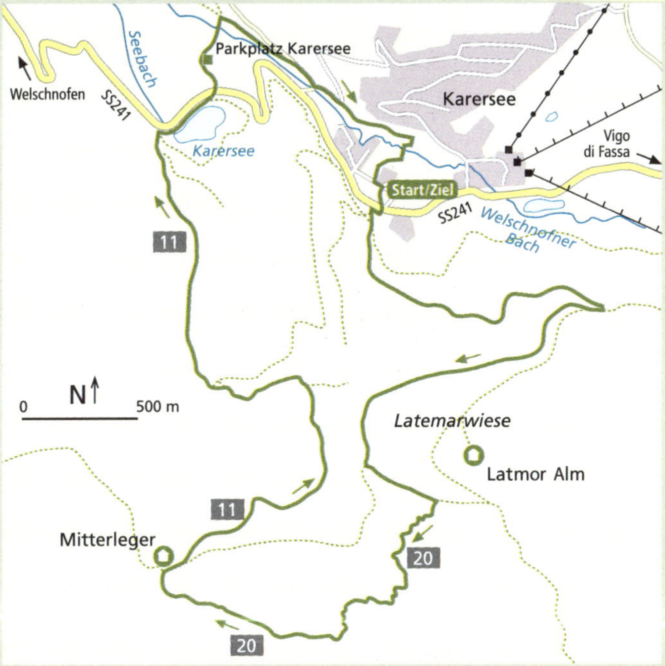

TOP FOTOSPOT

Karersee, Eggental

Der Karersee gehört zu den schönsten Gebirgsseen im gesamten Alpenraum. Bekannt ist er vor allem für sein tief türkisfarbenes Wasser und die markante Kulisse der Latemargruppe im Hintergrund, die sich über dem Waldgürtel erhebt. Sehr lohnend ist ein Besuch in den frühen Morgen- oder Abendstunden, wenn die ersten bzw. letzten Sonnenstrahlen die unglaublichsten Farbkombinationen auf die Wasserfläche zaubern. Eine abenteuerliche Wanderung durch ein Felsenlabyrinth, bei der man am Karersee vorbeikommt, findet man auf Seite 262.

Koordinaten: 46.410049, 11.575256
Wie kommt man hin: Von Bozen hinein ins Eggental, direkt dem See gegenüber befindet sich ein gebührenpflichtiger Parkplatz.
Exif-Daten: Canon EOS 5D Mark II | 17–40 mm @ 20 mm | f/9 | 1/100 s
Aufnahmedatum: 06.10. – 18:01 Uhr

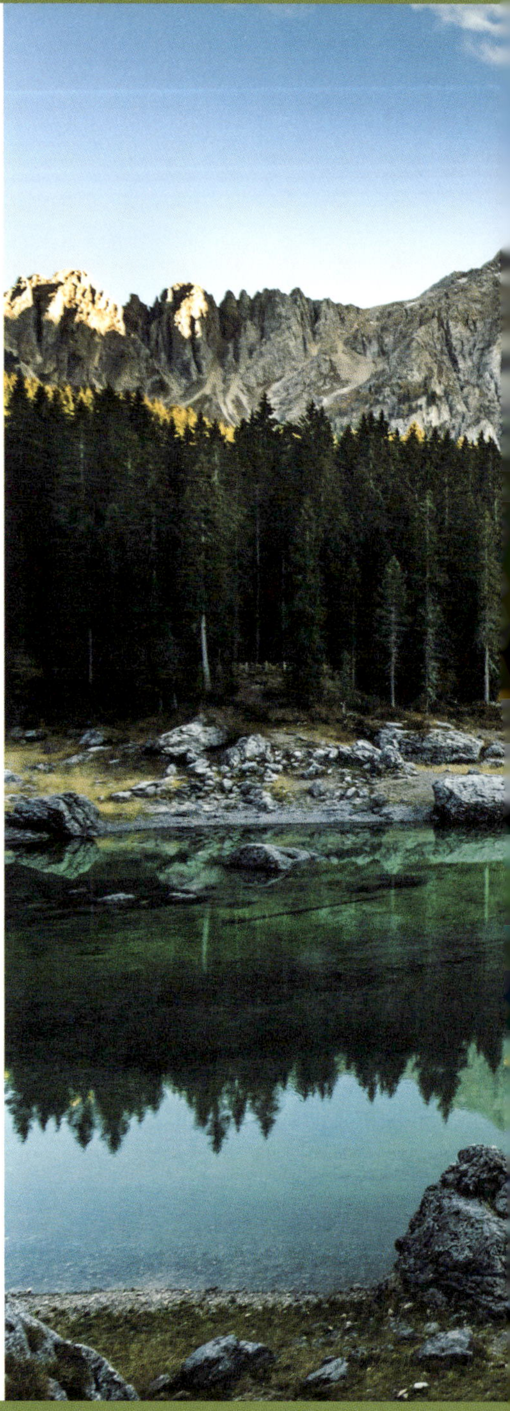

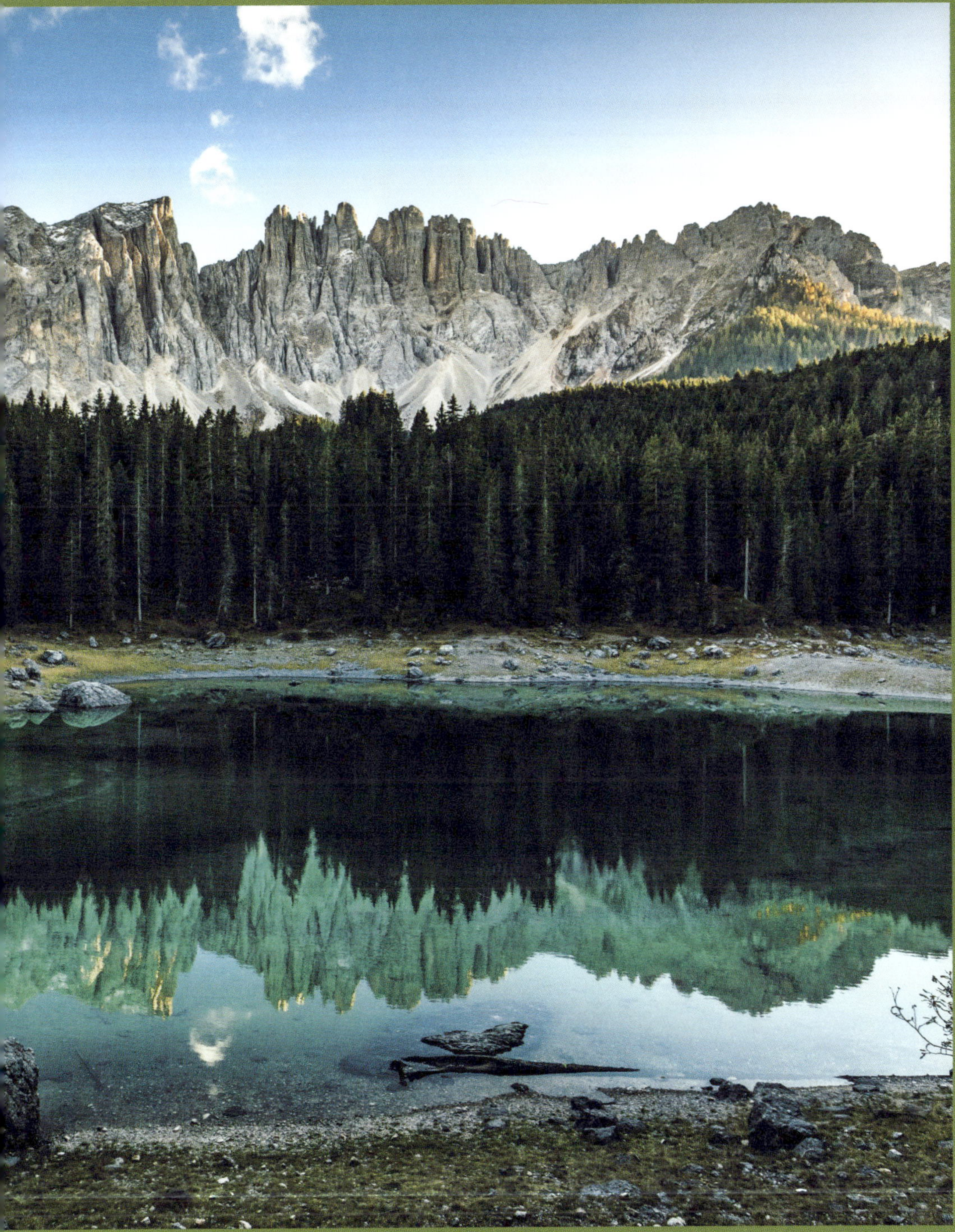

→
Die Belvedere-Aussichtsterrasse – für viele sicherlich der erste Blick auf den Gardasee {EXIF: Canon EOS 5D Mark II | 17–40 mm @ 20 mm | f/9 | 1/320 s} {GPS: 45.879917, 10.884822}

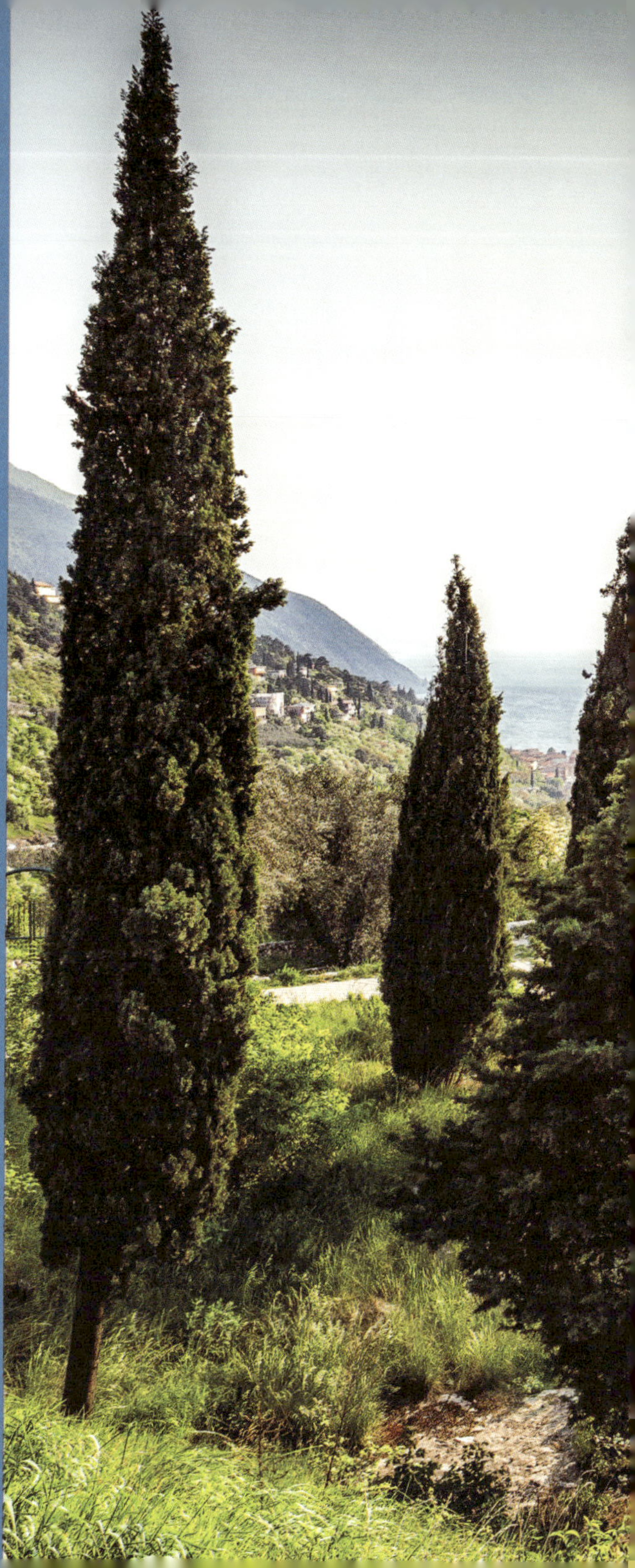

GARDASEE

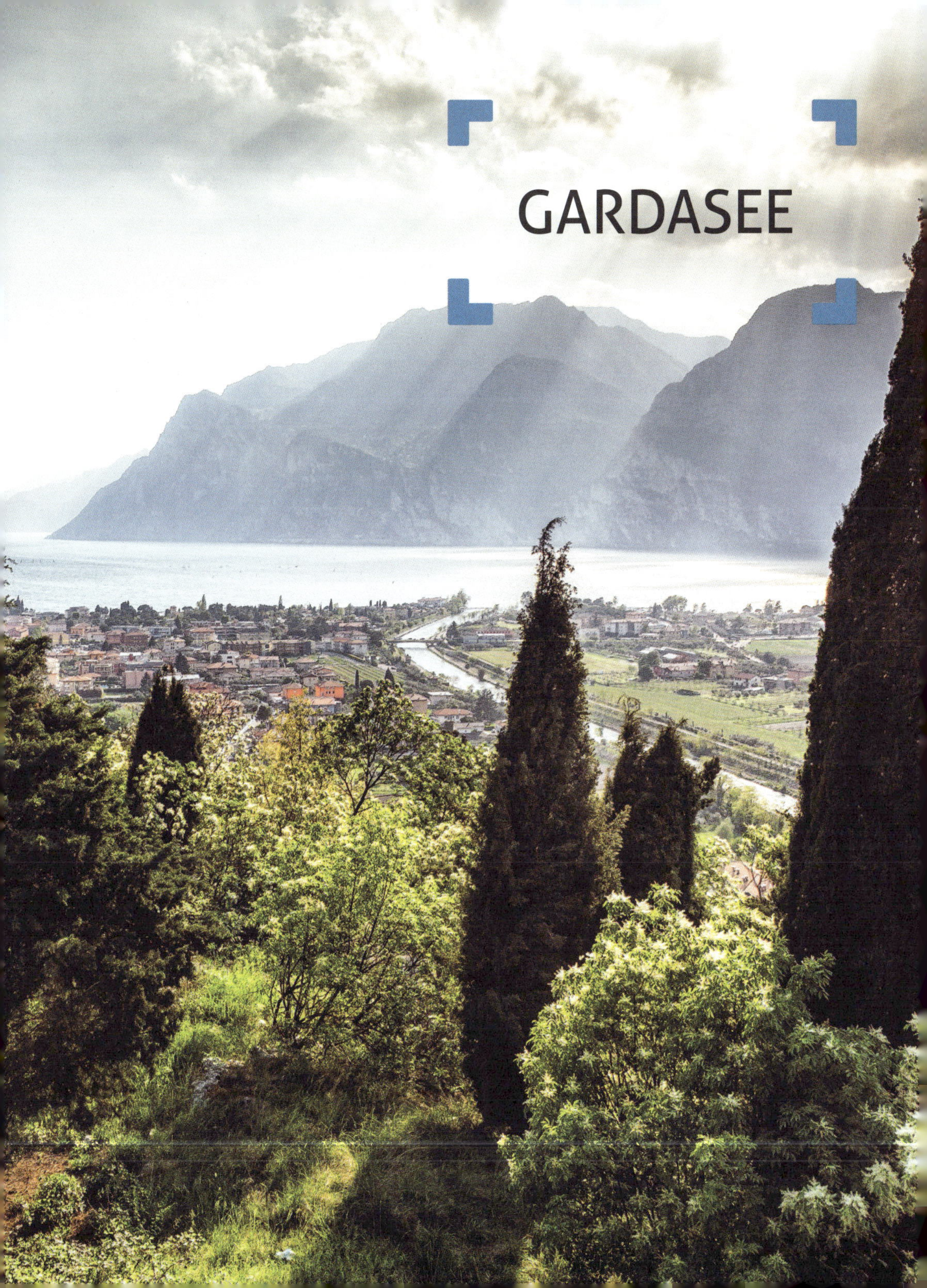

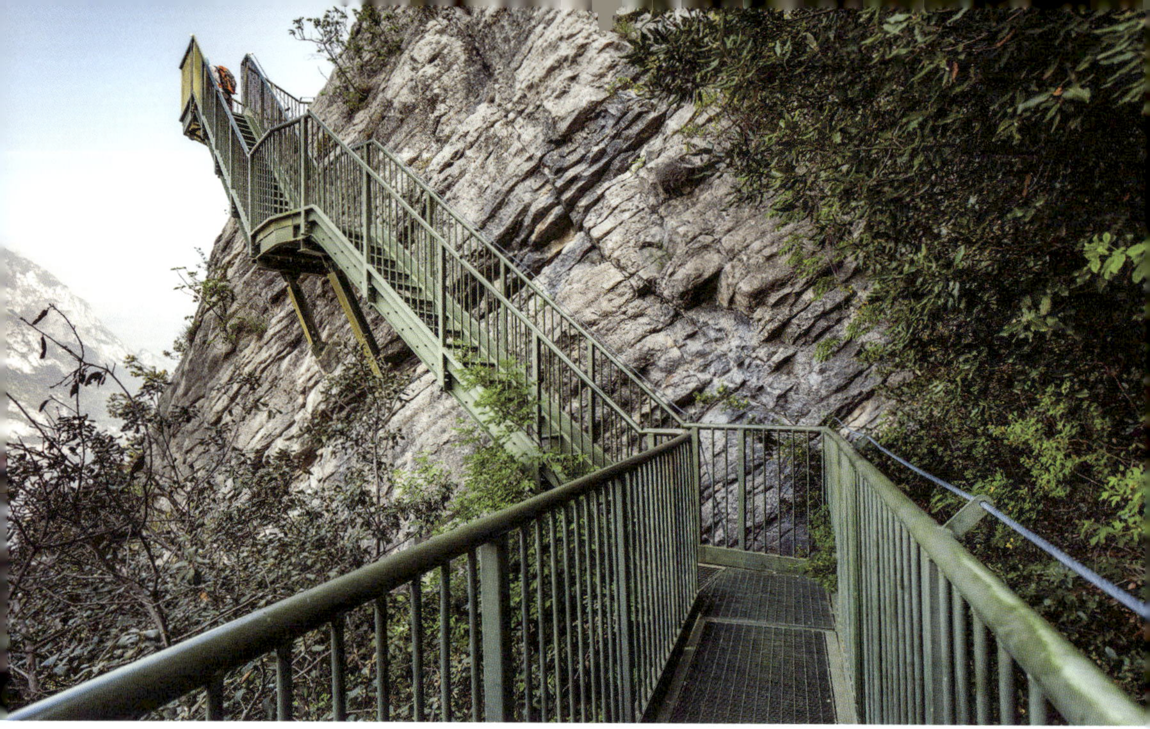

44 Panoramaweg Busatte Tempesta

Spektakuläre Metalltreppen über dem Gardasee

Beeindruckend verlaufen die Metalltreppen entlang der Felswände des Monte Baldo und machen aus dieser einfachen Wanderung ein bleibendes Erlebnis. Der Panoramaweg führt über drei Treppenabschnitte mit insgesamt 387 Stufen und bietet eine herrliche Aussicht auf den nördlichen Gardasee, Riva del Garda, Torbole und die umliegenden Berge.

Ausgangspunkt dieser gemütlichen Tour ist der Parkplatz (159 m) beim Parco Avventura Busatte oberhalb von Torbole im Trentino. Von dort geht es zuerst durch das Gelände des Freizeitparks, dabei folgt man stets der Beschilderung Busatte – Tempesta. Der Weg führt zunächst durch einen Waldabschnitt leicht aufwärts und wird dann wieder flacher. An mehreren Stellen informieren Tafeln über die Flora, Fauna und die Entstehungsgeschichte dieses Gebietes.
Bereits auf diesem Abschnitt kann man die Aussicht auf den See und zurück auf den markanten Monte Brione und die umgebenden Ortschaften genießen.
Nach ca. 35 Minuten gelangt man an den ersten Treppenabschnitt (244 m) und damit zu den ersten 116 Stufen (Salt della Cavra)

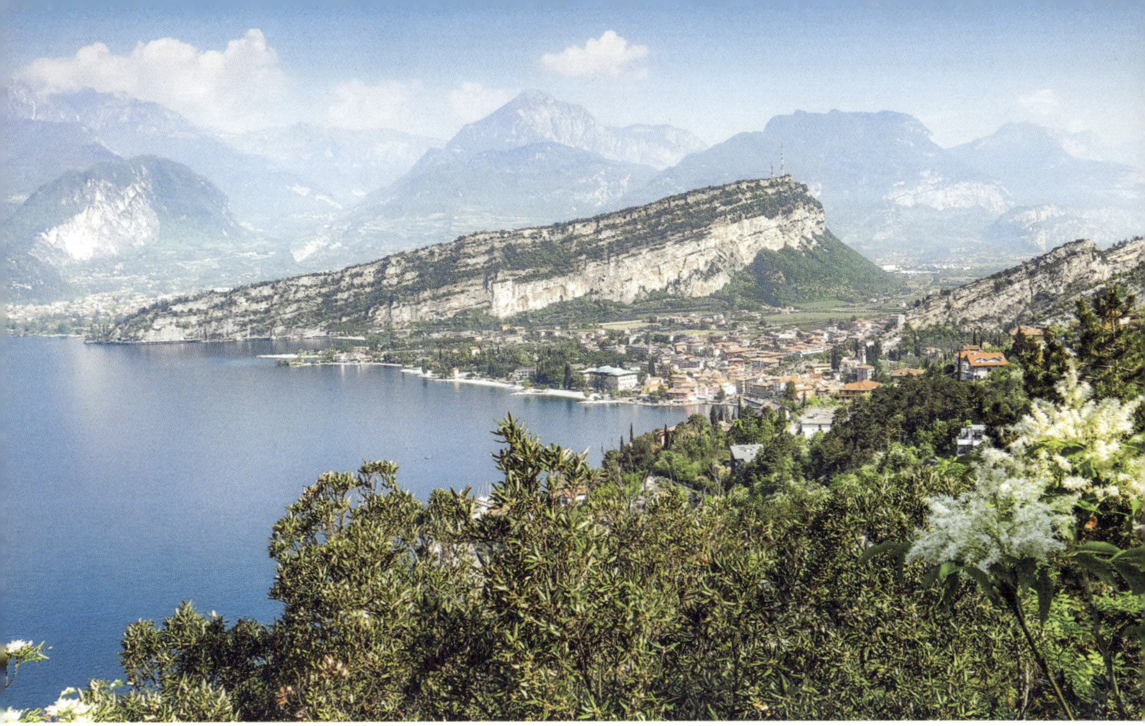

←
Die Treppen und Stege sind sicher im Fels verankert

↑
Der markante Monte Brione zwischen Riva del Garda und Nago-Torbole {EXIF: Panasonic LUMIX G70 | 14–42 mm @ 14 mm | f/7,1 | 1/400 s}

des im Jahre 2005 eröffneten Panoramaweges. Fest verankert in den Felsen des Monte Baldo, führt dieser Steg sicher an der Wand entlang. Danach geht es wiederum für etwa 15 Minuten durch den Wald, bis man den zweiten Treppenabschnitt (230 m) mit 238 Stufen (Corno del Bò) erreicht.
Dies ist der längste der drei Teile und der Aufstieg ist ebenso lohnend wie der Ausblick auf den Gardasee, hinüber nach Pregasina und die Berge. Am Ende der Treppe geht es nochmals durch den Wald, bevor der letzte Abschnitt (200 m) mit gerade einmal 33 Stufen (Val Calcarole) beginnt.

Nach wenigen hundert Metern und einer Zeit von insgesamt 1:20 Stunden erreicht man eine Kreuzung, an der man nun zwischen mehreren Optionen wählen kann:
1. Sollte man müde sein, kann man rechts abzweigen und hinunter ins ca. 25 Minuten entfernte Tempesta (83 m) gehen. Von da nimmt man den Bus zurück nach Torbole. In Tempesta gibt es allerdings nicht viel zu sehen und der Bus fährt in unregelmäßigen Abständen.
2. Man zweigt links hinauf ab, um über eine weiter oben gelegene Forststraße ein Stück zurückzugehen und so Teil 2 und 3 der

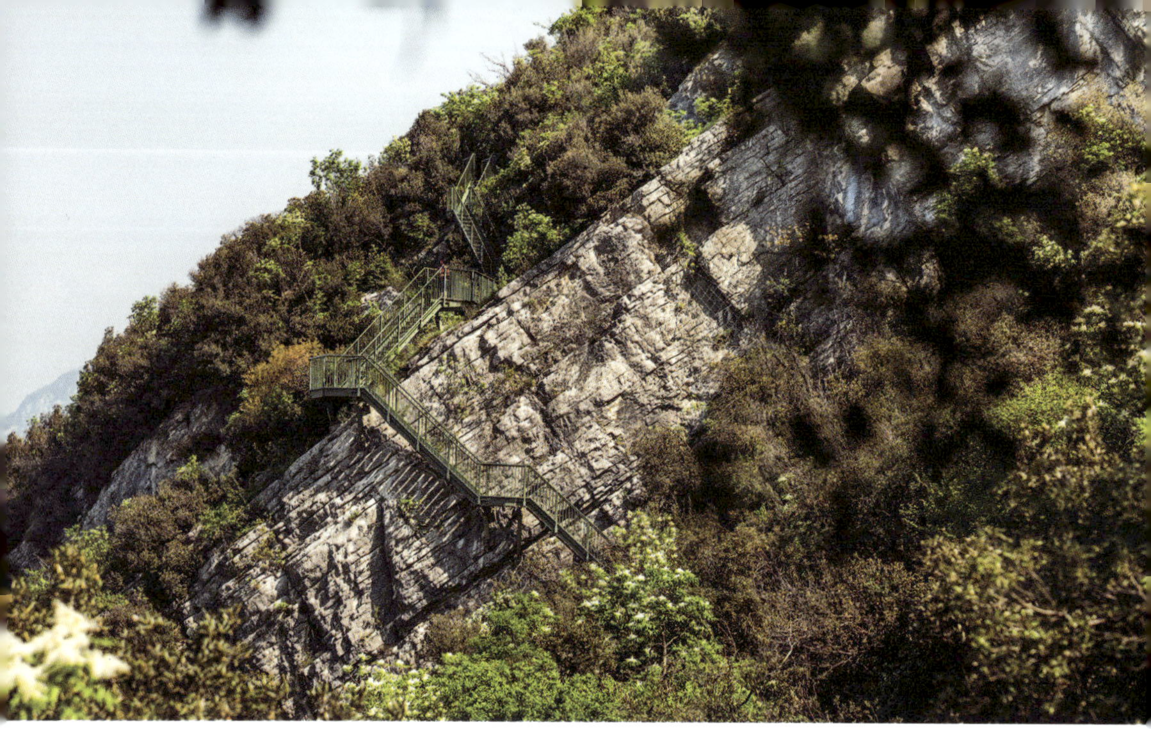

↑
Das Hauptmotiv wird von einem natürlichen Rahmen umgeben, sodass der Blick des Betrachters darauf gelenkt wird. {EXIF: Canon EOS 5D Mark II | 70–200 mm @ 125 mm | f/6,3 | 1/400 s}

spektakulären Metalltreppen auszulassen, was etwa 25 Minuten mehr Zeit in Anspruch nimmt.

3. Man wandert denselben Weg wieder zurück, den man gekommen ist. Die meisten Wanderer wählen diese Option.

Wer sich für die dritte Variante entscheidet, der muss zwar nun wieder alle Stufen aufwärts bewältigen, was aber weniger anstrengend ist, als es aussehen mag. Dafür kann man den hervorragend gemachten Panoramaweg noch einmal so richtig genießen.

Am besten läuft sich der Panoramaweg Busatte Tempesta am Vormittag, wenn die Temperaturen angenehm sind und man nicht permanent der Sonne ausgesetzt ist.

Entlang des Weges gibt es einige Bänke zum Sitzen, die einzige Möglichkeit zur Einkehr befindet sich am Beginn der Wanderung beim Freizeitpark.

Diese einfache, aber stufenreiche Wanderung mit tollem Ausblick auf den Gardasee ist ideal für Familien mit Kindern. Sollte man nicht gerade unter einer sehr ausgeprägten Höhenangst leiden, schafft man den Weg ohne Probleme. Die Metallkonstruktionen sind sicher befestigt und relativ breit.

In Torbole geht es über die Piazza Goethe hinauf zum gebührenpflichtigen Parkplatz Le Busatte. Zu Fuß ist dieser auch in 15 Minuten von Torbole erreichbar.

(leicht)

- Gebiet: Gardasee
- Provinz: Trentino
- Start: Parco delle Busatte, oberhalb von Torbole (Parkplatz gebührenpflichtig)
- Ziel: Parco delle Busatte, oberhalb von Torbole
- Dauer: 2:45 Std.
- Strecke: 7,4 km
- Aufstieg: 260 Hm
- Abstieg: 260 Hm
- Wann: Frühling, Sommer, Herbst, Winter

Landschaft: ●●●●○
Abwechslung: ●●●●●
Kondition: ●●○○○
Technik: ●●○○○

nein

Parco delle Busatte oberhalb von Torbole (159 m) → Beschilderung Busatte → Tempesta → Rückweg wie Hinweg

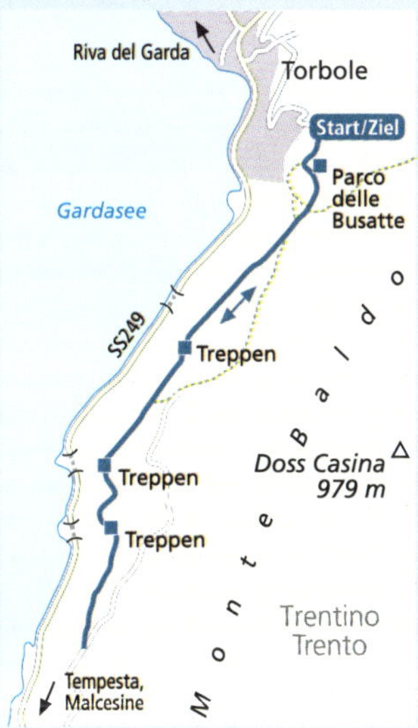

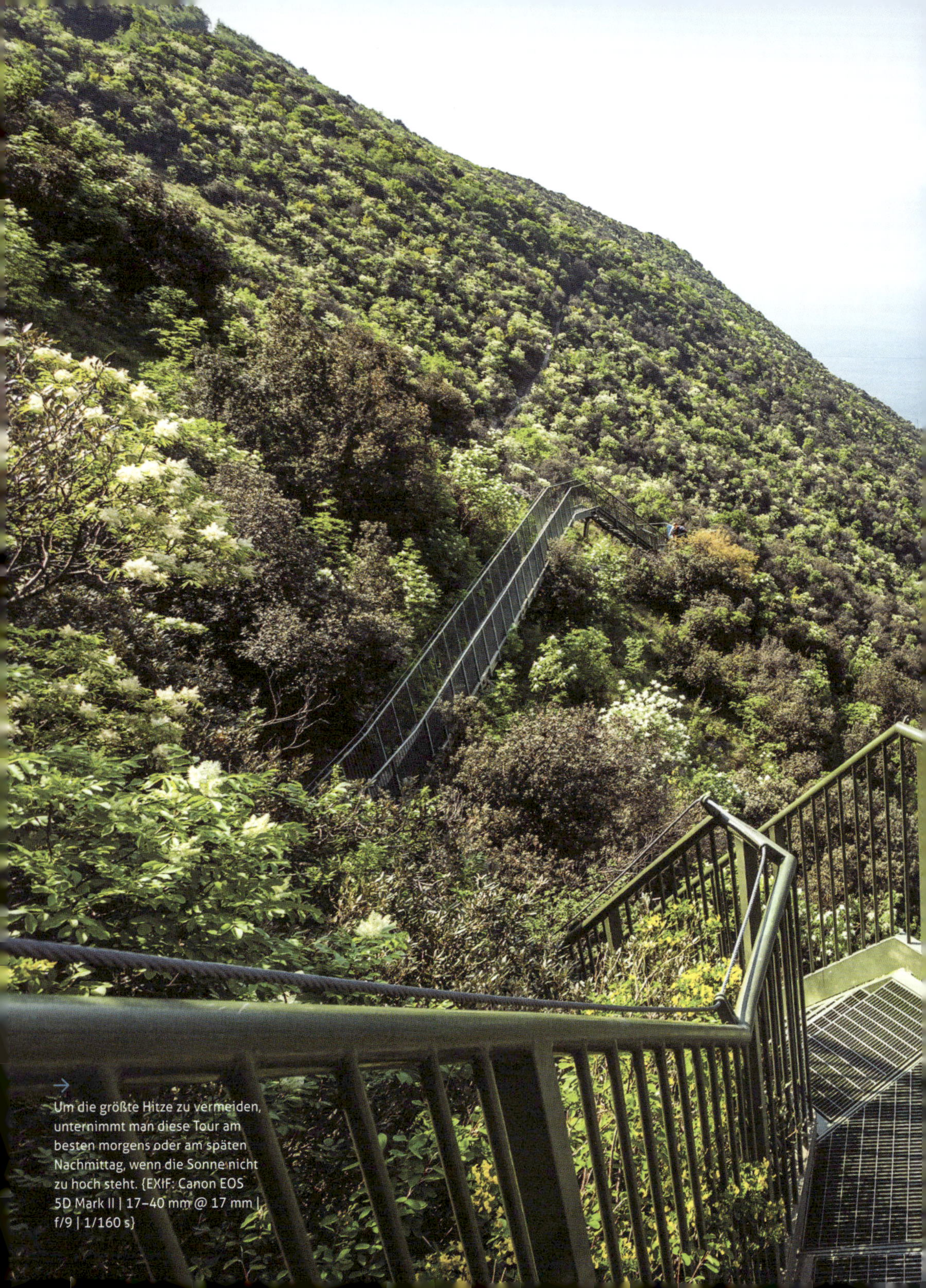

→
Um die größte Hitze zu vermeiden, unternimmt man diese Tour am besten morgens oder am späten Nachmittag, wenn die Sonne nicht zu hoch steht. {EXIF: Canon EOS 5D Mark II | 17–40 mm @ 17 mm | f/9 | 1/160 s}

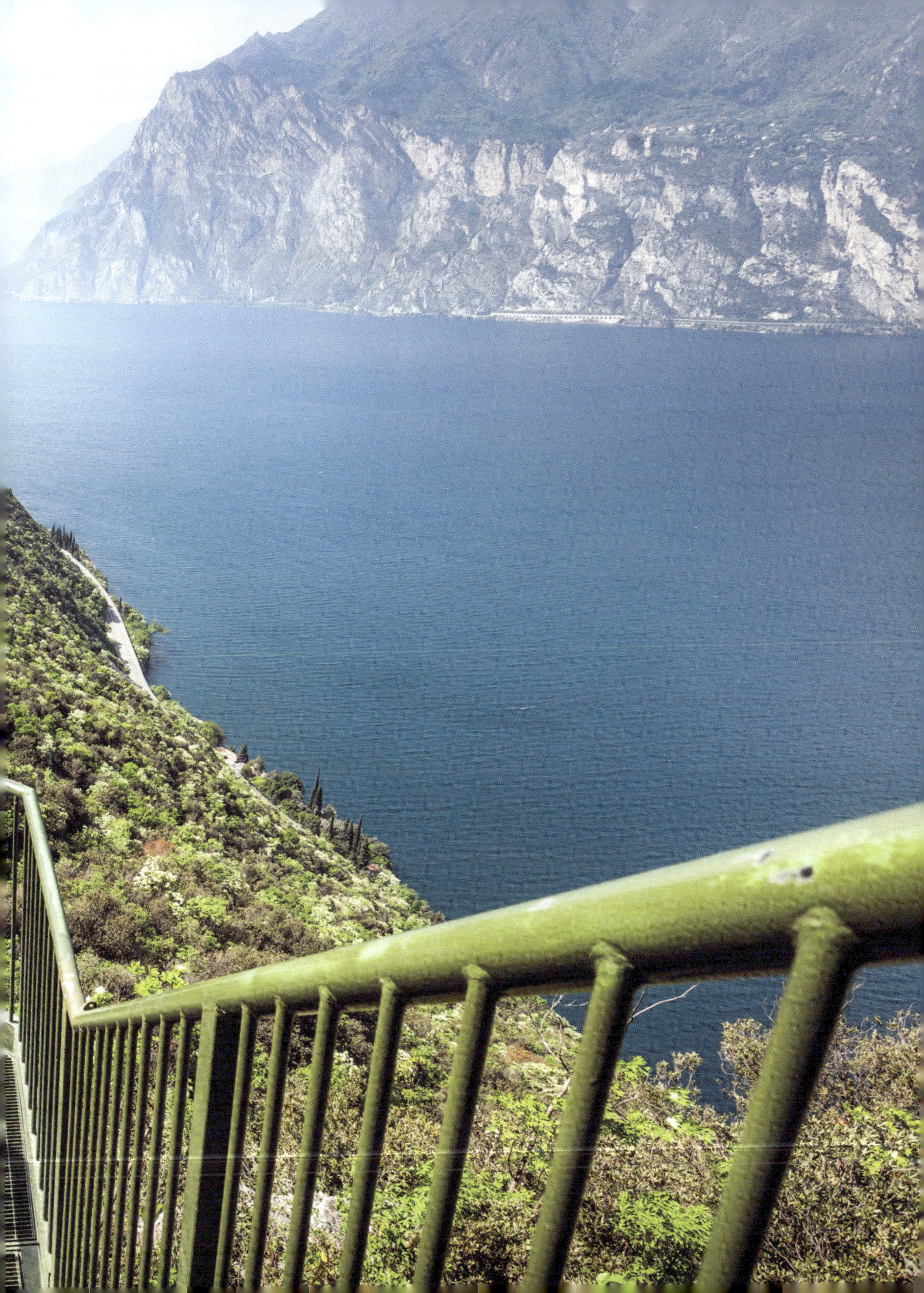

TOP FOTOSPOT

Limone sul Garda, Gardasee

Am Westufer des Gardasees liegt in einer wundervollen Landschaft das bezaubernde Dorf Limone sul Garda. Geprägt von alten Zitronengärten, verwinkelten Gassen, malerischen Häuschen und steilen Hängen, ist Limone einer der beliebtesten Orte am Gardasee und zugleich ein lohnenswerter Fotospot. Abends, wenn die Hitze nachlässt und die Lichter angehen, erwacht das Dörfchen und erstrahlt erst richtig in vollem Charme.

Koordinaten: 45.817263, 10.793997
Wie kommt man hin: Von Riva del Garda fährt man in Richtung Limone sul Garda. Kurz vor Limone, zwischen dem Hotel Splendid Palace und dem nächsten Tunnel, befindet sich am rechten Fahrbahnrand eine kleine Parkbucht. Der Aussichtspunkt auf die malerische Ortschaft ist gleich auf der anderen Straßenseite.
Exif-Daten: Canon EOS 5D Mark II | 17–40 mm @ 17 mm | f/10 | 10 s
Aufnahmedatum: 07.06. – 21:27 Uhr

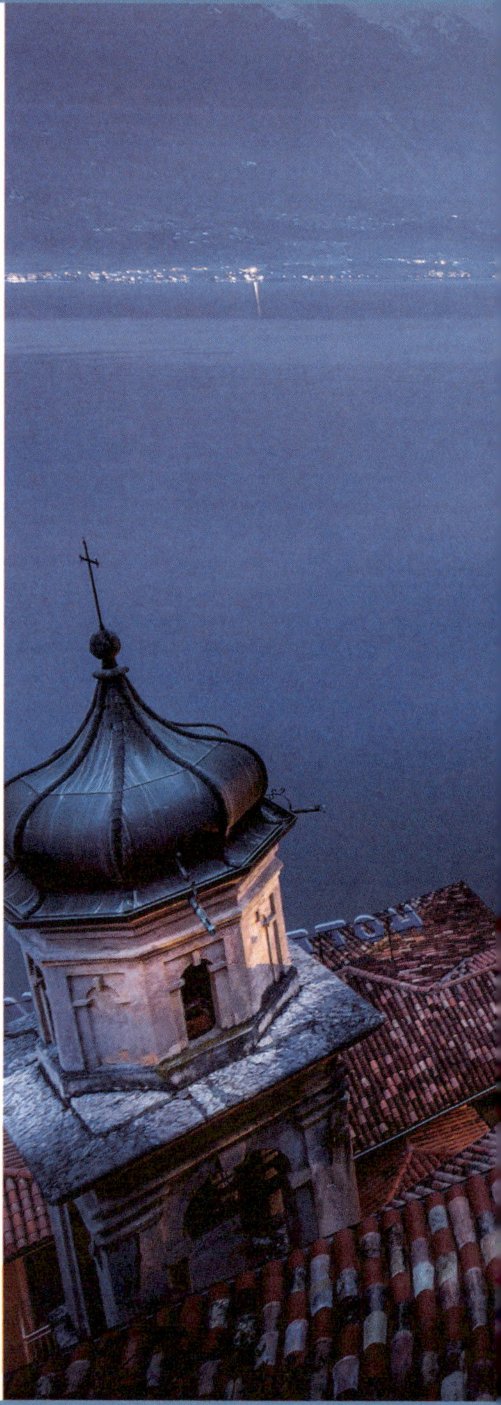

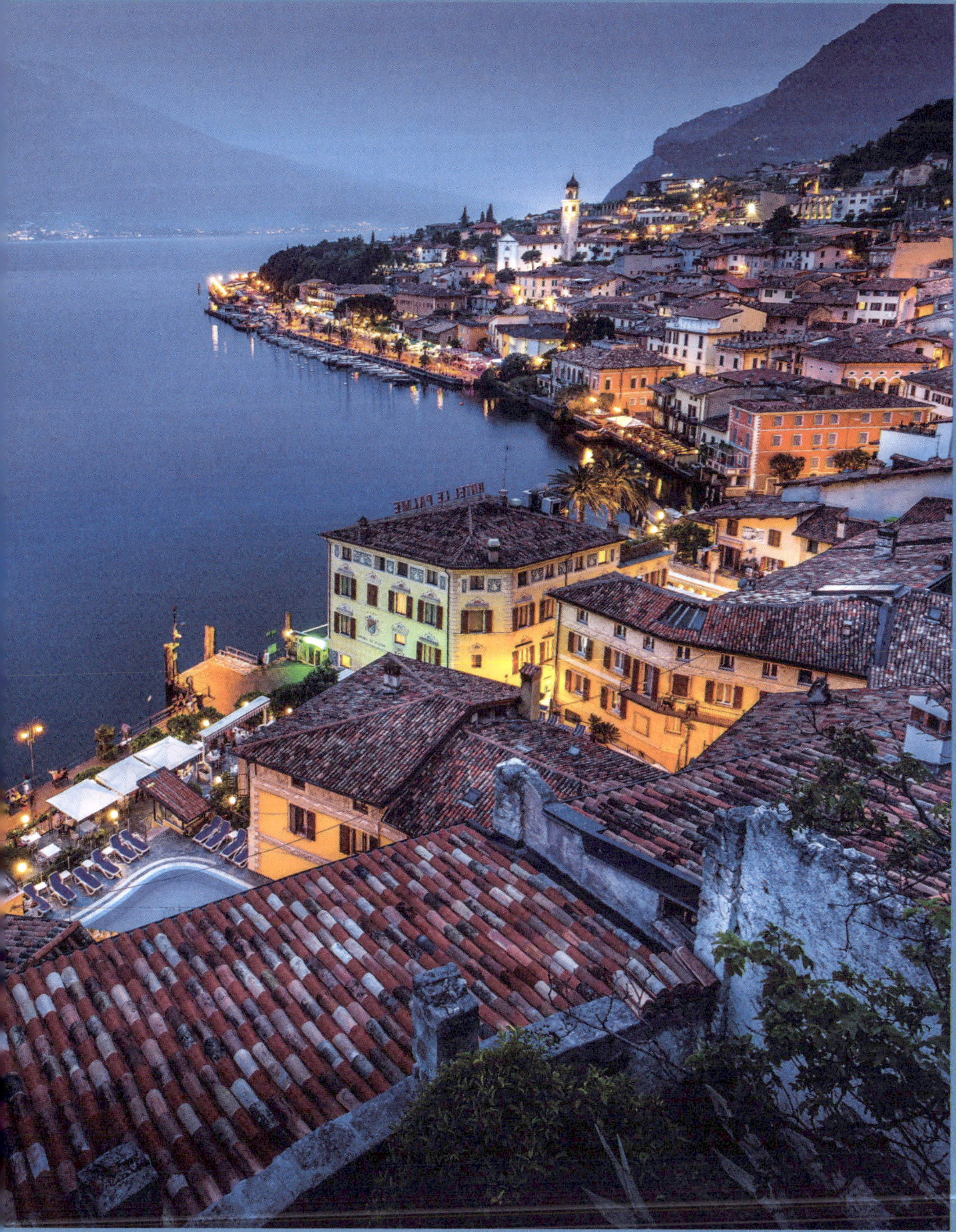

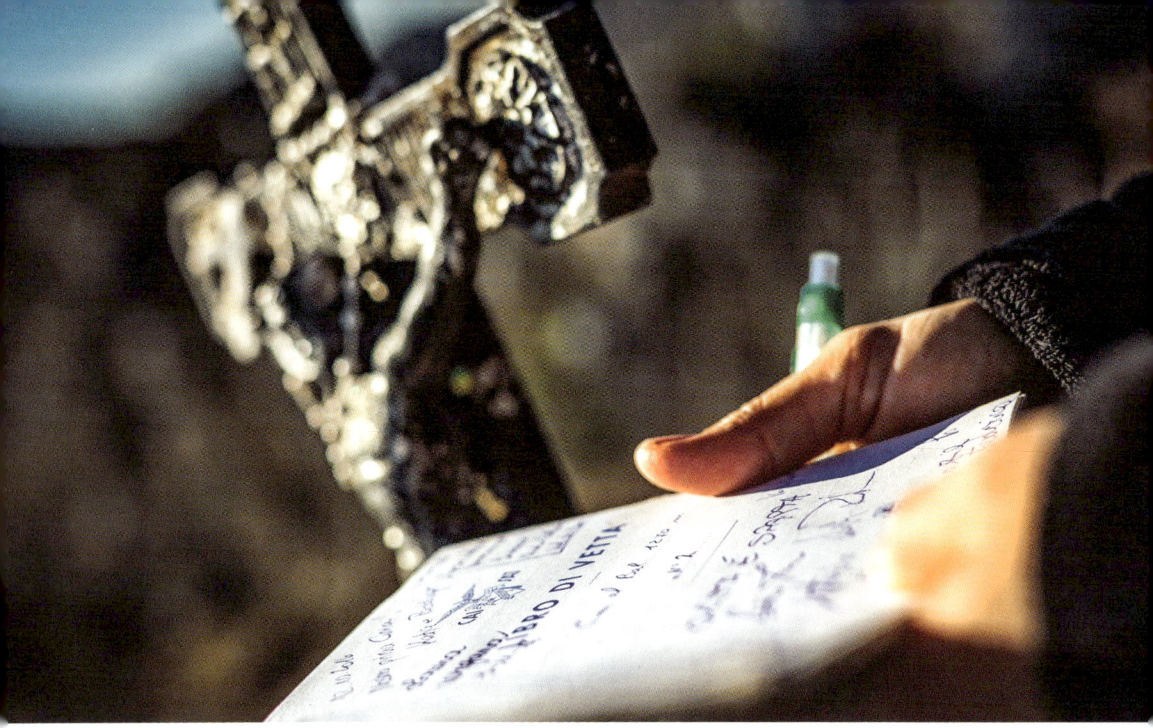

45 Auf die Cima della Nara

Gipfeltour mit Weitblick am Gardasee

Ein Ausflug an den Gardasee lohnt sich nicht nur wegen dessen Nähe zu Südtirol – von Bozen ist er in einer Stunde erreichbar –, sondern auch wegen der zahlreichen Freizeitangebote. Ein lohnenswerter Tipp ist diese landschaftliche schöne, aber anspruchsvolle Rundwanderung oberhalb von Riva del Garda über gleich zwei Gipfel.

Unweit von Riva, in der kleinen Ortschaft Pregasina (521 m), beginnt die Wanderung am Parkplatz unterhalb der Kirche. Von dort folgt man dem Weg Nr. 422B bis zur ersten Gabelung und zweigt dort rechts auf die Markierung Nr. 422 in Richtung Nodice ab. Steil geht es nun durch den Wald bergauf, zunächst über eine Fahrbahn, die bald darauf in einen Schotterweg übergeht. Wenig später wechselt man auf den Weg Nr. 429 und kurz darauf auf die Nr. 430 zur Cima della Nara. Ab hier sind Trittsicherheit und Schwindelfreiheit gefragt, denn der nunmehr schmale Pfad ist an einigen Stellen abschüssig und ein paar kleine, leichte Klettereien gibt es ebenso. Nach etwas mehr als 1:30 Stunden hat man dann das kleine Gipfelkreuz der Cima al Bal (1.260 m) erreicht und kann sich nach dem anstrengenden Aufstieg am prächtigen Blick

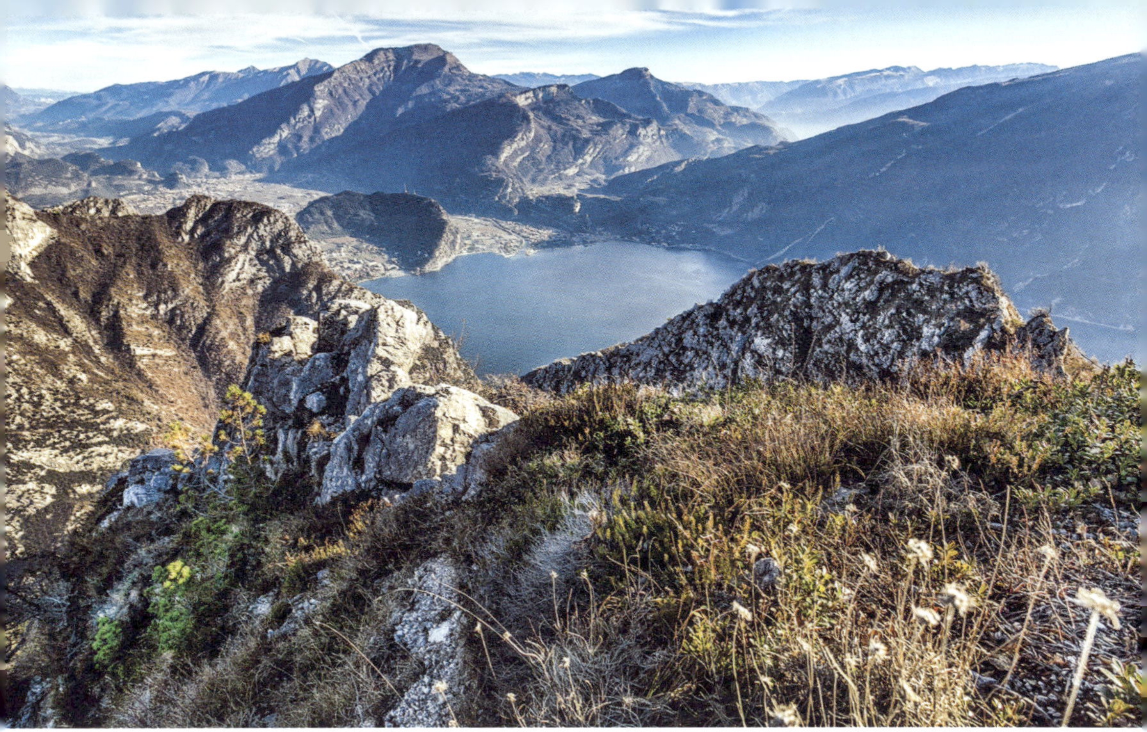

←
Gipfelbild einmal anders: beim Eintrag ins Gipfelbuch auf der Cima al Bal {EXIF: Canon EOS 5D Mark II | 50 mm | f/3,5 | 1/4000 s}

↑
Nach dem steilen Aufstieg erfreut man sich an der Aussicht auf den Gardasee {EXIF: Canon EOS 5D Mark II | 17–40 mm @ 17 mm | f/9 | 1/125 s}

auf gleich zwei Seen erfreuen: nach Osten hinab auf den Gardasee, den größten See Italiens, und nach Westen hin zum Ledrosee. Über den Kamm geht es nun in leichtem Auf und Ab zur 15 Minuten entfernten Cima della Nara (1.376 m), die allerdings nur mit einer Felsplatte gekennzeichnet ist. Danach führt der Steig gemächlich bergab, wobei man einen Wald durchquert und schließlich zu den Wiesen der Prati di Guil gelangt. Ab hier folgt man der Beschilderung Nr. 422 zunächst zum Passo Rocchetta (1.160 m), bevor man nun den gut ausgebauten Weg Nr. 422B vorbei an den Bergwiesen der Malga Palaer (946 m) zur Bocca Larici nimmt (ca. 1:30 Stunden ab Cima della Nara). Dort befindet sich die Punta dei Larici, ein genialer Aussichtsplatz, wo sich noch einmal ein grandioser Blick auf den Gardasee und den Monte Baldo eröffnet. Am Ende geht es noch etwa eine Stunde lang über den Weg Nr. 422B zurück zum Ausgangspunkt.

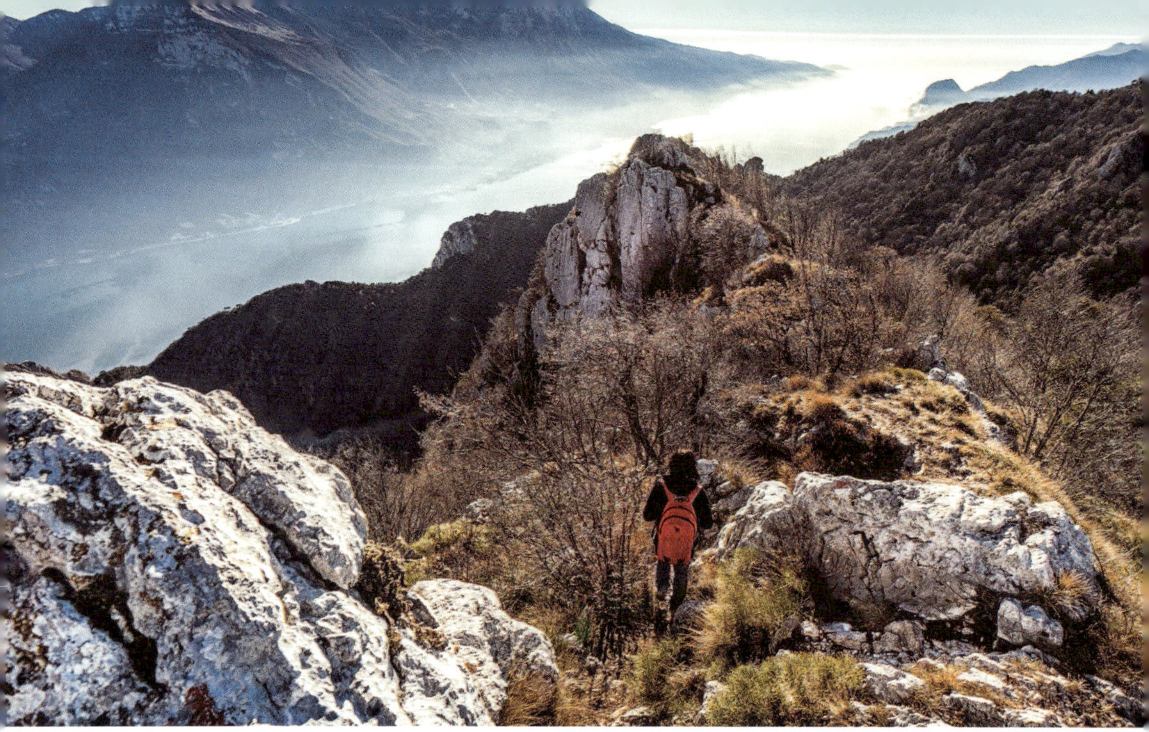

↑ Beim Abstieg von der Cima della Nara

↓ Ledrosee. Das Querformat entspricht etwa unserem normalen Sehfeld {EXIF: Canon EOS 5D Mark II | 50 mm | f/8 | 1/400 s}

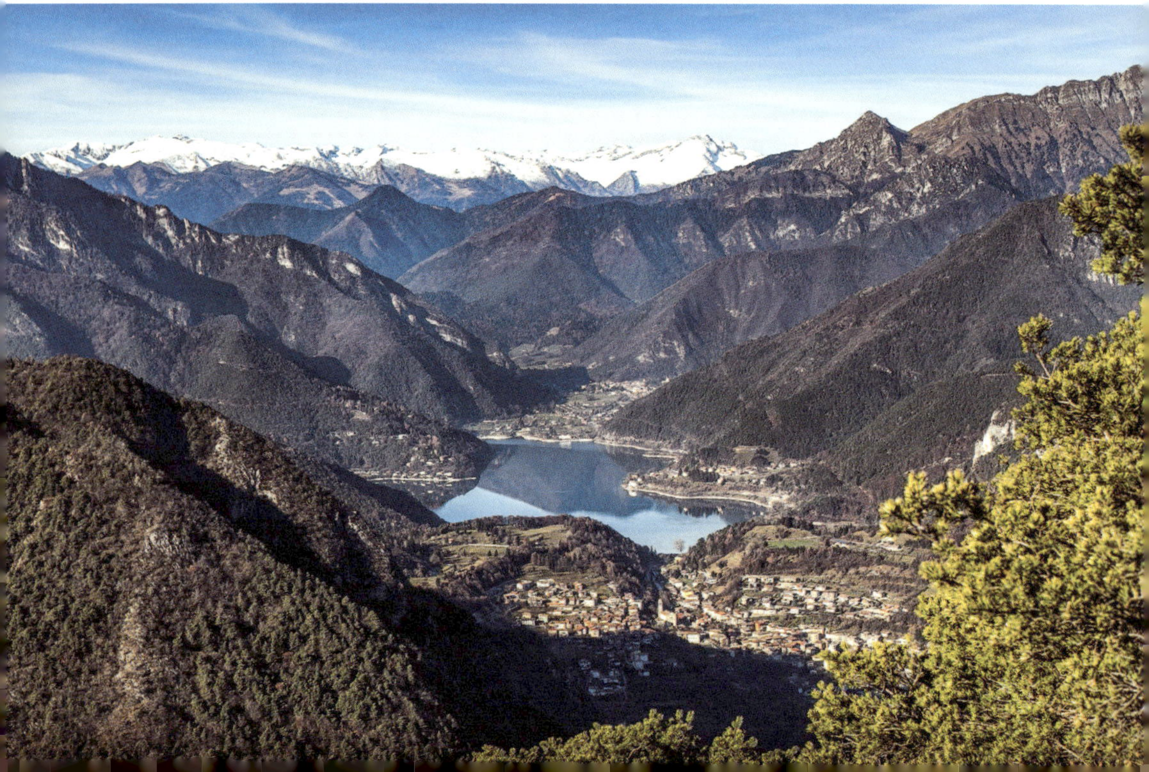

Kondition, Trittsicherheit und Schwindelfreiheit sind für diese Wanderung von Vorteil. Dafür ist ein toller Ausblick auf den Gardasee und den Ledrosee garantiert.

Ab Riva del Garda in Richtung Valle di Ledro fahren, kurz nach dem langen Tunnel links nach Pregasina abzweigen. Bei der Dorfeinfahrt links abbiegen, gleich darauf erreicht man den Parkplatz an der Kirche. Die Zone wurde verkehrsberuhigt (ZTL), unbedingt vorher online informieren.

(schwer)

- Gebiet: Gardasee
- Provinz: Trentino
- Start: Pregasina, Parkplatz unterhalb der Kirche
- Ziel: Pregasina, Parkplatz unterhalb der Kirche
- Dauer: 5:00 Std.
- Strecke: 11,7 km
- Aufstieg: 830 Hm
- Abstieg: 830 Hm
- Wann: Frühling, Sommer, Herbst

Landschaft: ●●●●●
Abwechslung: ●●●●○
Kondition: ●●●●●
Technik: ●●●●○

nein

Pregasina, Parkplatz unterhalb der Kirche (521 m) → Weg Nr. 422B → Weg Nr. 422 → Weg Nr. 429 → Weg Nr. 430 → Cima al Bal (1.260 m) → Cima della Nara (1.376 m) → Prati di Guil → Weg Nr. 422 → Passo Rocchetta (1.160 m) → Weg Nr. 422B dabei kommt man an der Punta dei Larici vorbei → zurück zum Ausgangspunkt

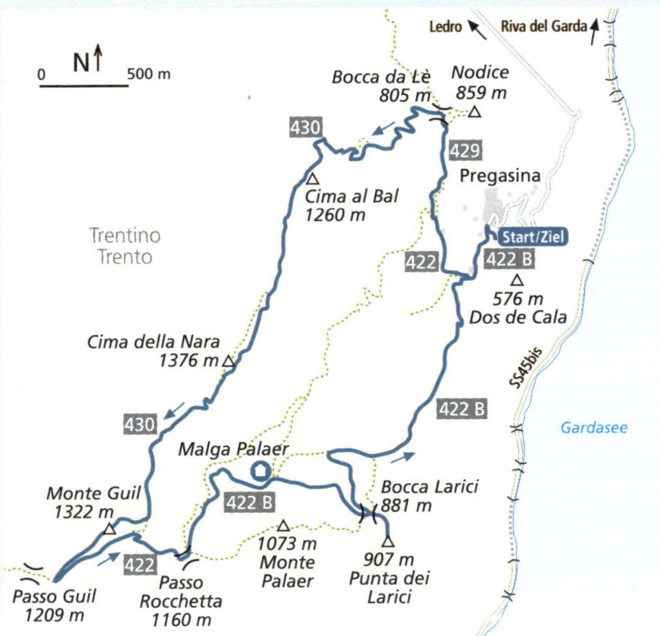

TOP FOTOSPOT

Punta dei Larici, Gardasee

Hoch über dem Gardasee, zwischen dem Bergdorf Pregasina und Limone sul Garda liegt die Punta dei Larici (907 m). Von hier oben genießt man einen fabelhaften Blick auf den See.
Die Punta dei Larici lässt sich wunderbar mit der etwas längeren Rundwanderung auf die Cima della Nara verbinden (siehe Seite 278).

Koordinaten: 45.835399, 10.816327
Wie kommt man hin: Ab Riva in Richtung Valle di Ledro fahren und kurz nach dem langen Tunnel links nach Pregasina abzweigen. Bei der Dorfeinfahrt links abbiegen, gleich darauf erreicht man den Parkplatz an der Kirche. Vorschriften wegen der verkehrsberuhigten Zone (ZTL) beachten. Von dort geht es zu Fuß der Markierung 422B folgend zum etwa eine Stunde entfernten Aussichtspunkt hinauf.
Exif-Daten: Canon EOS 5D Mark II | 17–40 mm @ 17 mm | f/9 | 1/2000 s
Aufnahmedatum: 09.12. – 14:13 Uhr

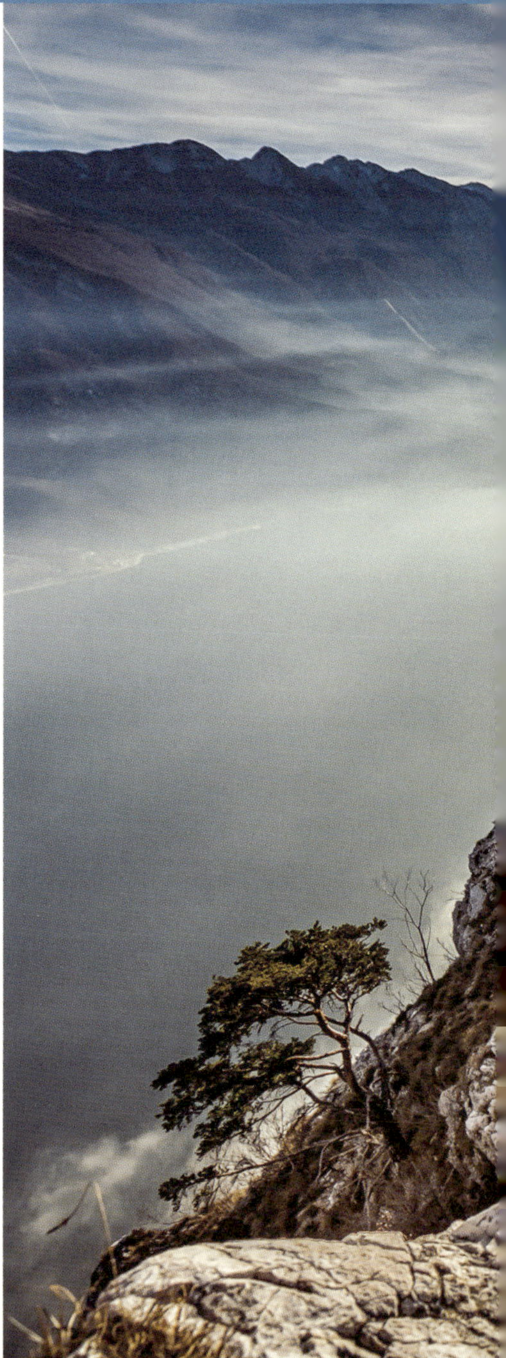

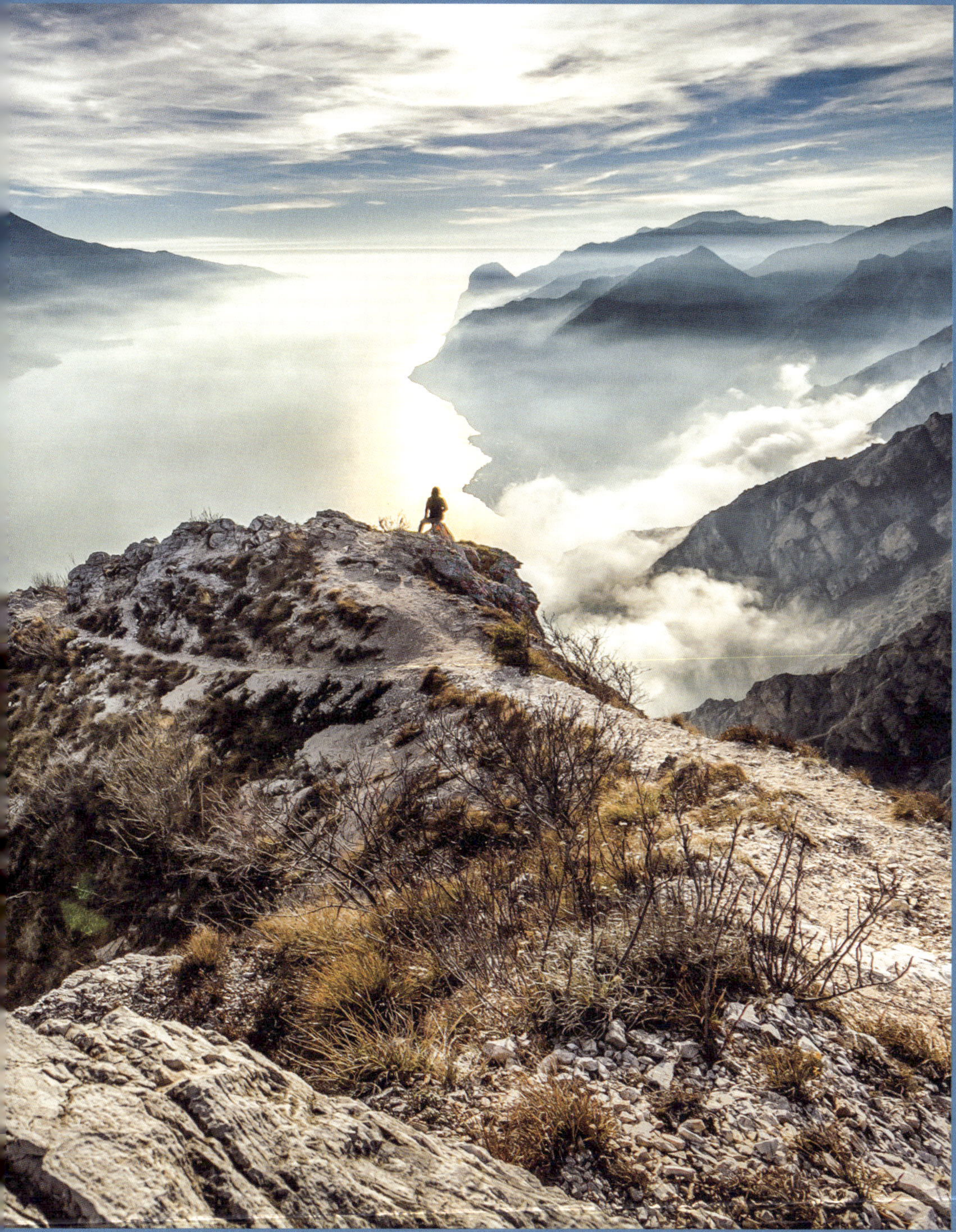

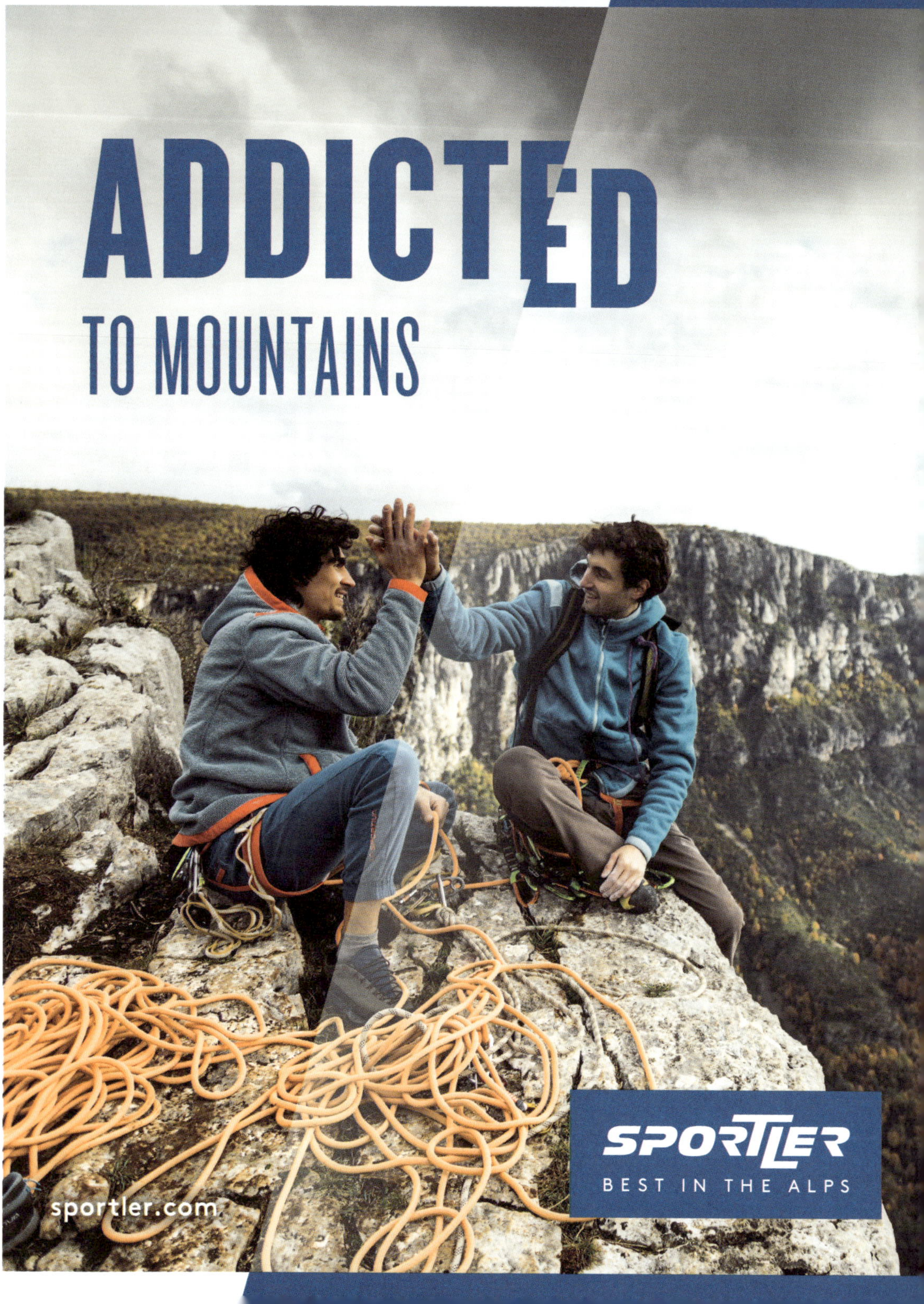
ADDICTED
TO MOUNTAINS
SPORTLER
BEST IN THE ALPS
sportler.com

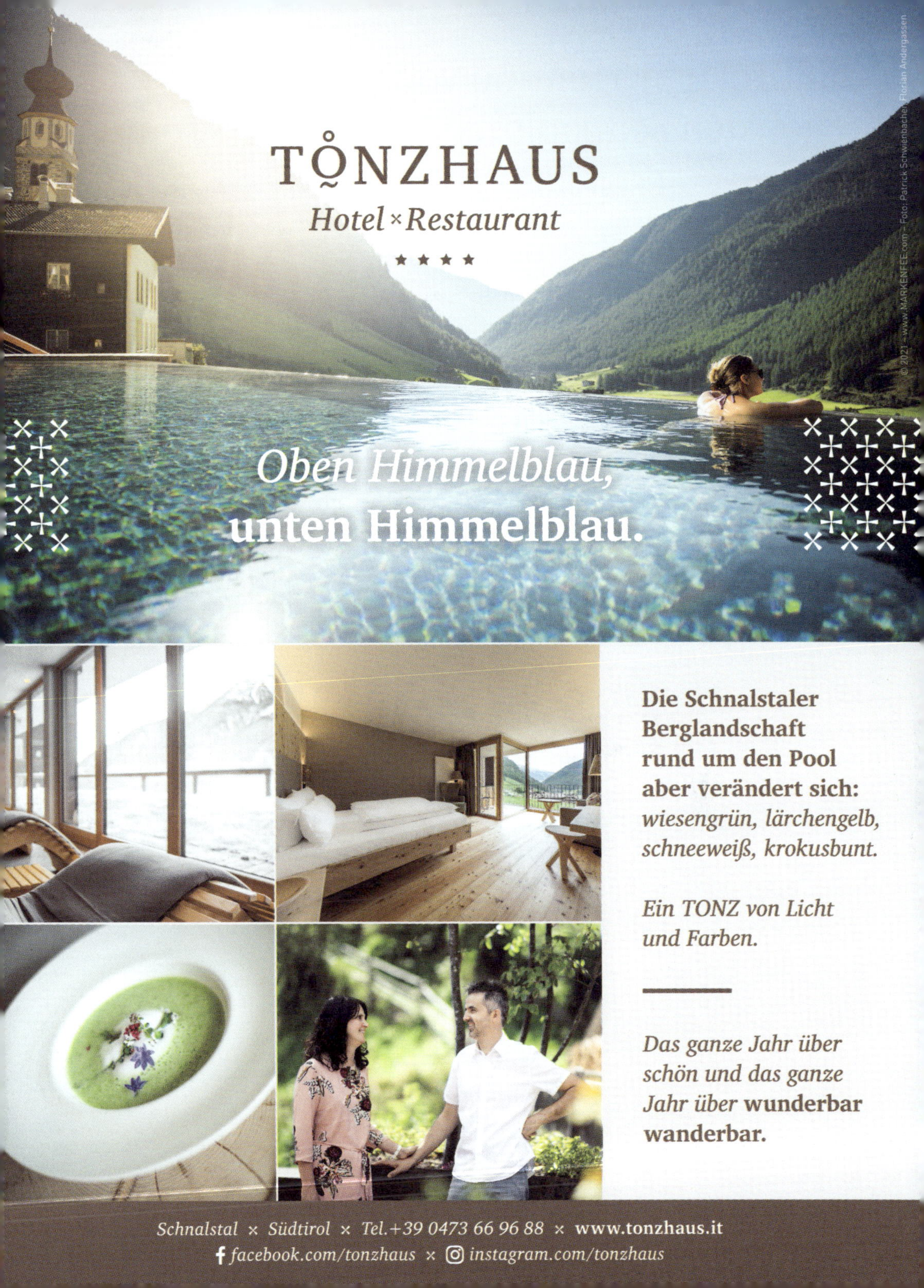
TONZHAUS
Hotel × Restaurant
★★★★
Oben Himmelblau,
unten Himmelblau.
Die Schnalstaler Berglandschaft rund um den Pool aber verändert sich:
wiesengrün, lärchengelb, schneeweiß, krokusbunt.
Ein TONZ von Licht und Farben.
Das ganze Jahr über schön und das ganze Jahr über wunderbar wanderbar.
Schnalstal × Südtirol × Tel.+39 0473 66 96 88 × www.tonzhaus.it
facebook.com/tonzhaus × instagram.com/tonzhaus
© 2021 – www.MARKENFEE.com – Foto: Patrick Schwienbacher, Florian Andergassen

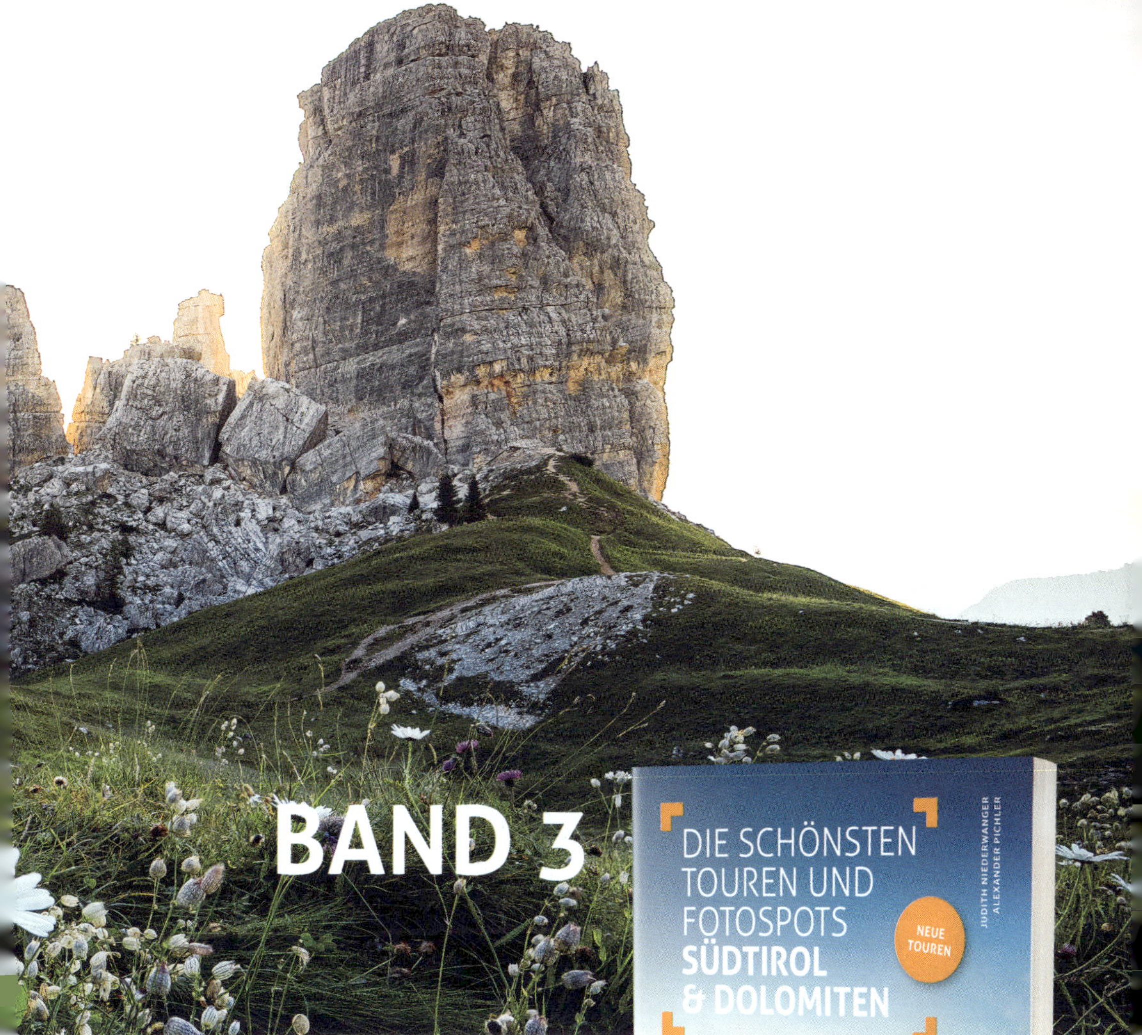

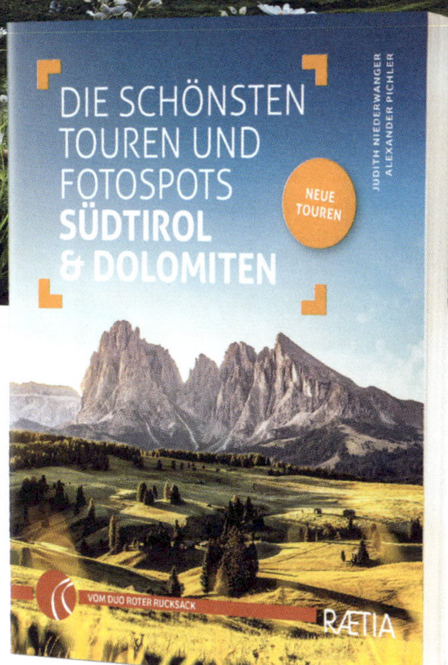

Judith Niederwanger | Alexander Pichler
Die schönsten Touren und Fotospots
Südtirol & Dolomiten
Euro 20,00 [I]; Euro 22,00 [D/A]
ISBN 978-88-7283-985-0

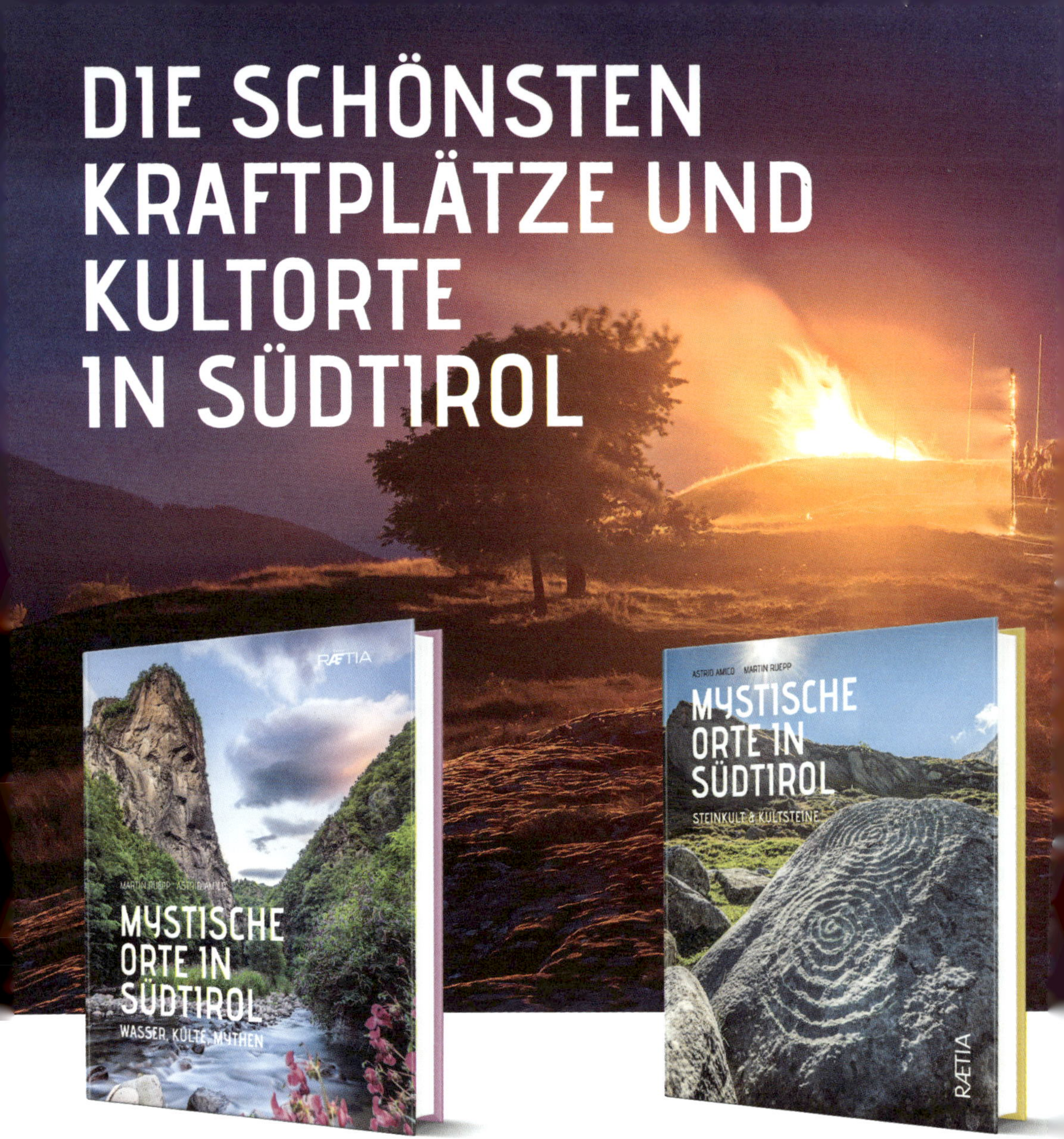
DIE SCHÖNSTEN KRAFTPLÄTZE UND KULTORTE IN SÜDTIROL
RÆTIA
MARTIN RUEPP ASTRID AMICO
MYSTISCHE ORTE IN SÜDTIROL
WASSER, KULTE, MYTHEN
ASTRID AMICO MARTIN RUEPP
MYSTISCHE ORTE IN SÜDTIROL
STEINKULT & KULTSTEINE
RÆTIA

Jochen Till

Luzifer junior
Ein höllischer Tausch

Alle Bände von Luzifer junior:

Band 1: Zu gut für die Hölle
Band 2: Ein teuflisch gutes Team
Band 3: Einmal Hölle und zurück
Band 4: Der Teufel ist los
Band 5: Ein höllischer Tausch
Band 6: Schule ist die Hölle
Band 7: Fiese schöne Welt
Band 8: Ein Geschenk der Hölle
Band 9: Ein Dämon im Klassenzimmer
Band 10: Die verrückte Zeitmaschine
Band 11: Campingtrip nach Hölland
Band 12: Zombie-Alarm
Band 13: Ein Direktor dreht durch
Band 14: Schurkenjagd und Schlotzolade
Band 15: Klassenfahrt ins Geisterschloss
Band 16: Alarmstufe: Aaron!

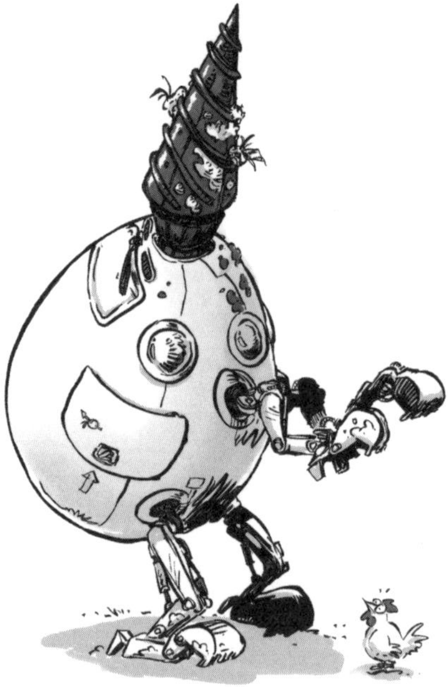